教育部人文社会科学重点研究基地
黑龙江大学俄罗斯语言文学与文化研究中心 学术丛书

语言学论丛

社会性别定型的俄汉语用对比研究

Сопоставительно-прагматическое исследование гендерных стереотипов в русском и китайском языках

周民权 周薇 陈春红 著

北京大学出版社
PEKING UNIVERSITY PRESS

图书在版编目（CIP）数据

社会性别定型的俄汉语用对比研究 / 周民权，周薇，陈春红著. —北京：北京大学出版社，2018.6

（语言学论丛）

ISBN 978-7-301-29622-6

Ⅰ. ①社… Ⅱ. ①周… ②周… ③陈… Ⅲ. ①俄语－性别差异－语用学－对比语言学－汉语 Ⅳ. ①B844 ②H35 ③H1

中国版本图书馆CIP数据核字(2018)第123845号

书　　名	社会性别定型的俄汉语用对比研究 SHEHUI XINGBIE DINGXING DE EHAN YUYONG DUIBI YANJIU
著作责任者	周民权　周　薇　陈春红　著
责任编辑	李　哲
标准书号	ISBN 978-7-301-29622-6
出版发行	北京大学出版社
地　　址	北京市海淀区成府路205号　100871
网　　址	http://www.pup.cn　新浪微博：@北京大学出版社
电子信箱	pup_russian@163.com
电　　话	邮购部 62752015　发行部 62750672　编辑部 62759634
印刷者	北京虎彩文化传播有限公司
经销者	新华书店
	720毫米×1020毫米　16开本　28.25印张　400千字
	2018年6月第1版　2018年6月第1次印刷
定　　价	78.00元

前　言

20世纪60年代以来，风起云涌的西方女权运动有力地推动了女性主义语言学研究的迅猛崛起与快速发展。受女性主义语言学的影响，社会性别语言学研究在各国学界蓬勃兴起，并与风靡人文学科的定型理论研究形成对接，衍生了集两种研究特点于一身的社会性别定型理论。作为人文学科中新生的后现代主义观念的重要组成部分，社会性别定型理论遵循语言优先原则，主要研究语言中记载下来的女性定型、男性定型和男女两性各自的言语行为特点，以及社会性别不对称现象产生的诸多原因。随着一种语言中的男女两种性别定型的对比分析不断深入，跨语种的社会性别定型对比研究如影随形，纷至沓来，顺应了当代语言学研究多元化、动态化、微观化、本土化的发展趋势，这无疑为本课题的俄汉社会性别定型对比研究提供了契机。

1. 国内外研究现状概述

社会性别定型研究始于定型理论。自1922年美国学者沃尔特·李普曼在《公众舆论》一书中首次提出"定型"(stereotype)概念以来，"定型研究"热席卷世界各国学界，各人文学科竞相借鉴，积极探究这种具有规约性特点的社会文化现象，并相继形成了多种定型理论，如社会学中的"社会定型"论、民族志学中的"民族定型"论、文化学中的"文化定型"论、心理学中的"思维定型"论等。正是在这一学术背景下，语言中的"社会性别定型"研究伴随着20世纪60年代席卷欧美国家的女性主义浪潮应运而生。U. 夸斯托夫、W. 拉博夫、R. 莱科夫、S. 特罗梅尔—普廖兹、L. 普什、C. 克拉马雷、D. 坦嫩、D. 齐默尔曼、M. 弗伦奇、E. 戈弗曼、V. L. 贝里瓦尔等西方学者基于社会语言学、心理语言学等视阈的研究表明，语言中反映出来的人们对男女两性适切行为的社会期望，或者社会认定的更符合某一性别群体的特征的总和，构成了社会性别语言定型的基本内涵。这种观点在世界语言学界产生了重要的影响。

在俄罗斯语言学界，社会性别定型研究始于20世纪80年代，虽然起步稍晚，但发展迅速。A.B. 基里利娜、Г.Е. 克列依德林、Е.С. 格里岑科、И.Н. 戈列洛夫、Г.В. 科尔尚斯基、Н.И. 福尔马诺夫斯卡娅、Н.Д. 阿鲁秋诺娃、Ю.Д. 阿普列相、А.К. 拜布林、У. 玛图拉娜、Е. 梅谢尔基娜、И.С. 科列钦娜、Т.В. 里亚博娃、О.В. 里亚博夫、Н.Б. 科尔尼洛娃、А.А. 杰尼索娃、И.А. 古谢伊诺娃、И.А. 斯捷尔宁等俄罗斯学者对俄语中的社会性别定型进行多维研究，视角独到，成果斐然，尤其是对俄语言语礼节和身势语中的社会性别定型研究富有新意，不仅拓宽了语用学理论的研究范围，而且丰富了社会性别定型理论的研究内容。

在国内语言学界，近30多年来，社会性别定型研究取得了长足的进展。从20世纪80年代起，桂诗春、高一虹、贾玉新、宋海燕、杨永林、延辉、李小华等英语学界的学者先后评介西方社会性别语言研究成果并进行英汉对比，其中不乏社会性别定型研究；彭文钊、徐翁宇、赵蓉晖、杨蓉、宋海英、周民权、陈春红等俄语学界的学者发表的著述不同程度地论及俄语中的社会性别定型，其中不乏俄汉对比研究；常敬宇、孙汝建、王志强、高岚、钱进、戴庆厦等汉语学界的学者对汉语中的社会性别定型作了不同视角的探究。如此等等，已经基本完成了国内外社会性别定型研究的对接与互通。

国内外学界的社会性别定型研究取得了可喜成果，应充分肯定。但不能不指出的是，这些研究基本上以社会语言学、心理语言学及语言文化学等理论为方法论，很少涉及语用学研究视阈，更没有对俄汉语言中的社会性别定型进行系统的语用对比研究。有鉴于此，我们希冀通过社会性别定型的俄汉语用对比研究，尝试弥补这一缺憾。

2. 研究意义

(1)展现俄罗斯学者在西方理论本土化、继承传统与发展创新等方面的社会性别定型研究成果，阐释这些成果的理论价值和方法论意义，为促进汉语在这一研究领域与世界其他语言的对接与互通，提供较为翔实的参照依据；

(2)体现"人类中心主义"思想，尝试突破以往的传统研究视阈，与时俱进，对涉及男女两性，即语言主体的社会性别定型进行人本位而非符号本位的语用对比研究，顺应当代语言学的"以人为本"的主流研究范式；

(3)通过社会性别定型的俄汉语用对比研究，体现本土化研究理念，为俄语和汉语教学以及日益高涨的中俄人文交流提供可资借鉴的语用实例及其理论支撑，亦为不同民族、不同语言、不同性别之间的跨文化对比研究提供视野参考；

(4)通过研究社会性别定型的语用功能及正负效应，发掘其在和谐社会构建进程中的积极作用及正能量，为营造男女两性融洽的言语交际氛围以及探索社会性别定型的语用机制，提供人文意义上的理性思考。

3. 主要研究内容

本课题研究涉及俄汉语言的社会性别定型，两种语言、两条主线中分别夹杂着男女两性的语用对比，内容广泛，头绪繁多，纵横交织，错综复杂。本书拟采取多层面、多视角的综合分析方法，在厘清社会性别定型的历史沿革和哲学渊源的基础上，阐明研究的理论支撑和方法论，依据真实可信的语料，对男女两性在语言定型方面存在的"异"与"同"展开研究，尤其关注貌同实异、同中有异之处。通过聚合与组合交叉研究，尝试对俄汉社会性别定型的异同关系做出较为科学而准确的阐释与论证，其主要内容包括以下六章：

第一章 俄罗斯与国内语言学界的社会性别定型研究：该章以定型理论研究为切入点，逐步引申到社会性别定型研究，在此基础上详尽评述俄罗斯和国内语言学界的社会性别定型研究状况，论证俄汉社会性别定型对比研究的必要性及可行性，并对该研究的主要特点、存在问题及发展前景进行简要的论述；

第二章 社会性别定型研究的历史沿革暨哲学渊源：该章从哲学视角探讨社会性别定型的形成与发展轨迹、内涵与外延，阐述它作为哲学思考的一个维度、在学科层次上得到肯定的从静态到动态、从二元到多元的发展过程，并客观评价哲学思想对社会性别定型所产生的正负效应；

第三章 俄汉社会性别定型的语用价值对比研究：该章对语用价值对比的内涵及必要性作了较为翔实的论述，在此基础上从语用价值完全对应、部分对应、互不对应等3个层面对俄汉社会性别定型的表现形式进行对比分析，尝试建立其语用价值对比体系；

第四章 俄汉成语中的社会性别定型研究：该章首先对成语的定型特征以及成语与社会性别定型的相互关系进行简要阐述，其次对俄汉成语中的社会性别非对称性问题予以论证，着重探讨与发掘语义层面、价值评价标准层面、词序和数量层面的社会性别特点，在此基础上对俄汉成语的形象性及语义进行对比分析；

第五章 俄汉言语礼节中的社会性别定型研究：该章首先对言语礼节研究的历史沿革、言语礼节与其他理论及学科的相互关系予以概述；其次，对言语礼节作为言语定型的理论依据及语言事实进行论证，在此基础上阐述言语礼节的定型特征以及言语礼节定型的基本类型及其意义；最后，在做好上述铺垫的基础上，该章重点研究俄汉言语礼节中的社会性别定型，主要对俄汉称呼语的4种表现形式、恭维语、抱怨语、拒绝语中的社会性别定型进行较为翔实的语用对比分析；

第六章 俄汉身势语中的社会性别定型研究：本章首先厘清身势语的基本概念，表明它是一个集各种具有交际功能意义的动作、姿势于一身的符号系统和信息体系；其次，将身势语划分为动作语言、空间语言、触摸语言、面具语言4种类型，在此基础上阐释身势语的调节、替代、强调、情感表露4种语用功能；最后，该章发掘俄汉身势语中的社会性别定型，并对其约定俗成的表现形式以及产生差异的原因进行语用对比分析。

以上六章大致可以划分为两个部分：第一章至第三章偏重于文献述评、社会性别定型及语用对比理论探究，为后续研究奠定理论基础，而第四章至第六章则重在实践，主要是对俄汉社会性别定型实例进行语用对比分析，其中第五章是重点和难点，全方位地展示了俄汉言语礼节定型的形成基础、理论支撑及语言表征形式，内容几乎涉及日常言语交际定型的方方面面，体现了作为语言主体的男女两性的语言使用特点及其规律，凸显了社会性别语言定型的诸多特点。第六章则侧重于无声语言的研究，是对前几章相关内容的拓展。俄汉有声语言和无声语言互为依托，相辅相成，形成俄汉社会性别定型赖以存在的基础。

4. 基本观点

(1) 作为一种观念或者现象，社会性别定型在语言中必然有所反映，这些反映的总和能够体现语言世界图景中具有性别语言交际特征的社会规约和恒常现象，以及男女两性在特定语境中通常会采取的言语策略的类型，对它的研究有助于贯彻语言使用的“经济原则”，用社会性别定型所固有的简洁明快的语言表征资源达到最佳的交际效果；

(2) 社会性别定型是社会性别语言学的重要组成部分之一，二者的研究目标相互一致，皆与男女两性的语言有关，但其不同之处在于：社会性别语言学研究注重宏观层面，既研究男性和女性的语言，也研究关于男性和女性的语言描写，只要与之有关的语言现象均在研究之列，而社会性别定型研究则属于具体的专项研究，重在微观层面，更多地关注社会所认定的性别语言规约，具有很强的民族性、社会性和习得性；

(3)俄汉社会性别定型的民族性、规约性、强制性、稳定性、简约性以及可预测性等特点表现形式各异，不仅体现于成语、俗语、谚语、格言、警句等固定语句和文学艺术作品的先例文本以及约定俗成的言语礼节等有声语言，而且见诸各种身势、手势、面部表情、交际双方谈话时的身体距离、沉默、语调、音量、人体姿态等无声语言；

(4)男女两性不尽相同的社会性别定型实质上是两种文化的碰撞，通常以思维定型和言语行为定型表现出来。思维定型是人的心智图像以及对事物或情景的固定的认识，与客观现实和人类语言皆有关系，而言语行为定型则包括两个方面：一是指语言个性在特定民族文化中遵照既定社会行为规范所表现出来的行为举止，体现了语言个性的社会化，表现出特定的社会取向，二是指实现言语交际行为的定型化语言表达手段，通常为语言单位、语言结构及表征模式等，必须符合标准语境或特定语境中的语言规范；

(5)社会性别定型是历史形成的产物，深受民族习性、传统文化和社会变迁的影响，既有积极作用与合理性，也不乏消极作用与偏见。它不仅包括社会所普遍认可并期待的男女两性的言语行为，而且包括男女两性对约定俗成的社会行为规范的认知与体验。辩证地看，如果这两个方面能够达到一致，至少说明该定型是比较客观的、积极的，相反，如果二者互有抵触或者难以吻合，就要探究该定型是否客观公正，是否偏离社会发展的主流方向；

(6)俄汉社会性别定型的语用对比不是语言事实的纯粹罗列和简单比附，也不是异同现象的单纯发掘，它涉及俄汉社会性别语言所蕴含的不同语用机制及社会文化内涵，触及诸多语言外因素。因此，通过对大量的俄汉语料进行语用对比分析，厘清异同，找出问题的症结所在，揭示支配男女言语行为表现的内在与外在机制，挖掘导致社会性别定型产生的成因，乃是本课题研究的任务和目的所在。

5. 研究思路

以定型理论为切入点，阐述社会性别定型的形成基础及发展脉络；以语用学理论为方法论，从两个维度进行社会性别定型对比研究：一是分别梳理与整合俄汉语言中不同社会性别定型的语用形式及其特点；二是在对比分析俄汉社会性别定型异同的基础上，探究男女两性的语用定型机制，进而分析影响这种机制形成的原因，并对研究中存在的问题和对策以及发展前景进行阐发。

6. 研究方法

以社会性别定型的历时发展脉络梳理为经，以其共时的语用对比为纬，坚持对比分析法为主导，同时兼顾定性与定量、静态与动态、宏观与微观相结合的研究方法。拟在充分论证俄汉对比研究的理论意义与实践价值的基础上，从俄汉日常言语交际、教材、词典、影视题材、历史事实、文学作品及语料库中遴选可供参照的基本语料，对其进行分类、证实、归纳、互证及语用阐释，以俄汉对比为轴心，最终体现社会性别定型的本土化研究。

7. 创新之处

关于本成果的创新之处和主要特色，我们不敢随意拔高，只能说做了以下努力和尝试：

(1)把语用学理论引入俄汉社会性别定型的对比研究，为社会性别定型研究提供新的理论支撑和方法论，尝试突破原有的静态的、离散性的研究模式，建立一种动态的、系统的语用对比理论范式，为社会性别语言学、定型与语用学研究增添学术积累；

（2）顺应跨文化、跨学科、跨语言研究的当代学术研究潮流，提出新的研究视角和研究方法，对俄汉两种语言中的社会性别定型进行对比研究，发掘其异同及语用规律形成机制，进一步丰富和拓展对比语言学和跨文化交际学的研究内容；

（3）立足于本土观或依本源视角，发掘俄汉语言中的社会性别定型现象以及俄中男女两性的语用定型异同及其特点，以大量的语料为依据，对俄汉成语、身势语、言语礼节中的社会性别定型进行翔实的语用对比分析，从中探索有声语言和无声语言使用中的社会性别定型机制，尝试建立较为完整的俄汉社会性别定型体系。

8. 阶段性研究成果

迄今为止，项目负责人和项目课题组成员根据自己所承担的研究任务，完成部分阶段性研究成果，在国内外语类核心期刊及省级刊物上发表与课题有关的论文15篇，它们分别是：

周民权的“俄罗斯学界社会性别语言定型哲学渊源研究”（《中国俄语教学》2014年第4期），“‘新丝绸之路经济带’背景下的俄语人才培养探究”（《中国俄语教学》2015年第3期），“俄汉社会性别定型的语用价值对比研究”（《中国俄语教学》2016年第4期），“俄汉传统言语礼节中的社会性别定型探究”（《中国俄语教学》2017年第3期），“俄汉社会性别定型中的语用标记对比研究”（《东北亚外语研究》2017年第3期），“俄汉身势语中的社会性别定型对比研究”（《中国俄语教学》2018年第1期）；刘星、周民权的“俄汉拒绝言语行为的语用对比研究”（《中国俄语教学》2016年第2期）；周薇、周民权的“言语行为中的语用标记探究”（《西安外国语大学学报》2014年第4期），“社会性别语言定型研究的哲学基础”（《西安外国语大学学报》2015年第4期），“国内社会性别语言定型研究现状暨问题分析”（《外语教学》2017年第4期）；周薇的“标记理论在间接言语行为中的运用”（《佳木斯职业学院学报》2014年第11期），“跨文化言语交际中的语用标记研究”(《湖北函授大学学报》2015年第23期);陈春红的“社会性别定型的转喻认知研究”(《中国俄语教学》2015年第2期),“‘女性’”观念在俄汉成语中的语言文化学特点”(《文教资料》2015年第8期)、“试论社会性别词汇的非对称类型”(《吉林教育学院学报》2015年第9期)。

所发表的阶段性研究成果引起国内语言学界的关注,曾有一些对社会性别定型研究有兴趣的学者不时和我们交流切磋,共同探讨相关问题。一些阶段性研究成果内容被数次转载和引用。凡此种种,在一定程度上体现了项目负责人和课题组成员的科研能力,增加了本著作的可信度和社会影响力,为保证其理论和应用价值以及学术质量奠定了一定的基础。

最后就本成果的撰写和编排情况做5点说明:

(1)该项目可以说是我主持的前一个国家社科项目“俄汉社会性别语言的语用对比研究”(项目编号09BYY076,已于2014年由北京大学出版社同名出版)的姊妹篇。两个项目相互关联,均涉及社会性别及俄汉语用对比问题,其区别在于:前一个项目属于宏观研究,重在全面探索俄汉社会性别语言的语用异同及其形成机制,而本项目则属于微观的专项研究,重在发掘俄汉两种语言中的社会性别定型表现形式,对比分析俄罗斯和中国男女两性的语用定型异同及其产生原因,尝试建立俄汉社会性别定型语用机制。两个项目各有侧重,相互补充,相得益彰,通过宏观和微观两个层面,全景式地展现俄汉社会性别语言及其定型的基本特点。

(2)该项目课题组主要成员包括上海外国语大学许宏教授、苏州科技大学周薇老师、四川外国语大学陈春红老师。许宏教授由于忙于自己承担的科研项目而无暇参与本课题研究,但仍然关心课题进展情况;在最终成果送审之前,黑龙江大学孙淑芳教授、对外经济贸易大学吴军教授曾就相关内容提出一些宝贵的建议，在此一并表示诚挚的谢意。

（3）为了便于查阅，每章后面都附有本章节所引用或者参阅的“参考文献”，并标明作者、著述名称及其类别、出版社及其所在地、出版时间、发表期刊及刊物年期以及论文起止页码等完整信息，脚注则在当页按照编号完成。

（4）成果正文部分的外文姓名尽可能按照“约定俗成”的规则全部译成汉语，并将译名与原文一道列入书末的“外国人名译名对照表”，便于对照查询，正文中的主要外文例句亦译为汉语。

（5）本著作由周民权负责整体设计、论证、统稿和出版校对，各章节的内容按照设计要求由课题组成员分头完成。具体分工如下：周民权——前言、第三、五、六章、结语及外国人名译名对照表；周薇——第一、二章；陈春红——第四章。

俄汉社会性别定型的语用对比研究牵涉的不仅是两种语言与文化，而且还涉及俄中男女两性所代表的不同民族习性、文化理念、思维方式、价值观念、风土人情及传统观念等，涉猎范围很广，内容丰富，头绪繁多，错综复杂，仅靠一部著述难以穷尽。囿于学识和认知能力，加之迫于项目时限，本成果在较为繁重的教学工作之余匆匆完成，难免挂一漏万，留下缺憾。疏漏与谬误之处，敬请学界专家及同仁不吝指正。

在“前言”结束之际，我们非常真诚地向北京大学出版社外语编辑部的张冰主任、李哲编辑以及为本著作顺利出版而付出辛勤劳动的所有朋友们表示衷心的感谢！

周民权

2018年4月于苏州

目　录

第一章　俄罗斯与国内语言学界的社会性别定型研究

第二章 社会性别定型研究的历史沿革暨哲学渊源

第三章 俄汉社会性别定型的语用价值对比研究

第一章

俄罗斯与国内语言学界的社会性别定型研究①

① 该章部分内容首次发表于《国内社会性别语言定型研究现状暨问题分析》一文(《外语教学》2017年第4期)。

俄罗斯与国内语言学界的社会性别定型(gender stereotype / гендерные стереотипы)研究虽然稍晚于西方学界,但进展迅速,成效卓著,尤其是俄罗斯语言学界表现突出,在较短时间内实现了西方社会性别定型理论与俄语相关研究成果的互通与对接,完成了这一理论本土化的研究进程,目标明确,成果斐然,为国内语言学界的相关研究提供了可资借鉴的经验。

第一节 社会性别定型的研究基础

20世纪30年代,美国学者 D. 卡兹、K. 布拉鲁借鉴沃尔特·李普曼的定型理论,提出民族定型(этнические стереотипы)概念并进行翔实研究。受其影响,各人文学科竞相介入定型研究,积极探究这种"约定俗成"的社会文化现象,并相继形成了多种定型理论,如社会学中的"社会定型"论、交际学中的"交际定型"及"行为定型"论、语言学中的"语言定型"及"言语定型"论、文化学中的"文化定型"及"民族文化定型"论、心理学中的"思维定型"及"心智定型"论、社会性别语言学(гендерная лингвистика)中的"社会性别定型"论等。这些定型理论研究基于不同的方法论,各具特点,各有侧重,形成了"多点开花,视角各异"的研究格局。

定型更多地发生在思维层面,社会学将其解释为储存在人脑中的有序的、图式化的并由文化决定的世界图景,俄罗斯学者 B. A. 马斯洛娃称其为"对事物或情景的固化认识,是意识中某一段世界图景的常量。"(Маслова, 2001: 110)它一方面与客观现实有关,另一方与人类语言有关，Ю. Д. 阿普列相称其为“素朴的世界图景”，是指语言中体现的事物与事物或特征与特征之间形成的固定恒常关系，“普通概念的特定伴随意义——这是印刻在语言中的素朴世界图景的知识源泉，是一种发掘语言及更广阔的文化意识的定型。”（Апресян，1995: 350）按照德国语言学家W. 洪堡特的观点，语言仿佛是民族精神的外在表现，民族的语言即民族的精神，民族的精神即民族的语言，每一自然语言里都包含着一种独特的世界观，都体现出理解和建构世界的既定方法，即对世界进行概念化的方法，该方法中所呈现出的知识形成某种统一的观点系统和某种特有的集体哲学，这种哲学作为一种定型成为必须，被强加给该群体的所有成员。

和语言意义的生成机制一样，定型也是人脑中生成的关于世界形象和世界知识的概念系统。这些概念系统帮助人们感知和认识世界。如果将概念系统“语言化”或“实体化”，便成为“语言定型”，也可称之为“言语定型”或“言语模式”，新格莱斯会话含义理论又称其为“常规关系”，它是在群体意识和社会共识基础上形成的一种合乎逻辑的语言单位。В. А. 马斯洛娃将语言定型解释为“对语言世界某客体进行具有主观认识性质的判断。”（Маслова, 2001:109）

社会性别的定型化思维在语言中占有固定位置，表现为一种素朴的集体意识或群体概念。在言语交际过程中，借助语言中的集体意识及社会性别定型观念，人们的个体反射式经验得到体现。每种社会文化都为男女两性预先设定了一系列相应的规范和评价，对其行为进行限定，这种规范和评价就是社会性别定型。从语言学意义上来讲，社会性别定型是文化和社会约定俗成的关于男性和女性的素质、标记以及行为规范的评价及其在语言中的反映，是语言中的“男性气质”和“女性气质”的社会性别建构范畴。在语言各个层面中记载下来的社会性别定型同评价的表述密切相关，并且对于男性和女性表现出的行为模式的预期产生影响。每一种文化对于男性特征和女性特征都有既定的概念，通过各种礼仪、民间传说、神话以及“素朴的世界图景”体现出来。但是，在不同文化中，社会性别的定型和价值尺度不尽相同，男女两性的社会角色亦表现各异，但都被限定在严格的规定范围之内。也就是说，社会性别定型确立了具有规范性质的行为标准，从群体规范的视角对男女两性的言行进行约束，既发挥社会监管的功能，维护社会所认可的男女两性的行为规范，也作为判断和命题的基础以及评价的特殊形式，不断衍生新的具有制衡作用的社会规约。

正是在上述学术背景下，语言中的社会性别定型研究伴随着20世纪60年代西方妇女解放运动的蓬勃兴起应运而生，与社会语言学、历史比较语言学、人类学和女性主义语言学的鼎盛发展相向而行，有力地推动了社会性别语言学研究，使得语言学研究中的“后结构主义”与社会发展进程中的“女性主义”在解构传统的语言秩序问题上殊途同归，联袂而行，形成强大的合力，其研究成果主要体现在3个方面：一是对比分析男性语言和女性语言的差异，主要是剖析女性语言（женский язык）；二是研究关于女性的语言（язык о женщине），即整合与描述各种语言中对于女性的诸多评价，由此揭示语言中的男性中心主义（андроцентризм）以及对女性的歧视现象；三是从社会、历史、文化和心理等视角分析性别语言现象产生的哲学基础和社会根源。

上述3个命题的研究引发了学者们对语言中久已存在的社会性别定型的思考，并对定型进行不同视角的诠释。例如，德国学者 U. 夸斯托夫把定型与词意中的表情成分区分开来，认为述谓性对于定型至关重要，因为定型是具有命题内容的语言本质。因此，要分析这些语言现象，最为可行的方法是将其简化到逻辑结构，即准确无误的句子层面。（Quasthoff，1973: 236）莱科夫、齐默曼、韦斯特、贝斯特、索恩、博林格、布利斯林等西方学者分别从社会语言学、心理语言学、社会心理语言学等视角研究语言中的社会性别定型，认为它是语言中反映出来的社会和文化约定俗成的关于男性和女性的特点、角色定位以及行为规范的总体评价，带有鲜明的群体特征。这种观点对世界各国语言学界的社会性别定型研究产生了重要的影响。如此等等，奠定了社会性别定型的研究基础。

第二节 俄罗斯语言学界的社会性别定型研究

俄罗斯语言学界的社会性别定型研究始于20世纪80年代，发展迅速，成果斐然，已经建立了较为完整的理论研究体系。A. K. 拜布林（1985）、B. A. 雷日科夫（1985）、A.A. 阿基希娜、H. И. 福尔马诺夫斯卡娅（1986）、Г. М. 帕沙耶娃（1993）、Т. Г. 维诺库尔（1993）、Н.Д. 阿鲁秋诺娃（1994）、Ю. Д. 阿普列相（1995）、У. 玛图拉娜（1996）、Е. 梅谢尔基娜（1997）、И. С. 科列钦娜（1998）、Т. В. 里亚博娃（2001）、В.А. 马斯洛娃（2001）、В. В. 克拉斯内赫（2002）、О. В. 里亚博夫（2002）、Н. Б. 科尔尼洛娃（2002）、А. А. 杰尼索娃（2002）、И. А. 古谢伊诺娃（2002）、И. А. 斯捷尔宁（2002）、Ю. Е. 普罗霍罗夫（2003）、Г. Е. 克列依德林（2004,2005）、А. В. 基里利娜（1997,2000,2002,2005）、Е. С. 格里岑科（2005）、И.Н. 戈列洛夫（2006）、Н. И. 福尔马诺夫斯卡娅（1998,2002,2005,2008）、Г. В. 科尔尚斯基（2007）等俄罗斯学者对俄语中的社会性别定型进行多维研究，视角各异，成果甚丰，已出版相关著述800余部（篇），形成了较为厚实的学术积累。

1. 社会性别定型与言语定型

作为男女两性的言语行为的重要组成部分，社会性别定型涉及交际双方从见面到告别过程中的一系列言语定型（речевые стереотипы）。在俄语中，言语定型一般通过言语礼节（речевой этикет）体现出来，其中不乏男女两性在言语意向表征方面所体现出的具体差异。例如，在请求对方做什么事，尤其是对异性提出某个请求时，女性往往表现得比较矜持，说话轻声细语，语气委婉，常用疑问句式，以商量的口气间接地表达自己的请求及愿望，体现了女性的阴柔之美，如面对女性的“您能否把钢笔借我用一会儿？”（«Вы не можете дать мне на минутку ручку ?»）、“请问，我在哪儿能见到伊万诺夫先生？”（«Вы не могли бы сказать, где мне найти господина Иванова?»）、“不好意思，请问您能否让一下位子？”（«Простите, вам не трудно подвинуться?»）之类请求，被询问者常常难以拒绝，尤其是男性，一般都会积极做出回应，尽可能满足对方的请求。而男性说话一般不拐弯抹角，喜欢开门见山，直接说出自己的请求，如“请您让一下位子。”（ «Уступите место, пожалуйста.»）、“请您把钢笔借我用一会儿。”（«Дайте мне, пожалуйста, ручку на минутку.»）等。

Н. И. 福尔马诺夫斯卡娅是俄罗斯学界最负盛名的言语礼节理论研究专家。1968年，她与 А.А. 阿基希娜合作，编写出教材《俄语言语礼节》（«Русский речевой этикет»），随即出版影印本并投入使用，1975年正式出版发行之后多次再版，成为对外俄语教学与研究领域的重要著述之一。后来，Н.И. 福尔马诺夫斯卡娅把俄语言语礼节引入语用学领域，作为言语行为进行研究，不仅揭示了言语礼节的功能及其符号学和语用学的本质属性，全方位阐释言语礼节的词汇、语法、语义、语用、修辞等特点，而且从语言学和方法论视角对言语礼节的形成机制及运用问题作了深入而系统的研究，极大地丰富了俄语语用学理论，使其成为俄语语用学有别于西方语用学理论的亮点之一。在此基础上，她又把言语礼节与言语定型联系起来，进行更进一步的深入研究，并明确指出，作为言语行为类型之一，言语礼节本身就是一种言语定型。这种攻其一点、步步深入的原创性研究方法在学界尚不多见，收效显著，引人注目。由于在言语礼节研究领域所做出的杰出贡献，Н.И. 福尔马诺夫斯卡娅在1998年荣获俄罗斯总统教育奖（премия Президента РФ в области образования）。她在这方面的主要研究成果有：《俄语言语礼节：语言学和方法论视角》（«Русский речевой этикет: лингвистические и методологические аспекты»，1982)、《俄语言语礼节》(«Русский речевой этикет »，1982)、《交际单位的交际语用视角》(«Коммуникативно-прагматические аспекты единиц общения»，1998)、《言语交际》(«Речевое общение»，2002)、《交际文化与言语礼节》(«Культура общения и речевой этикет»，2002)、《言语互动：交际与语用学》(«Речевое взаимодействие: коммуникация и прагматика»，2007)等。

言语礼节的礼仪性和规约性很强，它是通过言语定型体现出来的。言语定型可以称之为"套语"(шаблон речи)，指的是一切具有固定指涉意义的语言组合及规范用法，它们无论在结构上还是在意义上都是完整的，使用于既定的交际场合，如"这是哪一站？"(«Как называется эта остановка?»)、"您下一站下车吗？"(«Вы выходите на следующей?»)、"请往后边走，那里有空位。"(«Проходите назад, там свободно.»)等是乘坐公交车时典型的言语行为，而"请把……拿给我看看。"(«Покажите, пожалуйста, ...»)、"多少钱？"(«Сколько стоит?»)、"这本书我买了。"(«Я возьму эту книгу.»)等都是商店购物时常见的言语定型。有鉴于此，Н. И. 福尔马诺夫斯卡娅认为，社会为了让其所有成员能够和睦相处，彼此善待，往往会制定出一系列基于成规概念的标准行为规范。为使包括言语行为在内的个人行为不至于各行其是，混乱无章，就必须要在社会规定的成文的或不成文的法规范围内照章实施。因此，在社会交际中首先要使那些最简单的、无数次重复的交际模式标准化。乍一看来，似乎每一次交际都没有什么特定含义，但事实上所有交际的总和构成了人类交际最重要的基石。各种维系人类社会和谐的礼节关系充满着符号定型，这些定型在孩提时代接受教育时就需要掌握，并会在各种交际情境中"上演"。(Формановская，2002a：240)

Т. Г. 维诺库尔(1993)从语用学视角着重分析了行为语境与行为目的之间的定型联系(стереотипные связи)，他认为，行为的某些定位特征(локальные характеристики)并非表征方位，而是有针对性地指向行为目的，例如，在回答“他去哪里啦？”(«Куда он пошел?»)这一问题时，“去图书馆了。”(«В библиотеку.»)、“去剧院了”(«В театр.»)之类答语直指当事人的行为目的，因为去图书馆就是为了看书或借书，去剧院就是为了看剧，而不是干别的事。笔者认为，这实际上是一种基于语用推理的思维定型：在人们的意识中，在什么地方做什么事已经达到一种共识，处所和它特有的功能之间处于同一联想链，已经形成一种彼此相依的常规关系，比如说起医院，就会想到看病或看望病人，说起教室，就会想到上课或自习，说起商场，就会想到购物，说起宾馆，就会想到住宿，等等。尽管在现实生活中会出现对于上述认识标准的偏离情况，如有的人去医院不是看病，而是取回存在那里的车，去教室不是学习，而是拿回忘带的书，去商场不是购物，而是临时享受一下那里的中央空调，去宾馆不是住宿，而是看望某个来出差的朋友。但这并不是这些处所与功能的典型特征和主要作用。如果说话人在日常交际中未指明这种典型联系已经发生变化，听话人可能会产生误解，会按照约定俗成的定型联系理解处所与目的、处所与功能之间的联系。例如：

— А где Лида?

— В фотографию пошла.

— Господи! Чего же она, вроде не едет никуда. Неужели просто так фотографируется?

— Да она не фотографируется. Ей там что-то делают для стенда.（宋洪英，2011:31）

“莉达在哪里？”

“去照相馆了。”

“天哪！她这是怎么啦，好像说好了哪都不去的。难道就这么匆匆忙忙照个相？”

“她不是去照相的。有人在那里给她定做陈列架上需要的什么东西。”

不难看出，说话人说“去照相馆了”，只是提供了行为处所，并没有说明行为目的，而听话人按照“去照相馆就是照相”的思维定型，对当事人的行为目的提出质疑。按照类推原则，此类偏离定型联系的情况不仅仅拘泥于行为语境与行为目的，在日常交际中经常会看到思维定型与行为及现象的相互背离情况。例如，星期天看到背着书包去上学的学生，人们不禁要问“周末怎么还上课啊？”看到雷电大作，人们不禁发问“怎么只打雷不下雨？”看到红灯亮了有人还在前行，人们会责问“怎么可以闯红灯呢？”……不言而喻，这一语用推理方式同样适用于男女两性之间的社会性别交际，人们会用社会为男女两性所框定的行为规范去评价其言语行为。例如，一个男性如果扭捏作态，说话嗲声嗲气，或者做事优柔寡断，缺乏果敢，会被斥之为“娘们儿”“不像个爷们儿”“缺乏男子汉气质”“像个女人”等，而一个女性如果风风火火，胆大敢为，行事泼辣，会被说成“女汉子”“假小子”“没有女人味”“像个男人”等。究其原因，是这些男性和女性的言行背离了其典型性别特征，与人们所期待的社会性别定型不符。

2. 社会性别定型视角的男性气质与女性气质

Г.Е. 克列依德林借鉴古代中国人的阴阳观念阐释社会性别差异问题，认为人类的所有痛苦都是因为人身上的阴阳正确比例关系遭到破坏所致：尽管阴代表女性，阳代表男性，但每个人身上都有阴阳存在，男性身上有女性的性别因素，女性身上有男性的性别因素，这两种因素的相互关系构成了人的个性。（Крейдлин，2005: 42）基于这种理解所形成的男性气质（мужественность）和女性气质（женственность）成为确定对话各方的社会性别角色和行为的依据。

心理语言学表明，对立关系是一种特殊的概念邻近关系，两个对立概念共存于同一认知模型内部，它构成了转喻关系。由于社会性别定型只反映了两个群体——男性和女性的互动，社会性别观念建构在二元对立的基础之上，男性气质和女性气质的矛盾体同样遵循“对立统一”的辩证规律，非典型的女性特征就被理解为典型的男性特征，或者非典型的男性特征被认为是典型的女性特征。正是这种矛盾双方的相反相承关系，为社会性别新词的生成提供了基础，正如在哲学范畴内的“阴在阳之列，不在阳之对”。（陈春红，2015: 62）这种建立在对立关系上的“具有男性特征的女性指称”以及“具有女性特征的男性指称”代表了事物的辩证本质，即既对立又统一，明显具有相析性、相峙性和相容性，被称之为广义的矛盾修饰法。“所谓矛盾修饰法，就是指在语言交际中将两个在语义上彼此悖反的词语并置在一起，使其共处一体，化对立为统一，表达事物的对立统一特性。”（王文斌，2010: 7）

T.B. 里亚博娃认为，女性气质含有更多的否定意义，某些男性的言行与男性气质定型的不完全对应并不是对男性气质的否定，而是被视为女性特征太重。（Рябова，2001: 5）例如，俄语中常见的针对男性的«Почему ты ведешь себя как женщина?»（“你怎么像个女人似的？”）«Будь мужчиной»（“你得像个男人！”）«Не будь бабой»（“别跟个娘们儿似的！”）等说法反映了人们对此类性别定型错位的看法。在传统的社会性别意识中，把男人比作女人，通常是对男性的贬低、否定或讥讽，在某种程度上表达了人们对定型违背现象的否定。

需要指出的是，典型的男性和典型的女性都是异性恋，社会性别与异性恋之间的联想往往会直接导致社会性别非典型行为（比如，男性说话时柔声细语，声调变化多样、强调重音、喜用程度副词及语气词等）与同性恋之间的联想。在传统的定型化婚恋关系中，通常讲究年龄上男大女小，能力上男强女弱，相貌上郎才女貌，分工上“男主外女主内”等。然而，现实婚恋生活中违背传统社会性别定型的女大男小、女强男弱、女主外男主内等现象屡有发生，从而促进了相应的新词新义的产生，如姐弟恋、老少配、吃软饭、煮夫（一般指在家煮饭、洗衣、带孩子及操持各种家务的男人）等。

从认知语言学的视角来看，社会性别定型是一种转喻认知方式，范畴及其特征之间的关系建立在相邻性、相似性基础之上，用典型的性别气质可以指称相应的、具有相似特征的性别，或者用性别范畴转喻其主要特征。同时，作为语言现象的主要生产机制之一，转喻以社会性别定型为基础，促进社会性别词汇的生成。这些新词不仅反映了男性气质和女性气质的定型概念的互不对应，而且体现了不同语言中对于新时代独立女性、事业女性、积极进取的女性和新型温柔男性的转喻或隐喻特点，如俄语中的 железная ледь（铁娘子）、мужик в юбке（女汉子）、теплый мужчина（暖男）等，与汉语中的“女强人”“铁人”（源自大庆油田的“铁人王进喜”）、“铁姑娘”（源自20世纪60—70年代农村或城乡生产部门曾涌现的“铁姑娘队”）、“奶嘴男”之类说法基本相同。另外，近年来汉语中流行的“高富帅”“白富美”分别指称那些漂亮、多金的男性和女性，“宅男”“宅女”作为新兴的网络词汇，喻指那些痴迷于电脑与网络、厌恶上班或上学、足不出户、喜欢待在家中的男性和女性，他们的生活总是和泡面、睡觉、上网、随性而为、无拘无束联系在一起。还有一类新型宅男，他们除了上班之外，通常不与外界接触，下班立马回家，节假日也会宅在家里不出去。此外还有“虎妈”（来自于美国华裔教授蔡美儿的《虎妈战歌》一书，为了让两个女儿出人头地，她以极其严苛的中国式教育方法管教她们）和“狼爸”（“中国狼爸”，来源于香港商人萧百佑用“打”的教育方式，将三个孩子送进北大）之说，喻指严厉的父母，“猛哥”“猛男”常用来指称那些处事果断、敢作敢为、雷厉风行或者胆大性野的男士，而在“男色消费”时代，男人的美貌也受到重视，“小鲜肉”一词多用于指称“性格单纯，长相俊俏的男生”，如我国海军游泳运动员宁泽涛在2014年仁川亚运会上曾获此称谓，受到众多女粉丝的热捧。

O. B. 里亚博夫认为，在各种不同的文化中，“分别存在着一些固定的、具有感情色彩的、已形成统一的‘典型男性’和‘典型女性’的代表形象，这些代表形象在一个整体条件下相互制约。典型的文化代表通常指的是男性，如德国人的‘循规蹈矩’、法国人的‘浪漫殷勤’等相应文化标记通常指的是男性而非女性。而在一些男性主义倾向较弱的文化中，情况有所不同。例如，在一些俄罗斯和西欧作家的作品中，女性被描绘为成俄罗斯性格的最高成就与代表……在俄罗斯的语言意识中，妇女形象比男人形象更具有正面色彩。”（Рябов，2002：43）

上述社会性别典型范例发挥“原型效应”，即根源性的初始功能，并形成一定的文化期待，并以这种形式成为定型化概念。E. C. 格里岑科赞同 M. 巴纳吉、A. 格伦瓦尔德等西方学者的观点，认为在涉及男性或女性的描述中，定型以“大多数 X 都是 Y”的形式出现，如大多数政治家都是男性，这在一定程度上可能具有正确性。但是当它被用于讨论群体的个别成员时，定型就发挥了作用，例如：女性 X 不可能 / 不应该成为政治家。在这种理解中，定型可以表示为“X 认为，Y 基本上都是 Z”。（Гриценко, 2005:185）。此处 Z（定语成分，表示与范畴相关的典型特征）是遍布于 Y 中的每个人（即该范畴成员），而 X 是变化的，它表示该定型所存在的文化环境的载体。У. 玛图拉娜认为，从认知心理视角可以将定型理解为“知识与评价的特殊储存形式，是信息与知识状况的加载形式，即一种既定行为结构。”（Матурана, 1996: 95）换言之，社会性别定型可以作为一种保存知识和评价的特殊形式以及命题的基础，用来表征典型的男性气质和女性气质。

3. 男女两性的思维定型、行为定型与语言定型

社会性别定型通常以男女两性的思维定型（стереотип мышления）和行为定型（стереотип поведения）等形式表现出来。В.А. 马斯洛娃认为，思维定型又叫心智定型，是“人的心智图像”，是“对事物或情景的固定的认识”（Маслова, 2001: 110），它一方面与客观现实有关，另一方与人类语言有关。Ю.Д. 阿普列相认为，“每一种自然语言都反映着一定的感知和组织世界（范畴化）的方式，可以称其为‘素朴的世界图

景’……”（Апресян, 1995: 45）这里指的是语言中体现的整体范畴与事物特性或者事物与事物的特征之间形成的常规关系，它是人在认识世界的过程中建立的模型，是建构经验世界的方式。行为定型可以界定为受性别文化制约的行为模式或行为策略，也可指言语行为定型。

Ю. Е. 普罗霍罗夫明确指出，言语行为定型包括两个方面：一是指语言个性在建构言语行为时的行为定型，即语言个性在特定民族文化中遵照既定社会行为规范所表现出来的行为举止，体现了语言个性的社会化，表现出特定的社会取向；二是指实现言语交际行为的定型化语言表达手段，通常为语言单位、语言结构及表征模式等，必须符合标准语境或特定语境中的语言规范。（Прохоров，2003：118—119）按照 Ю. Е. 普罗霍罗夫的观点，言语行为定型可以通过两种形式来实现：一种形式是套语，通常包括传统语言学研究中的固定词组和固定句子、成语、俗语、谚语、格言、警句、文学艺术作品中的先例文本等，当对于某类人或某种事物的定型评判每次都以同一语言形式复现时，它们就会成为套语；第二种形式是言语化 / 非言语化的意识模式（штамп сознания），可以被视为一种心理现象，与社会文化传统及其在言语中的使用规则有关，通常是交际参与者归属某个社会文化空间的语用标志。套语与意识模式密切相关，相辅相成，互为依托，已经成为意识模式的套语是一种纯粹的形式联想，而这种联想反过来又对套语的使用产生影响。

社会性别定型从其形成过程来看，是由社会意识创造的，男性个体或者女性个体总能在其社会化过程中习得其中一部分定型，并将自己的个人经验与社会经验进行相互对比，从而使得社会性别定型的习得过程更为复杂，愈加凸显出它的社会性和个体性。В. А. 雷日科夫指出，定型是人的大脑中生成的关于世界形象和世界知识的“概念系统”，正是这些概念系统决定着人们如何感知和认识世界。所有的社会观点都在某种程度上以词汇意义的形式被定型化。词汇定型的内容受典型的主观情感评价意义制约。像所有词汇一样，定型是现实世界中事物和现象的理想形象。就其存在而言，理想形象是同符号的载体联系在一起的。定型是更为广义的社会心理学和语言学概念，如果一个语言单位能使特定民族文化共同体成员的意识对一系列评价语义特征产生最低限度的相似性联想反应，那么该语言单位就可以被认定为定型。定型作为特定民族的交际单位，既是社会的，又是个体的：它能够准确地表达社会所认可的需求，并借此对处于社会化过程中的个体意识施加影响，促其产生相应的动机。（Рыжков，1985: 19）按照宋洪英的解释，定型作为一种社会现象，它“所蕴含的社会信息与社会现有的取向一致，并对特定的语言个性意识起作用；对个体而言，定型是人进行认知活动的工具，它对个性意识施加典型化影响，它的涵义既是典型意义，同时也包含了个体的主观义值。”（宋洪英，2011：12）

社会性别定型的调节功能及交际功能与语言密切相关，通过语言单位显现出来，诚如 В. В. 克拉斯内赫所指出的那样，每一个语言单位中都蕴涵着一种定型或定型形象，它成为某种言语行为的策略或者战略模型，受到交际需要、交际动机和特定情境的制约。定型可以和言语联想网一样，构成表征某民族语言文化共同体的“概念域”或“定型场”，与该定型场相连的是概念。按照认知语言学理论，概念实际上是人对世界进行范畴化过程中通过个体和群体体验（感知、认知）而获得的“意向图式”或“心智图景”。由于概念的形成离不开语言，因此当语言符号与认知参与下形成的概念结构相一致时，就形成了并不与客观现实世界相对应的意义。（Красных，2002：68）可以看出，В. В. 克拉斯内赫所阐释的思维定型是人对外在世界的认识在其意识中的一种特殊表现形式，是语言个性固有的一种认知方式，它与特定民族的社会性别言语行为有关，用来描述男女两性的言语行为，并体现于该言语行为。但它主要是作为联想集来决定联想表达的语言形式，并不是指令行为本身。

А. В. 基里利娜明确指出，社会性别定型是定型概念的恒常表现，最能体现其所有特点。它可以使现实语境极度简单化，但在集体的社会意识中却根深蒂固，变化缓慢。一些带有偏见的性别定型在某种程度上影响着每一个人。按照由来已久的观念，社会上认为女性的价值不及男性。每一种文化对于“男性气质”和“女性气质”及其特点都有既定的概念，通过各种礼仪、民间传说、神话以及“素朴的世界图景”体现出来。(Кирилина, 2002：66—67)

但是，不同文化中的社会性别语言定型不尽相同，男女两性的社会角色亦迥然各异，它们都有严格的规定。这些规定作为体现男女行为规范的社会性别定型，在集体意识里按照“对 / 不对”模式发挥功能。(Кирилина，2000：143) 由于性别不同，一个人的同一行为在不同文化中被赋予不同的含义，同一含义在行为上呈现出不同的表现形式，社会定型从中发挥行为纲领作用，而社会性别的规约性则为社会性别定型在语言中的反映提供了充分的依据。

以上表述反映了俄罗斯学者对社会性别定型的基本观点，这些观点在其他国家的语言学界亦时有所见。学界较为一致的看法是，社会性别定型随着时代的变迁不断更新，既有积极因素，也不乏偏见与谬误，如历史上遗留下来的或者现存的一些定型对女性言语行为进行限制与贬低，常常遭到非议与或质疑。

第三节 国内语言学界的社会性别定型研究

在国内英语学界，从20世纪80年代起，桂诗春(1986)、宋海燕(1998)、贾玉新(2002)、杨永林(2002，2004)、延辉、李小华(2008)等学者先后评介西方社会性别语言研究成果并进行英汉对比，并对该定型在交际中的正负作用作了较为详尽的阐释；在国内俄语学界，近十几年来，彭文钊(1999)、徐翁宇(2000)、赵蓉晖(2003)、杨蓉(2010)、宋洪英(2011，2012)、周民权(2012，2014)、陈春红(2015)等学者发表的著述对俄罗斯语言学界的社会性别定型研究作了较为翔实的述评，并对俄汉语中的社会性别定型进行不同视角的对比研究；在国内汉语学界，20世纪90年代以来，常敬宇（1995）、王志强（2000）、高岚、申荷永（2000）、钱进（2000，2004）、戴庆厦（2004）、孙汝建（1998，2010）等学者借鉴外语学界的相关研究成果，对汉语中的社会性别定型作了一定的研究。

应该肯定的是，近20多年来，国内语言学界的社会性别定型研究从无到有，取得了较为可喜的成果。但不能不指出的是，由于这些基于定型理论的研究立足于不同的视角，对定型的界定智者见智，仁者见仁，莫衷一是，难免会妨碍社会性别定型研究的深入拓展。作为一种复杂的社会文化和心理现象，定型理论受到各人文学科的普遍关注是不足为奇的。但是，“这种多学科和多视角的研究在深化人们对其本质、功能、作用认识的同时，也容易带来某些负面的东西，如：学界对‘定型’概念所作的大量而各异的界说，就足以使人眼花缭乱而无所适从；而不同学科的研究在一定程度上又容易‘分割’人们的视野，不利于对该理论体系作整体的把握。”（赵爱国，2006：126）这种说法不无道理，纷繁多样的界定确实给定型研究带来一定的困难，尤其是国内学界对于“定型”的译名问题，直接涉及界定表述、研究视角以及主要观点。尽管指涉对象基本统一，都讲的是“stereotype”，但由于视角各异，译法不同，有时甚至相互矛盾，常常让读者感到困惑，不知所云。有鉴于此，我们在对该词的不同译法进行梳理与整合的同时，对国内学界的相关观点进行简明扼要的阐释。

概括起来，国内学界对“stereotype”一词的译法及其观点主要有以下6种（周民权，2014b：114-117）：

1. “模式固见”说

“模式固见”这一译法基于社会学、社会心理学和跨文化交际学视角，是范捷平在《论“stereotype”的意蕴及在跨文化交际中的功能》（2003）一文中首先提出来的。他认为，模式固见在社会学中是一个中性概念，主要指人们对思维模式、信息、外部世界和行为等特征的判断方式。之所以称为固见，是因为某一群体的某一特征和观念一旦形成，就具有相对稳定性，可通过教育和社会化过程得以延续，不易为某一个人的意志而改变。因此，模式固见具有明显的群体性特征和传统延续性。另外，"模式固见"是一个相对性的概念。假如我们说德国人都很刻板，那么我们完全有可能遇到不刻板的德国人；反之，假如我们说中国人都很谦虚，那么我们也可能会碰上不那么谦虚的中国人，这种现象在社会文化学中被视为例外，它不影响文化群体的特征概括和归类。（范捷平，2003:28）

在肯定模式固见的积极功能的同时，范捷平还分析其消极功能，他指出，在社会心理学和跨文化交际学研究中，由模式固见产生的文化偏见是阻碍跨文化交际双方理解和造成误解的一个主要原因。例如，"在德文中，'stereotype'常常与'vorurteil'（偏见）混为一谈，在英文中，它也常常与'prejudice'混淆，意为'偏见'和'成见'，或者引申为'歧视'的意思。因此，在跨文化交际研究中，普遍存在着将'模式固见'等同于'文化偏见'的现象。"（范捷平，2003:28）实际上，上述3个概念产生和阐释的角度有所不同，"偏见"通常是从情感角度产生的观念，"模式固见"是从思维角度产生的观念，而"歧视"则是基于行为视角的观念，它们都导致消极的交际效果，其中"模式固见"所产生的消极效果有两点：第一，在意向性繁多或者意向不明的交际情景下，"模式固见"容易导致交际者做出主观臆断；第二，交际者对交际另一方的行为做出判断时，会偏向于"模式固见"的解释，对固有的观点或者偏见容易产生认同。因此，在很长一段时间内，在跨文化交际学研究中，一个很响亮的口号便是"铲除文化偏见！取消模式固见！"按照范捷平的观点，"模式固见"不一定是阻碍跨文化交际双方相互理解和造成误解的首要原因，而由"模式固见"产生的"文化偏见"则是主要原因。克服"文化偏见"的一个重要方法，就是将"模式固见"和"文化偏见"加以严格区分，对可以形成“文化偏见”的“模式固见”进行认真和积极的反思。

“模式固见”这种译法一度曾被其他作者引用,如蒋永远的《跨文化交际中的“模式固见”》(2008)一文分析了模式固见产生的3个原因,即受父母、亲戚和朋友的影响、自身所得印象、通过媒体获得等,以及模式固见的4个基本特征,即必然性、稳定性和延续性、群体性、相对性。李媛、范捷平的《跨文化交际中模式固见发展变化动态分析》(2007)一文认为,中国大学生出国学习前后对异文化的“模式固见”具有相对固定性和变异性,他们与异文化的直接接触并未消解大部分的“模式固见”,反而强化了部分“模式固见”,并产生新的“模式固见”。周玲玲、高玉兰的《消除模式固见的补偿性教学设计探析》一文(2009)认为,模式固见是大学英语教学中普遍存在的现象,阻碍了语言习得。如果学生智力因素相差不大,教师应将学生的学习性格作为切入点,实施教学策略革新,结合补偿性教学设计,放大学生的语言性格优势,弱化劣势,以增强学习效果。

上述研究表明,模式固见的特点在于“固”,它在跨文化交际中常常具有顽固性、因袭性、链接性、漫画性以及一定的感情色彩,影响价值判断,通过“按图索骥”“对号入座”等图式功能来干扰人们的沟通理解和交际策略,改变其对真实个体的判断,从而导致文化偏见的产生。但是,也应该看到这种“固有看法”的合理性与积极性,如汉语中的“中国人好客”“俄罗斯人豪放”“法国人浪漫”“德国人守时”等说法,都是典型的模式固见,是人们根据多年的思考和观察总结出来的经验之谈,可以起到与陌生文化成员交际时的积极导向作用,促进对母体文化的认同和认知,具有积极的认知功能。与此同时,汉语中也有另外一些固定看法,如“中国人很狡猾”“俄罗斯人好酗酒”“德国人很呆板”“美国人很霸道”等,反映的往往是某些负面特征。无论是正面还是负面特征,都无一例外地蕴含着丰富多样的人文、历史、传统、文化理念、社会基因、价值观念、思维方式等诸多因素,需要认真解读与分析。例如,上述模式固见包含着丰富的社会性别理念，往往以男性为参照点，视男性为民族文化的代表，在某种程度上忽视了女性的存在。

2.“刻板印象”说

“刻板印象”这一译法和观点主要见诸心理学、社会心理学、应用心理学、心理语言学、社会心理语言学等研究领域，至今仍然继续沿用，如钱铭怡、罗珊红等学者的《关于性别刻板印象的初步调查》(1999)、王沛的《刻板印象的社会认知研究论述》(1999)、《社会信息归类过程中刻板印象的内隐效应》(2002)以及《刻板印象与社会情境因果建构的相互影响》(2003)、马锦华的《性别刻板印象与性别教育》(2000)、徐大真的《性别刻板印象之性别效应研究》(2003)、胡志海、梁宁建、徐维东的《职业刻板印象及其影响因素研究》(2004)、钱凤莲、唐德根的《跨文化交际中的刻板印象与大众传播》(2004)、王沛、孙连荣的《广告中性别刻板印象的信息加工方式》(2005)、聂建高的《对我国性别刻板印象的分析》(2007)、许晓婧的《判断与性别刻板印象相关》(2007)、张洪英、高丽娟的《刻板印象稳定性的理论分析》(2005)等著述均采用这种译法。

马锦华(2000:36)认为，刻板印象是指社会上对某一群体的特征所作的归纳、概括和总结。它往往不以直接经验为依据，也不以事实材料为基础，也不考虑个体的差异，是存在于人们头脑中的一些固定的看法，其主要特征是：对社会人群的一种过于简单化的分类方式；在同一社会文化或同一群体中，刻板印象具有相当的一致性；它多与事实不符，甚至有时是错误的，并对人们的认知和行为产生重大影响。性别刻板印象(gender stereotype)是指人们对男性和女性在行为、个性特征等方面予以的归纳、概括和总结，即认为男性具有坚强、自信、能干、理智、成就动机等高等品质，始终处于统治、荣耀的地位，而女性具有敏感、柔弱、重感情、被动、顺从等品质，通常依附于男性，始终处于附属、被动、服从的地位。通过对比分析，马锦华认为国内教育领域的性别刻板印象表尤为严重，如在国内通行的历史课本中，被记载的女性仅有12人，而男性则有490人，尤其是中国的史书《二十四史》更是男性的活动史，没有女性的地位。

华中师范大学心理学教授左斌曾对人民教育出版社出版的小学语文课文进行研究分析，结果发现，小学语文分配给男女两性扮演主角的数量比例严重失调，男性是女性的4.3倍，其中第四、九、十册没有女性担任主角；而在男女能力方面，语文教材中描述女性的是无知低能的多，男性则是知识渊博、能力高强的多；在男女性格方面，描述女性更多的是不良性格特征（如小气、狠毒、多疑、迷信等），而男性则具有是坚强、勇敢、正直、友爱等优良的性格品质。小学语文课本是小学生主要的学习读物，这其中的性别刻板印象势必会对学生的性别观产生潜移默化的影响。

钱凤莲、唐德根（2004:108）认为，刻板印象与大众传播存在着一种必然的关系，二者相互影响，这为我们了解这两个概念以推动跨文化交际的顺利进行打开了方便之门。本着减少差异和误解，加大沟通和理解这一前提，刻板印象与大众传播能够在一定程度上互为所用，促成交际双方取得最佳交际效果。在人际交往中，人们常常会遇到许多不尽如人意的事情：诚心诚意与人交往，却被人当成了区别对待的对象；有时自己与人交往时，也免不了将旧时的经验往别人身上套，结果却误解了对方，使其遭受伤害和委屈。这种种现象，不仅不利于营造良好的交际氛围，而且还会破坏业已形成的良好的人际关系。

许晓婧（2007:222）通过 ERP 的实验方法，采用图片刺激呈现的方式，研究判断与性别刻板印象相关的社会行为在不同阶段的认知加工过程和不同知觉维度上的差异，同时检验违反性别刻板印象的行为是否引起生理上的差异。实验结果表明，该认知加工过程包括了判断行为特征和性别特征、性别同行为匹配，以及从长时记忆中提取信息等一系列加工过程，并且在不同阶段的加工过程中存在显著的半球不对称。

聂建高（2007:91）从心理学视角探讨了性别刻板印象的表现，分析了影响其产生的因素，并进一步介绍了减弱性别刻板印象的对策。他指出，刻板印象是指人们对某一类事物或人物产生的一种比较固定概括和笼统的看法，而性别刻板印象则是指“社会生活中为人们广泛接受的对男性和女性的固定看法”。在日常生活中，人们往往已经形成了对典型男性或女性形象的看法，并深刻地影响了他们的言语行为。

钱铭怡、罗珊红等（1999:14）进行实证研究，在380名大学生中作了性别刻板印象的初步调查，并考察了性别和性别角色对性别刻板印象的影响。结果发现中国大学生的性别刻板印象与传统的性别观念比较一致，认为男性更坚强能干，女性更被动顺从，且这一印象不因性别和性别角色而改变。但男女被试的性别刻板印象仍存在明显差异，不同性别角色被试之间的性别刻板印象也有差异。总体而言，性别对性别刻板印象的影响比性别角色对性别刻板印象的影响大，此外，国内外心理学家对男女大学生、研究生的择偶意向进行调查，其结果惊人的相似：男性优选女性的外貌，要求女性比自己的学历低，女性则倾向于选择那些比自己学历高、能干、地位好、收入高的男性，这种择偶意向实质上仍是受传统的男尊女卑、夫贵妻荣的性别刻板印象的影响。由此可见，性别刻板印象是一种重要的社会刻板印象，它在当今精神文明和物质文明高度统一的现代化社会里仍然根深蒂固。

王沛、孙连荣（2005:113）通过操纵注意方式、刻板印象的启动方式及被试的刻板化状态，探讨了广告中性别刻板印象信息加工的方式和特点，其研究结果表明：（1）广告中性别刻板印象信息的加工是自动化加工和控制性加工共同作用的结果，刻板化启动引起更多的自动化加工，反刻板化启动引起更多的控制性加工；（2）注意方式影响广告中性别刻板印象信息的控制性加工，而不影响其自动化加工，集中注意时控制性加工的贡献最大；（3）对于广告中的性别刻板化信息，刻板化程度高的人具有更严格的判断标准。

陈静（2006）的性别刻板印象研究与其他学者有所不同，她不是把性别差异对比作为重点，而是要让读者认识到这些性别差异所带来的负面影响，影响之一就是对性别语言差异的过度关注导致了性别刻板印象的形成。因此，陈静对性别刻板印象提出质疑，从会话分析的角度探讨性别刻板印象。她认为，性别是一种社会构建的范畴，是一种交际双方互动的结果。而会话分析正是建立在交际这一双向活动的基础之上的，它所关注的是，参与者双方是如何努力促成交际成功，比如，如何开始和结束对话，如何进行请求和回答，等等。

陈静借鉴社会语言学和语用学等方面的理论成果，从会话结构、会话策略和会话风格3个方面对影视作品中所收集的男女对话进行了对比分析：会话结构是语言遵循的自然结构，而以往的研究通常关注的是女性如何把发言机会让与男性，但作者认为在不同的语境条件下，男性也有可能让出较多的发言机会给女性；会话策略是指言语、副言语（音律、语调等）和非言语（手势、表情等）信号，这些信号帮助听话人在交际中完全理解对方的话语。人们往往认为男性倾向使用更突兀的回答来拒绝或反对对方，且在对话中很少用上升的语调。然而，作者分析中的数据则显示这种先入为主的观点并非绝对正确；会话风格是说话者自然的说话方式，以往的研究似乎认为男性往往不喜欢谈论个人话题，也不喜欢使用肯定性最低反应（如“uh. uh”“tvcah”“mmm”，等）。然而，作者所收集的数据则得出了与之不符的结果。将语用特征与男女的社会角色联系起来，其最终的目的就是尽量减少男女对话中的误解，消除性别刻板印象带来的负面影响，促进男女话语交际的顺利有效地进行。

上述研究表明，刻板印象的特点在于“刻板”，它对男性和女性的看法拘泥于一格，忽视了社会性别的社会构建和交际双方的互动，因而会在言语交际中带来诸多负面影响。但由于刻板印象与大众传播相互影响，在一定程度上互为所用，所以往往能够促成男女两性在交际过程中顾及大众传媒的社会影响力，灵活使用交际策略，改变一些僵化的性别刻板印象，使自己的言语行为尽可能符合社会规约。

3. “文化定势”说

“文化定势”这一译法和观点主要基于跨文化交际学、认知语言学视阈，见诸贾玉新的专著《跨文化交际学》(2002)、王陆、贾琰的《从汉语称赞应对的发展看文化定势之悖论》(2001)、罗虹、刘振艾的《对“定势理论”的反思》(2005)、郑艳、王艳萍的《浅析文化定势在跨文化交际中的影响》(2006)、薛文平的《跨文化交际中社会文化定势及其消解》(2006)、罗小英的《从原型范畴理论看跨文化交际中的文化定势》(2006)、张艳、索永平的《文化定势在跨文化交际中的影响》(2010)、韩燕的《框架理论视角下定势的认知建构》(2011)、陈霞的《对文化定型的浅析》(2011)等著述。

贾玉新(2002: 176—177)认为，定势是一种思维方式，是一种无视群体内部存在着差异的思维方式，一种无视普遍性之外还存在着特殊性的思维方式，往往带有感情色彩，伴有固定的信念和情感，它在交际中的作用较为复杂，体现出正反作用的悖论性。但需要肯定的是，定势内涵中包含着很多通过观察所获得的准确和重要的事实。当我们把两种文化、两个群体或两个社团看成截然不同的、完全对立的文化群体时，就会产生文化定势；王陆、贾琰(2001:147)认为，随着跨文化交际学的深入发展，一些关于某种文化侧面的文化定势随之出现。但是，一成不变的定势在有些时候也会造成跨文化交际方面的障碍。作者收集了1,280条称赞应对语进行对比分析，发现其中有较大比例是属于同意别人的称赞。因此，如果沿用过去的应对模式，就会造成文化悖论。

罗虹、刘振艾(2005:75)认为，文化定势是一种不可避免的普遍现象，具有相对的稳定性和延续性。影响文化定势形成的因素包括教育、个人交际经验和媒体等。在学习和交际实践中，定势既存在积极的作用，也存在消极的作用。培养跨文化学习能力，就应该不断地对定势进行反思，解构欠准确的定势，从多维角度观察文化并建构新的定势。

罗小英（2006: 60）认为，文化定势是研究者们用来帮助人们习得异域文化而设定的一种思维模式，而定势是过于忽略个性、细节差别、过于概括的认知方式，定势的形成主要是由于文化的差异引起的。它是指按照性别、种族、年龄或职业等进行的社会分类，形成的是关于某类人的固定印象，早期的刻板印象研究主要集中于对其概念的界定，以及对不同群体刻板印象内容的评估，然而从 20 世纪 70 年代初开始，文化定势的研究开始从内容向加工转移，这时研究主要集中在作为一种认知结构的“文化定势”是如何产生的，在交际中它又是如何影响群体成员的知觉和行为的。从原型范畴理论的角度出发，来分析跨文化交际中文化定势的利与弊，能够让不同文化背景的人在交际中更好地运用动态的文化模式，在具体的语境中更加有效地正确利用语言，以减少语用失误，促进交际的成功。

“定势”这一译法一度在学界产生了较大的影响，曾被广为引用，随着时间的推移，逐渐被“定型”所代替。

4. “常规关系”说

“常规关系”这一译法和观点主要基于认知语言学、语用学、跨文化交际学和语言文化学等研究视阈，见诸徐盛桓的《论“常规关系”— 新格莱斯会话含意理论系列研究之六》（1993）与《常规关系与认知化—再论常规关系》（2002）、钟百超的《论常规关系系统的构成及其作用》（1995）、巨芸的《世界图景、常规关系和超常搭配》（1999）、王文忠的《跨文化交际中的常规关系差异》（1999）、刘宏的《试论外语教学中的常规关系与民族社会文化常规范型》（2001）等著述。

徐盛桓（1993: 13—20）对新格赖斯的会话含意理论和列文森的会话含意三原则进行补充修正，在这一理论框架下建立了语用推理机制，把定型解释为一种常规关系。他认为，格赖斯的会话含意理论尽管以合作原则为主，借助量、质、关系、方式这四个准则构成了范畴体系，但未对四准则的具体内容以及它们之间的关系层次做出说明，各层次的界定都比较模糊，对会话含意类别的区分不够严密，对会话含意特征的说明过于简单，这就使得人们运用这四条准则来推导会话含意时多半只凭语感，难于形成合理的推导程序。因此，必须建构会话含意的语用推导机制。

另外，徐盛桓还对列文森提出的“新格赖斯语用学机制”中的信息原则作了补充说明，认为在人们的记忆储存里，有若干不言而喻的“常规关系”。因此，说话人在言语交际中可以言简意赅，点到为止，受话人则依据常规关系来“扩展说话人话语的信息内容”。常规关系可从句子所提及的对象或事件所形成的共轭关系和蕴涵、前提关系来判断。共轭关系用于对象，各个对象之间所形成的关系由关系轴连结起来，就像共处一个轭似的，有前有后，有上有下，彼此相依，如“上义——下义、整体——部分”就是分处于关系轴的两端；以此类推，人在社会生活中同人或事物相互结成的关系，也分别处于关系轴的两端，如父——子、夫——妻、教师——学生、医生——病人、汽车——司机、打字员——打字机等。通俗地说，句子陈述了甲，就必然导致乙的存在或发生，就是甲蕴涵了乙，或者说乙是甲的蕴涵，如“小兰昨天买了一条裙子，拉链一下子就坏了”一句中，裙子可以有拉链，二者是整体——部分关系，可以成为常规关系（刘巍，2006:87—88）。据此，可以推导拉链正是上面提到的那条裙子的拉链，而不是其他。徐盛桓所倡导的语用推理比较简洁明快，不像运用“合作原则”进行推理那样，既要注意是遵循四条准则还是有意违反，也要注意区分规约含意和非规约含意，从而使得新格赖斯语用推理机制可以在日常言语交际中得到更为普及的运用，关注的是“常规”意义的一般理解，而不再只关注“非常规”的言外之意。这无疑将使语用学在研究日常语言运用的一般规律及语用机制方面担负起更重的任务。

基于以上认识，徐盛桓（1996: 3—6）认为“可以从相邻和相似两个维度审视常规关系”，可以用其阐释社会性别语言定型的转喻映射机制：若事物（或其特征）A 一般总是常规性地同事物 B（或其特征）联系在一起，A 和 B 就结成了常规关系：提到 A 在一定条件下就会联系上 B，B 就可能是 A 所暗含的转喻。转喻中的喻体（домен-источник /source domain）和本体（целевой домен /target domain）通过相邻性建立常规关系，转喻的喻体和本体属于同一认知域，转喻映现是可逆的。提到喻体，就会在一定条件下联系上本体，本体即是从这一常规关系中能够获得的语境含意。在社会性别定型中包含着大量的分别属于男性和女性的常规喻体，比如“强壮、攻击性、竞争←→男性”，“娇弱、文静、温顺←→女性”这样的转喻映现，喻体和本体具有相邻 / 相似关系，共处一个联想链中，互相通达，可视为同一个整体。喻体和本体中只要认定了其中一个的存在，就可能内在地蕴含着另一关系体的不同程度的存在，这个另一关系体就可以用来对该关系体进行补足或阐释。按照通俗的说法，即指共性和个性的相互转指：共性特征可以指称个性特征，个性特征可以体现共性特征。

钟百超（1995:27）归纳了常规关系的3个特点：一，它是客观世界中存在的一种现实关系，亦即它的客观性；二，它是事物自身与它物的关系，亦即它的普遍联系性；三，它可以为人们所认识，并以知识形态作为认识的成果固定下来，亦即它的可认识性。因此，常规关系就是客观事物本身或客观事物之间为人们所认识的一种现实普遍联系。

巨芸（1999: 55—60）认为，事物和事物之间、现象和现象之间以及语言单位与语言单位之间存在着必然的惯常联系，具有普遍联系特征的自然界不可能没有常规关系，如果失去常规关系，世界图景就变得不可捉摸和无从把握，人类就无法进行交流和协作。常规关系是世界图景中本质的、稳定的要素，它贯穿于各种各样的世界图景中，以各种不同的方式为不同的人所感知，影响并指导着人们的思维和行动。刘宏（2001:

27—29）认为，常规关系寓于人的言语行为之中，并在交际层面上以显性方式表现出来，而在言语交际中两个事物或特征之间会形成必然的为某一民族所接受和惯常使用的联系，表示这两个事物或特征的语言单位就构成了常规范型。

上述研究表明，常规关系的特点在于"常规"，强调的是客观性、稳定性和恒常性是客观世界中各种现象之间为人们所认识的一种普遍联系。

5. "原型"说

"原型"这一译法和观点主要基于心理语言学、语用学、语义学等研究视阈，见诸桂诗春的专著《心理语言学》（1986）以及宋海燕的《性别原型及其在两性言语交际能力中的反映》（1998）、高岚、申荷永的《汉字与心理原型》（2000）、钱进的《论汉语词语的语义性别原型模式差异》（2000）与《语义性别原型与构词模式》（2004）、刘思谦的《原型批评与集体无意识与性别》（2001）、魏万德、李从庆的《从性别原型的语义特点看语言中的性别歧视》（2004）、杨蓉的《俄罗斯心智中的女性原型》（2010）、周民权的《俄罗斯语言学界社会性别原型研究概观》（2012）等论文。这种译法把"stereotype"视为一种原本固有的模型：原本表示其原始性、根源性和本质性，而模型则表示着一种高度的概括和典型化，二者的结合就构成了"原型"的基本内涵。

"原型"和"定型"两个概念极为相似，需要加以区分：原型理论认为"原型"是范畴里最典型的成员，人们在提及某个范畴时首先想到的就是该范畴的原型。具体形态包括样本、范例、典型成员，它们和范畴的其他成员具有家族相似性。定型是指一个群体对于另一群体的简单看法，常常带有消极或积极的情感色彩，而这些情感色彩正是对该群体中原型样例的评价方式。因此可以认为，原型被赋予情感评价后表现在人们意识中即成定型。二者来源不同，但本质意义相似。因此，我们在研究过程中使用了与“定型”概念基本一致的那些“原型”观点（“原型”还有其他的含义，译自于“прототип”和“архетип”，如原型神话、原型批评等，还有认知语言学中的“原型范畴理论”等，均不在本文探讨范围之内），

需要说明的是，为了忠实原文，在该专著撰写过程中，我们引用标题和原文时保留了“模式固见”“刻板印象”“文化定势”“常规关系”“原型”等说法，而在阐释或论证时统一使用“定型”这一译法，避免产生术语混淆以及观点上的互撞。

6. **“定型”说**

这种译法和观点主要基于语言文化学、语用学、跨文化交际学、认知语言学等研究视阈，见诸高一虹的《“文化定型”与“跨文化交际悖论”》（1995）、文卫平的《跨文化交际中的定型概念》（2002）、王静的《跨文化交际中的文化定型》（2002）、赵爱国的《“定型理论”及其研究—文化与认知空间双重语境之解释》（2005）、陈亚明的《文化定型关照下的外语文化教学》（2003）、黄鸣的《跨文化交际中“文化定型”的建立与打破》（2004）、延辉、李小华的《略论交际中的性别定型》（2008）、王璐的《跨文化交际中文化定型的认识与超越》（2008）、李乐的《概念转喻对文化定型的解释力》（2013）等论文。

国内学界对定型的解读与界定基于不同的视角。例如，赵爱国（2005: 11—15）从跨文化言语交际视角对民族文化定型进行界定，认为言语交际中的民族文化定型是指规范的交际情景中带有鲜明民族文化共性色彩的言语行为——思维定型和行为定型，即由此构成的心智—语言复合体单位，另一方面，他在文化和认知的双重空间里进一步研究定型，把文化空间里的定型分为社会定型和文化定型，前者是在特定文化空间中形成的思维方式和行为方式，包括思维定型和行为定型，而后者，即文化定型则是对某个社会群体或民族以及社会事物和现象的概括性、

形象化认识。社会定型和文化定型在现实生活中常常相互交织在一起，构成了定型研究的内容层面，而认知空间里的定型研究则属于表达层面，实际上是围绕着人的思维能力或语言生成、认知、交际能力而展开的研究，它的主要对象应该是语言定型，体现了人对世界的认知过程，也是人对世界的认知结果。

王静(2002: 43)认为，在日常生活中，人们总是倾向于以一定标准将事物和人归类，于是对不同的群体就会形成各种社会刻板印象，这些印象又称作定型，在人们的社会生活中无时不有，普遍地存在于人们的意识中。陈亚明(2003:129—130)认为，定型常常带有感情色彩，伴有固定的信念和情感，尽管它具有简单化的特点，但却可以有效地缓解面对陌生时的焦虑感。正因为如此，定型才会大量存在，并且具有强大的生命力。从文化定型形成的轨迹来看，它完全是后天文化熏陶的产物；

宋洪英(2011: 41—47)从哲学和认知的角度分析定型问题，认为定型的内涵有很多是通过观察所获得的准确和重要的事实，有些定型是真实的，或部分真实的，或者完全错误的，或者部分错误的，但即使是错误的，也可能有合理之处，因为它们都是从一般化或极端化的事实中发展而来的，一旦定型与客观实际吻合，它就变成了一种科学和准确的社会分类，这是定型的积极作用之一。定型最重要的功能就是认知，它是一种普遍的、不可避免的人类认知方式，能够节省人们理解复杂社会现象的精力和时间。定型的认知功能包括图式化功能、简化功能、形成及储存集体意识的功能以及其他思维功能。定型之所以能够发挥认知功能的作用，是因为人们所处的环境太过复杂，而人的精力和时间又很有限，不可能对世界上所有的人和事一一体验和认识，因此人们便用一种简化的认知方式，对具有相同特征的人群或事物、现象进行有序的图式化、模式化处理，定型正好满足了人们的这种心理需求。此外，宋洪英对现代化条件下俄罗斯中部孩子的性别角色定型以及俄罗斯儿童文学中的社会性别定型作了简要的评介。

骆洪(2005,60—63)认为,定型对他群体按某种先入为主的标准和尺度带有较大的主观性。它往往会将他群体的"普遍性"特征僵化地移植到该群体的个体身上,将他群体的"普遍性"特征看作是个体的特征。性别定型涉及任何对个体特征的归类,而这种归类往往掩盖了个体特征之间的差异,同时,性别定型也是一种概括的形式,涉及某一群体的名称和有关这一群体的描述。由此不难看出,性别定型往往带有过泛、简单化的特点,如认为男性就是"有抱负的,独立精神强的,富有竞争性的",而女性则是"依赖性强的,温柔的,软弱的",男性"勇敢、坚强、富于冒险精神,统治欲强、适合做领导",女性则是"体贴的、顺服的,井井有条的、可爱的、情绪化的角色"。任何性别主体一旦出现跨越社会性别定型的界限,则会受到责难,则会被冠以更加消极的定型特征。实际上,到了现代社会,男性并不一定就总是显得有阳刚之气,而女性并不一定就总是显得阴柔。因此,性别定型现象是影响跨性别交际的最大障碍,研究定型观念将有助于促进人际间良性的交流与互动。

陈春红(2015:59—64)认为,社会性别定型是一种典型的转喻认知方式,建立在范畴和特性(整体与部分)的相邻关系的基础之上,可以通过突显特性指称范畴,或者通过范畴掌握其主要特性,从而简化认知活动。一方面,该转喻过程发生在男性范畴与男性气质之间以及女性范畴与女性气质之间,"特性→范畴"可以用男女二元对立涵义来表示,比如强弱,阴阳,尊卑等伴随意义以及在此基础上形成的缩略性词汇可用来分别指称男女两性,而"范畴→特性"的主要语言手段包括"同义重复"和"副 + 名"构式,此处社会性别词汇发生了重新范畴化过程;另一方面,转喻过程还发生在男性气质和女性气质之间,由于社会性别定型只反映男性和女性的互动,所以男性气质和女性气质既相互对立,又相互统一。

周民权在《俄汉社会性别语言的语用对比研究》(2014b)一书中辟出一章,对社会性别定型的形成基础、语言和语言意识中的社会性别定型、社会性别定型与言语交际风格作了较为全面的论述,在此基础上对俄汉社会性别定型进行对比分析，从中得出结论：作为一种司空见惯的社会现象，社会性别定型常常受制于社会文化机制和民族习性，具有鲜明的民族性和地域性，不言而喻，每个民族、每个国家都有自己的言语行为定型。因此，应该从两个方面审视社会性别定型：一是基于男性和女性的自我意识，二是立足于集体的社会意识。这两个方面在现实中常常紧密相连，融为一体，只有在构建科学的描写模式时才会被分割开来。

"定型"这一译法近年来在国内语言学界较为普遍，尤其是俄语学界，已经基本达成共识。

上述6种译法和研究尽管基于不同视角，观点各有千秋，但对该术语的基本内涵和特点已经勾画出比较清晰的轮廓，可以说是殊途同归。笔者认为，译者无论基于哪种视角和观点，只要能把各自阐释或论证的问题说清楚，都是可行的。不言而喻，上述研究吸收了定型理论的合理内核，指明了该理论的总体研究方向，疏通并拓宽了社会性别定型研究这一渠道，为社会性别定型的深入研究提供了方法论，奠定了理论基础。

第四节　研究特点、存在问题及应对方略

纵观以上中俄学者的定型研究成果，可以看出，这些研究涉及定型的方方面面，其中不乏对于社会性别定型的探究。研究表明，社会性别定型研究经历了由外向内、由表及里、由浅入深、不断扩展的过程，即"散乱—集中—系统—深化"四个阶段，逐步成为一门研究男女两性的语言定型异同及其成因的显学，打破了传统研究的禁锢，为社会性别语言学研究注入新的活力，进一步拓宽了语言学研究的路径。概括起来，其研究特点、存在问题及应对方略可以归结为以下几个方面：

1. 研究视角及方法多元化

传统的社会性别定型研究始于社会学，男女两性的社会活动及言语行为进入社会学家的研究视野。随着社会发展和语言学研究的不断进步，跨学科研究成为一种引领学术潮流的发展趋势，单一的社会性别定型研究势必转向多元化，因为这一理论涉及民族文化、心理、思维、价值观念、语言运用等诸多方面，且同其他理论互为依托，相互关联，相互渗透，研究要求多维度的切入。国内外学者顺应了这一研究态势，将社会性别定型理论引入不同的学科，在研究过程中采用多种方法，促进了跨学科的多维研究。

首先，从学科类型来看，社会性别定型进入类型学、交际学、文化学、心理学、美学、跨文化交际学、语言文化学、社会语言学、认知语言学、语用学等等不同研究领域，成为一门新的边缘性学科，这无疑与女性解放的快速进程及人文学科的迅猛发展密切相关。当今社会及学界对性别问题的关注直接反映了社会的文明与进步，也体现了女性视角与男性视角交融汇聚的人文视角。例如，俄罗斯学者 B.A. 雷日科夫（1985）、T. Г. 维诺库尔（1993）、H.B. 乌菲姆采娃（1996）、B.A. 马斯洛娃（2001）、T.B. 里亚博娃（2001）、B.B. 克拉斯内赫（2002）、O.B. 里亚博夫（2002）、Ю.E. 普罗霍罗夫（2003）、E.C. 格里岑科（2005）、Г.E. 克列依德林（2005）等俄罗斯学者分别从民族文化学、心理学、体态学、语用学、认知语言学等视角论述社会性别定型的认知和交际功能，对男性气质和女性气质作了较为透彻的分析。

在国内外语学界，彭文钊（1999）、刘宏（2001）、赵爱国（2005）、宋洪英（2011）、赵亮（2012）等国内俄语学者的语言文化学研究均涉及男女两性的语言世界图景，其中提到的一些先例名现象直接或间接地体现了社会性别定型；徐盛桓（1993、2002）、钟百超（1995）、王沛（1999、2002）、白解红（2000）、贾玉新（2002）延辉、李小华（2008）、王璐（2008）、李乐（2013）等英语学者分别从语用学、功能语言学、心理语言学、跨文化交际学等视角探讨了社会性别定型的语用推理、认知机制及解释力，并对社会性别定型所彰显的各种常规关系作了较为详尽的分析；李琳（2000）、赵蓉晖（2003）、唐媛（2006）、史崇文（2007）、孙晶（2008）、杨蓉（2010）、姜宏、曾婷（2011）、周民权（2014）、陈春红（2015）等俄语学者运用功能语言学、语义学、语用学及对比语言学等理论，注重俄汉社会性别定型的语用对比分析，分别对该定型的本质特征、语义类型、语用机制及表达手段作了较为全面的探讨，表明社会性别差异的形成机制非常复杂，宏观上受种族、地域、社会结构、文化传统等因素的影响，微观上又受心理、职业、交际角色关系、教育程度等因素的制约；沈家煊（1999）、孙汝建（1998，2010）、孔庆成（1993）、于国栋、吴亚欣（2002）、肖建安、肖志钦（2003）、杨永林（2004）、魏万德、李从庆（2004）、史耕山（2006）、施栋琴（2007）等汉语和外语界学者努力发掘社会性别定型所表现出的不对称性现象，揭示性别标记言语的形成特点及社会根源，探索男性定型与女性定型的异同以及语言习得、语言认知和副语言研究等因素的影响，分别涉及对比语言学、隐喻理论、标记理论、社会心理语言学、交际学等不同学科。

其次，社会性别定型的多元理论研究促成了研究方法的多样化，演绎归纳法、逻辑分析法等传统研究方法被广为运用，问卷调查、随机抽样、录音分析、座谈求证、联想实验等实证研究方法不断得到丰富，定性定量分析法，对比分析法逐渐形成优势。实践证明，单靠一种研究方法很难全方位地反映问题的实质，而多种研究方法、研究理论的有机结合，则可以相互补充，相互完善，相互印证。研究方法和视角的多元化势必会推动语言学理论的多元化研究。“语言学理论多元化主要体现在其研究路径是理论研究与实践观察的循环体，其研究范式是定性研究与定量研究的综合体。任何语言学理论，都不能割裂这两对统一体的关系。”（陈冬纯，2009：103）社会性别定型理论同样如此，它的研究体现了多种理论及方法的有机结合。例如，在俄罗斯语言学界，O.H. 西莉娜（1984）、

E.A. 泽姆斯卡娅、M. A. 基泰戈罗茨卡娅、H.H. 罗扎诺娃(1993)等以俄语语音理论为先导,以俄语口语学理论为支撑,对俄语中的诸多社会性别定型口语现象进行详尽的定性定量分析; Н.Д. 阿鲁秋诺娃(1994)、Г.Е. 克列依德林(2005)等从伴随语言学的视角对男女两性之间的非言语交际行为进行模式分类,进而挖掘非言语社会性别定型的普遍特性与文化特点,并对俄罗斯男性和女性的身势语定型特点作了翔实的语用对比研究; A.B. 基里利娜(2002, 2005)、O. B. 里亚博夫(2002)等以跨文化交际学理论为依托,展开俄语与其他语种的社会性别语言对比研究,并从语用学视角对男女两性的言语行为定型进行深层次的对比分析。

我国语言学界也进行了这种跨学科的多维研究。例如,赵蓉晖(2003)以社会语言学理论为基础,结合口语学和语用学理论来分析社会文化因素对于俄汉语中男女两性话语风格的影响,进而从言语的得体性、对话中的合作与协调等视角阐释了两性话语与礼貌准则、幽默准则、克制准则、关联准则的相互关系以及由此引发的话语风格方面的差异;贾玉新(2002)以跨文化交际学理论为基础,对性别文化与跨性别文化交际作了较为全面的论证;孙汝建(1998,2010)运用社会心理语言学理论阐释性别语言差异,对汉语中的性别歧视现象进行较为全面的分析;白解红(2000)运用语用学的合作原则、礼貌原则、面子理论以及功能语言学的人际功能理论分析男女两性的语言互动与变异。(周民权,2014b:274—275)这些对比研究旨在探索社会性别语言定型规律的科学运作机制,视角各异,富有新意。

2. 本土化研究逐渐拓展

检验一种国外理论的引进是否成功,主要是看对它的研究能否融入本土,实现理论与实践的有机结合,也就是通常所说的入乡随俗或者本土化。例如,马克思主义理论在世界各国均有研究,但怎么结合本国实际,就存在一个本土化研究的问题,毛泽东思想就是以毛泽东为代表的中国共产党人把马克思主义的一般原理创造性地运用于中国具体实际的典范，它运用马克思主义的基本立场、观点和方法来观察和分析中国社会现实，用中国人民大众喜闻乐见的民族语言形式说明中国革命的理论和政策，阐明了中国革命的发展规律，前所未有地推动了中国社会的进步和发展，既符合马列主义的普遍原理，又具有鲜明的中国特色，从而使马克思主义由欧洲形式变成中国形式，成为具有中国独特内容和民族表现形式的、中国化的马克思主义，这种本土化研究成果无疑是对马克思主义理论的重要发展和贡献。（周民权，2014b：278—279）这一事实表明，对于从国外"拿来"的任何理论，只要取其精华，结合本国实际恰当运用，就会达到理想的本土化研究效果。语言学研究同样如此，引进西方语言学理论之后，如何淡化西化模式、避免削足适履、杜绝生搬硬套、克服唯工具论倾向，并与汉语研究形成"两张皮"的有机结合，成为语言学理论本土化研究的关键所在。我国清代思想家魏源所论述的"履不必同，期于适足"就是阐明这样一个道理：在科学研究中，任何发展，都要适于本国实际国情，任何选择，都应源于既有文化基础。

社会性别语言定型的本土化研究同样离不开语言学研究的国际发展趋势与总体格局，也不能脱离中国的国情和汉语的语用特点。具体来讲，要对国外相关研究成果的取舍进行细化处理，区别对待，对其中具有共同规律的要素进行研究时，可采用西方语言学中先进的技术和方法。例如，作为物质性很强的要素，语音具有显著的地域特点和历史传承，各民族的语音规律尽管各有千秋，但不乏相似或共同之处，尤其在表达某些情感时，不同民族的男性和女性的发音方式及语用效果常常相近。然而，在语法学方面，属于汉藏语系的汉语和印欧语系以及斯拉夫语系的各个语言不尽相同，汉语属于典型的孤立型语言，没有词的变化，主要通过词序和虚词来表示各种语法关系，而在语音上，每个音节有固定的声调，而且可根据声调区分不同的词汇意义。相比之下，印欧语和斯拉夫语则属于典型的屈折型语言，语言形态变化丰富多样，词汇有人称、体、性、数、格、时、态等方面的变化，通过这些变化表达不同的语法意义，而在语音上则通过重音来确定词的读法，有时重音能够区分不同的词义。现有数据表明，“汉语与印欧语在结构形态、组织方略和文化精神上分别处于人类语言连续统对立的两级。”（王易萍，2010:26）因此，一味照搬西方的语言学理论而忽视汉语特点是难以拓展本土化研究的。

实际上，本土化研究的主要障碍并不是形态结构方面的差异，而是体现在中西方文化差异、思维方式、价值取向、道德观念、社会习俗、言语风格、语用特点等各个方面，尤其在涉及女性主义话题的社会性别语言定型研究时，西方学者的观点显然不完全符合中国国情和汉语的使用特点。因此，社会性别语言定型的本土化研究务必充分顾及民族文化的诸多特点以及表达习惯，对男女两性在各个言语交际单位层面的不同语用形式、特点及其机制方面的异同进行对比分析，进而剖析影响社会性别语用定型变异的成因，努力使上述研究系统化、科学化，融入本土并产生积极的多边效应。

实事求是地讲，社会性别语言定型与其他语言学理论的不同之处在于，它具有错综复杂的民族性、形式多样的地域特点、变化多端的语言与文化差异，因此为本土化研究带来一定困难。尽管如此，俄罗斯和我国语言学界在这方面作了种种尝试和努力，借助于西方相关理论，利用本土语言资源进行社会性别语言对比研究，成果颇丰。例如：

俄罗斯学者 A.B. 基里利娜以社会性别定型理论为方法论，研究俄语词汇的社会性别标记，从中挖掘俄语语言意识中的社会性别定型特点。例如，祖国（Родина）、母亲（мать）、智慧女神索菲娅（Софья）及其女儿们——信仰（Вера）、希望（Надежда）、爱（Любовь）、俄罗斯的国名从古代的罗斯（Русь）到今天的俄罗斯（Россия）均为阴性，这种与语言和神话相关的性别化思维特征反映了俄罗斯心智的契合及内核，赋予其神圣的女性灵魂，它们在俄罗斯人的心目中至高无上，获得心智上的集体认同，在语言意识中体现出来。（Кирилина，1999:119—122）在俄语词汇中，阴性名词主要表示集合与抽象意义，灵魂（душа）、生命（жизнь）、爱（любовь）、善良（доброта）、自然（природа）与美丽（красота）、纯洁（чистота）等词汇都是阴性，这种看似约定俗成的语言表象事实上隐含着发生学的论据和深刻的、关于女性的哲学思维；再如，俄罗斯文学中以女性为主的正面形象群通过语言文字被形象地展现出来，从普希金、托尔斯泰、陀思妥耶夫斯基、车尔尼雪夫斯基、契诃夫等文学巨匠们的创作中不难看出，身心美好的女性形象久已融入俄罗斯的精神意识，她们大都兼具丰富的内心世界和女性独有的优秀品质，也是女性形象中所含精神之美的代言与升华。

O.B. 里亚博夫从性格学视角分析与男性特征和女性特征密切相关的俄语社会性别语言定型特点，他认为，性格学对俄罗斯人的民族性格一般用“女性特征”这一术语进行诠释，在大多数情况下，同俄罗斯相联系的是女性特征，即形而上学意义上属于女性的一系列特征，而对德国人以及其他西方人的民族性格进行解读时，则通常使用“男性特征”这一术语。（Рябов，1996: 29）

B.B. 科列索夫赞同 O.B. 里亚博夫的看法，认为俄罗斯女性被奉为男女两性代言人的几率大于男性，俄罗斯心智中的理想规范始终是女性，女性是俄罗斯民族意识的理想类型。作为民族文化的基本要素，心智以言语化形式存在于民族记忆之中，俄罗斯心智中的女性定型发端于俄罗斯民族文化的原始形式，又融汇于其中，成为精神与世俗、阴柔与阳刚的矛盾组合。在俄罗斯民族语言形式中，可以看到关于女性认知的生动实例，如俄语语法中“性”的范畴使俄罗斯民族的思维获得了独特的生理潜台词，可以毫不牵强地说，俄语标准语的类涵义上义词的发展就是“女性特点”。（Колесов，2006: 238）

H.B. 乌菲姆采娃对比分析了俄语和英语语言意识中的社会性别定型差异，以翔实的语料表明，在人的称呼方面，对于俄罗斯人来说，居于第一位概念的最常反应是“人”一词，然后是“房子”“好”“坏”“朋友”

等词，与性别有关的词进不了前10位，“男人”一词仅居第32位，“女人”一词居于第39位。相比之下，英语语言意识中的相关排位则是另外一种情形：居于第一位的是“我”一词，然后是“男人”“好”“性”“不”“钱”“是”“工作”“食物”等词。（Уфимцева，1996：139—142）尽管“男人”一词在英语中可以表示一般意义上的“人”，但排位中显然是指“男人”之意，可见英语语言意识中的社会性别定型是以男性为主导，在某种程度上反映了西方社会重男轻女的社会性别歧视倾向。（周民权，2011：20）

宋海燕（1998：58—63）以社会性别定型理论为基础，分析我国男女两性的性别定型，认为总是在公共场合抢风头去说而不是积极地听的女性没有“女人味儿”，而总是在听而不去争取讲话权利的男性没有男子汉气概。因此，两性会话中，男性不遵守正常会话角色，他们会抢着控制话题。为了说明这一问题，她以亲身参加1996年11月在复旦大学中文系举办的“新世纪中国语言学的发展与青年学者的历史使命”研讨会为例，对来自上海4所大学的43名（其中男性19人，约占总人数的44%，女性24人，约占总人数的56%）参会人员的发言情况进行对比分析，发现安排在主讲人发言之后的讨论几乎都是由男性控制话题，共有9名男性发言谈论自己的观点和看法，只有1名女性参与发言，二者的比例是9:1。不仅如此，9名男性发言人不仅发言时间偏长，而且争相控制话题，针锋相对，毫不相让，且话题转换唐突，相互之间几乎没有联系。唯一的女性发言人不仅发言时间较短，而且态度温和，避开了争论的焦点，仅对以前发言人的话题善意地提了几点建议。

魏万德、李从庆（2004：125—127）探讨性别定型的语义特点时指出，汉语性别定型是在两性生理差异的基础上形成的，有历史、宗教、政治、经济等多方面的原因，同时也受英语中反映的性别差异的很大影响。表示性别歧视的词语概念是以“性别定型的语义特征”的形式储存在大脑里的，如“男子汉或大丈夫”是“男人”这个概念最典型的元素，也就是“男人”的性别定型的语义特点，而“贤妻良母”是“女人”这个概念最典型的元素,是“女人”的性别定型的语义特点。社会生活的变化带来了前所未有的新观念和新问题,人们必须创造新词或者赋予旧词新的含义以表达新事物,而不变的是由于性别差异所引起的根深蒂固的性别定型。人们依据对不同的性别定型的掌握,来指称或描述不同性别,构成了词语性别定型语义的差异和对立,导致了指称不同性别词语的语义类聚的差异和对立。

钱进(2000:80—83)把性别定型概念运用于汉语词语的语义分析,他认为,人们依据对不同性别的语义定型的掌握,来指称或描述不同性别,构成了词语语义性别定型的差异和对立,导致了指称不同性别词语的语义类聚的差异和对立,渗透到汉语词语的各个层面。例如,依据性别,语义性别定型可以分为男性语义定型模式和女性语义定型模式:男性模式称为“强势模式”,在社会、文化、传统意义上,“男性”常意味着社会赋予的权力、责任、气概、事业、名誉、道德和地位等,担当着“男子汉大丈夫”的社会角色,男性模式的词语定型是男子汉、大丈夫和强盗、绿林好汉;女性模式又称“弱势模式”,以女性是否具有纯洁、忠贞、贤淑、庄重、奉献等品德为区别性语义特征,女性模式的词语定型是:烈女、圣女、贤妻、良母和妓女、狐狸精、荡妇、悍妇、恶婆等。

钱进(2000:83)进一步指出,由于性别的对立,在指称事物时,必然表现为所指概念的对称,由于强势模式和弱势模式的语义差异,在指称事物时,又必然表现为失衡,如男子汉大丈夫←——→贤妻圣女,强盗、绿林好汉←——→悍妇。再如毛泽东著名的“半边天”比喻,女性由原来对应于“天”的“地”升为“半边天”,这当然是社会进步,但只是一种政治概念,在词语的世界里,对于男性来说,天仍然是完整的一个天,只是由原来的有标记变成了现在的无标记的“天”,“半边天”一般来说只能是指女性,很少有人会说男性也是“半边天”。这种比喻倾向是人类思维的一个共同特点,人们喜欢根据自己的性别给庞大的天体确定一个性别,如神话及童话中的“太阳爷爷、月亮娘娘”等。人们习惯性地把

“大地、大海、祖国”喻为“母亲”，把长江、黄河喻为“母亲河”，就是因为哺育万物的“大地”“河流”与“母亲”的形象相似，要是比喻为“父亲”，就会显得荒诞可笑，比喻男性的天体则常与“强大、力量、光明、权力”联系在一起，而“月亮、夜晚”则使人联想到“软弱、温柔、变化无常”等，这并非出于偶然，与“男＝强、大，女＝弱、小”的语义性别对立密切相关。

宋洪英（2012: 35）引用俄罗斯学者 T. 巴索娃的观点，对俄汉社会性别定型特点进行对比分析。她认为，俄罗斯人的赞美除了针对老人和孩子外，还可以大大方方地面对女人，俄语报纸中甚至有文章专门教人们如何赞美女性。例如，与其夸她们衣服漂亮，不如夸她们眼睛漂亮，笑容很美。如果非要夸奖她们的着装，也最好夸她有品位等等。（Басова, 2005:34）被赞美的女性也会大方地接受赞美并脱口说出“谢谢，我很高兴”（«Спасибо, я очень рада.»）之类谢辞，而不像中国女性那样为了表示谦虚而连忙否认或答之以“一般”“哪里”等谦辞，这已成为一种言语行为定型。

陈春红（2015:63）从俄汉对比的视角对社会性别定型进行转喻认知研究，她认为，在社会性别定型思维中，一种性别代表的外貌和举止的固定化性质被认为是以典型样例为基础的范畴化过程的语言学阐释。当人们说到女人“走路像男人似的”时，或者“男人像女人一样容易脸红”时，其实是说她／他的步态、外表、举止并不是该性别的典型特征，可能被叫做“男人婆”“假小子”“女汉子”以及“男妹子”等，这是一种有标记的非常规表达，与无标记的常规状态形成鲜明对比。俄语中有许多女性被物化的表达，如 это аппетитная, пышная женщина（这是一位惹人动心的丰满女人），женщина — это лакомый кусок（女人秀色可餐）等，这些成语以隐喻为基础，表明在男性心中把女人当作某种纯物理性诱惑的典型观点。而在“男色消费”时代，男人的美貌也受到重视，“小鲜肉”一词多用于指称“性格单纯，长相俊俏的男生”，带有鲜明的社会性别定型特点，属于非常规表达，从而成为新词。

陈春红（2015:64）进一步指出，一般来说，符合传统定型的事实不需要特别解释，相应的范畴因为显而易见而不需要观念化，如俄语中 рабочая мать (*рабочий отец) 或者 деловая мать (*деловой отец) 等词组中男性形式的空缺，正如汉语中的女强人（* 男强人），女博士（* 男博士），女学究（* 男学究），女总统（* 男总统）等说法缺乏相对应的男性形式。此处的限定成分“女”字说明了女性在相应社会现实化中的非常规性，是社会性别定型对词汇生成产生影响的具体表现。在定型观念中，如果女性勤于思考并专注思维过程，会被视为男性化，不符合富于表现力及擅长感性认识的女性社会性别定型特点，汉语中的“女博士”正因其具有“男性特征”而造成一种“定型违背”（стереотипное нарушение）心理，进而招致某种否定评价。同样，如果男性过于细腻、温柔，则会被视为“不像个男人”“娘娘腔”“太娘”等。

总之，我国外语界和汉语界学者在社会性别语言定型研究最终应该立足于本土化这一问题上已经达成共识，并取得了可喜的成果，如魏耀章的《恭维语的性别差异研究》（2001）对汉语称赞语的性别差异调查、宴小萍的《国家机关工作人员称呼语使用的调查》（2002）对汉语称呼语的性别差异研究、杨永林的《中学学生汉语色彩语码认知模式研究》（2002）对性别与汉语色彩语码之间的相关性研究、史耕山的《汉语称赞语的性别研究》（2005）、周民权的《俄汉恭维语的社会性别语用对比研究》（2013）、《国内俄汉语界社会性别歧视研究探微》（2013）、《汉俄称呼言语行为的社会性别语用对比分析》（2013）、《俄汉社会性别语言的语用对比研究》（2014）以及陈春红的《俄汉称呼语中的性别歧视研究》（2014）、《俄汉道歉言语行为的社会性别语用对比研究》（2014）等著述，都对汉语社会性别语言定型作了不同视角的探究。如此等等，标志着国内社会性别定型的本土化研究已经初见成效。

纵观当今世界妇女地位和女性形象的研究现状，可以毫不夸张地说，社会性别语言定型探究已经超越了纯粹的学术框架，获得了不可低估的理论价值和社会意义。它促进了社会科学研究领域中的多学科和跨学科的社会性别理论研究，甚至成功地影响到国家相关政策的制定。据统计，全球已有143个国家通过立法明确男女平等，女性参与政治经济活动在法律上已经没有障碍，妇女接受教育、婚姻自由、职业自由等已经成为社会共识。1995年9月4—15日在中国首都北京隆重举行的联合国第四次世界妇女大会影响深远，189个国家的政府代表、联合国系统各组织和专门机构以及有关政府间和非政府组织的代表共15000多人与会，参加非政府组织论坛的达31000余人，是迄今参加人数最多的联合国会议，也是中国承办的规模最大的国际会议，足以见得国际社会对女性问题的高度重视。大会通过的《北京宣言》和《行动纲领》反映了各国妇女共同关心的问题，确定了各国和国际社会20世纪末和21世纪初在提高妇女地位方面的共同目标，是指导全球妇女事业前进的重要指导性文件。时任中国国家主席江泽民在这次大会上作主旨发言，提出“把男女平等作为促进我国社会发展的一项基本国策”，从而开辟了将男女平等纳入国家政策体系最高层次的新阶段。2014年3月27日，中国国家主席习近平在巴黎联合国教科文组织总部发表演讲，赞赏该组织多年来为消除性别歧视所做的努力，高度评价该组织在推动文明之间相互尊重、促进世界和平方面所做出的重要贡献，强调“这一宗旨目标与中国的一贯主张是一致的”。

值得一提的是，2015年9月27日，在庆祝联合国成立70周年之际，中国国家主席习近平在纽约举办的全球妇女峰会上发表重要讲话，强调“妇女是物质文明和精神文明的创造者，是推动社会发展和进步的重要力量。没有妇女，就没有人类，就没有社会。”他代表中国政府向联合国妇女署捐款1000万美元，用于支持落实《北京宣言》和《行动纲领》，并承诺中国将在未来5年内帮助发展中国家实施100个“妇幼健康工程”和“100个快乐校园工程”，邀请3万名发展中国家妇女来华参加培训，为发展中国家培训10万名女性职业技术人员，等等。这些实实在在的具体行动表明了中国政府和人民一如既往积极贯彻男女平等基本国策，支持妇女建功立业，实现人生理想和梦想。

与上述情况相辅相成的是，国家和社会对妇女问题的高度重视也相应地大大促进了学界的社会性别研究。据了解，自从全国性的学术团体——中国妇女研究会1999年成立以来，目前已有100多个团体会员，初步形成了全国性的妇女研究组织网络。另外，据不完全统计，国家和省级社科院已有近20个妇女研究中心，50多所高校也成立了妇女研究中心，对包括性别语言在内的社会性别问题研究颇有帮助。据不完全统计，从1999年到2015年，与妇女和性别研究相关的30多个国家社会科学基金项目先后立项或结项，涉及10多个学科领域，其中俄语学科有两个项目专门从事俄汉社会性别语言及社会性别定型对比研究，填补了这一对比研究领域的空白。

3. 研究中存在的问题及应对方略

俄罗斯和国内学者的上述研究取得了可喜的成果，奠定了深入研究社会性别语言定型的基础，但实事求是地讲，研究中还存在不少问题以及面临的抉择。针对这种情况，国内外学者提出了许多颇有见地的见解。概括起来，存在问题大致可以归结为以下3点：

3.1 研究缺乏系统性，广度及深度尚显不足

迄今为止，社会性别语言定型研究仅局限于零敲碎打，研究者基本上是独立作战，各自为营，“一人一把号，各吹各的调”，缺乏相互间的交流，主攻方向亦不明确。从研究成果来看，互不关联的单项研究居多，尚未形成体系，广度和深度明显不足，研究方法亦尚显单一。针对这些问题，俄罗斯及国内学者发表了种种看法，普遍认为除了应该加强交流、展开团队协作之外，应该重点解决好明确主攻目标、增加研究深度、推进系统研究等问题，其中许多看法不乏真知灼见。例如：

A. A. 杰尼索娃明确指出，借助于分析语言结构，可以从几个相互关联的方向对社会性别语言展开研究，其中包括社会语言学、心理语言学、相似性鉴定（研究作者的笔头和口头话语，旨在确定个性参数，其中包括生物性别参数）、语言文化学、跨文化研究、女性主义语言批评、男性化研究（这是最新的研究视角）、同性恋的言语实践研究以及语用学等。从社会性别视角可以研究更为宽泛的问题，重新审视熟悉的生物性别现象。如果生物性别对于一系列具有性别意义的词汇单位的分析至关重要，那么，语言学中的社会性别研究则包括了更为广泛的问题范围，研究男性和女性相似性的所有语言构建方式，在这种情况下，社会性别被视为一种惯常实质，以此体现出它与生物性别范畴的主要区别。因此，今后的研究不应该仅仅停留在具有生物性别意义的那些语言单位上，必须研究大量的更为宽泛的语言现象。（Денисова，2002: 138—140）

O. B. 里亚博夫认为，应该重视跨文化视角的对比分析，重点解决以下几个问题：社会性别对话和跨文化对话之间相互影响的实质、原因和机制何在？文化特点对其形象的社会性别参数会产生什么样的影响？怎么将男性和女性概念的各种细微意义差异融入跨文化关系的阐释？文化对话的形象“社会性别化”怎样影响着生物性别之间的社会关系？对跨文化交际的社会性别方面进行社会—哲学研究具有哪些可能的前景？（Рябов，2002:37）

И. А. 古谢伊诺娃认为，处于发展阶段的社会性别语言研究是今后俄罗斯人文学科的新方向，社会性别处于跨学科，其中包括跨语言学科研究的中心，其内容只能通过分析语言结构才能展现出来，这就意味着，社会性别关系以受制于文化的定型形式被记载在语言中，为言语行为和个人行为以及个人的语言社会化打上了烙印。因此，社会性别定型现象的研究获得特殊的意义，是今后需要研究的重点命题之一。（Гусейнова，2002:57）

O. Л. 卡缅斯卡娅认为，从当代语言学的学科研究、各个学科的对接研究、跨学科研究等三个研究方向来看，社会性别语言定型研究本身的意义已经不大，今后的主要关注点应该放在该学科与其他学科的对接研究以及跨学科研究方面。（Каменская，2002：13）

A. B. 基里利娜作为俄罗斯语言学界社会性别语言定型研究的领军人物，对该研究存在的问题及今后的努力方向提出了许多独特的见解。她明确指出，社会性别的跨学科研究并不意味着摒弃语言学方法，不会降低对于实证、原因以及结果效能的要求。旨在降低语言中男性主义影响的社会性别中立规范所构建的语言政策问题悬而未决，尚停留在宣传阶段，缺少必要的科学基础。这一问题的解决不仅取决于个人理解，而且与男女平等思想的发展程度密切相关。考虑到俄罗斯的男女平等对话蓄势待发，可以预测，语言的改革问题将会得到更为热烈的讨论。这就要求语言学家关注社会性别视角的俄语表达手段的分析，以便为今后必不可少的研讨建立论证翔实的科学基础。（Кирилина，2000：125—127）

国内俄语学者李明宇（2009：33）认为应该拓展社会性别语言定型研究的范围，并指出今后拟努力的3个研究方向：一是从社会心理语言学视角研究俄语性别语言中的语言意识，运用模拟观察方法进行自由联想实验，以便解释为什么男性更为经常地使用名词、形容词和副词，而女性偏爱使用动词和语气词等，旨在证明影响男女口语差异的不仅有生物性别的因素，还有年龄、受教育程度和被实验者的社会积极性等其他因素；二是从语言文化学视角研究标准俄语中女性主义和男性主义的不同特点，以及研究笑话、成语、神话和童话中所蕴含的、由社会性别所导致产生的隐喻，如 старая перечница，старый пердун 等成语可以表示女性撒泼，也可以表示男性的刁钻，以此表明“针对女性的否定指称更多”的说法值得商榷；三是从交际—会话视角研究个体在不同的语体和言语交际中所体现的性别语言构成，重视广告和政治语体中的性别语言研究，如俄语广告表明，尽管人们在尽量使性别的因素中立化，但在现代广告语体中，不仅是人物形象的构造，甚至是广告宣传的本身也与传统上对男性和女性的社会角色定型相符合。

赵蓉晖(2002:27)认为,俄罗斯学界历来重视理论建设的学术传统也使语言与性别方向的研究在基础理论的探讨中结合较多的哲学因素,在基本概念和理论范式的确立上投入较多的精力。对俄语而言,与性别有关的语言和言语现象的讨论应该立足于推动语言教学、跨文化交际、语言与文化、语言与社会等方面研究的发展,进一步丰富俄语语言学的内容。

王烈琴(2009: 51)指出了社会性别语言研究应该顺应的两大发展趋势:一是研究视角、方法和理论的多样化趋势,二是中国汉语语料的本土化研究必须进一步加强。

上述学者的看法不仅挖掘出存在问题的症结所在,而且提出了不少针对性的应对措施,拓宽了社会性别定型的研究视野,加深了学界对相关研究的认知和共识,为今后的深入研究厘清了思路,夯实了基础。

3.2 过于看重差异,忽视多种因素

这方面普遍存在的问题表现在:

一是研究内容稍显单一,重点研究男女两性在语言使用方面的性别差异,尤其关注基于二元对立的社会性别歧视问题,大量的研究针对的是对于女性的性别歧视,而对诸多反映男女平等的语言现象往往关注不够,缺乏客观的理性分析,无形中强化了性别差异,忽视了男女两性在语言和言语两个层面上的共性。因此,一些研究者先入为主,首先设想男女两性的社会性别语言定型之间存在本质差异,于是,在定型的框架下努力发掘能够反映差异的语料,对号入座,以偏概全,常常将一些具体的研究结果概括为普遍结论,并用这些结论去套用其他语料,其结果往往牵强附会,相互矛盾,甚至相左,因而难以服众,广遭质疑。

二是忽视社会性别语言定型蕴含的多种因素,拘泥于静态地考察语言与性别之间的关系,把性别当成影响语言定型形成的唯一或主要的因素,而不是综合、全面地观察性别与其他不同因素对语言使用的影

响，过分强调引起语言使用中性别差异的某一个方面而忽视其他因素。事实上，社会性别因素不是影响语言变异的唯一因素，还涉及民族习性、历史传承、社会结构、社会习俗、文化传统、种族、地域以及人的心理和生理、社会地位、交际角色关系、职业性质、受教育程度、语言习得、语言认知和副语言研究、社会交往方式、活动范围等诸多因素。（周民权，2014b:109）也就是说，社会性别语言定型的形成是性别因素和其他许多因素共同作用的结果，只有综合考虑，才能反映问题的实质。

三是忽视对男性语言定型的研究，大量的研究从结构主义角度剖析女性语言和罗列有关描述女性的语言，从中归纳女性语言定型，即便涉及男性语言，其关注点常常集中在对"男性中心论"的批判方面，主观评判多于客观论述，诚如俄罗斯学者 E. A. 泽姆斯卡娅所说："与女性主义的联系对客观的研究颇有妨碍。公正的科学研究往往被过于热情的争论、激进的评价，有时甚至是虚假的结论所取代。"(Земская и др., 1993:94)实际上，古往今来，男性在不同时期承担着许多社会义务和道德责任，所承受的各种压力以及所应对的社会期望往往超过女性。尽管如此，语言中的贬男现象仍然屡见不鲜，如汉语中的"酒鬼""流氓"等使用频率不低的词可能是专为男性而设，而"懦夫""恶棍""花花公子"更是男性的专利，是对男性的斥责和贬低。（王志强，2000:34）这种有意贬低男性或女性的厚此薄彼的做法忽视了男女两性的同一性和兼容性，没有顾及性别的社会建构因素，有悖社会文化对两性角色的规定和普遍认同。张新凤(2007:76)认为，研究者不应持个人性别的偏见去进行研究，应该既关注"女性语言"，也关注"男性语言"，在找寻产生两者差异及特征的原因时，把性别放在具体的语境中进行动态的全方位研究，以求全面、公正、客观地解释语言与性别的关系。

四是从研究内容和层面来看，俄罗斯学界的性别语言定型研究有了长足的进展，在某些方面甚至超越了西方学界，但国内的相关研究内容重外轻汉，对汉语中的社会性别定型异同及其形成机制挖掘不够，"研究的层面还停留在介绍西方理论、研究外语为主、兼顾汉外语言性别差异的对比,对汉语词语自身性别差异的规律上缺乏全面而深入的描写和研究。”(钱进,2004:49)实事求是地讲,参与社会性别语言定型研究的人员多为外语界学者,他们充分利用自己的外语优势,在介绍国外相关研究成果的同时,也在积极探索将汉语和外语研究结合起来的道路,并且出版和发表了一些研究汉语性别语言定型的著述,但数量偏少,系统性、深度和广度均显不足。因此,如何挖掘汉语中存在的社会性别定型及其表现形式,如何将这些定型的形成机制进行系统的梳理与研究,尚需进一步努力。

针对以上问题,国内学者提出了自己的看法及对策,例如:王烈琴(2005:24—25)认为,在社会性别语言定型研究中,应该充分顾及优势与差异在解释性别语言差异时的运用,通过大量的实证研究来确定,哪些交际定型分别是男性和女性的典型交际模式,应该把同性之间的交际特点与异性之间的交际特点区别对待,不能混为一谈,同时应该研究许多其他因素如文化、参与的活动、场合、相互关系等可能在言语交际中产生的影响,性别因素并不是所有场合的言语交际中的一个典型的变量;施栋琴(2007:40—41)认为,应该以社会建构的眼光来看待性别这个动态范畴,通过研究个人在具体社会活动中的话语,来了解他们构建性别身份的方式。从应用的角度而言,对具体文化、具体语言社团中不同性别的语言使用进行研究,所得结果可指导人们的职业选择、职业培训、广告设计、二语教学等活动,其实践指导意义也不容忽视。

李经伟(2001:14)的观点具有一定的说服力。他认为,在今后的研究中应该避免两种倾向,即:既不能不承认语言与性别差异的存在,又不能夸大这种差异;既不能把复杂的问题简单化,又不能把个别现象扩大化、普遍化。研究中不能过分强调一个方面的因素,而忽略其他方面因素的影响,同时应该注意该研究依据的是哪种理论,采用的是何种研究方法,收集的是什么样的语料,考虑了哪些有可能影响语言使用的因素，以及是在何种语境条件下进行的等等，尽可能把所有因素都考虑进去，采取多层面、多视角的综合分析方法，依据真实可信的语料，尝试对俄汉社会性别定型的异同关系作出较为科学、准确、客观的阐释。

上述研究表明，单靠一种研究方法、一种理论或者一种观点很难全方位地反映所研究问题的实质，只有把多种研究方法、研究理论有机地结合起来，互为依托，相互补充，相互印证，才能相得益彰，形成合力，推动社会性别定型研究的深入拓展。

3.3“述”多“评”少，原创性观点较少

从国内外现有的社会性别定型研究情况来看，对西方学界的研究成果译介、引进较多，通过综述大量的观点和语言事实来提高学术影响力，营造研究氛围，为国内的相关研究铺平道路，这种惯常做法在研究初期是必不可少的，对于促进相关研究无疑具有积极的推动作用。现有研究成果的问题在于，当“述”达到一定程度时，“评”常常跟不上去，原创性观点和看法较少。即便是进入本土化研究环节，常见的做法是罗列出两种语言的相关语料，进行简单比附后戛然而止，缺少翔实的归纳总结和定性分析。

从语言研究角度来看，对国外研究成果的“评”并不是生搬硬套，就事论事，进行简单的解释，而是因势利导，取其精华，去其糟粕，结合汉语相关理论和语料，上升到一定理论高度进行科学的论证，在占有大量语料的基础上举一反三，提出具有新意的原创性观点，诚如王易萍(2010: 27)所说：“由于世界语言的多样性，语言学研究首先应尽量选取多种语言材料，以提高理论的科学性和普遍性，其次应对不同种类语言之间的差异性进行区分，并采用适合其特殊性和差异性的具体理论及方法。而研究本国语言时，中国语言学理论的西化模式及唯工具论倾向，说明中国语言学理论应该同时也必须要本土化。”因此，要做好“评”，就必须努力积累“评”的依据和底蕴，不断提高语言学理论素养，加强汉语与其他语种之间的跨文化对比研究，通过两种语言、两种文化的碰撞，从中找出各种语言的共性和个性及其表现规律。这是语言学研究的方向之一,也是最容易“评”出具有创意的研究成果的突破口。

除了上述主要问题之外,还存在着其他问题。例如:社会性别定型研究尚未深入到教学领域,还没有与培养学生的社会性别文化理念结合起来,教材中缺少性别语言定型内容,教学环节也缺少这方面的设计;国内学界研究不够平衡,外语界的研究者相对较多,而汉语界的研究者较少,真正针对汉语中社会性别定型问题所进行的本土化研究远远不够;研究方法比较单一,缺乏多样性,大多数研究基本上采用的都是文献收集法、问题分析法以及传统的定性方法,缺乏第一手的调研资料及实证研究;研究的层次相对较低,研究大多集中在语音、词汇、语法等形态结构方面,而对较高层次的社会性别语言定型的功能、语用、认知等问题研究较少;社会性别语言定型研究尚处于依赖感性经验阶段,新型语料库尚未建立,为科学的统计结果服务的计算机手段尚未有效运用,虽然国外语言学界的相关语料库已建或者正在建立中,但社会性别语言定型在其中尚未找到明确的归属和定位,零散的语料积累尚不足以拓展社会性别语言定型研究的深入进行。(周民权,2014b:78)如此等等,需要逐一认真分析,找出其症结所在,并采取行之有效的应对措施。

综上所述,国内语言学界的社会性别语言定型研究从无到有,从单一到多维,从外语到汉语,再到跨语言、跨学科对比,经历了一个逐步发展的过程,初见成效,应予充分肯定。但同国外相关研究以及国内其他学科相比,尚存在不少亟待解决的问题,学者们所提出的应对措施有待认真落实,不能仅仅停留在书面或口头上。这是一项艰辛而富有意义的任务,只有国内汉语和外语界有志研究者通力协作,聚同化异,共克时艰,才能推动社会性别定型研究的深入发展。

参考文献

[1] Quasthoff U. Soziales Vorurteil und Kommunikation: eine sprachwissenschaftliche Analyse des Stereotyps[M]. Frankfurt am Main, 1973.

[2] Акишина А.А., Формановская Н. И. Русский речевой этикет[M]. М., Русский язык, 1986.

[3] Апресян Ю.Д. Новый объяснительный словарь синонимов концепция и типы информации[A]. // Новый объяснительный словарь[Z]. М. Языки русской культуры, 1995.

[4] Арутюнова Н.Д. Молчание и чувство[A]. // Логический анализ языка. Язык речевых действий[C]М., Наука, 1994: 178-183.

[5] Байбурин А.К. Некоторые вопросы этнографического изучения поведения[A]. // Этнические стереотипы поведения[C]. Л., ЛГУ, 1985 : с. 7—21.

[6] Басова Т. Учитесь женщину хвалить[N]. РОДНАЯ ГАЗЕТА, 2005-04-08(34).

[7] Винокур Т.Г. Говорящий и слушающий.Варианты речевого новедения[M]. М.,Наука, 1993.

[8] Горелов И.Н. Невербальные компоненты коммуникации[M]. М., URSS, 2006.

[9] Гриценко Е.С. Язык как средство конструирования гендера[D]. Дис. доктора филол. науки Нижегородского гос. линг. ун. имени Н. А. Добролюбова, 2005.

[10] Гусейнова И.А. О некоторых формах представления гендерного аспекта в коммерческих дескриптивных рекламных текстах[A]. // Гендер как интрига познания[C]. М., Рудомино, 2002, с. 57—65.

[11] Денисова А.А. Словарь гендерных терминов[Z]. М., Информация - XXI век, 2002.

[12] Земская Е.А., Китайгородская М. А., Розанова Н. Н. Русский язык в его функционировании. Коммуникативно прагматический аспект[M]. М., Наука, 1993.

[13] Каменская О.Л. Гендергетика — наука будущего[A]. // Гендер как интрига познания[C]. М., Рудомино, 2002: 13—19.

[14] Кирилина А.В. Женский голос в русской паремиологии[J]. Женщина в российском обществе, 1997, N 3, с. 23—26.

[15] Кирилина А.В. Гендер: лингвистические аспекты[M]. М., Языки славянской культуры, 1999.

[16] Кирилина А.В. Гендерные аспекты языка и коммуникация[D]. М., МГЛУ, 2000.

[17] Кирилина А.В. Гендерные стереотипы в языке[A]. // Словарь гендерных тер-

минов[Z]. М., Информация - XXI век, 2002, с. 66—67.

[18] Кирилина А.В. Гендер и язык[M]. М., Языки славянской культуры, 2005.

[19] Клецина И.С. Самореализация и гендерные стереотипы: психологические проблемы самореализации личности[M]. Вып. 2. СПб . Наука, 1998.

[20] Красных В.В. Этнопсихолингвистика и лингвокультурология[M]. М., ИТДГК «Гнозис», 2002.

[21] Крейдлин Г.Е. Мужчины и женщины в невербальной коммуникации[M]. М., Языки славянской культуры, 2005.

[22] Маслова. В.А. Лингвокультурология[M]. М., Academy, 2001.

[23] Матурана, У. Биология познания[A]. // Язык и интеллект[C]. М., 1996 : 95—142.

[24] Прохоров Ю. Е. Национальные социокультурные стереотипы речевого общения и их роль в обучении русскому языку иностранцев[M]. М., Едиториал УРСС, 2003.

[25] Мещеркина Е. «Зазеркалье» гендерных стереотипов. Вы и Мы: Диолог российских и американских женщин[J]. Альманах. 1997(1) : 36—42.

[26] Рыжков В.А. Регулятивная функция стереотипов[A]. // Знаковые проблемы письменной коммуникации: Межвуз. сб. Научных трудов[C]. Куйбышев, 1985 : 15—21.

[27] Рябов О.В. "Женственность" и "мужественность" как категории русской историософии[A]. //Женщина в российском обществе[C]. М., Рудомино, 1996, с. 29—48.

[28] Рябов О.В. Гендерные аспекты подхода межкультурной коммуникации: социальнофилософский анализ [A]. // Гендер как интрига познания[C]. М., Рудомино, 2002 : 37—46.

[29] Рябова Т.В. Гендерные стереотипы и гендерная стереотипизация: методологические подходы[J]. Женщина в российском обществе, 2001, № 3—4, с. 5 .

[30] Силина О.Н. Роль социолингвистических факторов в формировании современной произносительной нормы[A]. // Лингвистика и модели речевого поведения[C]. Л., ЛГУ, 1984: 176—182.

[31] Стернин И.А. Общение с мужчинами и женщинами[M]. Воронеж, Наука, 2002.

[32] Уфимцева Н.В. Русские: опыт еще одного самопознания[A]. // Этнокультур-

ная специфика языкового сознания[C]. M., 1996 : 139—162.

[33] Формановская Н.И. Русский речевой этикет[M]. M., Русский язык, 1982.

[34] Формановская Н.И. Русский речевой этикет: лингвистические и методологические аспекты[M]. M., Русский язык, 1982.

[35] Формановская Н.И.. Коммуникативно—прагматические аспекты единиц общения[M].M., ИКАР,1998.

[36] Формановская Н.И. Речевое общение[M]. M., Русский язык, 2002a.

[37] Формановская Н.И. Культура общения и речевой этикет[M]. M., ИКАР, 2002b.

[38] Формановская Н.И. Речевое взаимодействие: коммуникация и прагматика[M]. M., ИКАР, 2007.

[39] 白解红，性别语言文化与语用研究 [M]，长沙：湖南教育出版社，2000.

[40] 常敬宇，汉语词汇与文化 [M]，北京：北京大学出版社，1995.

[41] 陈春红，俄汉称呼语中的性别歧视研究 [J]，浙江外国语学院学报，2014 (1)：32—37.

[42] 陈春红，俄汉道歉言语行为的社会性别语用对比研究 [J]，中国俄语教学，2014 (2)：34—38.

[43] 陈春红，社会性别定型的转喻认知研究 [J]，中国俄语教学，2015 (2)：59—64.

[44] 陈春红，俄语成语中的女性社会性别定型语用研究 [D]. 苏州大学博士论文，CNKI，2016.

[45] 陈冬纯，论语言学研究的多元化和语言学批评的社会性 — 兼评乔姆斯基语言学理论之争 [J]，科技信息，2009 (10)：103—104.

[46] 陈静，从会话分析的角度看性别语言的刻板印象 [D]，华东大学硕士论文，CNKI，2006.

[47] 陈霞，对文化定势的浅析 [J]，湖北函授大学学报，2011 (12)：158—159.

[48] 陈亚明，文化定型关照下的外语文化教学 [J]，天中学刊，2003 (12)：129—131.

[49] 戴庆厦，社会语言学概论 [M]，北京：商务印书馆，2004.

[50] 范捷平，“stereotype” 的意蕴及在跨文化交际中的功能 [J]，外语与外语教学，2003 (10)：30—33.

[51] 高岚、申荷永，汉字与心理原型 [J]，心理科学，2000 (3)：121—122.

[52] 高一虹，“ 文化定型 ” 与 “ 跨文化交际悖论 ”[J]，外语教学与研究，1995 (2)：37—44+ 82.

[53] 桂诗春，心理语言学 [M]，上海：上海外语教育出版社，1986.

[54] 韩燕，框架理论视角下定势的认知建构 [J]，福建教育学院学报，2011 (2)：110—112.
[55] 胡志海、梁宁建、徐维东，职业刻板印象及其影响因素研究 [J]，心理科学，2004 (3)：118—121.
[56] 黄鸣，跨文化交际中"文化定型"的建立与打破 [J]，绵阳师范学院学报，2004 (6)：87—90.
[57] 贾玉新，跨文化交际学 [M]，上海：上海外语教育出版社，2002.
[58] 姜宏、曾婷，俄汉语中性别范畴的对比研究：本质特征、语义类型及表达手段 [J]，外语研究，2011 (6)：51—55.
[59] 蒋永远，跨文化交际中的"模式固见"[J]，辽宁工业大学学报（社会科学版），2008(1)：54—56.
[60] 巨芸，世界图景、常规关系和超常搭配 [J]，外语学刊，1999 (1)：55—60.
[61] 科列索夫 B. B. 语言与心智 [M]，杨明天译，上海：上海三联书店，2006.
[62] 孔庆成，语言中的"性别歧视"两面观 — 兼议语义贬低规律和语言的从属性 [J]，外国语，1993 (5)：17—21.
[63] 李经伟，西方语言与性别研究述评 [J]，解放军外国语学院学报，2001 (1)：11—15.
[64] 李乐，概念转喻对文化定型的解释力 [J]，长春工程学院学报（社会科学版），2013(3)：84—86.
[65] 李琳，论俄语中的性别歧视现象 [J]，中国俄语教学，2000 年 (1)：59—64.
[66] 李明宇，论俄罗斯性别语言研究的现状和特点 [J]，南京工业职业技术学院学报，2009 (3)：32—36.
[67] 李媛、范捷平，跨文化交际中模式固见发展变化动态分析 [J]，外语教学与研究，2007 (2)：123—127.
[68] 刘宏，试论外语教学中的常规关系与民族社会文化常规范型 [J]，外语与外语教学 2001 (8)：27—29.
[69] 刘思谦，原型批评与集体无意识与性别 [J]，中州学刊，2001 (5)：108—111.
[70] 刘巍，谈徐盛桓对会话含义理论的贡献 —— 语用推理机制 [J]，吉林广播电视大学学报，2006 (4)：86—88.
[71] 骆洪，定型现象与跨性别研究 [J]，云南师范大学学报，2005 (3)：60—63.
[72] 罗虹、刘振艾，对"定势理论"的反思 [J]，边疆经济与文化，2005 (9)：75—77.
[73] 罗小英，从原型范畴理论看跨文化交际中的文化定势 [J]，武汉科技学院学报，2006 (6)：60—62.

[74] 马锦华，性别刻板印象与性别教育 [J]，教育评论，2000 (6)：36—38.
[75] 聂建高，对我国性别刻板印象的分析 [J]，社会心理科学，2007 (Z2)：91—94.
[76] 彭文钊，社会文化域的语言映像 [J]，外国语，1999 (1)：66—71.
[77] 钱凤莲、唐德根，跨文化交际中的刻板印象与大众传播 [J]，湖南师范学院学报，2004 (4)：108—110.
[78] 钱进，论汉语词语的语义性别原型模式差异 [J]，江苏教育学院学报，2000 (7)：80—83.
[79] 钱进，语义性别原型与构词模式 [J]，江西社会科学，2004 (9)：149—153.
[80] 钱铭怡、罗珊红、张光健、陈萍、姚萍，关于性别刻板印象的初步调查 [J]，应用心理学，1999 年(1)：14—19.
[81] 沈家煊. 转指和转喻 [J]. 当代语言学，1999(1)：3—15.
[82] 史崇文，跨文化交际中的性别差异 [D]，吉林大学硕士论文，CNKI，2007.
[83] 施栋琴，语言与性别差异研究综述 [J]，外语研究，2007 (5)：38—42.
[84] 宋海燕，性别原型及其在两性言语交际能力中的反映 [J]，外国语，1998 (2)：58—63.
[85] 宋洪英，语言文化学视野下的定型研究 [M]，郑州：河南大学出版社，2011.
[86] 宋洪英，从言语行为看民族文化定型 [J]，解放军外国语学院学报，2012 (2)：32—37.
[87] 孙晶，论俄汉语言语交际中的性别差异 [D]，哈尔滨工业大学硕士论文，CNKI，2008.
[88] 孙汝建，语言与性别 [M]，南京：江苏教育出版社，1998.
[89] 孙汝建，汉语的性别歧视与性别差异 [M]，武汉：华中科技大学出版社，2010.
[90] 史崇文，跨文化交际中的性别差异 [D]，吉林大学硕士论文，CNKI，2007.
[91] 史耕山，汉语称赞语的性别研究 [D]，北京师范大学博士论文，CNKI，2005.
[92] 史耕山等，国内语言性别差异研究概述 [J]，外语教学，2006 (3)：24—27.
[93] 施栋琴，语言与性别差异研究综述 [J]，外语研究，2007 (5)：38—42.
[94] 肖建安、肖志钦，论英汉性别标记言语的象似性 [J]，外语教学，2003 (3)：40—42.
[95] 唐媛，言语交际中的性别差异研究 [D]，东北师范大学硕士论文，CNKI，2006.
[96] 晏小萍，国家机关工作人员称呼使用的调查 [J]，语言教学与研究，2002 (4)：68—73.
[97] 徐盛桓，论“常规关系”— 新格莱斯会话含意理论系列研究之六 [J]，外国语，1993(6)：13—20，82.
[98] 徐盛桓，常规关系与文化教学 [J]，外语与外语教学，1996 (1)：2—9.

[99] 徐盛桓，常规关系与认知化 — 再论常规关系 [J]，外国语，2002 (1)：7—17.
[100] 徐翁宇，俄语对话分析 [M]，北京：外语教学与研究出版社，2008.
[101] 徐大真，性别刻板印象之性别效应研究 [J]，心理科学，2003 (4)：741—742.
[102] 许晓婧，判断与性别刻板印象相关 [A]，第十一届全国心理学学术会议论文摘要集 [C]，郑州：河南大学出版社，2007：222—223.
[103] 薛文平，跨文化交际中社会文化定势及其消解 [J]，社会心理科学，2006 (4)：35—37.
[104] 王静，跨文化交际中的文化定型 [J]，江苏外语教学研究，2002 (2)：45—48.
[105] 王烈琴，优势与差异：言语交往中的性别因素 [J]，外语教学，2005 (5)：21—25.
[106] 王陆、贾琰，从汉语称赞应对的发展看文化定势之悖论 [J]，河南教育学院学报(哲学社会科学版)，2001 (1)：147—148.
[107] 王璐，跨文化交际中文化定型的认识与超越 [J]，南京社会科学，2008 (10)：82—86.
[108] 王沛，刻板印象的社会认知研究论述 [J]，心理科学，1999 (4)：342—345.
[109] 王沛，社会信息归类过程中刻板印象的内隐效应 [J]，心理学报，2002 (3)：301—305.
[110] 王沛，刻板印象与社会情境因果建构的相互影响 [J]，心理科学，2003 (4)：285.
[111] 王沛、孙连荣，广告中性别刻板印象的信息加工方式 [J]，心理学报，2005 (6)：113—119.
[112] 王文斌 矛盾修辞法的张力、成因及其认知消解 [J]，外语教学，2010 (3)：7-12.
[113] 王文忠，跨文化交际中的常规关系差异中国俄语教学 [J]，1999 (1)：21—26.
[114] 王易萍，论语言学理论的本土化—兼论《语言学概论》课程的文化内涵 [J]，科技风，2010 (13)：26—27.
[115] 王志强，汉语称谓中的性别歧视现象 [J]，语文学刊，2000 (1)：33—34.
[116] 魏万德、李从庆，从性别原型的语义特点看语言中的性别歧视 [J]，理工高教研究，2004 (4)：125—127.
[117] 魏耀章，恭维语的性别差异研究 [J]，西安外国语学院学报，2001 (1)：1—5.
[118] 文卫平，跨文化交际中的定型概念 [J]，外语教学，2002 (3) 12—18.
[119] 延辉、李小华，略论交际中的性别定型 [J]，延安大学学报，2008(3)：110—113.
[120] 于国栋、吴亚欣，语言和性别：差异与共性并重 [J]，外语教学，2002 (2)：24—28.
[121] 杨蓉，俄罗斯心智中的女性原型 [J]，俄语学习，2010 (5)：32—35.
[122] 杨永林，中国学生汉语色彩语码认知模式研究 [M]，北京：清华大学出版社，2002.
[123] 杨永林，社会语言学问题研究 功能 · 称谓 · 性别篇 [M]，上海：上海外语教育出版

社,2004.

[124] 张洪英、高丽娟,刻板印象稳定性的理论分析 [J],理论学刊,2005 (3):108—110.

[125] 张新风,国内性别语言研究的现状与展望 [J],时代文学(理论学术版),2007 (6):76.

[126] 张艳、索永平,文化定势在跨文化交际中的影响 [A],山西师大学报(社会科学版),研究生论文专刊 [C],2010年3月:12—14.

[127] 赵爱国,"定型理论"及其研究——文化与认知空间双重语境之解释 [J],外语与外语教学,2005 (10): 11—15.

[128] 赵爱国,语言文化学论纲 [M],哈尔滨: 黑龙江人民出版社,2006.

[129] 赵亮,语言文化学中定型概念的多视角研究 [J],吉林华桥外国语学院学报,2012(3):59—62.

[130] 赵蓉晖,语言与社会性别——俄语研究的新方向 [J],外语研究,2002 (4):19—27.

[131] 赵蓉晖,语言与性别 — 口语的社会语言学研究 [M], 上海: 上海外语教育出版社,2003.

[132] 郑艳、王艳萍,浅析文化定势在跨文化交际中的影响 [J],辽宁工学院学报(社会科学版),2006 (4):71—73.

[133] 钟百超,论常规关系系统的构成及其作用 [J],外语学刊,1995 (2):26—31.

[134] 周玲玲、高玉兰,消除模式固见的补偿性教学设计探析 [J],黄山学院学报,2009 (1):124—126.

[135] 周民权,俄罗斯语言学界社会性别原型研究概观 [J],中国俄语教学,2012 (4):5—11.

[136] 周民权,国内俄汉语界社会性别歧视研究探微 [J],西安外国语大学学报,2013 (3):1-4, 9.

[137] 周民权,汉俄称呼言语行为的社会性别语用对比分析 [J],中国俄语教学,2013 (4):42—47.

[138] 周民权,俄罗斯学界社会性别语言定型哲学渊源研究 [J],中国俄语教学,2014a (4):28—33.

[139] 周民权,俄汉社会性别语言的语用对比研究 [M],北京: 北京大学出版社,2014b.

第二章

社会性别定型研究的历史沿革暨哲学渊源①

① 该章部分内容首次发表于《俄罗斯学界社会性别语言定型哲学渊源研究》一文（《中国俄语教学》2014年第4期）。

20世纪后半期以来，受后现代主义哲学以及人文学科研究中的“人类中心论范式”的影响，语言学中的社会性别研究在科学范式转型中与其他学科相互交融，互为依托，取得了长足的进展。随着定型理论向各个人文学科的不断渗透与介入，社会性别定型研究在社会性别语言学中逐步占据一席之地，成为其不可或缺的重要组成部分。

作为语言学领域一门新兴的学科，社会性别语言学研究突飞猛进，彰显出厚积薄发、蓬勃向上的发展势头。包括俄罗斯语言学家在内的世界各国学者相互借鉴，在对接本土化理论的基础上，奋力发掘社会性别语言学的理论特点和表现形式，其中包括其哲学渊源及方法论，进一步夯实了这门新兴学科的研究基础。（周民权，2011：47）毋庸置疑，在知识爆炸、不同学科相互渗透的当今时代，社会性别语言学研究的迅猛发展不仅引发了该研究与语用学、语言文化学、心理语言学等学科的相互对接，而且有力地推动了社会性别定型研究，使其获得新的理论支撑和方法论。

研究表明，社会性别定型研究经历了漫长的形成过程，具有深厚的哲学渊源。从静态到动态，从二元到多元，社会性别定型研究完成了由浅入深、由表及里的质的飞跃，它的形成与发展绝非偶然，无疑成为人文学科中新生的后现代主义观念的重要组成部分，为语言中的社会性别定型研究提供了哲学保证。

第一节 社会性别定型研究缘起

“stereotype”一词曾是印刷专业术语，指排版印刷时用的凸模字版，源于希腊语 stereos（僵化的，刻板的）和 typos（印痕，印模）两个词，其最初的意义比较单一，指的是某些僵化的或者一成不变的印记，后来被拓宽和引申，逐步衍生出“固定看法”“约定俗成”“刻板印象”等多重意义。直到1922年美国新闻记者 W· 李普曼在《公众舆论》（《Public Opinion》）一书中首次将其作为“定型”概念引入社会 / 政治语境，并进行社会学视角的研究。他指出，人所处的自然环境和社会环境都过于复杂，以至于不允许他对世界上所有的人或事逐一亲身体验和认识。为了节省时间，人们使用一个简化的认识方法，将具有相同特征的一群人或任何民族、种族塑造成一定的形象。（转引自张艳、索永平，2010：12）这种定型是人的大脑里排列有序的、模式化的并由文化确定的世界图像。

但是，李普曼起初将定型视为一种消极的现象，认为它通常指的是人们对另一社会群体成员所持有的刻板成见，一种与其代表的真实情况不相符或者不完全相符的固定印象，常常伴随着带有偏见的价值评价和好恶情感。换言之，定型是一种简单化的、概括化的男性视角，归根结底是一种价值判断：它是社会主流意识形态对其他非“己”，即非主流意识形态的建构，用一种主观臆断的描绘方式对“异己”的他者实施强取豪夺，即推行所谓的“符号暴力”。（聂林媛，2013:110）因此，按照李普曼的观点，定型是一种对其他民族、其他文化、其他群体的偏见，是武断的，错误的，完全缺乏理性的。不过，“后来的社会心理学家发现，定型是一种普遍的、不可避免的人类认知方式，它能节省人们理解复杂社会现象的精力和时间，因此更多地将定型作为中性概念来使用。”（宋洪英，2011：1）人们使用定型的目的，是为了在最短时间内尽快实现对不同社会群体的判断，找到最能反映其本质的典型特点。

俄罗斯学者 П.Н. 希希列夫认为，无论从个体还是从群体来看，社会定型都具有两种功能：一是针对个体而言的认知功能（“是”与“非”的判断）与情感功能（“己”与“他”的辨识），表现为“对认知过程的模式化和简洁化”，以及价值维护功能，表现为“建立和维持‘我’的正面形象”；二是针对群体而言的意识化功能和认同功能，表现为“形成和维持群体的思想体系以及建立和维持‘我们’群体的正面形象。”（Шихирев, 1985: 109—111）这里所说的第二种功能实际上是一种社会功能，旨在促进社会范畴化和结构的形成，促使人们在日常生活中努力找到自己的所属群体，扮演相应的社会角色，同时努力学习与其他群体打交道，进行有效的交流，处理好群体“内”与“外”的关系。

基于以上认识，定型概念越来越受到学界的重视，被广泛运用于诸多人文学科，其中包括社会性别定型研究。该研究源于学界对于社会性别问题的哲学探索，与社会性别研究的主题思想、目标定位与历史沿革密切相关。俄罗斯学者 А.В. 基里利娜进一步发展了 Д. 坎迪奥季（详见Кандиоти，1992：158—159）的社会性别研究历史分期之说。按照他们的观点，社会性别研究经历了大致以下3个历史发展阶段：

1.“危言耸听”阶段

“危言耸听”阶段（«Алармистский»этап）的主要关注点是社会科学中的男性主义中心倾向，对基于男性视角的社会理论的解释能力进行批评，接受传统宗法认识论的缺陷。此类问题首先在后现代主义的著作中有所阐释，为以后的可持续性研究奠定了一般的方法论基础，使得社会建构论和符号相互作用论得到了发展。例如，И. 戈弗曼的著述已经论证了性别的群合化及宗教礼仪化，展示了社会结构在社会性别同一性形成过程中的作用。与之并行不悖的是，语言学中发展了社会语言学、语用学、语言文化学等新的研究方向，其关注的焦点是那些以前未曾研究或者在结构主义领域的研究尚显不足的现象，即语言单位与说话人之间的关系，以及语言在不同社会群体中发挥功能的情况。再如，社会语言学家 W. 拉博夫在自己的两篇文章中先后谈到性别语言的使用情况，他运用统计法，并根据自己的经验论证了男女两性使用语言时可能出现的差异。（Labov，1971：199）

这一阶段就是第一次女性主义浪潮蓬勃兴起时期，发生在19世纪中叶至20世纪20年代，源于美、英、法等国受过教育的商人和士绅阶级妇女在西方古典自由主义思想内部发起的抗议运动。这一时期的女性主义以自由主义为主要特征，“主要强调男女两性的共性和平等，反对性别歧视，要求给予男女同等对待，强调女性应该享有与男性同样的地位。”（李金凤，2004:49）受这种思潮的影响，西方学者开始探究男女两性在声学或语音学方面以及色觉感知方面的差异，对女性的色彩词库的种类与质量大大优于男性的诸多表现形式及其特点进行分析，进而致力于男女两性语言各自特点及语言中所反映的性别歧视的研究，在此基础上提出了强调男女生理差异的生理决定论（biological determinant theory）。

生理决定论者M. 弗伦奇认为，生理性别作为一种自然的分类，常常被概括为三个层次的性征区别：第一性征包括染色体、性腺（卵巢、睾丸）、生殖器等；第二性征包括肌肉组织、体毛等；第三性征指发式、服饰等。生理决定论除了用生理因素来解释人的社会行为之外，甚至还会用性别差异来解释身体的疾病，比如，由于男性占领医疗行业，男女受到不同的对待：男性的肺病就是肺病，女性的肺病却被认为是由子宫引起的病（French，1992: 132）。这种假说虽以科学和医学的面貌出现，但并没有什么依据。进化论的创始人达尔文在性别问题上也是一位生理决定论者，他说过，男性暴力是男性气质的自然健康的表现，男性与女性相比处于进化的较高阶段，赋有更多的智力和理性能力，因此天生应当做领导。这种观点是西方父权制文化的投影与折射，其传统的男权社会观念以西格蒙德·弗洛伊德的心理分析为代表。（周民权，2014b: 3）

丹麦语言学家O. 叶斯柏森于1922年出版的著作《语言论：本质、发展及起源》是探讨语言与性别之间相互关系的滥觞之作，通常被视为生理决定论的代表性成果。作者用整整一章的篇幅阐述了女性语言的特点，认为女性所使用的语言同男性相比“在词汇上有明显的不同，她们更多地使用委婉语，较少用咒骂语。由此他认为女子在语言的使用方面比男子更加保守……在句法方面，男性较多地使用圆周句和主从复合句，因此他认为男子在智力上具有明显的优势，他们更聪明。"（赵蓉晖，1999：26）如果借用英国著名戏剧家莎士比亚（1564—1616）的《哈姆雷特》中那句广为流传的名言，也许能够佐证上述观点：弱者，你的名字叫女人(Frailty, the name is woman)。我国儒家学派创始人孔子的"唯小人与女子难养也"一说也曾产生深远的影响，"小女人""弱女子""弱水三千""最毒妇人心""头发长见识短""长舌妇"等负面社会性别定型不仅在中国存在，也常见诸其他国家。总的来说，这一时期较普遍的看法是男性比女性更优越、更聪明，男性语言是规范语言，而女性语言则是对规范的偏离，难登大雅之堂。这些研究缺乏系统性，只是零碎的讨论或者个人的观察和体会，推测和假设的成分居多，没有结合社会因素进行探讨，因而缺乏说服力，受到女性主义者的批评和挑战，其主要理由是：生理决定论的存在就是为了支持男女两性之间的差异，证明现存社会秩序不论是否公正毕竟有其必然性。但实际上生理原因决定的人类行为仅仅局限于生育或身体结构的不同，只对少数活动有影响，如打篮球、钻一个狭窄的洞等等，对于绝大多数的人类活动并无任何影响。

除了女性主义者外，马克思、恩格斯也对生理决定论持反对态度。他们认为，妇女在资本主义制度下受到压迫的原因不是由于私有财产，不是由于生为女人，而是资本主义的政治、社会和经济制度压迫的结果，性别的不平等与社会地位、权力关系和社会经济的不平等密切相关。由于有薪水的劳动与家务劳动的分离，妇女受到了更多的压迫是由于其从事的家务劳动被排除在有薪水的劳动之外。"资本主义制度为其自身的存在造成了'公私分离'的局面。从表面上看，妇女在家里私下为男人工作，而实际上，妇女也是在为资本而工作，尽管地点是在家里。"（张立平，1999：3）这一观点揭示了女性遭受性别歧视的根本所在，为女性主义者争取社会地位和语言尊重、批判负面女性社会性别定型的斗争指明了方向。

生理决定论的出现以及语言学家对语言性别歧视的发掘也使女性

主义者进一步看清了女性受压迫的现实，使他们认识到生理决定论单纯从生物性别的角度来界定女性经验有失偏颇，本质上是雷同化所有女性，因为生理性别只能提供女性多维现实的一隅，仅仅是形成女性经验的维度之一。实际上，这一时期女性主义者的奋斗目标已经从改善妇女的就业、接受教育、家庭和社会地位逐渐转化为争取妇女参政的政治斗争，已经远远突破了生理性别的局限，最明显的例证是全美各州通过了妇女选举权，英国也在1928年达到这一目标。女性主义运动的第一次浪潮就此落下帷幕。（周民权，2014b：5）此后，皮特森、帕克等西方学者基于生理决定论视角的性别语言差异研究也陷入停顿，他们无法提供足够的证据说明性别语言差异现象同男女两性的生理结构之间有何种必然联系，也不能对上述假设进行令人心服口服的证实，只好就此作罢。

2. “女性主义观念”阶段

“女性主义观念”阶段（этап «феминистской концептуализации»）的主要关注点在于详细研究女性主义理论和实践的明确方向，建立几个毫不掩饰其思想倾向的女性主义科学流派（女性主义语言学、女性主义批评语言学、女性主义心理分析等）。在这一阶段，女性主义逐渐演变成为一种文化批判，学者们从独特的女性主义视角重新审视父权制社会的各种价值判断和贬女现象，对父权社会强加给女性的既定价值体系提出挑战，逐步发展到向后现代转向，积极探究后现代主义理论，以便为女性主义世界观及研究提供依据。

20世纪60—70年代，受美国和德国的新女性运动的驱策，社会性别语言研究迅猛发展，语言学中出现了别具一格的女性主义语言学（феминистская лингвистика）学派，或称女性主义批评语言学。该学派的主要目的在于揭露并批判社会和文化生活中的男性中心主义，成果颇丰，其中R. 莱科夫的“语言与女性地位”（1975）一书尤为瞩目，可以被称之为女性主义批评语言学的代表作之一。该书论证了语言中的男性主义以及语言世界图景中的女性贬化现象，具有鲜明的论战性质，使用了详尽的语言学研究方法，能够把研究人的所有科学（心理学、社会学、民族学、人类学等）纳入语言学描写范围，同时还拥有一系列成功影响语言政策的尝试。女性主义语言学虽然诞生于美国，但在欧洲迅速蔓延与传播，其中尤以德国为最，如 S. 特罗梅尔—普廖兹的《语言学和女性语言》(1978)和 L. 普什的《德语中的男性语言》(1981)等德国学者的著述影响巨大，在传播女性主义批评方面发挥了极其重要的作用。

女性主义思想体系常被视为后现代主义哲学的组成部分之一，这也正是它高度关注语言现象的原因所在。女性主义语言学家以及后现代主义理论的一些领军人物非常重视研究不同性别在语言中的非对称现象，认为语言从男性视角记载世界图景，是以男性为中心的。因此，它所建构的世界图景代表了男性主体，基于男性观点及男性前景，女性则被视为一种处于从属地位的客体，仅发挥“其他人”“外人”的作用，或者干脆被边缘化，女性主义对它“责备”的原因正在于此。

根据关注重点，女性主义语言定型研究中出现以下两种不同的流派：

第一种流派研究语言的目的，在于突出“语言体系中反对女性的不对称现象。”(Trömel-Plötz，1982：219)这些不对称现象被称之为语言中的性别歧视。这里指的是，语言作为一种载体，把一定的世界图景强加给父权制，使之成为一种定型。在这种世界图景中，女性基本上被赋予次要角色以及负面品质。这一流派的研究范围是：语言中记载的女性形象是什么样的，女性被展现在什么样的语义场，什么样的联想伴随着女性这一概念。另外，还包括分析“嵌入”语法阳性形式的语言机制：当所指的人涉及男女两个性别时，人们通常喜欢使用阳性形式。该学派认为，“嵌入”机制促进了世界图景中对于女性的忽略，说明语言不仅是社会的产物，而且也是社会的思维和心智形成的手段，在父权制和后父权制文化中发挥作用的所有语言实质上都是建立在男性世界图景基础之上的男性语言。因此，女性主义语言学坚持重新思考和改变语言规范，认为语言的自觉规范及语言政策是自己的研究目的。

也正是在这一时期，即20世纪60年代，随着女权运动的蓬勃发展，社会语言学、女性主义语言学、女性主义批评语言学等学科的研究不断深入，西方女性主义者正式提出社会性别（gender）这一具有深远意义的理论概念。这一理论强调性别之间相互关系的社会性质，去除了蕴含在"sexus"（性别）概念中的生物至上主义，突出"女性气质"是由人为造成的这一因素，强调性别和性别歧视的社会性问题及其根源，主张解构社会现实中不平等的男女两性关系。法国著名女性主义者西蒙娜·德·波伏瓦[①]的《第二性》（1949）一书对社会性别概念的形成发挥了推波助澜的巨大作用，成为第二次女性主义浪潮的鲜明标志。她在该著中提出的"女人并不是天生的，而宁可说成是逐渐形成的"一说振聋发聩，影响深远，给予生理决定论和弗洛伊德主义的妇女论致命一击，至今仍被人们津津乐道。波伏瓦强调后天成长环境和诸多社会因素对于女性的影响，鼓励女性拒绝社会和文化强加给她们的各种框框条条或女性性别定型，摆脱既定"女性气质"的束缚与限制。

受马克思主义唯物史观的启发和影响，社会性别论者"主张社会性别是社会建构的，最终体现了父权制社会中两性之间不平等的权力关系，并且作为一种强大的意识形态影响着人们的生活模式以及个体的生活选择；社会性别不仅仅代表一种个人的性别身份，还是一种反映社会结构和文化规范的符号。至此，社会性别作为揭示社会性别关系的一个概念，成为女性主义学术和女性主义理论的核心概念。"（付翠莲，2007：

① 西蒙娜·德·波伏瓦（1908—1986）是享誉世界的法国著名作家，当代最负盛名的女权主义者，存在主义的鼻祖让·保罗·萨特的终身伴侣。她一生著述甚丰，所倡导的存在主义的女权理论对西方的思想和习俗产生了巨大的影响，尤以1949年出版的《第二性》（The Second Sex）一书为最。该书是她获得世界性成功的代表作，被誉为"有史以来讨论妇女的最健全、最理智、最充满智慧的一本书"，堪称一部俯瞰整个女性世界的百科全书，揭开了妇女文化运动向久远的性别歧视开战的序幕，被尊为西方妇女的"圣经"。

9)社会性别理论把男女两性之间的相互关系视为社会关系的本质反映,通过对男女之间相互关系的分析,来发掘社会关系和社会制度的根源和本质,从而成为女性主义者强有力的政治、经济和社会文化的分析工具:首先,它揭示了男女两性关系的经济本质,认为这种关系实质上是生产关系的反映,是男女两性在经济生活中占有生产资料和劳动成果方面的不平等关系;其次,它作为一种哲学思维方式,深入揭示了男女两性关系的政治本质,即"性别政治",否定先天的、生理决定论的观点;第三,它作为一种社会文化分析工具,从男女两性的角度看待社会性别关系是怎样在历史中被不断叙述和塑造的,不同文化的共同的性别意识和性别观念是怎样形成的。(周民权,2011:48)

第二种流派主要研究同性和异性群体的交际特点,研究特点较为宽泛:分析各种各样的说理性对话——电视表演、医生和患者的对话、家庭中的言语交际等。该研究的基础是,如何在语言中记载的父权制定型的基础上发展男女两性的不同言语策略。该流派运用一些对于解释语句至关重要的语料来补充奥斯汀、塞尔的言语行为理论,即运用言语行为中对于权力和统治地位的表述进行补充,重新简练地阐释遵守格莱斯的合作原则的条件,扩大交际失误的概念,把打断说话人、不能按时结束话语、对谈话主题失去监控、沉默等一系列内容列入交际失误的分析范畴,对话语分析理论的拓展作出了重要贡献。

这一流派确定了女性言语行为的4个定型特点:

(1)女性最常使用指小后缀;

(2)间接言语行为是女性的典型交际方式,她们的言语更为礼貌和温和。例如,用提问形式征询对方的看法,在本人缺乏自信的情况下所表达出来的意向往往不够自信;

(3)女性的言语行为缺乏统治力,她们更善于倾听,专注于对方的问题;

(4)从总体上讲,女性言语行为的特点是更加"人性化"。(Hotberger,

1993:112)

按照女性主义语言学的观点,正是上述语言事实为异性群体交际中的女性带来负面后果:女性语言本身就是一种缺陷,在言语交际中处于被男性支配的地位,由此产生的社会性别语言差异在所难免。如果女性使用富有攻击性、缺少合作、命令式的言语行为,会被视为男性化的、富有侵略性的女性。女性主义语言学认为这种言语行为不符合通常表现懦弱、缺乏自信、不够权威的女性社会性别语言定型,为此专门制定了一系列帮助女性"言听计从"、讲求礼貌的言语交际策略。

这一阶段处于第二次女性主义浪潮鼎盛时期,发生在20世纪60年代至20世纪80年代。随着美国黑人民权运动、反对越南战争的抗议行动以及法国学生运动的相继爆发,西方女性主义者掀起了争取妇女解放的第二次浪潮,其特点是不再拘泥于女性具体问题的关注,而是重点对整体文化进行批判,体现了对人类固有的思想文化传统进行反思和批判的哲学研究倾向。女权运动的蓬勃发展导致了在社会地位、人权、语言等方面要求男女平等的女性主义思潮进入科学研究的众多领域。

受社会政治运动的影响,R. 莱科夫、D. 齐默尔曼、C. 韦斯特、B. 索恩、D. 博林格等女性主义者不仅致力于语言的性别歧视和性别语言差异研究,并且探究其社会根源,始终关注社会现实中有关女性的就业、婚姻、教育、财产、参政等问题,从而构成了女性主义的实践内容。受哲学思想的影响,女性主义者在不断探索的过程中注意提高自己的理论水平,始终以批判男性中心论为己任,对"妇女缺乏理性"的性别歧视观点进行有力的鞭挞。在他们看来,"现有的世界是以男性的价值观为标准建立起来的,男性始终处于人类社会的中心位置,代表着权力、权利和理性,而女性一直处于社会的从属地位,其存在和意识被边缘化,受到压制和贬低。"(周民权,2014b: 6)有鉴于此,女性主义者力图在理论上努力解构现有的法规和思想体系,以便重新建构起合理的新秩序,其中包括语言秩序,因为在他们看来,"语言秩序是一种象征秩序,而象征秩序

(语言)是一种体现家庭和社会的结构,它是在社会关系的相互作用下形成并体现的……进入语言,也即进入象征秩序。反之亦然。”(Kramarae, 1981:26)在实践层面,女性主义者通过开展大规模的社会运动来激发妇女的斗争热情,竭尽全力提高妇女的政治地位和思想觉悟,以达到改变现有社会性别定型、改良社会、优化妇女生存地位的目的。

受马克思主义唯物史观的启发,女性主义者对语言在象征秩序构成中的重要性有了足够的认识,努力去寻找女性的语言表达传统,在女性主义概念和性别角色概念的基础上提出了“社会性别”理论概念,宣告了生理决定论的终结,为妇女解放和男女平等指出了希望,也为社会性别语言及其定型研究提供了理论依据。这一理论表明:即使是人类最基本的生理性别特征,也可能因社会文化的作用而成为社会规约的某种产物,并影响着人们的意识和行为。在女性主义者看来,生理性别与社会性别含义不同,前者指一个人在生物学意义上生来具有的是男性或者女性的事实,后者则指社会对于男女两性所赋予的价值与意义。这种区分的意义在于强调人们的性别意识、性别行为都是在社会生活的制约中形成的,女性的性别角色也是社会生活的产物,并随着社会生活的变化而变化。由此可见,社会性别理论是人类发展到以人为中心的社会发展模式中产生的一种理论观念和学说,以人的基本权利为出发点,反省传统的性别选拔观,旨在促使男女两性全面健康发展,实现男女两种社会性别在社会地位、人权、语言等方面的平等。

显而易见,社会性别作为揭示社会性别关系的一个概念,成为女性主义理论的核心概念。在女性主义批评者看来,社会性别无疑是一种社会分层机制,是使压迫妇女的机制体制化、系统化的权力关系,最终体现了父权制社会中不平等的权力关系,这一权力关系说明两性分化过程是在父权文化制度中完成的,人类正是在这一社会文化适应以及被奴役和支配的过程中获得了性别和主体性,形成了男女角色、性格、地位、行为特征等方面的差异,致使这种差异越来越大的根本原因是社会构建因素。

社会性别理论的确立标志着女性主义学术研究的一个新阶段的开始，为社会科学的研究提供了一个新的视角。作为女性主义的学术基础与理论核心，社会性别理论把男女两性之间的相互关系作为最基本的社会关系，视其为社会关系的本质反映，通过对男女两性关系的分析，来发掘社会关系和社会制度的根源和本质，从而成为女性主义者强有力的政治、经济和社会文化的分析工具，也为女性主义理论构建了一个普遍有效的阐释框架，使女性主义者首次拥有了属于自己的话语权力，也逐渐成为学术界各个学科中广泛使用的一种分析范畴，语言学研究概莫能外。（周民权，2014b: 8）女性主义语言学、女性主义心理分析等正是在这种学术背景下应运而生，为尔后的社会性别语言学研究奠定了基础。

社会性别语言定型研究带有浓厚的政治色彩，与抨击性别歧视、语言学研究转型等诸多因素密切相关。受上述"二元论"的影响，许多研究者在研究性别语言时囿于非此即彼的二元思维模式，将男性语言与女性语言对立起来，从而导致出现了静态视角的缺陷论、支配论、差异论等性别语言研究理论，分别从生理、心理、社会地位、权力结构和社会文化等几种不同的视角试图解释男女性别语言差异。后来，受后现代女性主义思潮影响，一些学者从社会建构的视角来看待性别范畴，认为生理性别、社会性别和身体都是社会建构的，是社会和符号的创造物，都不是自然的分类，由此逐步形成了社会性别建构论。这些社会性别语言研究理论从不同角度诠释了社会性别定型，折射出不同历史时期的哲学思想。

1963年，美国心理学工作者B.弗雷蒂安旨在抨击性别歧视的《女性的奥秘》一书问世，在社会上引起巨大的反响，被称为结构主义的终结与解构主义的发端。以1964年在美国召开第一次大会为标志而诞生的社会语言学倡导从社会环境的视角来考察语言与性别，为社会性别语言研究提供了方法论。（周民权，2011:48）1978年，美国科学院编辑出版了一本名为《语言、性别和性：差别有意义吗？》的社会语言学论文集，其序言中明确提出要建立“性别语言学”（“sexual linguistics”）。作为这一方面的代表，R. 莱科夫明确指出，在语言所反映的世界图景中，男性居于中心的地位，而女性的形象却是残缺不全的。这样一来，“社会性别”已经和“阶级”“种族”一样，成为西方学术界研究人类社会与历史的一个基本分析范畴，也为社会性别语言学的形成和发展奠定了哲学基础，使之逐渐转化成为一门显学。

3. “后女性主义”阶段

“后女性主义”阶段(«Постфеминистский» этап)的特点是，早期的女性主义语言学研究者阐发的下述思想得到实践验证：出现了“男性研究”、文化和语言文化学的社会性别研究、大量的语料被引入分析以及对方法论问题的重新思考。该阶段的主要任务是，分析社会性别如何在社会进程中存在、建构及再现。这样一来，男女两种性别及其相互关系，以及它们与不同层面的社会体系之间的相互联系等进入社会性别分析领域。

这一阶段与20世纪90年代蓬勃兴起的、以后现代女性主义为标志的第三次女性主义浪潮如影随形，社会性别语言及其定型研究顺应当代语言学研究的发展潮流，呈现出多元化、动态化、微观化和本土化发展的趋势。女性主义者认识到，不同种族、不同阶级、不同肤色、不同性取向的妇女之间并非完全相似，她们之间同样存在着差异，另一方面，受社会变迁所引起的文化过程的多元性和不稳定性的影响，即便是同一种族、同一阶级、同一肤色、同一性取向的妇女之间也不可避免地存在着经历、心理、认知、社会地位、受教育程度、文化素质、语用等方面的差异。因此，女性主义者向原有的社会性别概念提出强有力的挑战，对社会性别理论进行了反思与批判，与关注意义、解释、二元论的后现代主义相互交融，成为后现代主义的一部分，从此进入后现代女性主义发展时期，逐步实现了对于女性主义理论的发展与超越。

后现代女性主义者认为，原有的社会性别理论完全否定生物遗传因素或社会环境因素对于性别的建构作用，忽视阶级、种族及文化的影响，对妇女内部存在的重大分裂及剥削关系熟视无睹，研究者只把目光盯在语言上，缺乏对性别本身的理论研究，把性别视为预先给定的因素，认为性别特征决定语言特征，从而简单地区分出女性语体和男性语体，如此等等，常常难以自圆其说。随着社会的发展和性别研究的深入，社会性别理论的内涵和外延已经超越先前的研究范围，它不仅指男女两性的生理、心理、权力、社会地位、语言等差异，也包括种族、国家、阶级、性取向等和女性解放有关的领域。女性主义理论只有和这一系列相关问题结合在一起，才能与时俱进，适应社会发展。例如，1986年，美国后现代女性主义史学理论学家 S. 斯科特在《美国历史评论》发表了“社会性别：一个有效的历史分析范畴”一文，反复强调要重视女性群体中不同文化、不同种族、不同阶级和阶层、不同辈分和不同年龄之间的差异。该文在学界引起较大反响，标志着观念上的重大转变，推动此后的社会性别研究从仅限于对妇女的思考转向对社会性别及其定型的关注，逐步摆脱男女二元对立的思维模式，重新审视社会性别同家庭、劳动、国家的构建以及民族国家革命之间的错综复杂的关系，对权力关系进行更为广泛的探究。

S. 斯科特反复强调社会性别是代表权力关系的主要方式，是权力形成的源头和主要途径，是男性和女性之间权力关系的反映，这种权力关系直接体现为男性的统治地位和女性的从属地位，换言之，“社会性别是基于可见的性别差异之上的社会关系的构成要素，是表示权力关系的一种基本方式。”（谭兢常、信春鹰，1995：145）通俗地讲，社会性别是社会文化中形成的对男女差异的理解，以及社会文化中形成的属于男性或女性的群体特征和行为方式，通常以社会性别定型的形式表现出来。因此，琼·斯科特非常重视女性群体中不同文化、不同种族、不同阶级和阶层、不同辈分和不同年龄之间的差异，把该理论与史学研究结合起来，标志着美国妇女史学转入到了社会性别史。尽管这种结合在女性主义史学界引起了巨大的争论，但争论的结果是促进社会性别理论向纵深方向发展。S. 斯科特关于文化符号、规范性概念、政治社会体制和主体性身份的论述具有重要的学术价值，催生了英美以及中国历史学界许多有影响的研究成果相继问世。

1996年，美国学者S. 弗里德曼提出了“社会身份疆界说”这一创新性概念，他明确指出，这一概念要“超越社会性别”，但也并不是否定社会性别概念，而是要把社会性别同包括阶级的、种族的、年龄的、性取向的、宗教的、甚至国家的等表述社会身份的诸多范畴结合起来，去思考和应付复杂的社会文化现实，打破把社会性别看作唯一决定因素的思维范式，力图把它扩展开来，从多元化的、建构到解构到再建构的视角去解读复杂的社会现象，如包括如何看待男女之间的差异问题。（付翠莲，2007：12）V. L. 贝里瓦尔、L. 魏恩、J. M. 邴、J. 巴特勒等西方学者在社团实践论、表演论的基础上提出了社会性别建构论（social constructionist gender theory）这一重要理论，从社会建构的视角来看待性别范畴，认为“性别是个动态的范畴，是人们在不同的实践活动中不断建构的事物，而语言则是建构性别的重要方式，因此，研究个人在具体社会活动中的话语，便可了解他们建构性别身份的方式。”（施栋琴，2007：40）由于社会性别建构论的创建者本身就是以实现妇女解放的政治目标为己任的后现代女性主义者，因此，社会性别建构论与后现代女性主义思想一脉相承，都倡导从多元化的、建构到解构到再建构的视角去探究动态而复杂的社会性别定型现象。这样一来，社会性别建构论便成为后现代女性主义思想的主干理论。

后现代女性主义者“所关心的问题不是男人和女人如何使用语言，而是特定的语言行为如何促成男人和女人的产生。”（李经伟，2001：13-14）他们把性别看成是一个行为要素的组合集，而不是把行为本身视为性别直接产生的结果，因为在不同的社团里和不同的历史时期，人们具有不同的行为，从而形成不同的行为定型。按照他们的观点，后天的社会文化环境至关重要，正是人们所从事的社会实践活动造就了人的性别特征，所谓男性气质和女性气质都是后天获得的；社会性别是以生理性别为基础的社会建构，个人生而为男为女，并没有天生的性别认同，他们是在成长过程中获得性别认同的，在经过社会的建构之后才成长为男人和女人。虽然生理性别是天生的，但是社会性别既非内在的，也非固定的，而是与社会交互影响的产物，它会随着时间和文化的不同而改变。社会性别是由社会建构的，是社会和符号的创造物。后来，这一观点被进一步发挥：生理性别、社会性别和身体都是社会建构的，都不是自然的分类。男女两性的语言行为模式产生于其惯常性的实践活动以及相关社团成员之间的关系，他（她）通过不断地进入新的社团和参加新的社会实践活动，来调整自己的行为，使其适合所属社团的要求，有意或无意地运用言语行为来标记既定身份，合乎时宜地扮演不同的社会角色，如标记自己的性别、阶层、民族以及与同一社团中其他成员之间的关系等，从而形成自己的社会性别特征，同时体现实践活动以及相关社团所特有的社会性别定型。这就是社会性别建构论的两大支撑理论之一——社团实践论（the community of practice）的精髓所在，该理论由著名社会学家魏恩1991年首次提出，后由艾科特和吉奈特引入社会性别研究领域，并进一步发扬光大。

社会性别建构论的另一支撑理论是表演论（theory of performance），由美国后现代女性主义理论家朱迪思·巴特勒1990年在其批判性著作《性别的烦恼》中提出，其核心内容是：社会性别是“公共行为”的符号形式，是一种戏剧性的隐喻。男性和女性都被看作社会演员，服装、发式、举止就是表演的道具。他们在交际过程中表演着自己的性别，性别身份在表演过程中不断被协商，但永远没有终结。（李金凤，2004：52）按照巴特勒的观点，性别身份不是个人的特性，而是一种像演员一样必须重复表演的行为。社会性别不是一个固定的身份，而是在实践中不断构建的身份，通过风格化的重复行为在一个外部空间中得以构成；社会性别不是一个静止的名词，也不是一套捉摸不定的特质，“社会性别”是表演性地产生的，而且被其内在的一致规范的实践所压迫；“身体”已不是生物意义上的“自然的身体”，而是由文化和权力决定的身体；同样，政治也不是一种认同政治，而是“表现性的政治”，没有了绝对的是非、对错，政治不过是一种表现性的使人兴奋的言辞；知识也不再是客观的、理性的和普遍的，而是由权力决定的话语。（周民权，2014b: 21）

社会性别建构论对传统的缺陷论、支配论和差异论进行了调节与中和，对异性之间的类同和同性之间的差异作了更具说服力的诠释，更客观而全面地揭示了社会性别语言及其定型的特点，其理论特征和描写方法有助于解决传统性别语言差异研究在理论分析和方法论上面临的诸多难题。但是，社会性别建构论并非尽善尽美，无疑存在着这样或那样的不足，如有些女性主义者认为，该理论在一定程度上削弱了女性主义的政治性和实践性，其中的“社团实践论仅仅是一种研究视野，并不是一种解释性理论，无法从意识形态和统治支配等更具普遍意义的角度来系统解释人们在具体社团中实践性别身份之前形成的、带有性别色彩的行为准则。因此，要探索某些思想意识、价值观念等如何强制性地作用于人，需要更全面的研究方法。”（Bergvall, 1999: 284）而表演论的不足之处在于：如果给了语言使用者更大程度的能动性和表演权利，就意味着给他们留下了自由行动和随意创造的空间，使得他们有更高程度的自由来否认社会性别和权力关系的重要性。

法国哲学家、精神分析学家 L. 伊丽格瑞也对巴特勒的表演论提出异议，认为“性别差异”是一个本体论事实，不应该忽视本体论意义上女性的存在和独立性，不应该把女性仅仅看成与男性、男性的欲望或者需求相关，或是把女性视为不完整的人，借口哲学是性别中立为由来抹杀女性的体验和利益，不应该忽视性别差异，或是以男性体验来代替人类的体验，而应该以性别差异作为女性主义理论和实践的基础，弥补现有的哲学、心理学和政治学无法为性别差异提供基础的缺陷。按照 L. 伊丽格瑞的观点，无论在历史上还是在现实中，受父权制的影响，女性在长期被贬低和被歧视的境遇中，一直是以男性的言行标准被评说的，完全被否认了真实的性别特征，她们的欲望始终是被扭曲的，而事实上，女性有其不同于男性所描述的欲望，这些欲望具有多元性、不可言说性以及与他者浑然一体等特征，而表演论往往会有意无意抹杀这些差异。(Irigaray，1993：5）伊丽格瑞试图通过探究女性本体论意义上的性别特征，来建构平等和谐的社会性别关系，而巴特勒则把"性别"和"性别差异"看成是社会、政治和文化的产物，揭露"父权制"哲学传统如何通过把"性别差异"确立为所谓的本体论事实，以此来固化不平等的性别权力关系和对于女性的压迫。笔者认为，她们事实上都强调"性别差异"在当代哲学中对于女性、女性主义、女性的主体与身份的意义，都试图通过对于"性别差异"的分析来解构和批评西方哲学传统中歧视和贬低女性的"父权制二元对立思维结构"和"性别本质论"，只不过双方研究的视角和采取的途径不同而已。

综上所述，社会性别建构论作为后现代女性主义阶段的代表性理论，为提升女性形象、消解男性中心的思维模式开辟了道路，为社会性别知识的多元性研究奠定了基础。尽管它还存在这样或那样的缺点，但瑕不掩瑜，其优点毋庸置疑，主要体现在以下几个方面：

其一，它确立了新范式的思维方式，引导女性主义逐步摆脱二元论的束缚，进入多元论的轨道，使主客观对立的、以实证科学为基础的认知模式转化为以语言游戏为基础的现代认知模式，成为社会性别意义多元解释及研究的根据，有利于了解不同的人所拥有的不同经验、文化、观点、立场、价值、目的等特征，倾听不同种族、阶级、阶层的女性及其边缘人群的多种呼声，有利于男女两性以及不同认知主体之间的平等对话，避免男性霸权话语对女性的控制，保持社会性别的文化多样性和多元化，扩大研究领域，减少知识盲点。

其二，它提出了社会性别建构过程中的一种全新而具体的男女平等观。传统的男女平等观抽象而空洞，把所有男性视为压迫女性的敌人，简单地要求女性进入男性领域，用男性标准来要求女性的权益和衡量女性的解放，向男性靠拢并看齐，争取达到与他们同等的地位，而实际上无视男性之间阶级差别和种族差别的现实存在，并不清楚同什么阶级或种族的男性达到平等，失去了统一而明确的标准，因而难以实现。而新的男女平等观以性别差异为基础，把"男女平等"看成是在承认个体独特性的前提下女性与男性的具体的平等，是基于先有阶级认同、民族认同而后才有性别认同的认识，要求女性以其自身而不是以男性为标准，从众多不同方式中找到最适合于自己的方式，努力成为优秀的好女人，不仅如此，还要求女性不再与男性对立，而是与男性开展全面的积极的合作，争取男性中的许多志同道合者成为女性的同盟或朋友。这样一来，在致力于男女平等的社会性别建构过程中，社会性别建构论者就有了更为广阔的研究空间和更为明确而具体、可操作性更强的手段和途径。

其三，它对性别差异的内涵和外延作了更为宽泛而深入的界定。社会性别建构的范围不仅仅包括男女两性之间在生理、心理、受教育程度、社会地位和文化等方面的差异，而且涉及女性与女性、男性与男性在国家、种族、阶级、阶层、社会地位和文化等方面的差异，以及不同知识形式和文化境遇之间的差异，同时也包括他们在上述层面的相似性，但相似性是相对的，而差异是绝对的，这两者之间的尺度在研究过程中常常难以把握：如果过分强调差异，把差异推广到极端，差异可能被无限放大，并被蒙上神秘的色彩，受到盲目的崇拜和狂热的吹捧，会导致女性主义的自我否定。尽管性别压迫的程度和表现形式对不同阶级、种族、国家的妇女是不尽相同的，但其本质却是一致的，即男性统治女性、女性屈从于男性。因此，"对于女性而言，无论她们彼此有多少差异，有一点是肯定的，即女性也是作为女性而存在的。然而，如果过多强调相似性，坚持把共同的性别身份归属到全体妇女，又将导致否定妇女中的差别的普遍概括的错误，可能重蹈本质主义覆辙，助长民族主义和沙文主义。"（曹建波，2006:159）

因此，如何兼顾差异性和相似性的不同特点，在多种声音和一种立场之间作出协调，在解构的同时不放弃建构和再建构，这是后现代女性主义所面临的艰难抉择，也是社会性别建构论需要认真应对的挑战。

其四，汲取后现代主义强调多元、异质和差异的思维成果，采用把性别与社会性别区分开来的分析方法。该方法可以看到女性主义要抛弃的仅仅是西方哲学中体现基于“父权制”思维逻辑的“女性”概念、对于“女性”性别特征的描述以及对于“性别差异”的概括，而不是要抛弃“女性”概念、“女性”的性别特征以及“性别差异”本身。如果这些概念和理论能够从“父权制”思维逻辑的羁绊中解放出来，在女性解放、两性平等、人类社会和谐发展的意义上得到重新建构，女性主义学者便再也不会对于这些问题争论不休。事实上，社会性别建构论正是以这一思路为基础创建起来的。（周民权，2014b: 24）尽管该理论仍然面临这样或那样的难题，但它无疑具有充分的解释力和强大的生命力，为尔后的社会性别语言及其定型研究开辟了前进的道路。

俄罗斯学者 A. B. 基里利娜认为，这一阶段，女性主义对男女间交际的早期预设研究遭到了尤为猛烈的批评，这与早期研究中的思辨或者经验主义的论证不足有关。女性主义语言学在早期研究中的依据是，女性言语行为会促进其从属地位的维系，是父权制关系再生的显明例证。在这种情况下，女性主义者犯下了一系列方法论错误，而发现这些错误则需要借助于社会性别交际方面的经验主义研究。属于这一误区的有：交际中的支配意向，赋予性别因素过多的意义，忽视语境的作用，低估定性研究法，以及夸大孩提和青少年时代特有的社会性别策略的作用。（Кирилина，2005：19—20）

俄罗斯学者 A. A. 科列钦认为，20世纪后半期的社会性别研究主要集中在三个方向：一是利用某些学科来研究社会性别问题的异时现象，二是研究兴趣及次序的区域性特点，三是一些研究者对于某个理论化和元理论化模式的热衷情况。（Клецин，1997: 7）但是，不仅是 A. A. 科列钦看出了人文科学中社会性别研究的弱势结构，O.A. 沃罗宁娜也深有同感，她认为，必须区分现代社会性别研究的三个方向：(1)社会性别是社会学分析的工具；(2)对于社会性别作为女性研究工具的理解；(3)社会性别是一种文化学诠释。(Воронина，1997：29)在 A. B. 基里利娜等俄罗斯学者看来，与西方学界不尽相同，俄罗斯学界初期的社会性别研究更多地出现在社会学领域，但在语言学研究方向也可以进行一系列总结，突出社会性别研究的几个既定方向，并提出几个俄罗斯语言学界过去不曾研究过的问题，例如：使用新的社会性别概念以及“社会性别”(гендер)这一术语会给语言学的概念机制带来哪些变化？语言学家是否需要抛弃旧的“性别”(пол)概念？社会性别概念是否会给语言结构研究引入某些特殊的东西或者仅仅是概念的替换？(Кирилина，2000：40)这些问题是俄罗斯学者在阅读大量文献所进行的观察、顾及俄语的丰富表现潜能及俄罗斯学界的科学描写传统的基础上提出来的，在某种程度上拨正了俄罗斯语言学界的研究航向，为以后进行的社会性别定型的语言文化、语义、语用等研究提供了思路与参照依据。

“社会性别”这一称名形式进入语言学的途径别具一格：表示语法性范畴的英语术语“gender”被学界从语言学领域转入社会哲学、社会学、历史及政治话语等学科的研究领域，从而“脱离”了“sexus”(生物性别)这一术语，因为“gender”这一术语与自然属性密切相关，不仅包括男女之间的生理差异，还包括劳动的性别角色分配、社会对于男女两性的不同要求以及取决于生物性别的人的不同社会价值。尽管如此，英语语言学文献中仍可看到“gender”在获得各种社会科学的跨学科地位之后其初始意义的使用情况，表明其与“sexus”难以割舍的联系。实际上，语义学从来没有对“sexus”在语言中的反映熟视无睹，要想忽视它也是不可能的，原因就在于“sexus”的语义要素融入了许多词汇单位(男人、女人、父亲、母亲等)的意义。因此，必须搞清楚这两个概念在语言学中的相互关系。

A. B. 基里利娜认为，尽管社会性别这一概念当时得到大多数研究者的承认，但在阅读专门文献过程中仍然出现了一系列困难，与对于社会性别这一概念及其新意之间的某些差异的理解有关。把英语相关文献翻译为俄语的势头有增无减，但无助于问题的解决，因为英语中“sex—gender”之间的相互关系与俄语中对于相关概念的理解不尽相同，这与“sex”的多义性不无关系。例如，俄语中的“секс—пол”与英语中的“sex—sex”不相吻合，这在某种程度上“减轻”了“пол”一词的“负担”。(Кирилина，2000：42)

需要指出的是，大部分研究者把社会性别(并非英语中通行的“性别—社会性别”范畴标记，仅指社会性别)解释为一种语言外范畴，主张用社会性别概念代替性别概念，并让这两个概念的内容含量等量齐观。这就必须顾及以下情况：社会性别研究的方法论基础及其哲学认知取决于语言学知识，涉及整个科学领域的人类模式的历史发展因素。研究者们对于某种方法论的热衷以及他们的思想定型在研究中发挥着重要的作用，这尤其体现在与女性主义世界观密切相关的社会性别研究上，但并不意味着社会性别研究等同于女性主义，许多使用于社会性别研究的概念来自于政治话语。例如，“性别歧视”这一术语产生于女性主义语言批评最为鼎盛之时，表达的是反映性别歧视特征的语言结构：语言不仅是以人类为中心的，而且是以男性为中心的，因为其中记载的主要是男性的发展前景、男性的主体性、男性的世界图景，而给予女性的仅仅是次要的、边缘化的角色和客体地位。在 A. B. 基里利娜看来，“在科学的描写中，‘性别歧视’可以被更为中性的术语‘社会性别不对称’(гендерная асимметрия)取而代之，后者反映了男女两性和性别角色定型在语言中的特点，而前者，即性别歧视似乎以有意的歧视为前提。然而，这种意愿，尤其是恶意的意愿，在语言中当然是不存在的。”(Кирилина，2000：48)

相比之下，“社会性别研究”这一术语显然是站得住脚的，没有理由替换它，何况它非常适合跨学科的科研方向。俄罗斯学者 И. И. 哈列耶娃持这种观点，她认为，由于社会性别关系渗透到人类活动的方方面面，社会性别研究，即社会性别学（гендерология）必然具有跨文化性质，这一点毋庸置疑。(Халеева, 1999: 5) 与此同时，也没有理由否定“性别”(«пол») 这一术语。尽管性别并不是包括生物和文化组成部分的唯一本质，但它所发挥的历史作用不容否定。例如，俄罗斯学者 С.А. 乌沙金不仅力挺这一术语，甚至反对使用那些在俄语中没有合适象征形式的概念，他认为，在俄语科学话语中，“性别”可以表示人的生物数据与社会约定俗成的个人诠释方式之间的相互联系，因此，有必要把生物性别（биологический пол）与社会性别（социальный пол）区分开来。(Ушакин, 1999: 83) 他所说的“социальный пол”实际上就是学界广为使用的“社会性别”(«гендер»)。

在社会性别哲学（философия гендера）中，“社会性别”作为哲学思考的一个维度在学科层次上得到了肯定，使得社会性别哲学从“可能”成为一种“现实”。这一概念的细化态势愈演愈烈，已经引起学界的高度重视。例如，俄罗斯学者 Е. 科奇金娜提出性别的7种形成标准和层次（从配子到社会本身），这种详细的划分对于社会性别语言研究的意义不言而喻。(Кочкина, 1999: 5) 但是，这种划分并不是语言学要求的，而可能是现阶段跨学科研究的一种前景。对于语言学来说，最重要的一般理论准则乃是性别的文化制约性，以及性别在语言和交际中的宣示。构建社会性别哲学的症结在于哲学思维方式的变革，通过多元思维、整体思维和中道思维等寻求变革的方法和途径。

第二节　哲学视野下的二元对立静态化研究

社会性别哲学是一个更深入探讨人的自我意识的视角，也是一种深入研究女性在社会意义上建立自我意识的理论，这将对女性群体的生存和发展具有特殊的意义，一方面丰富了哲学的研究领域，另一方面也使性别研究的思想具有了哲学性。社会性别哲学的兴起与发展不仅开辟了哲学研究的新路向，深化了哲学的自我理解，更加强了哲学与人的真实生活的联系，拓宽了哲学研究从内容和形式上的思考范围。（胡晓红，2010: 11）在哲学从“抽象哲学”向“具体哲学”逐步转变的过程中，人的实际生活成为具体哲学的研究首选，哲学家以此为立足点，搁置对本质的玄思，力求理解具体的生活现实。这样一来，以男女两性为研究主体的社会性别哲学便成为哲学具体化的显著成果之一，它不仅仅是为哲学领域增加一个思考对象，而且可能颠覆以往的哲学模式。作为思考性别问题的具体哲学，社会性别哲学以男女两性的思维方式和语言哲学为依据，探究其中的异同及其哲学内涵。在这个意义上，社会性别哲学既是以“性别”为核心内容的理论，也凸显了哲学的性别化倾向，从而使哲学获得了个性和生命，焕发出生机勃勃的研究活力。

从哲学的视角来看，社会性别角色通常表示一系列社会所期待的男性与女性行为模式，而社会性别定型与之不同，它是各个民族文化中关于男性和女性如何真实展现自己的总体概念，是在漫长的历史进程中逐步形成的社会性别关系模式。早在公元前400—前300年间，被誉为“古希腊三贤”“西方哲学奠基者”的著名思想家、哲学家、教育家苏格拉底和他的学生柏拉图以及柏拉图的学生亚里士多德已经涉足社会性别定型的初始研究。

柏拉图的研究特长是以对话形式探讨哲学问题，他在代表作《理想国》中曾经这样阐述女性与男性的差异：“就其本质来讲，女性和男性一样，可以参与所有事务，但女性在各方面弱于男性。”（Денисова，2002: 62）亚里士多德继承和发展了这一学说，他在《动物繁殖论》一书中明确指出：“就人生的使命来讲，女性和男性的发端有着本质的区别：如果说女性的发端与身体、物质等量齐观，那么男性的发端则与精神、形式同日而语。”（Денисова，2002: 62）他们的观点对后来的社会性别问题研究产生了深远的影响。

早期的莱科夫、夸斯托夫、布利斯林、齐默曼、韦斯特、索恩、贝斯特等西方学者基于社会语言学、心理语言学视阈，对“语言与社会中的女性”“男女两性的心理差异”以及在社会地位、人权、语言等方面要求男女平等的女性主义哲学思想进行较为翔实的研究，对男女两性的语言定型以及影响其言语行为的社会性别因素作了较为全面的对比分析，推动与促进了语言学界的社会性别定型研究。但是，由于受柏拉图和亚里士多德的“二元论”对西方政治理论的影响，以及当时各种历史条件的局限，他们往往囿于非此即彼的二元思维模式，将男性语言与女性语言对立起来，过于看重社会性别差异，从而导致出现了生理决定论、缺陷论、支配论、差异论等理论，将社会性别语言定型视为不会受社会、文化、心理、语境等多种因素影响而发生变化的静态特征，分别从生理、心理、社会地位、权力结构和社会文化等几种不同的视角试图解释社会性别语言定型的内部差异。

学界普遍认为，早期的西方学者往往过于看重社会性别差异，将男女性别作为相互对立的二元范畴，视其为不会受社会、文化、心理、语境等多种因素影响而发生变化的静态特征，忽视异性之间交际行为的相似性与相互交融现象，难免形成某种偏见。（周民权，2014a:29）

1. 俄罗斯学界的性别定型二元对立研究

受西方学者早期研究的影响，С. Н. 布尔加科夫、Н. А. 别尔嘉耶夫、Н. А. 科诺普列娃、И. С. 科列钦娜、В. В. 罗扎诺夫等从事哲学、人类学、心理学及文化学研究的俄罗斯学者以二元对立论为基础，把男性定型解释为开拓型，把女性定型解释为感受型，认为前者主动，属于动态型，后者被动，属于静态型。例如，Н. А. 科诺普列娃总结归纳的男女两性的下述8种二元对立定型颇有代表性（Коноплева，2002:62—65）:

1.1 逻辑性与直觉、抽象与具体

首先，男性气质与逻辑性相关，注重逻辑推理，擅长抽象思维，女性做事常常凭直觉，喜欢具体的东西，擅长具体的形象思维。C. H. 布尔加科夫指出："男性和女性的自我意识具有各自不同的特点：男性逻辑性强，富有主动精神；女性下意识强，乐于自我奉献，聪明有智慧，但愚笨和单纯，有悖逻辑。"（Булгаков，1996: 264—265）女性感兴趣的往往是具体的东西，她们的思维活动也很具体。实用性的学科适合于女性，极大地开发了女性的智力空间。关于女性的具体性，B. B. 罗扎诺夫（1995）、H. A. 别尔嘉耶夫（1993）等在自己的专著中作了详实的论述；关于男性的理性、自觉性及逻辑性与女性的感性、本能及直觉的相互对立情况，B. Φ. 埃恩、A. A. 洛吉诺夫（1989）等具有独到的见解。

1.2 实用主义与富有表现力、自觉性与非自觉性

男性看重目的和权威，崇尚实用主义，做事坚定，喜欢发号施令，但自觉性较强，而女性敏感，灵活，善于移情，富有同情心和表现力，但缺乏自觉性。因此，C. H. 布尔加科夫认为，女性与"存在的深度"密切相关。关于女性的敏感与感性，П. A. 弗洛连斯基（1998）在自己的专著中有着详尽的阐述。

1.3 支配与服从

忠诚、富有自我牺牲精神、有耐性、顺从曾被视为女性的特点，而男性的特点与之相反，因此，男性和女性的定型被理解为支配与服从范畴，也就是说，男性历来喜欢支配女性，发号施令，充当统治者的角色，而女性习惯于逆来顺受，服从于男性，充当被支配的角色。B. B. 罗扎诺夫指出："男性被赋予支配女性的权利，'充当庇护者和领袖'，而女性的权利是获得男性的强有力的庇护，作为对自己的爱情的馈赠。"（Розанов，1995 : 139—140）在研究支配时，C.H. 布尔加科夫区分出其中的两个定型："就其本质来讲，支配具有两重性，它包括积极定型和消极定型，由支配和服从二者构成……支配是一种分离出来的、固定在自己独立范

围内的男性定型,其特点是强权本能:它仅仅善于征服与吩咐,但不善于付出爱与接受怜悯。而与之相对的是,被支配者的服从、消极的被支配定型具有更多的被压迫、被奴役的女性特点。”(Цит. из Денисовой, 2002: 63)众所周知,精神分析学家弗洛伊德在谈到性虐待时,也进行服从与支配问题的研究,他认为,受虐性是对于女性本质的表述。也就是说,男性喜欢支配女性,属于积极定型,而女性习惯于被男性支配,属于消极定型。

1.4 秩序与混乱

历史上长期以来曾认为男性建构与确立秩序,女性则表现出无序和混乱,这就是从哲学视角对于形式与内容所做出的社会性别分类。例如,H. A. 别尔嘉耶夫在《自由精神哲学》(1994)一书中谈到男性和女性定型时,提出下述观点:由于男性定型是思想、逻各斯、有序及制度形成的发端,男性致力于构建、组织与建立有条理的秩序,因此,男性定型就是秩序,而无序和混乱则被视为女性定型的表现:消极、易变、无组织、无纪律等。持这种观点的还有 B. Ф. 埃恩、П. A. 弗洛连斯基、B. 伊万诺夫、A. 别雷等。

1.5 独立性、个性与亲和力、集体主义

社会性别定型的重要特点之一在于,女性首先关注的不是客体对象以及问题如何解决,而是自己交际圈内的人是否幸福安康。B. B. 罗扎诺夫(1995)、П. A. 弗洛连斯基(1998)、C. H. 布尔加科夫(1996)等俄罗斯学者认为,在各种不同的社会中,女性通常首先关注的不是如何解决问题,而是把人际关系放在第一位。她们一般比较拘谨,乐意服从,富有同情心,民主意识较强,遵循集体主义原则,而男性一般都比较独立,强调个性,喜欢表现自己,支配欲强烈,行事果断,遵循人类学和个性原则。

1.6 强势与懦弱

通常认为男性和女性的区别就在于其个性力量的展现,男性常常成为强者，而女性处于弱势地位，成为男性的附庸。O. B. 里亚博夫总结了B. B. 罗扎诺夫（1995）、П. А. 弗洛连斯基（1995）等人的观点，认为较之于男性的活动，女性活动在很大程度上并不属于女性本身，而是女性身上的其他力量所为。（Рябов，1997：11）此外，П. А. 弗洛连斯基还将男性定型进行纵向比较，把女性定型进行横向比较。类似观点在 Н. А. 别尔嘉耶夫的专著中可见一斑，他认为，"完全缺乏男性原则的女性不能称为个性。男性原则绝大多数是属于人类学的、个性化的，而女性原则大都是属于宇宙的、集体主义的。"（Бердяев，1993：67）也就是说，男性充分展现个性，表现强势，女性缺乏个性，表现懦弱。

1.7 **冲动、积极与冷静、消极**

上述俄罗斯学者信奉亚里士多德的观点，即认为冲动、敢于冒险、积极、专横、富有生命力均源于男性定型，而女性则表现出消极、顺从、依附与懦弱，这一观点流行于中世纪各个年代，直至近代，仍得到许多哲学家的支持，如德国哲学家黑格尔认为，两种性别应该有所区别：一种积极，属于男性，另一种消极，属于女性。男性的积极与女性的消极各有千秋，是一个不可分割的整体。

1.8 **反复无常、不忠诚、激进与专一、忠诚、保守**

某些文化中流行着一种定型看法，认为男性通常变化多端，不忠诚、言行激进，而女性比较保守，喜欢怀旧，对已经发生的人与事保持忠诚，与男性截然相反。Г. 济梅利指出，女性怀念过去所发生的一切，而男性喜新厌旧，这是一个基于二元对立视角的"忠诚"与"不忠诚"的问题，需要认真研究。（Зиммель，1996: 240）

在阐释与演绎上述8种社会性别定型的基础上，И. С. 科列钦娜从心理学视角进行探究，把社会性别定型归结为以下3类：

第一类为女性—男性定型（стереотипы феминности — маскулинности），其中男性定型除了善于主动创造、使用工具外，还表现为积极主动性、掌控欲强、自信、富有侵略性、思维逻辑性和领导天赋等；与之相反，女性定型则表现出消极从属的一面，如依赖性、沉溺于关爱、担忧、自我消极评价及多愁善感等；

第二类定型包括男女之间的家庭和职业角色分工观念（представление о распределении семейных и профессиональных ролей между мужчинами и женщинами）。女性更多地被赋予了家庭职责，尤其是作为母亲和妻子的义务。而对于男性来说，更重要的是社交生活、事业成就、通过职场的成功来维护自己的家庭。因此，女性的家庭角色和男性的职业角色构成两条不相矛盾的平行线，共同存在于人们的潜意识中，并通过语言来概括总结和表达；

第三类社会性别定型是由劳动内容的特点（специфика содержания труда）决定的。女性擅长照料和服务他人，因此，按照传统，她们的工作地点通常会在商场、医疗中心和学校。对于男性来说，他们则更适合创造性和领导性质的工作。（Клецина，1998：39-40）

И. С. 科列钦娜的观点代表了许多俄罗斯学者的看法，他们所确定的社会性别定型与社会二元对立结构密切相关。在人类社会漫长的农业发展过程中，男性凭借自身的生理优势条件逐渐占据了生产主导地位，掌握了控制女性的权力，女性只能处于被支配的从属地位。在这种二元对立的语境下，女性从负载人类原罪的夏娃开始，就一直成为被男性歧视及嫌弃的对象、被男性玩弄于股掌之间的“非人”、繁衍后代的生育机器，由此形成的“女性邪恶、红颜祸水”“头发长，见识短”的定型观念根深蒂固，成为男性束缚并监控女性的依据。一旦女性表现出自己的独立性，不愿意依附于男性，这就势必“与男性的思维定势发生了冲撞，使男性主体价值的自我实现受挫。”（聂林媛，2013:111）在这种情况下，男性必然会竭力维护自己的权威，千方百计打压具有独立意识的女性，男女之间的二元结构冲突在所难免。

按照俄罗斯学者的观点，上述社会性别定型在语言中必然有所反映，通常表现为：男性说话逻辑性强，思维缜密，言而有序，目的性强，善于掌控话题并展现个性，而女性说话不够严谨，杂乱无章，漫无目的，缺乏重点和主见，常常屈从于男性等。这些定型看法在语言中以固定表达形式反映出来，如俄语中的 женская логика（女人的逻辑＝荒谬的推论）、Курица не птица, баба не человек（母鸡不是鸟，女人不是人）、Волос долгий, ум короткий（头发长见识短）、Три женщины—базар（三个女人一台戏）、Все бабы дуры（天下女人个个傻）等对于女性的语言表述，无一例外地体现了一定历史时期对女性的心理排斥与社会性别歧视。从中不难看出，语言是了解社会性别定型变化的最主要来源之一，通过分析语言结构，可以确定社会性别定型（周民权，2012:6）。

笔者认为，上述社会性别定型习惯性地将社会性别定型视为相互对立的二分范畴，拘泥于静态地考察语言与社会性别定型之间的关系，过于看重对立和差异，忽视了共性或相似性。实际上，这种对立和差异不过是不同的亚文化中的一个方面而已，并不能代表主流文化。而主流文化在男性和女性社会化以及社会性别定型形成过程中发挥着至关重要的作用，是主流文化"造就了他们同属一个民族或文化的现实。所以不管是男性还是女性，他们都会在社会化的过程中习得属于主流文化的价值观和行为方式，同时也习得分属于各自亚文化的价值观和行为方式。这样他们的行为，包括言语行为，必然会既有相同之处也有不同之处。所以研究者们单独研究差异的做法显然是不合乎道理的。"（于国栋、吴亚欣，2002: 27）也就是说，共性和差异是同时存在的，不能只顾其一而忽视其二，兼顾二者的客观而科学的异同研究才是符合哲学逻辑的。

受二元对立哲学思想的影响，一些女性主义语言学家在研究中常常首先提出主观设想，认为男女两性的社会性别定型之间存在本质差异，然后在日常话语中寻找定型差异，常常将一些具体的研究结果概括为普遍结论，但结论常常相左。事实上，"社会性别因素不是影响语言变异的唯一因素，还涉及社会结构、社会习俗、文化传统、种族、地域以及人的心理和生理、社会地位、交际角色关系、职业性质、受教育程度、语言习得、语言认知和副语言研究、社会交往方式、活动范围等诸多因素，语言变异是性别因素和其他许多因素共同作用的结果。”（周民权 2014b：109）因此，社会性别语言定型研究应该保持零假设，不能为了证明男女两性有显著性的差异而故意歪曲事实或者刻意寻找“证据”，应该尽可能考虑多种因素，采取多样本、多层面、多视角、全方位的综合分析方法，既承认社会性别语言定型差异的存在，但又不能夸大这种差异，同时也不能把复杂的定型问题简单化，不能把个别语言现象扩大化、普遍化，甚至概括或者上升为某种定型。

围绕女性主义的论断及其实践，语言学中的论战从未中断。但应该承认，这一阶段，某些成就来之不易，经历了长期的探索和努力，其中不乏合理见解。例如，女性主义者强调社会分工，主张男女各司其职。在当时那种历史条件下，这一观点具有较为客观的积极因素，对于促进社会发展有着不可低估的贡献。正如汉语中“男主外，女主内”、女性的主要职责就是“相夫教子”等定型概念一样，女性的主战场是家庭，掌管家庭内务，当好贤妻良母。即便外出工作，从事一些适合女性生理及心理特点的职业即可，而男性要履行打拼事业、独当一面、养家糊口、敢于担当等男子汉大丈夫应尽义务。从各尽所能、各负其责的意义上来看，这种社会性别定型有其积极的因素。相反，如果置男女两性的生理、心理差异于不顾，刻意强调“男女都一样”，让女性从事她们力不从心的某些体力型职业，或者让男性从事那些难以发挥自身特点的职业，无疑是对男女平等的嘲弄和曲解。

2. 西方学者的性别定型二元对立理论

从理论上讲，上述早期研究使用的是一种男女二元对立的划分方式，即首先把男性和女性划分为两个不同的、各自具有内在同质性的单一群体，然后寻找每一群体在语言使用方面的不同表现以及两个群体的语用差异，试图在语言变量与性别、年龄、阶层和种族等社会因素之间建立相关联系，并且研究这些社会因素会对性别语言变异产生什么样的影响，最终的研究目标就是探究男女两个不同的群体在语言行为方面的差异特点以及如何对其进行解释，由此产生了两种理论：

2.1 **主控论**

D. 齐默尔曼、C. 韦斯特、P. 费什曼等西方学者提出主控论(dominance theory ; теория доминирования)，或称支配论，其主要观点是：男性在日常言语交际中占据主导和支配地位，充当领袖角色，而女性则处于从属和被支配地位，这意味着做女人本身就是一种缺陷，而女性语言的缺陷则是对规范和标准的偏离，是性别角色社会化的结果。这种理论和 R. 莱科夫以及早先的 O. 叶斯柏森等学者提出的缺陷论(deficiency theory)如出一辙，其要点可以归结为：只要社会中存在着男女两性的地位和权势方面的不平等，语言上的不平等就无法消除。具体来讲，存在着一种社会性别语言定型，即认为"男性语言是标准形式，而女性语言则是变体，本质上比男性的低劣，是女性受男性支配、一直处于从属地位的结果。"（施栋琴，2007：38）R. 莱科夫的著作《语言与妇女的地位》(1975)将上述观点发挥到了极致，她认为，男性语言表现果断，坚定有力，令人信服，而女性语言优柔寡断，软弱无力，与男性语言形成明显的反差。她把女性语言中的一些特点归结为"妇女语体"(women's style)，指出妇女语体的语音、词汇和句法特征都表明女性语言具有从属性，属于"无力语体"(powerless style)，是女性自小形成的特有讲话方式与风格。(Lakoff, 1975：73—74)男女两性在语言使用上的差异折射出他们各自不同的社会性别角色以及不平等的社会地位，而"社会角色的差别使男女两性在说话方式和话题选择方面存在一定的差异，如女人更关心时尚、孩子、烹饪，其话语倾向间接、重复、琐碎和委婉，男人则更关心体育、科技、政治，其话语则更直接、清晰、富有见解和切题。"（周民权，2014b：8）

主控论曾风行于20世纪70年代初至80年代末。它"对早期的缺陷论重新表述，把性别看作社会权力。按照这种学说的观点，男女性别差异是男人统治、压迫,女人从属、被支配的关系。男女在权势上的不对等最终导致了男女在语言交际中的不均衡现象。"(李金凤,2004:49)主控论对于性别语言的研究以细致入微的调查分析为基础,以真实情景中出现的自然话语为语料,采用民族方法论的研究方法,侧重于语言交际中的动态研究,辅之以详尽的量化分析,并借助于现代化的科学手段,因而具有较强的说服力,比以假设为基础且缺乏量化分析论证的缺陷论更具可信度。例如, D. 齐默尔曼、C. 韦斯特等通过调查研究,发现在交谈的过程中,女性说话时常常被男性打断,她们在话题的选择和语量上也受到一定的限制,无论从谈话风格和策略,还是从控制话轮的时间长度上看,男性都表现出很强的控制欲,显现出男女在会话中的权势差异。

主控论的明显不足在于,它尽管非常注重话语的社会权力结构,对语境有很强的依赖性,但仍然拘泥于语言性别研究二元对立的统一模式,以所有男人统治所有女人的"笼统概念"解释性别语言差异,因而很容易造成负面影响,遭到质疑和反证。

2.2 差异论

差异论(difference theory)或称"二元文化论",其主要观点是:"由于男女分别成长于不同的亚文化背景和不同的社会化过程,因此在语言风格上表现出明显的不同。但两种语言风格同样有效,并无优劣之分,只是反映了不同的交际亚文化。"(李金凤,2004:50)早期的差异论产生于80年代后期,由迈尔兹和伯克尔等人提出,主要依据是心理学和人类学对性别语言差异的研究。差异论认为女性的语言不存在缺陷之说,只是与男性的讲话风格不同而已,而男女两性的地位应该是平等的。该理论的代表人物 D. 坦嫩研究的重点是社会化了的性别,表明男女孩童在同性伙伴中习得了不同的话语风格与言语交流技巧,儿时获得的许多言语和非言语技巧可以保留到成年期,对成人之后的话语风格仍有很大的影响。例如,在异性言语交流过程中,男性喜欢表现身份,充当主导者,希望自己成为被关注的重点,其谈话方式充满竞争性,讲话风格锋芒毕露，而女性的谈话方式则是合作性的，含蓄委婉，处处注意维系与对方的良好交际关系，表现在语言上，便是女性较少使用祈使句而更多地使用表示建议的句式，这与民俗语言学的观点不谋而合。因此，D. 坦嫩称男性的谈话为“报道式谈话”，女性的谈话为“关系式谈话”，之所以产生这种误解，“是由于男性和女性的风格不同……然而，每一种风格就其自身而言都是有道理的。”（Tannen，1991：358）在 D. 坦嫩看来，男性和女性就像来自两个不同国家的人一样，分属于两个不同文化环境的社会群体，他们生活和成长于不同的社会文化环境，因而形成了各自不同的语言使用习惯和话语风格。即便是来自同一文化、处于同一社会并讲同一种语言的男女，由于在语言使用习惯上有很大的区别，因而在日常生活中会出现冲突和不愉快的事，造成交际失误。她认为，男女语言习惯不同是因为社会对男女的要求和期望不同而造成的。传统上男性被视为强者，通常扮演保护者的角色，而女性则被看作弱者，是被保护的对象，这“就使男人和女人在社会化过程中按照社会的要求和期望培养了与各自社会角色相符合的讲话特点，主要表现在说话人的倾向、说话内容以及方式这三个方面。”（李经伟，2001：12）

像主控论一样，差异论受到交际民族志学的影响，也同样采用了量化调查分析法，可信度与科学性较强；与主控论不同的是，差异论者将男性和女性视为平等的交际者，以积极的态度看待男女话语风格上的差异以及可能产生的交际失误。但是，该理论过分夸大男女之间的性别差异和亚文化交际的影响，忽视了权力关系和父权制等影响话语交际的诸多因素，对性别问题的复杂性和微妙性研究不力，没有解释男女为什么应该分属于不同的亚文化群体、儿时的性别类型社会化是如何产生的、男性权势对异性之间的话语交际有什么影响等一系列问题。究其原因，差异论与缺陷论、主控论一样，都是建立在男女性别二元对立论的基础之上，强调每一性别都有自己固定的、单一的言语交际风格，忽视了不同性别的人可能彼此采纳对方的谈话方式、异性之间的话语交际可能相互交融等非二元对立现象的研究。

缺陷论、主控论与差异论等三种理论都承认社会语言性别差异的存在，并且从社会地位、权力结构和社会文化等三种不同的视角对这些差异现象进行过卓有成效的探讨，具有第次否定、相互传承、递进式发展的特点，反映了社会文化的不断进步与性别语言研究的步步提升。如果说在西方女性主义第一次浪潮中的性别语言研究以揭示男女两性的生理差别和批判男性偏见为主题，那么，第二次女性主义浪潮中的研究则对之持批评态度，采用一种新的研究方法，注重分析女性的被支配地位、社会性别角色以及女性的身份等问题，由此展开讨论男女两性语言差异的根源和成因。（周民权，2014b：11）

哲学家、人类学家和心理学家在不同历史时期所归纳出来的上述社会性别定型未必客观，对于男女两性的"好"与"坏"的界定未必客观公正，其中不乏性别歧视与偏见，因而遭到质疑或批驳。例如，现代心理学家推翻了"秩序与混乱"之说，并不认为男女定型分别是秩序与混乱的表现。（周民权，2012:6）在他们看来，每一种性别都有各自的行为定型，一般来讲，男性习惯于对任何问题进行分析，而女性则习惯于紧随事件进程分析各种人际相互关系。如果男性过于感情细腻，会被视为女性化，而女性如果勤于思考，会被视为男性化。只有文化性别定型的改变才能有助于充分发展个性，集男性气质和女性气质于一身。

俄罗斯学者 A. A. 杰尼索娃认为，现实生活中可以看到逻辑性强、积极而又有主见、支配欲强烈、富有侵略性的女性以及多愁善感、消极、逆来顺受的男性。男性和女性概念所获得的社会意义来自于现实中对男性和女性个人的观察。这些观察表明，每种文化中的男女两性都具有一系列社会所认同的社会性别定型，但无论从生理还是心理角度来看，没有纯粹的男性气质或者女性气质，每个人身上都存在着自己的性别和异性相"混合"的生理及心理特征。现代心理学划分出男性和女性所固有的4种社会性别类型：男性化的、女性化的、雌雄同体的、无从区分的

(Денисова,2002: 65)。但是,Э. 巴坚泰尔认为,双性人具有一定的性别特征,只要没有获得自己独有的性别特征,他就不可能集相互对立的特征于一身。这种独有的性别特征应该适合于他本人,并能够展现男女两性的所有特点。(Бадентэр,1995: 271)也就是说,双性人是一个相对的概念,绝对意义上的双性人是不存在的,其中总有一个性别发挥主导作用。

У. 施泰因贝格指出:“在现代文化中,那些能够思考并醉心于思维过程的女性饱受诟病,被斥为过于男性化,不像女人。说起富有情感的表现力,会令人联想到女性的社会性别角色,因此,按照由来已久的传统,它们不属于男性。只要男性沉溺于细腻和深厚的情感,就会被社会认定为女性化。由于受到文化强加在他们头上的这些‘女性’表现的限制,他们难以发挥自己的巨大潜能。”(Штейнберг,1998: 134)也就是说,基于二元对立的社会性别定型严重妨碍了男女两性的个性发展,仅把性别作为唯一的考量,忽视了多种非性别因素的相互交融与影响。事实上,女性拓展自己思维以及表达思想的能力丝毫不亚于男性,而男性在感情方面的细腻需求以及说话做事的认真态度较之于女性并不逊色。他(她)们身上分别体现着与自己的生理性别不相吻合的社会性别特征。因此,只有融会贯通社会性别定型,才会有助于集男性和女性素质于一身的个性得以充分发展。

追根溯源,奥地利心理学家西格蒙德·弗洛伊德的心理分析法、古希腊哲学家柏拉图和亚里士多德的“二元论”以及法国学者笛卡尔的传统逻辑概念对西方政治理论及人类的认知模式产生了深远的影响,它驱使人们在思想意识中总是习惯性地将人或者事物分别置于一系列非此即彼的二元对立,如男—女、好—坏、大—小、多—少、高—低、阴—阳、明—暗、上—下、左—右、动—静、有—无、善—恶、雌—雄等。作为人类最基本的自然特征的男女性别对立首当其冲地被用来佐证这一理论,个体被自觉不自觉地置于这种认识世界的二元对立框架中进行选择和归位,由此产生了一系列与“男性气质”和“女性气质”这两个术语密切相关的性别特征：男性起源被解释为精神、主动性、权力、文化、思想、创造、理智、抽象思维、意识和正义的阿波罗的起源，而女性起源是肉体、被动性、从属、自然、生育、模仿、情感、本能、具体思维、无意识、慈悲的狄奥尼修斯的起源。

尽管这些性别特征与男性或女性之间并不存在因果关系，但正是这一系列的对立构成了人们心智中男性和女性形象的本质。这种对立成为社会性别定型语义的基础，并同时确定了其研究方法。俄罗斯学者 O. C. 谢利瓦诺娃认为，“语言作为日常定型的手段，表达了社会性别体系的交际和储蓄功能。”(Селиванова, 2006:141)无论性别异型现象在现实生活中多么司空见惯，它同样会被人们用“男性气质”和“女性气质”两个标准予以审视，非此即彼，别无选择。这些对立特征不是被意识设计出来，而是通过意识被反映出来，所以一开始就被许多人视为自然而然的事实。在父权文化中，男性和女性的二元对立意味着正负对立，男性代表正面价值，女性与之相反，成为证明男性价值的“他者”。这种思维定型在语言中得到了相应的反映，男性语言被视为产生正能量的积极语言，女性语言被视为释放负能量的消极语言。这样一来，“男性气质”和“女性气质”的概念本身便被学者们作为一个反映整体特征的原型范畴进行考察，与现实中的男性和女性挂起钩来，

从人的意识对现实进行概念化的机制来说，“男性气质”和“女性气质”称名的产生并非偶然，它们本身派生于具体的人类经验，即存在发挥不同功能的两种类型的人。“男性气质”和“女性气质”具有隐喻性，由于自身语义的双重性对语言载体产生影响。隐喻的比喻基础促使喻体直接指向现实中的男女两性，并强制赋予其范畴所固有的，但现实男女不一定具有的积极 / 消极，理智 / 情感等特征，这就促进了社会性别定型的形成。从语言学意义上来讲，社会性别定型是文化和社会约定俗成的关于男性和女性的特点、性别角色和行为规范的思维和预设，是反映在语言中的“男性气质”和“女性气质”的社会建构范畴。在语言

中固定着关于社会性别的定型化思维，这种思维是集体的、素朴的意识。（陈春红，2015: 60）正如A. 别雷所说，不是女性自己确定了女性气质，相反，她自身被女性气质所确定。性别的异型现象在现实生活中随处可见，但同样会按“男性气质”和“女性气质”的标准来加以审视，这些特征在社会和个体意识中塑造男女原型时至关重要。（Белый，1991: 103）

由于社会性别定型反映了两个群体——男性和女性的互动，社会性别观念建构在二元对立的基础之上，因此，男性气质和女性气质的矛盾体同样遵循“对立统一”的辩证规律，非典型的女性特征就被理解为典型的男性特征，或者非典型的男性特征被认为是典型的女性特征。这种矛盾双方的相反相承关系正如在哲学范畴内的“阴在阳之列，不在阳之对”。我们把这种建立在对立关系基础上的“具有男性特征的女性指称”以及“具有女性特征的男性指称”叫广义的矛盾修饰法（оксюморон）。所谓矛盾修饰法，就是指在语言交际中将两个在语义上彼此悖反的词语并置在一起，使其共处一体，化对立为统一，表达事物的对立统一特性。（陈春红，2015: 62—63）例如，俄语中的“女汉子”（«мужик в юбке»）、“铁娘子”（«железная леди»）一般指的是具有男性气质的坚强女性或女强人，“难道铁娘子会哭？”（«Разве железо плачет?»）一说足以说明问题，这和当前流行的“奶嘴男”“暖男”（指爱家、体贴、温柔的男人）等说法极为相似。

第三节　基于社会性别语言学的性别建构动态化研究[①]

20世纪90年代以来，随着全球化运动席卷而起，以后现代女性主义为标志的第三次女性主义浪潮滚滚而来，与后现代主义、后结构主义等当代思潮相互交融，社会性别概念受到女性主义学者的质疑和挑战。这

① 该节部分内容首次发表于《社会性别语言定型研究的哲学基础》一文（《西安外国语大学学报》2015第4期）。

种挑战性表明:当代社会变迁展示着文化过程的多元性和不稳定性,使得女性主义者认识到,男女两性的思维方式是建立在多重维度基础上的现实生活的真实反映,因此要超越二元对立的思维方式,回归到生活现实和事物本然状态来认识和建构社会性别哲学,不同肤色、不同种族、不同阶级、不同性取向的女性之间并非完全同一和对应,她们之间同样存在着差异和特殊性。因此,后现代女性主义者对自身的社会性别理论进行了反思与批判,逐步实现了发展与超越,并聚焦社会性别定型研究,在社会性别语言学领域取得显著成果。

1. 社会性别语言学研究的拓展

作为一个大的学科门类,社会性别语言学逐渐发展出自己的专业期刊“Gender & Language Jurnal”,在1999年建立了国际性别与语言协会(简称IGALA),相关研究著作更是硕果累累,研究范围逐步渗透到语音、词汇、语法、语义、会话模式、言语能力、语言习得、文体研究、语言代码以及语言普遍性研究等不同的研究领域和研究层次,并日益与人类学、社会学、心理学、历史学、文化学、宗教学、地理学、民俗学相互交融,其研究视野日益开阔。(黄千,2011: 4)社会性别语言学与语言文化学、功能语言学、语义学、语用学等学科的联系愈加紧密,它们之间的跨学科与跨文化对比研究成为语言学界热门命题之一。

在社会性别语言研究者看来,社会性别理论作为一种哲学思维方式,旨在深入揭示男女两性关系的政治本质,即“性别政治”,竭力消除柏拉图和亚里士多德的“二元论”对西方政治理论的影响,坚持发展可变的观点,反对非此即彼的二元思维模式,否定以等级制和排他性为特征的二元对立式男性中心主义知识建构方式,倡导和谐共存的多元式思考方法和知识互补,坚持后天的、社会文化建构的思想和发展可变的观点,从辩证批判的视角诠释已有的社会性别观念,追求平等和谐的社会性别关系。(周民权,2011: 49)这种观点无疑突破了传统哲学二元对立思维模式的局限，不像先前的女性主义者那样，只是站在女性立场上对传统父权制进行批判时，又往往陷入二元对立的误区。社会性别理论的主要任务之一，是解构男性话语，以及由男性话语统治着的历史叙述和现实阐释，对男性话语主导的政治重新进行审视和界定，从而解构现实中不平等的男女两性关系，重新建构整个社会关系和社会制度。

V. L. 贝里瓦尔、J. M. 邴、苏珊·弗里德曼等后现代女性主义者认为，社会性别是个动态的范畴，是人们在不同的实践活动中不断建构的事物，它不仅指男女两性的差异，也包括种族、国家、阶级、性取向、年龄、宗教等与女性解放有关的领域。因此，要打破把社会性别看作唯一决定因素的思维范式，从多元化的、建构到解构到再建构的视角去解读复杂的社会性别现象。语言则是建构社会性别的重要方式，只有不断研究个体在具体社会活动中的话语，才能了解他们建构社会性别身份的方式，才能搞清楚以下问题：生理性别、社会性别和身体都是社会建构的，都不是自然的分类，所谓男性气质和女性气质都是后天获得的。这就是基于多元视角的社会性别建构论。

2. 后现代女性主义的主要观点

后现代女性主义是在现代女性主义各大理论派别长达百余年的论争之后，伴随着后现代主义思潮的蓬勃兴起而出现的一个崭新的女性主义理论流派。它对启蒙知识论的传统进行了彻底的批判，在反思现代女权主义的基础上吸收了后现代主义的理论观点，从另一种角度探寻妇女解放的途径。它也不是一个统一的女性主义理论流派，而是由解构主体的后现代女性主义、重构女性主体的后现代女性主义、重建女性话语的后现代女性主义、生态的后现代女性主义、理想的后现代女性主义等5个不同的流派构成。尽管这5个流派的研究视角不同，各有政治主张及理论侧重，有时甚至相互冲突，但它们具有如下共同特征：否定所有那些高大宏伟和涵盖一切的现代理论，对关于社会、历史与政治的宏观理论进行彻底批判，并对所谓绝对真理、永恒基础和普遍性提出挑战，否定任何形式的宏大叙事，拒斥西方知识结构中最为根深蒂固的传统形而上学的二元对立思维模式，强调注重女性与女性、女性与男性因国家、种族、阶级、宗教的不同而形成的各种差异，呼唤人们注意女性内部千差万别的经验；反对现代社会中的统治关系模式；注重男性话语霸权对女性的压迫，承认主体性和权力的构成性等；反对本质主义和普遍主义，倡导多元方法论，强调社会性别的流动性与变化性，肯定具有差异性的女性主体在追求平等中的作用。她们质疑诉诸普遍性、必然性、客观性、理性、本质、一致、总体、基础以及终极真理和实在，拒斥力图超越人类境遇的任何尝试。她们强调对世界、自我和善的任何详尽描述的当下性、片面性、偶然性、不稳定性、不确定性、模糊性以及可争论性。（曹剑波，2006:154）

后现代女性主义者认为，人在其一生中不断地进入新的社团，参加新的社会实践活动，他（她）必须不断地通过调整自己的行为使其适合所属社团的要求，从而形成自己的性别特征。例如，“在教师行为集团、护士行为集团中，男性的 gender 带有更多的女性特征，他们的行为模式更接近女性，其言语行为具有更多的女性特征，如用词规范，语气温和。与此相应，女性消防员、女政治家在其所属的行为集团中构建了她们的 gender，其成员的行为模式主要表现出男性特征，因此，她们的言语行为往往和传统女性不一样，她们的话题、说话的口气和男性更加接近。”（武继红，2001:15）有时，处于同一社团的成员也可能表现出个性特点，拒绝接受和执行那些被相关社团所规定的行为，以示对这些性别定型的反抗。

尽管后现代女性主义首先否定了传统女性主义提出的男女平等概念，认为传统女性主义虽然始终在谈论平等，但对女性应该同哪个阶层、哪个种族的男性平等，却从未回答。“平等”就意味着“相同”，而生活中相同是相对的，差异才是绝对的。后现代女性主义甚至认为"女性"也不是一个有用的女性主义概念，因为不存在一个具有共同经验和利益的妇女群体。（苏红，2004: 39）

后现代女性主义否定了启蒙时代的思路，它虽然也承认存在着父权制和性别不平等，但不认为有着统一的认同和一成不变的父权制。它也不像其他流派一样提出宏大的、普遍的解放理论，因为它不相信人类历史会像启蒙时代的人所认为的那样，永远朝向自由和进步。它更多地看到差异性，其中包括男女之间由于知识、权力、霸权话语而造成的差异性以及不同地域、文化、种族、阶级、性取向等导致的差异性。

美国学者 T. 帕尔松斯在1937年曾提出社会建构主义（социальный конструктивизм）的思想。按照他的观点，在"社会—群体—个人"三分法中，社会是主导者，只要发掘社会行为机制，就可以找到解释任何一种具有社会意义的现象的钥匙。社会关系的人格化是通过社会角色来实现的，而社会角色则指的是，人在与一定的具体对象进行社会互动的过程中，其行为得到规范性的调节。（Parsons，1937：89）后来，德国学者 E. 戈弗曼重新审视 T. 帕尔松斯的观点之后，提出了自己的看法，他认为，社会和人一样，是人与人之间进行角色互动的产物，但这种互动是在概括的符号基础上完成的。人与人之间的符号相互作用所关注的重点是交际形式，即信息过程、语言及联系手段。（Goffman，1994:194）他强调的不是结构的重要性，而是角色互动的重要性，把舞台动作与社会互动的成素等量齐观，视为同一。

E. 戈弗曼并没有否定性别的生物基础，但认为生物性别仅仅是根据性别把社会划分成具有社会意义的两个层面，并为两个层面的成员建立不同规范的起点。他为描写性别的社会层面引入了"社会性别主义"（«гендеризм»）、"社会性别显示"（«гендерный дисплей»）两个术语，将性别的所有文化组成部分，即社会性别定型、性别角色规范、性别角色的相似性等，列入这两个术语的研究范围。不仅如此，E. 戈弗曼还揭示了与人的性别有关、并把一定的行为方式强加给人的刻板话语及定型的生成机制。

3. 社会性别建构论的思想精髓

D. 齐默尔曼、C. 韦斯特首先提出了"社会性别建构"(конструирование гендера)概念，其基本含义为："社会性别"因素在最初的交际互动中就已经出现，并且发挥着特定的作用，而"建构"则意味着某个清楚明了的显性过程。在日常生活中，社会性别角色经常重复再现，以口头或非口头方式证明着相关的期待。有时甚至可以说"社会性别与你有缘"，例如，在事务性对话中，可以通过突然指出男性对话者或女性对话者的服装或者性感来达到这一目的。而早期的"主控论"和"差异论"的追随者恰恰相反，很少关注交际双方的相互作用过程。首先，他们不关注性别角色在对话中如何根据语境不断建构或者相互转换的问题，只强调男性和女性在功能方面的差异性，从而忽视了相似性；其次，他们几乎不关注语境因素，如社会制度对于一定言语仪式的形成所产生的影响。(Zimmerman、West，1991: 14—15)这里所说的"期待"，是指社会对男女两性适切言语行为的某种期望，即社会性别语言定型。社会性别建构论者关注交际双方的相互作用过程，以及性别角色在对话中如何根据语境不断建构或者相互转换等问题，不仅研究男性和女性在功能方面的差异性，而且探讨其相似性，且从不忽视语境因素。例如，他们倍加关注民族文化理念、社会制度对于一定言语行为定型的形成所产生的影响等问题。

国内学者郭爱妹(2003: 88)从心理学视角探究社会性别建构论，她指出，传统心理学将社会性别看作是个体内在的、持久稳固的、与个体的社会政治历史情境相分离的特质，认为性别差异是女性与男性的内在本质。而社会建构论则站在后现代主义的立场上，对上述社会性别本质论的普适性、性别政治、男性中心主义及方法论等问题提出了批判性质疑，认为社会性别并不是女性或男性内在的特质，而是社会建构的产物。社会性别建构论有利于打破心理学的保守主义倾向，促使心理学家关注社会情境对人类行为的影响，有利于摆脱本质论所面临的困境，促进心理学的后现代转向；社会性别建构论倡导多元思维方式，使主流心理学界公认应采取多种研究方法，以增加研究结论的效度。

郭爱妹（2004:1）还系统地研究和阐释西方女性主义心理学的历史逻辑和理论建构，揭示女性主义对心理学分支学科的影响，以及女性主义心理学的方法论蕴涵，并在考察女性主义心理学的理论纷争的基础上，对女性主义心理学的意义与贡献作一个较为全面的、综合的评价。她认为，西方女性主义心理学在现代性与后现代性夹缝中诞生，是在20世纪60、70年代的西方女权主义运动中形成并发展起来的具有明确政治目标的心理学理论与实践。它作为心理学的一种新的研究范式与研究视角，是社会文化、哲学以及心理学等综合发展和影响的产物，其理论建构主要分为三种研究取向：即经验论女性主义心理学、立场论女性主义心理学以及后现代女性主义心理学，它们在对科学心理学的批判与重构问题上的不同态度，反映了它们对社会性别概念的不同诠释以及对女性主义心理科学的不同构想。女性主义对“价值中立”说的冲击、对社会性别批判范式的形成、对二元对立的消解以及促进心理学研究多元化等，对于心理学具有重要的方法论指导意义。虽然女性主义心理学本身存在着本质论与社会建构论的论争以及关于女性主义方法论的论争，但它所涉及的研究议题、研究结果、独特的视角以及理论建构的纲领已经极大地丰富了心理学的理论与研究，从而有力地证明了女性主义心理学对于心理学研究的理论价值与意义。

曹贤文（2007:450—463）也阐述了类似观点，认为国内目前的相关研究基本属于性别本质主义的范式。由于性别本质主义存在先天的理论缺陷，主张男女性别二元对立的理论观点，结果必然是加大两性间的鸿沟，这也有悖于女性研究的当代思潮。因此，我国的语言与性别研究要想取得进一步的成就，需要在研究范式上进行转型，由性别本质主义转向性别社会建构主义，也就是由性别作为语言的二元对立变量研究转向性别在话语中的动态建构研究。这既是学术思想发展的必然要求，也是将来女性研究在我国兴起的一个必不可少的环节和重要组成部分。

受社会性别建构论的影响，俄罗斯语言学界20世纪90年代以来所进行的社会性别语言定型研究逐步摆脱了二元对立模式的束缚，在较短时间内实现了与西方学界相关研究的对接，发展迅速，成果斐然。А. В. 基里利娜、А. К. 拜布林、А. А. 杰尼索娃、И. А. 古谢伊诺娃、Т. Б. 谢潘斯卡娅等学者对俄语中的社会性别定型进行本土化多维研究，从语言和社会关系及性差心理的研究逐步转向社会性别定型的语用探索，对各类俄语交际单位中不尽相同的社会性别定型展开语用对比分析，使得这一研究进入以俄语语料为分析对象、以解释俄语为目的的发展阶段，逐步形成了一套以俄语结构功能语言学为基础、以言语行为、智力行为、一般行为模式为主题的社会性别定型研究体系。

4. 社会性别定型的初始研究

俄罗斯学界的突出贡献之一，就是А. В. 基里利娜、А. А. 杰尼索娃等俄罗斯语言学家借助于定性—定量分析法、历时—共时分析法和语用对比分析法，在社会性别建构论的基础上明确提出了社会性别语言学（гендерная лингвистика）的理论概念。（周民权，2014b：25）

该理论为社会性别定型研究奠定了基础。按照社会性别语言学的观点，性别不仅是人的生物特点，而且已被群和化、宗教化，带有鲜明的社会标记。因此，有必要研究社会性别的行为定型及其在语言中的反映。在每一种文化中，每种性别都被赋予一系列必需的、严格规定的社会性别行为规范。另一方面，存在着一种所谓的双性，它受制于不同的生活条件、社会群体的归属、教育水平以及民族特点等。这样一来，就出现了两种行为规范：可以变化的和严格规定的行为规范。（Кирилина，2000：

143）这里所说的社会性别行为规范即为社会性别言语行为定型，它具有双重性质：一是在不同的文化中，由于社会性别不同，同一言语行为被赋予迥然各异的含义；二是同一社会性别内容具有不同的言语行为表达方式。

尽管社会性别不是语言学范畴，但通过分析语言结构可以获取有关社会性别的诸多信息，社会性别定型正是在社会性别理论从建构到解构到再建构的动态过程中，以社会性别语言学、社会语言学、心理语言学、语言文化学、女性主义批评语言学等学科为基础形成并发展起来的，后现代主义哲学为其提供了方法论。

在谈到社会性别定型与语言的相互关系时，И. А. 古谢伊诺娃明确指出，社会性别语言研究的内容只能通过分析语言结构才能展现出来，这就意味着，社会性别关系以受制于文化的定型形式被记载在语言中，为言语行为和个人行为以及个人的语言社会化打上了烙印。（Гусейнова，2002：57）Т. Б. 谢潘斯卡娅认为，定型具有符号性质，可以将其作为符号对象进行研究，用符号学中规定的方法对其进行分析，但需要补充的是，定型不一定都是口头表达出来的。也就是说，定型具有非语言性质，心智定型可以通过语言或者其他符号代码（身势语、目光语等）等非口头形式表达出来。（Щепанская，1991：29）显而易见，社会性别语言定型不仅存在于口头言语行为，也体现于非口头表达的各种体态行为。

Г. Е. 克列依德林通过分析对比男女两性在非口头交际中的社会性别语言定型，发现“女性比男性更关注视觉代码，对非口头交际行为更为敏感，对交际另一方表现出更多的移情心理……女性关注更多的是语境的心理方面，其优势是下意识和直觉，而男性关注更多的是语境的认知方面，其优势是逻辑和理性。”（Крейдлин，2005：24）研究表明，男女两性的非口头交际行为定型不尽相同，各有千秋，在日常交际中形成了有机的优势互补，并与口头交际行为定型互为依托，为维系人类自诞生以来所赖以生存的社会和谐发展发挥了积极的推动作用，对男性气质和女性气质的形成产生了重要的影响。

A. K. 拜布林认为，社会性别语言定型“是一种固定的、经常重复的行为方式，从中可以看到传统机制核心以及别具一格的民族文化特点。它根植于日常意识层面以及凭经验观察到的传统文化层面。一般来说，具有严格规定的行为范围越广，就越能更好地监督行为标准的执行。但是，应该区分行为定型（模式）与行为本身，即定型得以客观化的具体行为。”（Байбурин，1985：9）不言而喻，这里所说的客观化具体行为，无疑指的是社会性别语言定型赖以存在的具体表现形式。

A. B. 基里利娜对社会性别语言定型有着深刻而独到的见解，她认为，作为一种社会现象，社会性别语言定型常常受制于社会文化机制，行为标准与现实的社会阶层不无关联，这就意味着，每个社会阶层都有自己的行为定型。如此一来，完全有理由从两个方面审视社会性别定型：一是基于男性和女性的自我意识，二是立足于集体的社会意识。而这两个方面在现实中常常紧密相连，融为一体，只有在建构科学的描写模式时才会被分割开来。除此而外，还有一个具有重要意义的事实：不同的社会行为具有不同的社会意义，由此产生了规范行为和自由行为之间的差异，其中包括口头交际行为。（Кирилина，2000：142-143）

A. B. 基里利娜在其专著《社会性别：语言学视角》（1999）中反复强调“社会性别定型”理论对于社会性别研究的重要意义，并进行翔实的论证。她以反映社会性别定型的俄德语成语为语料，从男性世界图景、女性世界图景和母性等角度进行对比分析，探寻成语中的父权制痕迹及哲学根源，其中女性是研究重点，包括个性方面—性格、智力、外表，以及社会身份—妻子、儿媳、母亲、继母、岳母等方面的详细阐述，并对俄德民族语言意识中有关社会性别定型的相关概念—男人、女人、男性气质、女性气质作了心理联想对比实验。

A. B. 基里利娜对俄罗斯的女性社会性别定型做出如下总结：“（1）

俄语语言意识中女性相较男性更具正面意义，‘女性气质’不意味着娇弱，而是力量、决断力、承受力、耐力、慈爱、智慧和美丽。无论就外表，还是内在品质，俄罗斯女性都得到俄罗斯男性的高度评价。(2)母亲—父亲之间的对立是不存在的。没有一句谚语表明母亲具有一般意义上的负面女性定型特征，如骂街、轻浮、愚笨、搬弄是非或行为不正等。正如H. A. 别尔嘉耶夫所说的那样，在俄罗斯，母性是基本范畴，圣母庇护着俄罗斯，这是一个不争的事实。”(Кирилина，1997: 25)这种观点否定了二元对立视角的“女人是祸水”之说，为社会性别的多元视角研究提供了新的佐证，对于发掘正面的女性社会性别定型具有重要的意义。

在 И. П. 伊利英看来，上述对比分析证明了个体意识对于语言定型的依赖，每个人的意识中都铭刻着一定文本的总和，这些文本既明确人对于现实的态度，也表明他的行为，同时还会以推论实践的间接方式表现出来。因此，“语言被赋予重要的意义，语言学也成为核心学科之一，因为个体意识与文本类似：作为主体的人已经融于构建文化传统与国际文本的意识之中。”(Ильин，1996: 25)按照 И. П. 伊利英的观点，人的存在主义地位首先建立在年龄和性别等实质性范畴之上。也就是说，现代人无论属于什么性别，他的所有意识中都充满了男性定型优于女性定型的价值观念。西蒙娜·德·波伏瓦的《第二性》(1949)极大地促进了这一思想的传播。西方女性主义者提出了父权制在社会占据统治地位的论题，并且认为所有文本和推论实践强加给个人的正是父权制，即男性的价值观念。

俄罗斯学者普遍认为，外国语言学中所形成的社会性别学派遵循语言优先原则，主要研究两个问题：一是语言中记载下来的女性定型、男性定型以及社会性别不对称现象，二是男性和女性的言语行为特点。这些事实表明，社会性别定型的形成绝非偶然，它已经成为人文学科中新生的后现代主义观念的重要组成部分，为语言使用中的社会性别定型研究提供了哲学保证与理论依据。(周民权，2014a:28)

上述特点反映了语言及语言意识中的社会性别定型的哲学思辨特点，否定了一系列二元对立视角的传统观点，其中包括：意义是以真值和指称为基础的，它涉及人世间符号和物质之间的关系；思维与身体相互分离，独立存在；情感没有概念内容；语法是纯粹形式的表达；理性是先验的，从这个意义上讲，它超越了人所具有的思维方式；在思维过程中，所有人都使用同一的概念模式，如此等等。按照Дж.莱科夫的说法，这些传统观点都与范畴概念的古希腊罗马式诠释有某种联系。拒绝这种诠释，就会招致拒绝其他观念。这些传统观点应该被代之以更为准确、更加人性化的观念。(Лакофф，1996: 149)尽管不是所有语言学家同意这种激进的观点，但是，后现代女性主义的观点仍然被广泛运用于语言意识，对社会性别语言定型的拓展起到了推动作用。

综上所述，不难看出，从哲学视野下的二元对立静态化研究，到社会性别语言学视阈的性别建构动态化研究，社会性别定型研究逐步完成了由浅入深、由表及里的质的飞跃。研究表明：在人类漫长的发展史上，社会性别定型并不是建立在生物学和生理学知识上的科学，而是由历史形成的社会关系所决定的文化叙述和制度建构的结果，通过民族语言和语言意识展现出来。

社会性别定型源于女性主义研究，该研究经历了从“权利之争”到“性别之惑”再到“制度之疑”的发展过程，跨越了政治学对“权利平等”和文化学对“性别差异”等问题的探讨，进展到对女性主义的哲学基础的研究，以此为女性主义找到本体论的基础。(胡晓红，2010:11)与之相辅相成的是，从“本体论”到“认识论”再到以“语言转向”(«лингвистический поворот»)为标志的语言哲学，女性主义语言学经历了建构、解构、再建构的批判性与建构性相结合的贯通过程，通过谈论女性语言而去谈论世界，关注分析女性语言和世界的关系，体现了“历史性和逻辑性内在统一协调原则”及“理想性和现实性相关照的统一原则”，超越了生态文明视角下二元结构带来的人与人、人与自然之间相互对立的思维方式以及生态女性主义的“女性=自然”“男性=文化”的本质主义思维逻辑，逐步探索出一条新的社会性别建构之路，促成了社会性别定型的形成与发展，为社会性别定型研究奠定了哲学基础。

参考文献

[1] Bergvall, V.L. Towart a comprehensive theory of language and gender[J]. Language in Society, 1999 (28): 273-293.

[2] Goffman E. Interaktion und Geschlecht[M]. Frankfurt am Main, 1994 (engl. 1977).

[3] Hotberger D. Männersprache — Frauensprache: Ein Problem der Sprachkultur? [J]. Muttersprache, 1993 (193): 89—112.

[4] French, M. *The War Against Women*[M].Summit Books,1992.

[5] Irigaray, L. *An Ethics of Sexual Difference*[M]. Cornell University Press,1993.

[6] Kramarae, C. *Women and men speakin*[M]. London: Newbury house publishers, INC,1981.

[7] Labov W. Variation in Language[A]. // Carrol E. Reed (Ed.) . The Learning of Language. National Council of Teachers of Englisch[C]. New York, 1971: 187—221.

[8] Lakoff, R. *Language and Woman's Place*[M]. New York: Harper & Row, 1975.

[9] Parsons T. *The structure and social action*[M]. New York, 1937.

[10] Pusch, Luise. Das Deutsche als Männersprache[J]. // Linguistische Berichte, 1981 (69) : 59—74.

[11] Tannen D. Du kannst mich einfach nicht verstehen. Warum Männer und Frauen aneinender vorbeireden[M]. Hamburg, 1991.

[12] Trömel-Plötz S. Linguistik und Frauensprache [J]. Linguistische Berichte, 1978 (57): 49—68.

[13] Trömel-Plötz S. Frauensprache: Sprache der Veränderung[M]. Frankfurt am Main, 1982.

[14] Zimmerman D., West C. Doing Gender[A]. // The Social Construction of gender[C]. Newburu Park. 1991: 13—37.

[15] Бадентэр Э. Мужская сущность[M]. M., Наука, 1995.

[16] Байбурин А.К. Некоторые вопросы этнографического изучения поведения[A]. // Этнические стереотипы поведения[C]. Л., ЛГУ, 1985: 7—21.

[17] Белый А. Вейнингер о поле и характере[A]. // Русский Эрос, или Философия любви в России[C]. М., Наука, 1991: 100—105.

[18] Бердяев Н.А. О назначении человека[M]. М., URSS, 1993.

[19] Бердяев Н.А. Философия свободного духа[M]. М., URSS, 1994.

[20] Булгаков С.Н. Тихие думы[M]. М., URSS, 1996.

[21] Воронина О.А. Введение в гендерные исследования[A]. // Материалы первой Российской школы по женским и гендерным исследованиям "Валдай—97"[C]. М., 1997 : 29—34.

[22] Гусейнова И.А. О некоторых формах представления гендерного аспекта в коммерческих дескриптивных рекламных текстах.[A]. // Гендер как интрига познания[C]. М., Рудомино, 2002 : 57—65.

[23] Денисова А.А. Словарь гендерных терминов[Z]. М., Информация - XXI век, 2002.

[24] Зиммель Г. Женская культура[A]. // Созерцание жизни[C]. М., Рудомино, 1996 : 239—241.

[25] Ильин И.П. Постструктурализм. Деконструктивизм. Постмодернизм[M]. М., Языки славянской культуры, 1996.

[26] Кандиоти Д. Эволюция гендерных исследований. Обзор[A]. // Женщины и социальная политика (гендерный аспект) [C]. М., ИСЭПН, 1992 : 156—163.

[27] Кирилина А.В. Женский голос в русской паремиологии[J]. Женщина в российском обществе, 1997 (3) : 23—26.

[28] Кирилина А.В. Гендер: лингвистические аспекты[M]. М., Языки славянской культуры, 1999.

[29] Кирилина А.В. Гендерные аспекты языка и коммуникация[D]. М., МГЛУ, 2000.

[30] Кирилина А.В. Гендерные стереотипы в языке[A]. // Словарь гендерных терминов[Z]. М., Информация - XXI век, 2002 : 66—67.

[31] Кирилина А.В. Гендер и язык[M]. М., Языки славянской культуры, 2005.

[32] Кирилина А.В., Томская М. Лингвистические гендерные исследования[J]. Отечественные записки, 2005 (2) : 19—24.

[33] Клецин А.А. Предисловие редактора[A]. // Гендерные тетради. Выпуск 1[C]. СПб, 1997 : 5—11.

[34] Клецина И.С. Самореализация и гендерные стереотипы: психологические

проблемы самореали- зации личности[M]. Вып. 2. СПб . Наука, 1998.

[35] Коноплева Н.А. Гендерные стереотипы [A]. // Словарь гендерных терминов[Z]. М. , Информация - X XI век, 2002.

[36] Кочкина Е. Гендерный разворот всемирного банка //We/Мы. Диалог женщин[J]. Международный женский журнал, 1999 (7) : 5—9.

[37] Крейдлин Г.Е. Мужчины и женщины в невербальной коммуникации[M]. М., Языки славянской культуры, 2005.

[38] Лакофф Дж. Когнитивная семантика[A]. (из книги “Женщины, огонь и опасные предметы”). // Язык и интеллект[C]. М., Наука, 1996 : 143—184.

[39] Логинов А.А. Женщина и мужчина[M]. Красноярск, Наука, 1989.

[40] Розанов В.В. Религия культура[A]. //Собр. Соч. Т. 1[C]. М., Языки славянской культуры, 1995 : 136—144.

[41] Рябов О.В. Женщина и женственность в философии серебряного века[M]. Иваново, Ивановский гос. ун-т, 1997.

[42] Селиванова О.С. Гендерные стереотипы как способ репрезентации патриархатной культуры: социально-философский анализ: дис. канд. филос. наук[D]. Екатеринбург, Екатеринбургский университет, 2006.

[43] Смит С. Постмодернизм и социальная история на западе: проблемы и перспективы[J]. Вопросы истории, 1997 (8) : 154—161.

[44] Ушакин С.А. Поле пола: в центре и по краям[J]. Вопросы философии, 1999 (5): 71—85.

[45] Флоренский П.А. Имена: Сочинения[M]. Москва - Харьков, Рудомино, 1998.

[46] Халеева И.И. Гендерный фактор в языке и коммуникации[A]. // Гендер как интрига познания[C]. М., Рудомино, 2002 : 57—65.

[47] Шихирев П.Н. Современная социальная психология в Западной Еаропе: проблемы методологии и теории[M]. М., Наука, 1985.

[48] Штейнберг У. Конфликты, связанные с мужской идентичностью[A]. // Штейнберг У. Круг внимания[C]. М., Рудомино, 1998 : 129—139.

[49] Щепанская Т.Б. Женщина, группа, символ (на материале молодежной субкультуры) [A]. // Этнические стереотипы мужского и женского поведения[C]. СПб, LO. GOS, 1991 : 17—29.

[50] 曹剑波，一种解构的知识论：女性主义后现代论 [J]，人文杂志，2006 (6)：154—160.

[51] 曹贤文,语言与性别研究的新进展:从性别本质主义到社会建构主义理论 [A]. // 第四届全国语言文字应用学术研讨会论文集 [C],成都:四川大学出版社,2007: 450—463.

[52] 陈春红,社会性别定型的转喻认知研究 [J],中国俄语教学,2015 (2):59—64.

[53] 付翠莲,承认差异,超越平等,实践和谐 —— 西方女权主义平等差异观研究 [D],天津师范大学博士论文,CNKI,2007.

[54] 郭爱妹,社会性别:从本质论到社会建构论 [J],南京师大学报(社会科学版),2003 (1):88.

[55] 郭爱妹,西方女性主义心理学的理论研究 [D],南京师范大学博士论文,CNKI,2004.

[56] 贺萧、王政,中国历史:社会性别分析的一个有用的范畴 [J],社会科学,2008 (12): 141—154.

[57] 胡晓红,性别哲学的思维方式与价值理念 [N],光明日报,2010-10-19 (11).

[58] 黄千,中国性别语言学三十年研究成果综述 [J],现代语文,2011 (3):4—8.

[59] 李金凤,语言性别理论发展与西方女性主义思潮 [J],妇女研究论丛,2004 (6): 48—54.

[60] 李经伟,西方语言与性别研究述评 [J],解放军外国语学院学报,2001 (1):11—15.

[61] 聂林媛,"女强人"定型之形成机制探究 [J],前沿,2013 (15):110—111.

[62] 施栋琴,语言与性别差异研究综述 [J],外语研究,2007 (5):38—42.

[63] 宋洪英,语言文化学视野下的定型研究 [M],郑州:河南大学出版社,2011.

[64] 苏红,多重视角下的社会性别观 [M],上海:上海大学出版社,2004.

[65] 谭兢常、信春鹰,英汉妇女与法律词汇释义 [Z],北京:中国对外翻译出版有限公司, 1995.

[66] 武继红. 试析"行为集团"在性别语言研究中的应用 [J]. 外语教学,2001(2): 13—16.

[67] 于国栋、吴亚欣. 语言和性别:差异与共性并重 [J],外语教学,2002 (2):24—28.

[68] 张立平,当代美国女性主义思潮述评 [J],美国研究,1999 (2):1—11.

[69] 张艳、索永平,文化定势在跨文化交际中的影响 [A],山西师大学报(社会科学版),研究生论文专刊 [C],2010 年 3 月:12—14.

[70] 赵蓉晖,语言与社会性别 — 俄语研究的新方向 [J],外语研究,1999 (3):25—29.

[71] 周民权,当代俄罗斯社会性别语言学研究论略 [J],中国俄语教学,2010 (3): 12—16.

[72] 周民权,社会性别语言学的哲学渊源及方法论探究 [J],外语教学,2011 (4):47—

51，64.
[73] 周民权，俄罗斯语言学界社会性别原型研究概观 [J]，中国俄语教学，2012(4)：5—11.
[74] 周民权，俄汉恭维语的社会性别语用对比研究 [J]，浙江外国语学院学报，2013 (1)：14—19.
[75] 周民权，俄罗斯学界社会性别语言定型哲学渊源研究 [J]，中国俄语教学，2014a (4)：28—33.
[76] 周民权，俄汉社会性别语言的语用对比研究 [M]，北京：北京大学出版社，2014b.

第三章

俄汉社会性别定型的语用价值对比研究①

① 该章部分内容首次发表于《俄汉社会性别定型的语用价值对比研究》一文(《中国俄语教学》2016年第4期)。

20世纪50年代以来，随着语言学研究中的对比分析法蓬勃兴起，“对比语言学”与“历史比较语言学”及“语言类型学”并驾齐驱，成为“比较语言学”的重要组成部分，并且发展为一门独立的学科，成为西方和苏联语言学界的一种主流研究范式。20世纪90年代以来，语言对比研究有了长足的进展，“从传统的语音、词法、句法扩展到语义、语用、篇章等领域，理论对比语言学研究亦受到格外的重视，受其影响，应用对比研究蓬勃兴起，发展迅速，更注重与其他应用语言学的研究相结合。”（王铭玉，1999（上）：4—8）研究者们既研究“异”，也研究“同”，“异”与“同”被视为辩证地相互依存的对比关系，在某种共同点的基础上显示差异，尤其关注貌同实异、同中有异的语言现象，使得语言对比研究从传统的静态描写转入动态分析，产生了质的飞跃。受这种研究态势的影响，语用对比分析无疑成为当代语言学中最为重要的研究方法之一。

第一节 语用价值对比的内涵及必要性

1. 语用价值对比的内涵

语用价值是体现语言表意功能的最佳平台，亦是语言事实的最高价值体现，诚如汉语学者邢福义（2003：96—98）所说：“任何语言事实都存在语表形式、语里意义和语用价值三个角度”，即通常所说的“小三角”。这三个角度的对比互为依托，相得益彰，各有侧重，分别体现以下特点：

一是语表形式对比，即形式上的结构对比（структурное сопоставление），注重外在的语言符号形式的对比，旨在揭示语音系统、词汇系统、语法系统、修辞系统等语言规则，属于静态的语言分析，如句子是否必须有主语，各种语言具有不尽相同的答案。我国著名古文字学家、语言学家朱德熙(1987:31)认为，“印欧语里句子必须有主语”这句话适用于隶属印欧语系日耳曼语族的英语，但印欧语系斯拉夫语族的俄语并非如此，俄语无人称句、泛指人称句和不定人称句都没有主语，如Зимой рано темнеет（冬季天黑得早)、На одном энтузиазме ничего не сделаешь（单凭热情一事无成)、Нам уже сообщили последние известия（已经有人给我们通报了最新消息）等，而属于汉藏语系的汉语句子也可以没有主语，诚如王力（1985:52）先生所说，在汉语语法中，“凡主语显然可知的，以不用为常，故没有主语却是常例，是隐去，不是省略。”例如，“天黑了”“上课了”“开饭了”“随手关门”“严禁抽烟”等表示自然现象、工作或生活状况、命令或禁止的句子都是无主语句，不需要宽泛的语境和具体的上下文就能够表达完整的意思。

二是语里意义对比，即功能对比(функциональное сопоставление)，也称言语分析和交际功能对比，它所关注的是操不同语言的人在相同场合的表达方式异同对比。俄罗斯著名对比语言研究者 В. 加克指出：“如果说结构对比是研究所比较的语言形式或语义结构上的特点，那么，功能对比则是一种语言与另一种语言相对比所揭示的言语组织的规律和特点。这看来是语言对比研究的最终目的。”(Гак，1987:37）只有把语言的形式结构系统及其使用（功能）系统有机地结合起来进行研究，才能全面而准确地认识和掌握语言。例如，俄语阳性职业名词获得概括泛指意义或涵盖意义，既可以表示男性，也可以表示女性，具有无性别限制的特征。相应的阴性形式只用于日常语言，在正式场合和公文语言中一般禁止使用，否则会被视为对女性的不尊重。这一语言使用规律适用于所有涉及职业称谓的俄语名词。汉语名词尽管没有“性”这个语法范畴，但在使用上也有语境和修辞语体等方面的特点，如官方节日命名只能是“教师节”而不是“老师节”，军校一般称呼老师为“教员”或“教官”；有些人习惯于把与自己并没有师生、师徒关系、且没有从事教师职业的长者尊称为“老师”,这种去职业化的宽泛涵盖现象在俄语中难以见到。因此,在进行俄汉语里意义对比时,应该充分顾及操不同语言的人在相同场合的表达方式异同,尊重彼此表达习惯。

三是语用价值对比,或称语用对比(прагматическое сопоставление),实际上就是功能—结构对比(структурно-функциональное сопоставление),即对一些属于同一亲缘关系或者具有相似和差异现象的不同语用事实进行历时的比较与共时的分析,旨在探求这些语言的历史渊源及其异同关系,发现其变化和发展规律。它关注的重点是对比研究对象的语用效应及功能,如语用推理、预设、蕴含、会话含义等,研究其价值何在,有何根据等。任何一个语言事实的存在必然有其语用价值上的根据,只有对比研究这些语用价值及其根据的异同,才能深化对语言事实的认知,从中找到语用价值的形成与运作机制。

如果进行结构或者功能的单项对比,则常常难以全面揭示对比双方的语用特点。因此“宜采用功能—结构综合的语用价值模式,即利用组合轴上的线性‘言语’联想出聚合轴上的‘会话含义’,或隐含义。”(刘永红,2009: 29)只有使用这种横向对比、纵横交错的研究方法,才能做到“由表及里,表里如一”,发掘语言单位的真正语用价值。这类组合轴与聚合轴相互交融的语用关系可以用俄语中的«только что..., как...» «едва только..., ...» «как только..., ...» «только..., как...»(刚一……,就……)等句式加确说明:根据语用学的会话原理,“刚一A,就C”这一语言模式表达的是非常规序列,即省略了中间项“B”,违背了常规序列“A—B—C”,表达的不是表示顺序的两项紧接着发生,而是本不相邻的两项紧接着发生。王弘宇(2001:40)将这种“一A就C”的内部语义关系概括为“刚一A(未经过B)就C”。例如:Только успели мы отдохнуть и отобедать, как услышали ружейные выстрелы(我们刚休息好、吃完午饭,就听见了枪声)一句中隐去了“饭后散步或午休”等常规的中间项,带有突发的不可预见性。汉语中也有类似表达,如“你刚一走，我就发现你忘了带手机”“雪刚一化，村民们就开始翻地”等，中间只有或者没有很小的间歇。如果添上中间项，就会失去“间不容发”的本义。

这种隐去或者跨越中间项的表述模式很有感染力，它的重心“不在于描述客观事物、排列行为的按部就班，而在于表达对客观事物的主观评价。它使‘跳跃’或‘跨越’成为焦点或语用高峰，使听话人在跳跃中不注意事物的逻辑联系，而关注说话人的情感评价。”（刘永红，2009：30）也就是说，在这种复句语用模式的使用中，不管客观实际和主观评价是否等同，说话人的主观视点通常都发挥主导作用，最先受到听话人的关注。从认知语言学的视角来看，这样的语序遵循的是顺序象似原则，即把说话人急于表达的、对听话人而言预测度较低的信息首先快速而简捷地传递出来，最大限度地运用表征资源，省时省力，符合语言交际中的信息最大化原则和经济原则。

2. 语用对比的必要性

关于语言对比研究，国内外许多著名学者发表过一系列精辟的论述。例如，恩格斯曾经说过：“只有将本族语同其他的语言进行比较，你才能真正懂得自己的语言。”英国学者 R. R. 哈特曼则说得更为具体，他认为“比较是人类研究事物、认识事物的一种基本方法，也是语言学研究的一种基本方法。如果说语言学的根本任务是对语言的某种现象加以阐述的话，那么可以说语言学的所有分支都是某一种类型的比较，因为对某一语言现象的阐述总是要涉及和包含对这一现象中的各种表现的比较分析。”（Hartmann，1980：22）俄罗斯学者 K. 乌申斯基则给予对比研究更高的评价：“比较是认识和思维的基础。我们认知世界上的一切事物都是通过比较，而不是采用别的什么方法。”（Ушинский，1939：69）

我国著名汉语大师吕叔湘先生在20世纪40年代就提出了语言对比思想，他认为，一种语言的特点只有通过与别的语言进行对比，才能明确异同，才能被认知。他在《中国人学英语》(1947年第1版，2005年修订版)一书中结合教学实际，对英语和汉语做了翔实的对比，用以佐证自己的观点："对于中国学生最有用的帮助是让他认识英语和汉语的差别，在每一个具体问题——词形、词义、语法范畴、句子结构上，都尽可能用汉语的情况来跟英语作比较，让他通过这种比较得到更深刻的领会。"后来，他在《通过对比研究语法》一文中明确指出："一种事物的特点要跟别的事物比较之后才能显示出来。……语言也是这样。要认识汉语的特点，就要跟非汉语比较；要认识现代汉语的特点，就要跟古代汉语比较，要认识普通话的特点，就要跟方言比较。"(吕叔湘，1983: 137)这种观点拓宽了语言对比研究的范围，明确了语言对比的对象不仅包括两种以上语言，而且涉及同一种语言中的不同现象对比。

俄罗斯学者B. 加克对于对比语言学有着较为全面的诠释，他在1989年出版的苏联《国外对比语言学论文集》序言中明确指出："对比语言学现在已经作为一门具有目的、对象和分析方法的独立学科而存在和发展着。尽管学界对这门学科的诸多方面尚存在争议，但这类讨论还将继续下去。这种情况并不能说明这门学科薄弱，而恰恰证明它具有生命力。说明对比语言学的发展及其价值的理由是：越来越多的对比语言学著述相继问世，其中有对比语言学理论问题的探讨，更有涉及语言不同层面的研究——从语音到修辞，从具体的语言单位到语篇；对比分析的范围也在不断扩大：如果说初期对比分析基本上是涉及语言系统事实，那么现在逐步转向语篇，转向言语行为，转向言语实践。对比语言学是随着当代语言学的总体发展方向而发展的，它涉及当代语言学的方方面面：人类(文化)语言学、社会语言学、心理语言学、语言符号学，等等。"(Гак, 1989: 17)这段话较为清晰地勾勒出对比语言学的发展轨迹，与我国俄语学界的对比语言学研究情况基本相符。

20世纪50年代初期，受当时的国际政治环境和我国奉行的"中苏友好"国策的影响，俄语成为国内第一外语，风行全国。"我国的对比语言学研究首先是在俄语界开始的，50—60年代，一大批俄语学者所从事的俄汉对比研究在我国对比语言学中起了开路作用，居领先地位。”（张会森，2004:3）20世纪70年代以来，英语和其他语种的教学与研究迅速崛起，我国的对比语言学研究进入全面发展和繁荣时期。1991年，俄语学者许高渝主持的杭州大学外语系“外汉语言对比研究”课题组曾在上海外语教育出版社的支持下出版了《语言对比研究》一书，其中包括汉俄、汉德、汉日、汉法语言对比研究综述。据该课题组统计，自建国到1990年，在国内期刊上发表的对比研究论文就达435篇之多，出版专著10余部。1997年，英语学者熊文华在《汉英应用对比概论》（北京语言文化大学出版社）一书序言中提供了下述数据：70年代以来我国正式出版的汉英对比专著大约30来部，论文千篇。除了英语学界，如果再算上其他语言学界的著述，国内的对比研究成果应该颇为可观。

俄语学者张会森教授曾长期致力于俄汉对比研究，成果颇丰。他主持申报的《俄汉语对比研究》获得1996年度国家哲学社会科学基金“九五”规划重点项目，课题组成员包括来自黑龙江大学、北京大学、北京外国语大学、上海外国语大学、华中师范大学、首都师范大学、哈尔滨师范大学、河北师范大学等8所高校的10余位老中青俄语学者。经过近8年时间的不懈努力，该项目2004年顺利结项并以同名《俄汉语对比研究》（上、下卷）出版，全书约80万字，内容包括：俄汉语法对比研究、俄汉词汇对比研究、俄汉成语对比研究、俄汉修辞对比研究。该成果属于理论对比语言学著作，不仅描述俄汉两种语言的异同，而且还从理论高度加以分析，注意揭示两种语言的本质特点及其形成的原因，原创性强，影响巨大，有力地促进了国内学界，尤其是俄语学界的俄汉语对比研究。

为了改变国内学界的俄汉对比研究各自为营、零敲碎打的局面，中国俄语教学研究会理事会决定凝聚俄语学界的相关研究力量，以研讨会形式展开俄汉语对比专项研究，并于2015 年11月在复旦大学召开《中国首届俄汉语对比研究学术研讨会》，就俄汉语对比研究的理论与方法、俄汉语对比研究的现状与前景、俄汉语语法、语义、语用、修辞等具体问题对比研究、俄汉语其他问题对比研究等4个主题进行研讨。参加研讨会的国内外俄语学者秉承学术传承和创新的理念，着力展示和交流俄汉语对比研究的新思路和新成果，为推动国内学界的俄汉对比研究做出了贡献。

上述情况体现了国内外学界对于语言对比研究的高度重视，凸显出该研究的必要性和重要性。在全球一体化、国家之间和族际交往日益扩大、世界各种语言相互交融的当今时代，跨文化交际蓬勃发展，语言对比研究更显得尤为必要。

需要指出的是，对比研究并不是两种以上语言现象的简单堆砌，也不是两种语言事实的纯粹罗列，更不是语言异同现象的单纯发掘，而是通过堆砌、罗列、发掘等具体的研究方法探索语言规律的一种途径，是一个科学的运作机制，包括调研、统计、梳理、分析、归纳、整合、征实、反证、反思、互证和阐发等相辅相成的研究过程。因此，对比分析不仅是一种研究视角，而且是一种研究语言的自觉意识、思想观念和基本立场，诚如刘永红（2009:5）所说：“比较（对比）是人类认知世界的重要方法，是众多方法中最基本、最常用的方法。世间万象之间，有联系就可以构成比较和对比。它能使人们清楚明了地认识事物，发现异同，分门别类，找出规律。任何方法说到底，都是比较，别的方法都是辅助性的，只是各自具备了特殊型和侧重点而已。”

以俄汉语对比为例：俄语语音通过重音来确定词的读法，有时重音能够区分不同的词义，而汉语语音则没有重音概念，每个音节有固定的声调，可根据声调区分不同的词汇意义；在标点符号系统，可以发现俄汉两种语言的异同：一是有些符号名称尽管相同，但标记各异，如俄语的句号为“.”，汉语为“。”，俄语省略号为...，汉语为……，俄语的引号为«»，汉语为“” ‘ ’「 」『 』；二是有些符号此有彼无，如汉语有顿号、书名号《 》< >，而俄语中没有；三是标点符号名称以及标记相同，但用法各有特点，如在俄语中，逗号不仅可以发挥“汉语顿号”的作用，还可充当小数点中的“点”，如 Металлоемкость уменьшится на 2,3 процента и энергоемкость—на 0,9 процента（金属的消耗量减少 2.3%，电力的消耗减少 0.9%），与汉语逗号的用法不尽相同。再如，俄语的“补语”在汉语中被称之为“宾语”，俄语静词有性、数、格范畴，动词有时、体范畴，汉语则没有，它属于孤立型语言，没有词的变化，主要通过词序和虚词来表示各种语法关系，等等。这种静态对比仅仅反映了语言结构方面的异同，尚不足以进行动态的言语交际对比分析。例如，说出一个孤零零的俄语句子 Он слабый человек，按照传统的语言结构分析方法，只能确定它为简单陈述句，却很难确定 слабый 一词的具体含义。但是，如果按照现代流行的语用对比分析方法，把它放到一定的语境中，就会明确其意义何在，如在 Он слабый человек, легко поддается чужому влиянию 一句中，通过上下文可以确定 слабый 的具体意思是“耳根子软”“缺乏主见”等，而在 Он слабый человек, часто болеет 一句中，слабый 一词则表示“体弱”“身体不好”等意义。

上述对比说明，对比研究不仅包括两种以上语言，而且涉及同一种语言中的不同语言事实，重要的是，必须突破把语言视作一种自足、封闭系统的框架而与民族、社会、文化、政治、时空、语境等因素割裂开来的静态研究模式，运用当代语义、语用、篇章等研究领域的动态对比分析方法，注重“人的因素”，因为“人是使用语言的主体，人们正是在一定的时间地点、一定的社会环境、一定的文化中使用语言的。”（戚雨村，1997: 3）只有对使用语言的主体与语言符号进行动态研究，把词义所表达的结构信息、客观信息、主观信息进行由浅入深的对比描写，语言学研究就会摆脱静态研究的束缚，获得“句法学→语义学→语用学”的符号学意义，正确诠释过去一系列无法解读的语言现象。

在具体的对比研究中，根据所比较语言占据的比重，可分为两种对比方法：一是单向对比，即以一种语言为源语(исходный язык)，研究它的各种特点，并在另一种语言，即目的语（язык-цель）中探究有无等价物，或者有哪些异同。如我们平时所说的俄汉对比通常是以居于首位的俄语为源语，居于次位的汉语是目的语，反之亦然；二是双向对比或交叉对比，即以某种形式或范畴为对比点，两种语言平行对比，没有主次和先后之分，通常看哪种语言在哪个问题上具有典型特征，就将其作为源语率先推出，与另一种语言进行对比，互为源语和目的语，如此循环往复，围绕着对比点展开多层面、多视角的对比分析，可以采用传统的"从形式到意义"这种描写方式，也可以采用"从意义到形式"，即不以形式范畴（语法范畴）而以功能语义范畴为出发点的描写方式，或者二者兼而有之，不拘一格，交叉进行，只要能够把对比点阐发清楚即可。

语用学（pragmatics，прагматика）作为一门专门研究在不同的语境中如何正确理解和使用语言的科学，把一切与语言使用者有关的语言动态因素纳入其研究范围，既包括句法结构中表现出的语用意义，也囊括语言使用中产生的所有语用意义。我们平时所进行的汉语和外语教学都是以培养学习者的言语交际技能为最终目的，它们都重视语言交际过程，都重视语言的交际价值，都研究语言使用过程中表现出来的动态意义，整个教学过程就是培养学习者运用语言进行得体交际能力的过程。在日常言语交际中，我们关注的不是说话人说了什么，而是说话人所说的话可能意味着什么，其真实含义何在，如何对会话含义作出准确预测和正确理解，以保证言语交际畅通无阻，如此等等，充分体现了语言的语用价值。

语用价值对比包括静态描写和动态比较两种研究方法：前者一般是对两种以上语言中的诸多语料进行对比分析，从中找出对应关系，对纷繁多样的语言现象进行梳理与整合，使之条理分明，有其归属，从而为探求语用价值形成规律提供科学的依据。而后者，即动态比较方法通常是以两种以上语言中某一组具体的语料为发端，或者以建立在某一共同基础之上的可比性为出发点，找出异同，逐步概括，深入到规律性层面之后及时进行揭示与总结。通过静—动结合,可以从中找到3种对应关系:一是语用值完全对应,二是语用值部分对应,三是语用值互不对应。这3种对应关系各有侧重,互为依托,形成体系,成为俄汉社会性别定型语用对比机制的研究基础。

按照空缺理论(теория локуны),概念是共性的,但概念的表达是个性的,共性通过语言符号或完全、或不完全地体现在某一文化中。比如"数"的概念是多种文化所共有的、共性的范畴,但是,"数"的概念的表达形式在具体的语言中会有差异,这取决于交际需要。(李向东等,2015:48)也就是说,在两种以上语言中,语用共性和语用个性的存在是不争的事实,对同一语用现象的个性表达及其个性意义常常会导致"异"的产生。一般来说,作为两种以上语言的语用对比,形式和意义基本相同的完全对应情况相对较少,更多的是部分对应,其中又包括两类:意义相同,形式各异,或者形式相同,意义不同,这是语用对比的重点。至于语用值互不对应,一般指的是两种以上语言中虽有可供对比的文化背景,但它们之间的个性表达形式和意义对应不起来。

从对比语言学的角度讲,语言现象之间存在上述3种对应关系毋庸置疑,语言学界已经对此达成共识,无论怎么对比,永远跳不出这3种对应关系的框架。但是,这只是一个方面,谓之知其然,另一方面,即求其所以然才是对比研究的重点,亦是科学研究的基本要求。也就是说,对两种以上语言中翔实典型的语料进行描写、对比分析之后,应该遵循一套切实而可行的研究原则和方法,深入发掘所作的对比研究意味着什么,它所发现的关系有什么意义,其中有哪些规律性的形成机制,对于语言研究有哪些普遍的指导意义或应用价值,等等。只有把对比研究上升到语言学、文化学、语言哲学的高度,摆脱仅仅注重形式的类比方法的窠臼,进行全面而系统的论述与分析,找到隐藏在大量语料深处的规律,才能称得上名副其实的对比研究,否则就会失之偏颇,缺乏深度。

社会性别定型作为一种现象以及认知方式,对社会性别语言世界图景中具有言语交际特征的社会规约和恒常现象具有高度的概括，对男女两性在特定语境中通常会采取的言语策略的类型具有清晰的阐述。它所体现的民族性、规约性、强制性、稳定性、简约性以及可预测性等特点在世界各个民族语言中均有所示，但表现形式不尽相同，俄汉语言概莫能外，其主要异同只有通过社会性别定型的语用价值对比，才能较为集中地体现出来。

第二节 语用价值完全对应

所谓语用价值完全对应，就是指形象和意义方面的俄汉语用价值的“同”。谈及语用价值对比，势必涉及语用评价。评价本身就是一种命题态度，表达了说话人的各种情感及语用意向。谈到社会性别定型的语用价值完全对应，无疑首先会想到俄汉两种语言中对男女两性的总体评价，涉及男性定型和女性定型。无论在俄罗斯还是在中国，社会所认同的社会性别定型通常是：男性一般应当勇敢、慷慨、大度、坚强、强势、独立、主动、积极进取、争强好胜、充满自信、身强体壮或者侵略性强、霸道、粗鲁等，在事业上卓有成就，能供养家庭并且保护女性、对情感有很强的控制力，社会交往广泛等；女性一般应当温顺、柔情、娇弱、有耐心、与人为善、富有同情心，避免冲突与敌对或者愚昧、搬弄是非、狠毒等，通常对男性的依赖性较强，对家庭的关照更多等。如俄语中 мужчина（男人）的代名词是 сильный пол（强势性别），женщина（女人）的代名词是 слабый пол（弱势性别），有 Муж—глава семьи（丈夫乃一家之主），Будь мужчиной!（你得像个男子汉！），Не будь бабой!（别跟个娘们儿似的！），хорошая жена и добрая мать（贤妻良母）、Женщина—прочный тыл семьи（女人是家庭的坚固大后方）等说法。汉语中同样有“男子汉大丈夫”“男儿当自强”“男儿有泪不轻弹”“纯爷们儿”“像男人一样去战斗”等体现社会性别定型的言语表述。

1. 正面评价“母亲”时的语用价值对应

俄汉语中对 «мать»（“母亲”）的评价都极具正面色彩，赞美之词溢于言表，几乎没有负面评价。例如，А. В. 基里利娜曾以大量的俄罗斯谚语为例，证明母亲同男性的对立或者母亲同父亲的对立是不存在的，俄语中找不到任何一个谚语，从中可以看到母亲身上所体现的好争吵、缺乏理性、爱唠叨等负面女性定型特征。因此，她认为“俄罗斯的基本范畴是母性，俄罗斯的保护者是圣母(Богоматерь)，这是不争的事实。”(Кирилина，1997：25）因此，“母亲”就成为慈祥、善良的代名词，有 «Материнское сердце—не камень»（“慈母心肠”）、«Мать высоко руку подымет, да не больно опустит»（“母亲高抬手，儿女不觉疼”）、«В семье без матери никак не обойтись»（“妈在，家在”）、«Без матки пчелки—пропавшие детки»（“没妈的孩子像根草”）等广为流传的赞美之词；在俄罗斯的国民经济和人民生活中起着非常重要作用的伏尔加河是俄罗斯的历史摇篮，被俄罗斯人称为 «Река-мать»（“母亲河”），等等。

在俄罗斯人的语言意识中，Родина（祖国）、Земля（大地）这两个用阴性形式表达的神圣概念自古以来总是和 мать（母亲）紧密地联系在一起。祖国被视为母亲的象征，土地亦被神话为地母，它们都被纳入母性的基本范畴。“母亲作为生命发生的初始，如同大地作为万物的依托，使人联想到故土与祖国。在俄罗斯人的民族意识中，大地是生命之母，命运之母，丰收之母和家园的最后庇护者，大地母亲的形象在很大程度上与圣母的形象合二为一。”（杨蓉，2010：34）于是，就有了广为流传的 «Родина-мать»（“祖国母亲”）、«Земля-мать»（“大地母亲”）之说。

“祖国母亲”“大地母亲”使人联想到同为俄语阴性表达形式的智慧女神 Софья（索菲娅）及其女儿们 Вера（信仰）、Надежда（希望）、Любовь（爱）。这些神话与俄罗斯人的圣母崇拜、祖国情结互为渊源，之所以被俄罗斯的民族心智所接受，或许正是源于这种心灵的契合。

俄罗斯三色国旗中的蓝色在十月革命前被诠释为圣母的象征，表明圣母形象在俄罗斯人的心目中至高无上。这种心智上的集体认同直接反映在语言意识中，如俄罗斯的国名从古代的Русь（罗斯）到今天的Россия（俄罗斯）均为阴性，这种与语言相关的性别化的思维特征也赋予了俄罗斯心智女性的灵魂。（周民权，2014: 122）不难看出，这些阴性表征形式体现了俄罗斯人对母性的尊重与景仰，彰显出崇尚母性的心理取向，也凸显了俄语语言意识中注重运用女性词汇的社会性别定型特点。

古往今来，俄语中出现了许多赞美“祖国母亲”的美文与诗歌，借以抒发祖国儿女与祖国母亲之间难以割舍的情怀。例如，2014年，俄罗斯诗人伊万·马特维延科填词作曲，谱写了一首脍炙人口的赞歌《为了你，祖国母亲》，其中有几句歌词振聋发聩：

Головы вверх гордо поднять, за тебя—Родина-мать!
Мы до конца будем стоять, за тебя—Родина-мать!
Мы будем петь, будем гулять, за тебя—Родина-мать!
И за страну—трижды «Ура!» За тебя—Родина-мать!
По полю иду, про себя шепчу: «Я тебя люблю...»
По морю иду, тихо напою: «Я тебя люблю...»
По небу летит журавлиный клин.
Родина—я твой навеки сын!
Где бы ни был, в сердце у меня—
Родина ты моя!
我们骄傲地抬起头颅，为了你，祖国母亲！
我们将顶天立地，为了你，祖国母亲！
我们将放声歌唱，游走四方，为了你，祖国母亲！
为祖国高喊3声“乌拉！”为了你，祖国母亲！
在田野里行走，我低声地说：“我爱你……”

在海洋中徜徉，我轻轻地唱："我爱你……"
楔形鹤在空中翱翔，
祖国——我永远是你的儿子！
无论我身在何方，
你都是我心中的祖国！

寥寥数语，热爱祖国母亲之情溢于言表，跃然纸上！一经著名的"柳拜"乐队激情演唱，这首歌立时红遍俄罗斯大地！由此可见，"祖国母亲"在俄罗斯人的心目中占有极为重要的地位，母亲的使命在俄罗斯文化传统中至高无上，它不仅仅局限于生命的孕育与繁衍，所以常常被高度升华，得到特别评价。作为女性生命体的至高阶段，母亲的思想精髓就是女性理想的直观写照，"母亲元素"事实上已经成为俄罗斯女性形象的内在基石。在俄罗斯人的意识中，母亲形象首先是精神化的、崇高的和世界观意义层面的，神圣肃穆，至高无上，它超越于死亡之上，象征爱的永恒与生命的庄严。（周民权，2014: 124）在崇尚母性、追求真善美的女性社会性别定型中，凝聚着俄罗斯人对于精神与道德的深入理解和不懈追求。

在汉语中，"母亲"一词同样被赋予非常厚重的含义。像俄罗斯人将伏尔加河称为"母亲河"一样，中国人也将世世代代滋润华夏大地、哺育中华儿女的黄河称为"母亲河"，视其为华夏大地的动脉，中华文明发展的摇篮；久演不衰的历史戏《慈母泪》催人泪下，代代相传；妇孺皆知的歌曲《世上只有妈妈好》耳熟能详，感动中国；"慈母手中线，游子身上衣。临行密密缝，意恐迟迟归。谁言寸草心，报得三春晖！"——唐代著名诗人孟郊的这首五言古诗《游子吟》采用白描的手法，通过回忆一个看似平常的临行前缝衣的场景，凸显并歌颂了母爱的伟大与无私，表达了诗人对母爱的感激之情以及对母亲的深沉的爱。这首诗情感真挚自然，闻名遐迩，千百年来广为传诵。

无独有偶，和俄罗斯人一样，在中国人的民族意识中，走过千年历史、跨越了世界文明的“祖国”也总是和正直而博爱、坚强而慈祥的“母亲”紧密地联系在一起。互联网上流传着一位佚名作者的诗歌《祖国妈妈，我们爱您》：祖国，我们的祖国，您是一片宽阔的草原，抚育着草原的朵朵鲜花。祖国，您是一片宽阔的大海，我们则是那成群结队的鱼儿，在知识的海洋里欢快地遨游。祖国，您就是我们的祖国，我们离不开您的怀抱，流淌着您的血液的人，就是您的炎黄子孙。祖国妈妈，我们永远爱着您！永永远远，深深刻刻地爱着您！

这首诗的字里行间饱含着作者对祖国母亲的深爱，代表了华夏儿女崇尚母性的心声。在中国人的民族心智中，祖国母亲是哺育中华儿女的源泉，是中华文明进步的使者，是捍卫真理的勇士。她仁慈博爱，捍卫着绿色与和平，她明晰千古，为子孙后代的幸福生生不息。

需要指出的是，俄罗斯和中国的“国骂”或者口头禅中都出现了“妈”一词，但它们针对的是被骂者，而绝非针对“妈妈”。骂人者通常以最解气、最解恨的方式发泄不满，所以常把别人的“妈妈”用于詈语，这种做法极不礼貌，不文明，不道德；近似于“国骂”的粗话“奶奶的”“你姥姥”等，也都是以具有“母亲”身份的女性为工具，反映了社会上由来已久潜移默化而来的“以女性为咒骂点”的贬女倾向，从而使得备受尊敬的“母亲形象”无形中遭受到了不应有的玷污，理应受到全社会的谴责。

2. 俄汉成语中的语用价值对应

成语作为一个民族语言的精华，蕴含着该民族悠久的历史、深邃的文化、丰富的生活、多样的习俗以及思维方式、价值观念、宗教观念、社会行为定型等诸多因素。需要指出的是，我们这里所说的成语是以广义的俄语成语界定为研究依据的，其中包括成语、谚语、俗语、名言警句、格言等。通过对比可以发现，俄汉语言中有一些含义、形象完全相同的成语，形象鲜明，寓意深远，用语凝练，体现了俄汉两个民族的思维共性。例如：

капля моря	沧海一粟
без гроша	一文莫名
гром среди ясного неба	晴天霹雳
в мутной воде рыбу ловить	浑水摸鱼
среди белого дня	光天化日
Капля камень точит.	滴水穿石
Куй железо, пока горячо.	趁热打铁
Беда не приходит одна.	祸不单行
И стены имеют уши.	隔墙有耳

尽管俄汉两种语言不同，但由于俄汉两个民族在思维和观察事物以及表述方式方面有许多共性，故而会出现一些语用值基本相等的成语，一般通过上下文体现出来。例如：

（1）Ну, добежали собаки и в одну минуту спустили с меня все мое рванье. Остался в чем мать родила.（М. Шолохов ）

嗬，来了一群狗，瞬间撕咬掉了我身上穿的所有破衣服。我这下子可真是一丝不挂了。（М. 肖洛霍夫）

（2）Он у нас и ученый, и на скрипке играет, и выпиливает разные штучки, одним словом, мастер на все руки.（А. Чехов）

在我们这儿，他又有学问，又会拉小提琴，又会锯出各式各样的小玩意儿，总之，他真是多才多艺。（А. 契诃夫）

在例（1）中，俄语 «в чем мать родила» 指的是赤裸裸来到世界，与汉语中的“赤身裸体”“一丝不挂”相互对应；在例（2）中，俄语 «мастер на все руки» 与汉语中的“多面手”意义完全一致，表达的都是“多才多艺”“凡事行家”之意。

涉及社会性别定型，俄汉成语中同样有一些意义及形象完全对应的共性表征形式。除了上边提到的“慈母心肠”“贤妻良母”等体现正面评价的俄语成语之外，还有一些负面评价女性的俄语成语，其中有些俄语成语能够找到对应的汉语成语，有些只能意译，如 Бабьи города недолго стоят（女人建造的城市是不能长期存在的，意思是女人干的活儿靠不住）、ободранная кошка（瘦骨伶仃的病母猫，喻指廋弱的女人）、Баба с печи летит, семьдесят семь дум передумает（女 人 下火炕之前，要考虑77个主意，意思是女性缺乏主见）、бабушка надвое сказала（老太太说的话可以有两种不同解释，意思是没准儿）、баба с возу—кобыле легче（婆娘下了车，母马就轻松，意思是谁要走或者不干，留下的人只会感到更好），该成语与 Кума пеша—куму легче（干亲家母一离开，干亲家就轻松了）所表达的意思基本一致，意味着女性碍手碍脚，显得多余，这都是歧视女性的典型表征。试举几例：

（1） —Конечно, девушка она хорошая, —рассудил Павел Игнатьевич.

—Кошка ободранная! —проворчал Сережа.(И. Платонова)

“她当然是个好姑娘，”——巴维尔．伊格纳季耶维奇说出了自己的看法。

“一个瘦骨伶仃的病母猫！”——谢廖扎愤然回敬一句。(И. 普拉托诺娃)

（2）Писания свои корреспонденты отправляют в газеты для напечатания, но бабушка еще надвое сказала, увидят ли они свет.

记者把他们写的文章寄到报社去发表，不过还很难说文章会不会登出来。

（3）Были, конечно, случаи, когда с топором на угол при рубке дома садились женщины, но это считалось ненормальным, что и отражено в пословице: «Бабьи города недолго стоят».

当然，有这种情况：在建造房屋时，一群妇女对着屋角挥动着斧头，不过这是不正常的。这在谚语中也反映了出来：“建造房屋不是女人做

的事。”（叶芳来，2005:3）

例（1）中的“瘦骨伶仃的病母猫”显然是指称那位姑娘，例（2）中的“很难说”引申自俄语谚语“老奶奶说的话没准儿”的字面意思，例（3）中所说的“建造房屋不是女人做的事”并不完全是修建房屋这个工作不适合女性，也不是出于对女性的关心，而更多的是一种世俗的偏见，即认为女人干的活儿是靠不住的，只有男人干的活儿才让人放心。由此联想到我国北方某些地区一些匪夷所思的习俗：盖房子时，女人不能动一砖一瓦，尤其是“立木”，即房子的木架结构成型那天，女人不能待在建造现场，以免带来霉运，导致房塌人亡，等等。

这种历史遗留下来的“男尊女卑”的现象反映了俄罗斯和中国社会存在的性别歧视，以及父权制对女性的压迫。随着人类文明与社会的不断进步，俄汉语言中的性别歧视现象已在悄然改变，出现了诸如Женщина—полнеба（妇女能顶半边天），Без женщины не обойтись（没有女性，一事无成），Муж и жена—одна сатана（夫唱妇随，同心协力），Женщина — это прежде всего мать（母性为女性之首）之类倡导男女平等、褒奖女性与母性的成语，反映了社会对女性地位及作用的认可。学者们研究性别语言定型时，已经注意摈弃单纯关注性别差异的弊端，既看到“异”，也注意到“同”，对于社会性别语言定型的正面表述特征给予更多的关注，不仅关心不同语言中对于男女两性的表征差异，而且关注各种性别语言定型所表现出来的共性。

此外，民间还有一些带有戏谑意味的成语性说法，如俄语中有一句俗语«Муж — голова, а жена — шея. Куда шея повернет, туда голова и смотрит»（“丈夫是脑袋，妻子是脖子。脖子往哪转，脑袋往哪看”），指的是丈夫完全听命于妻子，妻子让干啥就干啥，妻子指向哪里，丈夫就冲向哪里，凸显出妻子在家庭中的主导地位。再如，汉语中通常把那些“怕老婆”的男人称之为妻管严，与俄语 подкаблучник (под каблуком у жены) 完全一致，我国四川方言则称其为“耙耳朵”，另写作“火巴耳朵”，意思就是男人的一言一行基本上被老婆管着，对老婆言听计从，在家里没有话语权。例如：你这耙耳朵，叫你喝杯酒，还怕老婆说……但是，改革开放以来，“耙耳朵”不再是一个纯粹的贬义词，其传统含义已经悄然发生变化，并不完全指男人软弱无能，在四川、重庆一带，有些男人乐意别人称自己为耙耳朵，这表示他爱老婆。例如，以“耙耳朵”为主题的《幸福耙耳朵》就是一档以乡村生活为题材的四川方言情景喜剧，每集一个主题，讲述平凡人身边的“耙耳朵的幸福生活”，诙谐幽默，妙趣横生，真实感人，深受广大电视观众喜爱，创下较高的收视率，剧中的主人公凤姐，火巴哥、甘豇斗、王宝器、田菜农等人物形象栩栩如生，深入人心。

俄语中有不少与肢体有关的成语体现出社会性别意义，译为汉语未必是成语，但通常作为一种固定用法，如涉及 рука（手）的 отдать руку кому（出嫁给……）指的是女性，предложить руку кому（向……求婚）指的是男性，носить на руках（捧在手心，宠爱）多指男性对女性的深爱；涉及 зубы（牙齿）的 показать зубы（龇牙咧嘴；展现自己有力量）指的是男性；涉及 уши（耳朵）的 прожужжать уши（在耳边絮叨；吹枕边风）指的是女性，等等，其中不乏古旧俄语遗留下来的戏谑或者轻蔑含义。

无论是俄语或是汉语中，常可见到一些体现人的生物性别特征的“人体成语”(соматические фразеологизмы)，其中性别这一义素在成语中通常都是作为补充成分，例如：俄语 косая сажень в плечах（宽肩魁梧，原意是指从右脚尖到高举的左手中指指尖长度为一俄丈，俄丈是旧俄长度单位，约2.134米）指的是男性，与汉语成语中的“虎背熊腰”颇为相似，指的是强壮的男性；俄语 бантиком губы/губки（微微噘起的樱桃小口）一般形容楚楚动人的漂亮女性。汉语成语中也有类似的表述，如“柳眉凤眼”，顾名思义，眉毛两头尖，呈柳叶型，柳叶般的眉毛，漂亮的丹凤眼，形容女孩子长得靓丽清秀，楚楚动人；“蕙质兰心”形容美丽而且聪慧的女性，其外貌和内心都像鲜花一样美。汉语中以生物性别为特征表述英俊男性或者漂亮女性的成语为数不少，如燕颔虎颈、虎头虎脑、膀大腰圆、眉清目秀等一般形容的是男性，而龙目凤眉、杏脸桃腮、朱唇皓齿、月眉星眼、双瞳剪冰、冰肌玉骨等指的是对女性的赞美。不难看出，在中国人的社会性别意识里，的男性要像猛兽一样强壮威武才算帅气，女性要有漂亮的嘴唇和脸颊、雪白的肌肤、清澈明亮的眼睛才算美丽。当然也有一些表达负面或中性评价的人体成语，如大腹便便，肥头大耳、张牙舞爪、青面獠牙等一般是指男性，而披头散发、钗横鬓乱、一把鼻涕一把泪等一般多指女性。

上边提到，在描写一个人肥胖(толстый)时，汉语中常用大腹便便，肥头大耳等，而俄语中则使用 щеки из-за спины видать（从背后都能看得到脸颊，意思就是很胖）、от пяты до пяты（从脚踝到脚踝）来形容一个人很胖。一般来讲，女性对于自己的胖瘦问题比较在意，不大喜欢别人说自己肥胖，乐意花钱减肥，或者采取控制饮食措施，注意保持体形，中国和俄罗斯女性在这方面颇为相似。汉语中借助于人体形象对男性和女性的赞美还分别有“高富帅”（高大、富有、帅气）和“白富美”（白皙、富有、美丽）、甜素纯（甜美、素雅、纯洁）等，通常是针对年轻男女而言。

不难发现，人体成语和它所喻指的男女两性之间存在着转喻(метонимия)关系，即以同一认知模式内两个认知对象的相邻关系为基础，利用语用推理，一个概念实体向另一概念实体或目标提供心理可及和喻指联想。转喻具有指示功能，它借助于符号内涵的包容或对应关系或现实世界中事物的邻近关系将已经存在的两个符号联系起来。具体说来，在语言中，具有或能构成转喻关系的两个符号中有一个在语言的组合链上出现时，另一个就会在语言使用者头脑中被自动激活。语言形式所指的概念之间具有对应、邻近、包容或被包容的关系，这实际上就是一种转喻关系，是转喻认知力使语言符号的上述使用方式得以存在。

（陈春红，2015：60）处于一个语言的组合链上的两个符号具有不同功能，其中一个是喻体（домен-источник ），另一个是本体（целевой домен），它们属于同一认知域，通过相邻性建立常规的联想关系，形成可逆性转喻映现机制。例如，一提到喻体，就会在一定条件下联想到具有语境含意的本体。在社会性别定型中，男女两性属于本体，大量的常规喻体分别喻指他们，反之亦然，如“膀大腰圆、燕颔虎颈、虎背熊腰、高富帅←→男性”，“杏脸桃腮、朱唇皓齿、冰肌玉骨、白富美←→女性”这样的转喻映现共处一个联想链中，喻体和本体互相通达，相互喻指，具有相邻/相似关系，相得益彰，融为一个整体。只要认定喻体和本体中的一个的存在，就可能内在地蕴含着或者联想到另一关系体的存在。可以说，处于一个联想组合链的本体和喻体相互依托，相互补足或阐释，互为存在前提。

有西方学者认为，特性既可以看作是所有物的隐喻（特性即所有物），又可以看作是一个物体的部分转喻，这些事物特性与事物之间具有包容关系（Radden，Kövecses，1999: 34）。因此，社会性别定型是一种建立在范畴及其特性的相邻关系之上的转喻，即借助于联想链，使用一个具体的范畴特征就可以表征整个范畴，或者以某一群体的显著特征来说明某一具体对象，从而使语言交际受信息最大化原则（要求说话人尽最大可能有效运用表征资源，准确地传递最多的信息）和经济原则（要求说话人讲话言简意赅，快速而简捷地传递信息，使受话人迅速明白其交际意图）支配。

传统的语言学观点认为，转喻是用某事物的名称替换相邻近事物名称的修辞手段。但是，现代认知语言学对转喻的研究进一步深入，认为它不仅是一种修辞手段，而且是普遍的语言现象，在语言的词汇、句子、语篇、语义、语用、修辞等层面上都存在着大量的转喻。“语言交际受相互竞争的信息最大化和经济最大化原则制约，交际者只能选择具有突显、重要、易感知、易记忆、易辨认的部分代替整体或整体的其他部分，或用具有完形感知的整体代替部分，即运用转喻进行交际。”（董成如，2004: 7）这实际上就是转喻的本质，它从另一个方面证明：语言本质上是转喻的。转喻之所以被理解、被认知，并被广泛运用于言语交际，是因为突显的转体能够激活转喻目标，为更好地了解该目标提供了心理通道。

总而言之，用转喻认知方式分析人体成语，有助于我们理解定型在社会性别范畴化过程中的作用，这个范畴化过程由认知原型地位决定。转喻这一认知方式建立在范畴和特性（整体与部分）的相邻关系的基础之上，其中大部分转喻具有可逆性，即某一类转喻的本体与喻体可以互相替换。这主要由认知突显决定，可以通过突显特性指称范畴，或者通过范畴掌握其主要特性，从而简化认知活动。通过上边的俄汉人体成语对比分析，可以看出，社会性别定型是一种典型的转喻认知方式，一方面，该转喻过程发生在男性范畴与男性气质之间以及女性范畴与女性气质之间，“特性→范畴”可以用男女二元对立涵义来表示，比如强弱，阴阳，尊卑等伴随意义，以及在此基础上形成的缩略性词汇来分别指称男女两性，而“范畴→特性”的主要语言手段包括“同义重复”（如，女人就是女人，男子汉就是男子汉）和“副 + 名”（如很女人、很淑女、很娘、很爷们儿等）构式，此处社会性别词汇发生了重新范畴化过程；另一方面，转喻过程还发生在男性气质和女性气质之间，由于社会性别定型只反映两个部分——男性和女性的互动，所以男性气质和女性气质既相互对立，又相互统一，非典型的女性特征就被理解为典型的男性特征，或者非典型的男性特征被认为是典型的女性特征。这些特征不仅通过人体成语显现出来，而且体现在社会性别言语交际的各个层面。

3. 俄汉社会性别言语行为定型的语用价值对应

关于社会性别语言定型特点，俄罗斯和中国学者都有自己独特的总结分析。由于俄汉两个民族、两种语言及文化理念各不相同，定型差异在所难免，但有许多阐述却颇为相似，几乎完全对应。例如，俄罗斯学者Г. Е. 克列依德林较全面地总结出俄罗斯文化交际中迄今为止形成的12种社会性别定型：

（1）女性的交际敏感性高于男性；

（2）男性的美德在于能言善辩，既体现于口头表达，又见诸身势动作展示，而女性的美德则在于同倾听直接相关的沉默；

（3）女性关注更多的是语境的心理方面，而男性则是认知方面；

（4）女性的优势是下意识和直觉，而男性的优势是逻辑和理性；

（5）较之于言语行为和对方（无论任何性别）的面部表情以及符号动作，女性比男性更关注视觉代码，尽管她们在识别手势或者头部动作方面并不比男性强多少；

（6）男性喜欢实用主义氛围、自我肯定、热衷于完成社会工作和认识外部世界，而女性则喜欢感性氛围，注重内心世界和交际的舒适性。Г. Е. 克列依德林引用了И. А. 斯捷尔宁的一段话来说明男女两性之间的差异："男性似乎总是试图做点什么，而女性不知道该做什么，于是经常会对男性说'你可是男人啊，快想出什么主意吧！'等。"（Стернин，2002: 6）

（7）女性的交际基调很大程度上是社会性（社会所确定的）的，很少表现出个性；

（8）较之于男性，女性较少表现出交际侵略性，更多的则是耐性；

（9）较之于男性，女性对非口头交际行为更为敏感，因为她们对交际另一方表现出更多的移情心理（团结、同情、设身处地为对方着想）；

（10）谈话主题不同，女性谈论较多的是家庭、孩子、疾病（对健康情况关注较多）、具体行为等，而男性谈论较多的是工作、体育、政治、军队、技术、汽车等；

（11）女性表现出的压抑、郁闷状态比男性多，主要见诸非口头交际行为，女性常常明显表现出害怕、怀疑、抱怨等状态，男性抱怨较多的是工作中发生的不愉快事情，但很少抱怨健康和家庭矛盾等；

（12）较之于男性，女性对自己的行为缺少解释的知识或者能力，更多的解释理由是不走运、失利、命中注定、厄运等。（Крейдлин，2005：26—36）

上述总结未必完全客观公正，但从总体上反映了男女两性的社会性别定型特点，与汉语中的相关表述极为相似。例如，国内英语学者贾玉新在总结西方学者相关观点的基础上，结合汉语中男女两性所采用的不同交际方略和交际风格，分别归纳出男女两性的社会性别语言定型特点，其主要论点简要概括如下：

女性的交际风格与方略主要表现在：（1）用言语建立和维系和谐关系；（2）通过展示自己来与对方取得共识，善解人意；（3）用言语与对方建立平等关系，寻求共同点和一致性；（4）同情别人，善于移情；（5）用语言或非语言行为支持别人讲话，善于倾听；（6）包容他人，以询问的方式参与交谈和争取发言机会；（7）以提问的方式使对方畅所欲言，常用肯定的话语或点头的方式对别人的谈话表示感兴趣，很少打断别人谈话，不争夺发言权，使用各种方式支持别人把话说完；（8）及时对交谈者的话语做出反应，以表示全神贯注听别人说话；（9）常做出试探或建议性反应，以使对方能自由阐述自己的观点；（10）谈话的目的是为了维系和谐的关系，言谈琐碎生动有趣，常常在枝节方面做文章。

男性的交际风格与方略主要表现在：（1）用言语表明自己的权威和自信；（2）不轻易展示自己，以使自己处于有利地位；（3）用言语确定自己的主导地位和权势；（4）把自己与别人对比，设法引起别人的关注；（5）提出具体意见，帮助解决问题；（6）垄断发言权，善于从别人那里取得发言权，及时表明自己的观点；（7）具有较强的独立精神，无须把发言权让给别人；（8）能够及时对别人的话语做出反应，但目的是为了显示自己，使别人逊色；（9）自信、果断，喜欢占有支配权；（10）说话呈线性流动，目的明确，不喜欢谈论琐碎枝节问题，以免妨碍目标的实现。（贾玉新，2002：430—432）

通过对比不难看出，尽管中俄两国的国情不同，文化理念各异，但男女两性的社会性别语言定型特点无论在言语目的、表述方式，还是在交际方略和交际风格方面却有着诸多相似之处，反映了人类思维的共性和男女两性的个性特点，体现了俄汉社会性别定型在言语行为总体特征方面的内在联系。

第三节 语用价值部分对应

所谓语用价值部分对应，就是指形式和意义层面的俄汉两种语用价值的“同”与“异”相互交织，同中有异，异中有同。由于俄汉两个民族的思维方式、文化理念、认知模式以及语言表征手段等不尽相同，语用价值部分对应现象在俄汉社会性别语言定型中最为常见，大致可以概括为两类：

1. 形式各异，意义相同

人类思维具有共性，而表达方式则尽显个性，并不完全相同，俄汉语言概莫能外。由于俄罗斯人和中国人的形象思维各异，所以他们对一些意义相同的现象通常按照各自的传统表达习惯，使用不同的形象表述，即一意各表。例如：俄语成语中的 «как грибы после дождя»（“雨后蘑菇”）、«Нет дыма без огня»（“无烟不起火”）、«одним выстрелом убить двух зайцев»（“一枪打俩兔子”）、«ждать от козла молока»（“期待挤公羊的奶”）、«сесть меж двух стульев»（“坐在两个凳子中间”）等，它们分别与汉语中的“雨后春笋”“无风不起浪”“一箭双雕”“缘木求鱼”“脚踩两只船”等成语相互对应，尽管表述的形象各异，但所指明确，意义相同。

俄汉语中还有一些意义和修辞色彩相同的熟语，但它们在一定的上下文中表现形式各异，体现了俄汉两个民族对同一认知现象的不同表述。例如：

（1）Фамилии своей она не сказывала. Марья Петровна — вот и все. А Омск, тоже сказать, город большой, не найдешь ее там. Ищи ветра в поле!（А. Чехов）

她没说自己姓什么，只说她叫玛丽亚·彼得罗夫娜。但鄂木斯克城很大，没法找到她。犹如大海捞针啊！（А. 契诃夫）

俄罗斯人用"在田野里找风"来表示"很难找到人"，与汉语中的"大海捞针"意思基本无异，都形容难度很大，希望渺茫。

（2）Никто не знает, как она переживала гибель Максюка: она не спала ночей, рвала на себе волосы, у ней ужас что делалось в душе.（М. Гладков）

马克修克死了，谁都不知道她心里有多么难过：她彻夜不眠，捶胸顿足，悲痛欲绝。（М. 格拉德科夫）

俄语中的"揪自己的头发"与汉语中的"捶胸顿足"虽然形象不同，表述各异，但都是用来描写女主人公痛不欲生的心理感受。（吴军，2006：285）

（3）Батюшка, дозволь тебе сказать: ты не с ума ли спятил? Ведь ты козла в свой пустишь огород!（А. Толстой）

老兄，请听我说：你莫非发了疯不成？你这是引狼入室啊！（А. 托尔斯泰）

俄语中"把山羊放入菜园子"与汉语中的"引狼入室"尽管表述形象不同，但都表示"开门揖盗"，放任不速之客。

涉及社会性别定型，不同形式表达的相同意义通常在体现于身势语。例如，在使用和手、脚和头有关的象征动作时，男女两性之间的社会性别差异尤为明显。例如，在表达"难为情"（смущение）含义时，俄罗斯男性经常用手揉揉下巴或者鼻子，女性则揉揉双颊或者脖子前部位，而中国女性常常用手捂脸或者捂嘴，男性的习惯动作通常是用手搔后脑匀，脸上流露出不好意思的窘态（周民权，2014：223）；在思维受阻或者疑惑不解时，俄罗斯女性常常微微张嘴，食指放在下嘴唇前部或者靠近下巴，男性则习惯于用手揉揉下巴或者拉低耳垂、撑着额头、两颊或者脖子后部，而中国女性习惯于舔舔嘴唇或者搓搓双手，男性则习惯于不停地拍脑袋或者眨巴眼睛，或者手托下巴作沉思状；在谈到某件好事时自认为“说漏了嘴”，以防“毒眼看坏，不吉利”（чтобы не сглазить）时，俄罗斯人会用右手敲敲木头，同时紧蹙眉头，往左肩后吐三口唾沫，用唾沫将“毒眼”赶走，以消灾避祸，图个吉利，而在这种情况下，中国人的通常做法是轻轻拍打几下自己的嘴巴或者脸颊，表示不该说出来，或者未置可否，没有任何言行表示。

2. 形式相同，意义各异

俄汉语言中有许多形式相同、意义各异的身势语，它们常常呈现为一些象征动作（эмблематические жесты），具有独立的词汇意义，不需要口头表达的上下文即可传递信息，在交际行为中可以独立于言语而单独存在，通常被划分为交际型和征兆型两类：

交际型动作是指动作发出者在交际行为中有意传递给对方的信息载体，包括一般性的、指示性的和礼节性的动作，如俄汉语中常见的交际型动作有 приложить палец к губам（把手指放在唇边）、подмигнуть（使个眼色）、покачать головой（摇摇头）、покрутить пальцем у виска（一根手指绕着太阳穴转）、постучать рукой по лбу（手击额头）、похлопать рукой по животу（用手拍拍肚子）等。

征兆型动作指的是一些表达情感的征兆型动作，通常表达动作发出者的情感状态，而不是情感的生理表现，如俄汉语中常见的征兆型动作则有 прикрыть рот рукой（用手捂住嘴）、кусать губы（咬嘴唇）、барабанить пальцами по столу（用手指敲打桌子）、привстать со стула（从桌后欠了欠身）、делать большие глаза（睁大眼睛）、

топнуть ногой（跺一下脚）等，人们通过这些生理动作发出征兆和交际信号，用以宣泄心中的情感。

一般来说，面部表情丰富多样，主要靠眼神等传情达意的动作来完成，综合了交际型动作和征兆型动作，在身势语中占据很重要的位置，人的绝大多数感情是通过面部表情传达的，所谓“看脸色行事”正说明了这一点。俄汉两个民族的象征动作尽管有不少相似之处，但由于文化理念、动作表达方式不尽相同，差异在所难免，试举几例：

2.1 微笑

俄罗斯人和中国人都会微笑(улыбаться)，但微笑的语用含义不同。俄罗斯人认为微笑并不能代表礼貌，无缘无故的微笑是不可取的，一句俄语俗语“Смех без причины — знак дурачины”（无端发笑，必是傻帽）足以说明这一看法。一般来说，俄罗斯的服务行业讲求礼貌服务，服务员在工作时面部表情都比较严肃，认为在执行公务时，应该严肃，不苟言笑，以示认真。而对陌生人无缘无故的微笑通常被认为是轻佻、不严肃，女性尤其不能这样。所以有人曾戏称“俄罗斯是一个冷面民族”，笔者认为这种说法有点夸张，不够客观。“实际上，俄罗斯人并非冷酷无情，不会微笑，在跟熟人交往或遇到开心的事时，俄罗斯人会面带微笑或开怀大笑，认为微笑是用来表达情感、信任、友好等美好感觉的交际行为。”（周民权，2014:222）中国人不仅对熟人微笑，对陌生人同样微笑，表示一种礼貌和友善，如社会上的各行各业推崇并提倡微笑服务，对素不相识的客户笑脸相迎，这也成为代表行业服务水平的重要举措之一。微笑是中国人交往中最为常见的表情之一，当无意中轻微冒犯对方而出现交际冲突时，一个微笑、一声“对不起”常常能起到化干戈为玉帛的效果。试想一下，如果服务人员面带微笑为你提供各种帮助，你能够置之不理或者恶语相向吗？如果某人不慎轻微冒犯了你，面带微笑向你道歉，你除了原谅和宽容，还能再说什么？中国古人所说的“不打笑脸人”，就是对微笑的重要作用的最好诠释。

一般来说,女性面部表情丰富,比男性更爱微笑,但女性的微笑有时是出于礼貌,并不一定表明快乐,而是通过微笑来体现自己的端庄与严肃,它是一种缓和的方式,在公共场合已经成了女性的护身符。例如:在一辆突然刹车的公共汽车上,她被“扔”到了你身上,她的微笑表示“对不起,并不是我有意碰痛你”;当你在餐馆里占据了她的位置,她的微笑意味着“请你另找一个合适的位置”等。(孙汝建,1998:110—111)与俄罗斯女性相比,中国女性的微笑似乎更为矜持,“掩嘴而笑”或者“笑不露齿”通常被视为淑女的美德之一。

另外,通过父母与孩子交往时的微笑也可看出社会性别定型差异:父亲们的微笑与不笑相比,更倾向于对孩子做出肯定和赞许,而母亲的微笑与不笑相比,对孩子并不意味着肯定。(周民权,2014:222)尽管笑有多种形式,微笑只是其中一种,但它的内涵最为丰富,与其他笑相比,微笑的情感体验不是最为明显的,而应该是最为复杂的。同样是微笑,女性所负载的信息容量通常比男性大得多。她们的微笑意味深长,既可表达肯定,也可在一定语境下表示礼貌的否定。尤其在容易爆发交际冲突的社交场合,以微笑来取代否定或者纠正对方的某些过失,效果要远远好于训斥或责怪,体现了女性以其人格魅力和淑女风范化解矛盾的能力及独特作用。

2.2 摇头

中国人和俄罗斯人都有“摇头”(качать головой)的肢体动作,但其内涵存在明显分歧,即形式相同,意义不完全一致。中国人一般认为,“摇头”表示不认可、否定或者反对之意,这和俄语中的“摇头”有一定的差异:根据俄语一般词典的解释,качать головой 的意义为“用头部动作或点头表示对交谈者、对他说的话的否定、怀疑、赞同或者其他态度”,既可表示否定,又可表示肯定,对它的理解可以是左右摇头,也可以是上下点头。这个词用于面对面的交谈时不难判断,双方可以看到对方到底是在点头还是在摇头。但如果是文字表述,则只能根据具体的语境来分析，或是借助一些表示肯定或否定意义的副词来判断，例如：Я начал толковать ему о Гегеле, Авенир качал утвердительно головой, поднимал брови, улыбался, шептал: «понимаю»!" —А. С. Пушкин(我开始向他解释黑格尔的学说。阿维尼尔肯定地摇着头，扬着眉，微笑着，低声说："我懂！" —А. С. 普希金）

需要指出的是，качать головой 在俄语中之所以出现否定和肯定两个相反的意义，笔者认为概源于"качать"的词义解释，在俄汉详解词典中，"качать"的释义为"производить в движение из стороны в сторону или сверху вниз"（左右摆动头或者上下摇动头），按照俄罗斯人通常的理解，否定意义是其最常见的意义；而肯定意义只是在一定的上下文或者有表示肯定的副词衬托的情况下才能表示出来。但是，这一点不应该被忽视，否则可能给中国俄语学人翻译俄文作品时带来误解，如果按照惯性思维一味将其译为"不同意"，有可能与原文的意思相去甚远。

2.3 用手抹一下脖子

用手抹一下脖子(провести рукой по шее)即用右手在喉部比画一下，或将手放在喉部(приложить руку к горлу)。这个动作俄罗斯人和中国人都常使用，但语用意义不尽相同。俄罗斯人的这个动作表示"吃得极饱，不能再吃了"，而这个手势在中国人看来则表示自杀或砍头之意。在表示已经吃得很饱时，中国人常常是用手拍拍肚子或胃部，有时也会右手掌心向下，举至颈部上端靠近下巴处。

2.4 手拉手或紧搂肘部

手拉手(взяться за руки)或紧搂肘部(сжать локоть)是触觉行为的表现形式之一，在俄罗斯人和中国人的日常言语行为中时有所见，但其语用价值不尽相同。在俄罗斯，手拉手或紧搂肘部的动作通常出现在异性之间。手拉手这一动作没有什么特定的内涵，而紧搂肘部就不一样了，包含两层意义：第一，如果男性紧搂而不是手扶着女性的肘部，这一举动是一种征兆型动作，表明该男有暧昧愿望或想有性爱举动；第二，被搂肘者既可以是男性，也可以是女性，而搂肘者则希望通过自己的动作来阻止对方，希望被搂肘者不要说出任何有损于搂肘者和其他人的话。(Крейдлин，2005: 90)但是，在中国则是另外一种情况，手拉手或搂肘动作既可以发生在异性之间，也可以出现在同性之间，表示一种亲昵行为。尽管关系密切的同性之间经常有肢体接触，但表现形式各异：女性之间经常是手挽手的，男性之间则是相互搂着肩。无论男性还是女性，同性之间也有紧搂肘部的，亲密之情溢于言表。在中国人看来，彼此熟悉的同性之间无论手挽手，还是相互搂肩或者紧搂肘部，一般属于正常的触觉行为。但是，同性之间的这些动作被俄罗斯和西方其他国家的人视为典型的“同性恋”行为，与其社会主流意识及社会性别定型似乎格格不入。这些现象对于那些同性恋已经合法化或者宽容大度的国家来说，另当别论。

2.5 中国人的无所谓与俄罗斯人的禁忌

在日常言语交际中，还有一些在中国人看来无足轻重、无所谓、信手拈来的下意识言语动作，它们并没有什么特定的含义，仅仅是一些常规现象的自然展现，但俄罗斯人却视其为交际禁忌。这些现象以各种不同的表现形式分别存在于俄汉语中，但其表意功能和语用价值大不相同，在俄语中表现尤甚。例如，俄罗斯人所忌讳的下述现象通常带有丰富多样的语用含义：

2.5.1 忌讳给对方说“你的身体真好”“你真棒，开车没出过事故”“你恢复得很好，好久没去医院了”之类身恭维话。这些话常出自中国人之口，说话人的赞美中蕴含着祝福，听话人通常坦然接受，尤其是一些年长者，一听到别人说自己身体健康之类的话，就感到开心。但是，俄罗斯人认为这是一种诅咒，会预示相反效果，给人带来不吉利；

2.5.2 忌讳直截了当地询问对方的工资、年龄、婚姻等情况，尤其不能询问女性的年龄，否则会被认为是打探个人隐私，对女性的不尊重等；

但是，这些情况在中国时有所见，是亲朋好友或熟人们见面时热议的话题之一，尤其是一些上了年纪的老人，出于对年轻人的关心，问这问那，亲切至极，"姑娘今年多大啦？""有对象了吗？""月工资多少？""啥时候结婚啊？"之类询问不绝于耳，被询问者明白这是好意，一般没有什么不快。

2.5.3 忌讳隔着门槛交谈、握手和传递东西，否则就会有不幸的事情发生；这些现象不时发生在中国人之间，属于不经意间的下意识动作，谁也没当回事儿。

2.5.4 忌讳提前祝贺生日，俄罗斯人认为这是不吉利的，担心被祝贺的人在生日前突然遭遇不测，活不到生日那天；

2.5.5 忌讳在房屋里吹口哨，尤其忌讳女孩子吹口哨，俄罗斯人认为这将使房屋的主人没有钱花或者贫困潦倒；

2.5.6 忌讳坐在桌角吃饭，俄罗斯人认为这是不吉利的事，会给人带来厄运，甚至戏称未婚者会因此找不到对象；

2.5.7 忌讳夫妻之间以"您"(«вы»)相称，这是感情不和或者婚姻破裂的标志；忌讳对陌生人、不熟悉的人、长辈和上级等以"你"(«ты»)相称，应以"您"(вы)相称，否则会被视为极不礼貌的行为。

2.5.8 忌讳学生在考试前理发、剪指甲、洗头等，也忌讳学生在考场上用左手抽签，认为这会导致考试考砸；

2.5.9 忌讳就餐时照镜子，也不能戴着帽子坐到餐桌旁，俄罗斯人认为这会招致不幸；忌讳吃饭时嘴巴"砸吧""砸吧"作响，也不能让餐具发出响声；忌讳在餐桌上打翻盐罐，俄罗斯人认为这会导致争吵或造成家庭不和。摆脱凶兆的办法是，把打翻在地的盐捡起来洒在自己的头上，这样可以消灾避难；

2.5.10 忌讳同对方用左手握手问好，握手时不能斜视一边而不看对方，更不能握手时用左手拍对方的肩膀；

2.5.11 忌讳用一根火柴或打火机连点3支香烟，否则会给人带来灾

难,所以到第3个人时就另外擦一根火柴或重新打一次打火机,这是一种约定俗成的礼节;

2.5.12 忌讳在正式交际场合说“我要上厕所”,应使用“我去洗洗手。”或“在什么地方可以洗手?”之类较为文雅的说法;

2.5.13 忌讳不事先预约而突然登门造访,主人对此感到不悦和尴尬,有时甚至会让“不速之客”吃“闭门羹”;

2.5.14 忌讳早晨起身下床时左脚先下床,俄罗斯人认为若是左脚先着地,这一天便心绪不佳,做事不顺,凶多吉少;

2.5.15 忌讳五月娶亲成婚,俄罗斯人认为五月份缔结的婚姻是失败的婚姻,充满了苦难与不幸。同时也忌讳婚礼的那一天下雨,会被视为婚后“阴雨连绵”,幸福丧失殆尽。

2.5.16 忌讳星期一借钱给他人,否则这一周将开支不断,因为俄罗斯人认为星期一和星期五一样,是个沉重的日子,不宜做事,所以星期一俄罗斯的医生一般不上手术台,船长不下令出海,想方设法找出种种借口拖延到星期二进行;

2.5.17 忌讳两个朋友看到路上有一棵树时从两边绕行,应该从同一边绕树而行,表示协调行动,和睦相处,不希望任何东西横在中间,使他们产生隔阂、不快和争吵;

2.5.18 忌讳看见黑猫或兔子横穿道路,俄罗斯人认为它们是不祥之物,意味着将有倒霉的事情要发生。为了逢凶化吉,行人要马上折下一根树枝,捋去树叶,折成两截,扔在道路两旁,或者往左肩后吐三口唾沫,以消灾避祸;

2.5.19 忌讳亲人离家远行时收拾和打扫房间,特别不能扫地或刷洗地板,以免出门远行的人在旅途中遭遇不幸或受挫;

2.5.20 忌讳把面包底朝天倒放在餐盘上,或把面包拿在手里玩弄,还忌讳把生面团或面粉等抓在手里玩要,这都被认为会导致贫穷和倒霉;

此类禁忌现象在俄罗斯人的日常人际交往中多不胜数，以上仅列举一些常见的禁忌。因此，在与俄罗斯人交往时，应尊重他们的这些禁忌习俗，正确理解其深层含义和语用价值，避免出现不必要的误解或交际冲突。

2.6 对同一自然现象的不同认知

受不同历史渊源、民族习性和文化理念的影响，中国人和俄罗斯人对许多自然现象具有不同的认知，在植物崇拜和动物崇拜方面表现尤甚，有些植物和动物甚至被赋予社会性别定型含义。

2.6.1 植物崇拜

在中国和俄罗斯文化中，植物崇拜一般通过树木花草等体现出来。表示树木花草的名词具有丰富的民族文化内涵和象征意义，常常引发多种多样的联想。中国人和俄罗斯人都崇拜植物，但崇拜的对象迥然不同。即便是面对同一植物，其崇拜内涵不尽相同。以柳树(верба)和白桦树(берёза)为例：

中国人自古以来崇拜柳树，在他们看来，柳树具有极强的生命力，树断了会长出新枝，树枝不管倒着插，还是横着插，都会存活。在中国人眼里，形似柳叶的眉毛，即柳叶眉具有特定的社会性别含义。柳叶眉，顾名思义眉毛两头尖，呈柳叶型，是一种女性喜爱给自己描画、经常受到称赞的眉形。拥有柳叶眉的女性乐善好施，性格温和，热心助人，不恃强凌弱，不巴结逢迎，并且忠贞不贰，永不移情。这些优秀品格往往会赢得良好的人际关系，再加上她们温柔体贴，所以会有幸福美满的婚姻家庭。具体到男女两性，人们通常认为，拥有柳叶眉的女性婀娜多姿，充满女性魅力，很能吸引男性，故而身边常会有一群狂热的求爱者。而拥有柳叶眉的男性志趣广泛，好奇心强，无常性，喜怒无常，虽然热衷于工作，但好厌倦，巧于辞令，是干外事工作的好手等。一般来说，柳叶眉多指女性，故汉语成语中有“柳眉凤眼”一说，用来形容靓丽貌美的女性。

柳树也是俄罗斯人崇拜的树木之一，仅次于白桦树。但俄罗斯人对柳树的认知与中国人不尽相同。在古代，人们只能根据自然景观的变化来判断季节的变化和更迭，而柳树总是最先在初春的寒气中吐出绿芽，宣告春天的到来，因而便成为人们崇拜的对象。俄罗斯漫长而严寒的冬季使人们度日如年，纷纷期盼着冬去春来。一旦在白雪皑皑、冰天雪地的大地上突然冒出柳树细嫩的绿芽，给大地带来春天的气息，俄罗斯人便相信，柳树在自然界中有一种“特殊的力量”，这力量足以冲破冰雪的桎梏，给人们送来温暖和希望。民间的这一信仰后来被教会所利用。复活节前的周日被命名为“柳树礼拜日”，即“崇枝主日”，以用来纪念耶稣进入圣城耶路撒冷。在俄罗斯民间，柳树崇拜更是随处可见。例如，许多人认为吃9棵柳树芽可以预防疟疾和其他疾病；不育妇女吃圣化过的柳树幼芽后就可以怀孕；农牧民要给牲畜喂柳树叶，认为这样可以保证牲畜一年不得瘟疫等。（王仰正、赵爱国、周民权，2006:369）在俄罗斯农村，人们坚信柳树具有抵御雷雨和闪电袭击的神奇力量，因而在农舍的各个角落挂上柳树枝；在过去的婚礼上，新郎新娘要用细细的柳树条互相轻轻拍打，据说这样可以产生相互感染力，这一习俗如今已不多见。

除了柳树之外，白桦树是俄罗斯人最为崇拜的植物，没有之一。它号称俄罗斯的“国树”，自古以来就同俄罗斯人的风俗习惯紧密相连，备受尊崇。白桦树和花美果美的 вишня（樱桃树）、富有生命力的 дуб（橡树）、象征着爱情的 рябина（花楸树）、思乡怀旧的 липа（椴树）、柔情绵绵的 черемуха（稠李）等树木一样，无一不是形态俏丽挺拔，或枝叶飘摇，或花美果香，使人浮想到春华秋实。白桦树在俄语语言意识中被赋予特殊的社会性别定型意义，象征着女性阴柔的美丽。白桦树的美、白桦树的气质、白桦树的情感在各种文学作品中被高度升华，赞美之词不绝于耳。只要说到“白桦树”这个词，俄罗斯人的语言意识中首先出现的是女性形象，继而会联想到 красивая（美丽的）、нежная（温柔的）、стройная（挺拔的）、женственная（女性化的）等表达秀美苗条、温文尔雅、妩媚动人的形容词。在俄罗斯人看来，白桦树象征着女性，代表着美丽，它既不像苍松那样傲立山头炫耀，也不像垂柳那样依偎河畔弄情，总是身着素装，从容而平静，个个亭亭玉立，俊秀挺拔，浓荫蔽热，历经风霜，奉献着母亲般的爱，透出母性的坚强。（周民权，2014：125）正因为如此，俄罗斯人对白桦树顶礼膜拜，称其为 «берёза-мать»（“母亲树”）、«русская берёза»（“俄罗斯树”）、«берёза-жена»（“新娘树”）、«новогодняя берёза»（“新年树”）、«радостная берёза»（“快乐树”）等。正因为如此，俄罗斯有不少以白桦树为主题的歌曲，耳熟能详，久唱不衰，如由诗人 И. 马特维延柯作词、М. 安德烈耶夫谱曲的《白桦林》广为流传：

Берёзы

白桦林

Отчего так в России берёзы шумят,
为什么俄罗斯的白桦林如此喧闹
Отчего белоствольные всё понимают?
为什么雪白的树干无所不晓？
У дорог, прислонившись, по ветру стоят
它们迎风偎依，伫立路旁，
И листву так печально кидают.
树叶一片片忧伤地飘然落下
Я пойду по дороге простору я рад
我沿路前行，喜欢无拘无束
Может это лишь все, что я в жизни узнаю!
这或许就是我的全部生活感悟！
Отчего так печальные листья летят
为什么忧伤的树叶漫天飞舞
Под рубахою душу лаская?
莫非在抚慰我心灵深处的忧伤？

А на сердце опять горячо, горячо
我的心一次又一次沸腾燃烧
И опять и опять без ответа
答案却一次又一次无从得到
А листочек с берёзки упал на плечо
一片小白桦叶掉落肩头
Он как я оторвался от веток.
它就像我一样，离开了生长的地方
Посидим на дорожку родная с тобой
和心爱的你在路边稍坐片刻，
Ты пойми, я вернусь, не печалься не стоит
要知道我会回来，不必难过
И старуха махнёт на прощанье рукой
老妈妈向我挥手道别
И за мною калитку закроет.
篱笆门在我身后悄然关上

Припев:
副歌：
Отчего так в России берёзы шумят
为什么俄罗斯的白桦林如此喧闹
Отчего хорошо так гармошка играет?
为什么手风琴演奏得如此美妙？
Пальцы ветром по кнопочкам в раз пролетят
手指在琴键上风儿般轻轻滑过，
А последняя, эх, западает.
而那最后一片树叶，唉，也缓缓飘落

歌声悠扬，随风回荡，显示白桦树明白人间事理，能给人带来无限欢快，也会引起忧伤遐想。它之所以深受俄罗斯人喜爱和崇拜，还因为它有一种神奇的力量，能够促使万物生长并披上绿装，并被广泛运用于俄罗斯人的日常生活，使俄罗斯民间自古就产生了许多与白桦树有关的习俗：在古代，俄罗斯人用白桦树驱邪避灾，用白桦树照明和烧饭，用桦树皮写字，还用白桦树的汁液酿酒、治病等。在现代，白桦树被教堂用作照明，据说可以解脱人的痛苦和避邪；桦树枝叶还被用来装饰房间、门廊、庭院等，具有很高的美学价值；洗蒸气浴时，用精选的桦树枝条扎成的扫帚抽打背部、大腿等身体部位，有助于促进血液循环，可以肌肤健身，等等。

相比之下，中国人对白桦树的认知远远没有俄罗斯人那么宽泛，那么神奇。在一般中国人眼里，白桦树是一种观赏性很强的树木，树干修直，枝叶扶疏，洁白雅致，姿态优美，在我国的东北大、小兴安岭、长白山、华北高山地区、内蒙古及新疆等地常可见到。但从占有范围来看，白桦树在俄罗斯分布最广，尤以西伯利亚为最。

2.6.2 动物崇拜

对动物的崇拜，通常是出于对某种动物为百姓消灾除祸这种功能的感激之情，寄希望于它们显示神灵保护百姓安家乐业，很多国家或城市都在自己的国旗、国徽或城徽上饰有动物的图案，以此作为一个国家或城市的标志和象征。（吴国华，2000：48）例如，俄罗斯人崇拜鹰，视其为俄罗斯的象征。从15世纪下半叶起，双头鹰就被作为国徽图案，是俄罗斯王权和俄罗斯帝国的象征。十月革命后，作为国徽图案的双头鹰被否定。1993年11月30日，时任总统叶利钦发布总统令，决定仍以双头鹰为俄罗斯联邦国徽图案，以恢复俄罗斯国家的历史象征。

除了鹰之外，俄罗斯人最崇拜的动物主要是熊（медведь），其地位不亚于中国的熊猫。他们对熊的崇拜心理源于古代的多神教。那时，人们把熊等自然界的动物当作“神”供奉。由于熊憨态可掬憨，不主动伤害人类，更由于熊的皮肉等十分珍贵，从而便渐渐成为俄罗斯人崇拜的偶像。在俄罗斯人看来，笨手笨脚的熊“傻得可爱”，对人友善，是心地善良的“人”。由于熊力大无比，勇猛顽强，性格强悍，因而被冠以一系列美称，如俄罗斯森林之王、动物大家族中的祖先、甜食家、美食家、老人家、兄弟、恩人、未婚夫等，因为熊通人性，明事理，是人类的“亲戚”，懂得人类的语言和认识所有的亲戚，与人的口味接近，人能吃的东西它几乎都吃。在当今，熊在俄罗斯人心目中的地位，就如龙在中国人心中那样神圣和不可侵犯，已成为俄罗斯常用的吉祥物，多次出现在国际舞台上，成为俄罗斯的国宝和“俄罗斯人”的代名词。（吴军、周民权、胡明，2016:231—232）相比之下，中国人对熊的认知比较简单，通常认为它是一种强悍的猛兽，可与老虎媲美，如汉语成语“虎背熊腰”就是用来形容体态魁梧、身材健壮的男性。但同时又认为熊笨手笨脚，不像其他动物那样聪明灵活，故汉语中有“笨得跟熊一样”“看你那熊样子”等说法，喻指那些反应迟钝、做事拖拉的人。

俄罗斯人还崇拜马和公鸡，认为马能去除邪恶，给人带来好运，保佑自己和家人四季平安，而公鸡有巨大的魔力，它的叫声能赶走凶神、夜鬼和幽灵。因此在农村一些地方，村民们用木雕的公鸡装饰房梁，用以避邪。如果梦到公鸡，俄罗斯人认为是吉兆，必有好事光临。（吴军、周民权、胡明，2016:232）俄语中有 Вставать с петухами（鸡鸣即起），Пустить петуха（放声高歌），Пустить красного петуха（纵火焚烧），Мужики все петухи（庄稼汉都是好斗的人）等以“公鸡”为喻体的成语，带有明显的情感、评价色彩，“公鸡”一词通过隐喻化获得了转义。汉语中也有类似表述，如在唐代诗人李贺的《致酒行》中的“我有迷魂招不得，雄鸡一声天下白”一句中，“鸡鸣”不仅表示“东方破晓，长夜宣告结束”，而且喻指“等到天色一亮，真相自然大白”。涉及男女两性时，俄汉语中“公鸡”的含义颇为相似，通常喻指脾气火爆、爱吵架的、好斗的男性，获得了特定的社会性别意义。

但是，俄罗斯人也忌讳某些动物，如布谷鸟，认为“布谷鸟象征忧伤的女人，是死亡的先知，是凶兆。”（褚敏、吴爱荣等，2003: 284）因此，俄语中有«Кукушка кукует, горе вещает.»（“布谷鸟叫，苦难必到。”）、«Кукушка летает по деревне—к пожару.»（“布谷鸟村上飞，必有大火起。”）等民谚。这和汉民族喜爱布谷鸟的习俗恰恰相反，中国人认为布谷鸟向人们预报春耕的开始，是吉祥的象征。民间曾流传一首山歌：“口唱山歌进松林，斑鸠问我是何人？我是春天布谷鸟，凤凰差我来叫春。”其中所提到的凤凰，古代传说为百鸟之王，常用来象征祥瑞。实际上，凤凰和龙一样，在现实世界中并不存在，是古人幻想的神鸟，与龙同为汉族民族的图腾。自秦汉以来，龙逐渐成为帝王的象征，帝后妃嫔们开始称凤比凤，凤凰的形象逐渐雌雄不分，整体被“雌”化，所以常被用来喻指气质高雅、相貌靓丽的女性，如“柳眉凤眼、龙目凤眉”等汉语成语就是用来赞美女性的，而“山沟里飞出金凤凰”通常指的是那些出身于农村乡间、大山深处或者小城镇，而且家庭比较贫寒的女性，她们勇敢面对生活，不向命运低头，经过自己努力奋斗，刻苦读书，立志成才，终于进入大城市工作和生活，成为其中一员，并能在某一领域做出非凡成绩或杰出贡献。布谷鸟受凤凰派遣来叫春，意味着春天将带给农民以吉祥喜庆。以鸟喻人，以物言志，这种移情于景的汉语艺术表达手段在某种意义上赞美了女性，提升了女性的地位。

2.7 数字崇拜

数字概念在各个语言中普遍存在，且在言语交际中都无一例外地被广为运用，但其表现形式及深层含义各有千秋。因此，以数字作为俄汉语对比点，可以发掘其语用价值部分对应的形成机制及其成因。数字作为一种特殊的文化语言，早已成为俄汉民族文化不可或缺的重要组成部分，蕴涵着别具一格的社会文化习俗，体现着丰富多样的使用价值和象征作用。从原始的结绳计数到现代电子计算机的广泛运用，数字的主要功能是计数与计算，它本身并不具有任何神奇的力量。但是，随着历史的发展和社会的变迁，俄罗斯及中国也和世界其他民族一样，对于数字的认识和使用不断发生变化，往往赋予它许多非数量的涵义以及本体论、认识论和美学等几种意义，将其解释为宗教的开端和极限与无限的合体，从而逐渐形成了数字崇拜(культ цифр и дат)。它包括以下两个方面：(1)数字的拜教物，即把数字视为给人带来财富和吉祥的源泉；(2)数字禁忌，即把数字视为给人带来贫困和灾难的祸根。因此，在部分人的眼里，数字成了主宰世界的救世主和吉凶祸福的象征，和人的前途命运息息相关。(周民权，2004: 97)

受思维模式和价值观念的影响，俄汉两个民族逐步形成了各自一些约定俗成的数字崇拜规约，使其成为人们习以为常、自觉或不自觉遵守的行为准则。尽管两个民族的文化理念和社会习俗不尽相同，其数字文化迥然各异，各具特色，但数字的灵物崇拜却有着普遍的意义。例如，俄罗斯人和中国人对数字10和10的倍数百、千、万等数字有着共同的爱好，认为它们象征着完美、圆满、和谐、吉利。然而，从数字崇拜的总体情况来看，汉民族崇尚偶数，而俄罗斯民族崇尚奇数，认为奇数是吉数，表示吉祥和吉利，所以表示庆贺时送给亲朋好友的鲜花通常为1、3、5、7、9、11、15枝或者更多(13除外)，为结婚和喜庆活动准备的礼品数均为单数。俄罗斯人尤其崇拜1、3、5、7，认为"1"代表发端，标志着开始，从无到有；"3"使人想到Троица(圣三主日)，圣父、圣子、圣灵三位一体，在一些地区，结婚迎亲时，夏天要乘坐三套马车，冬天则乘三匹马拉的雪橇；"5"象征着美满幸福，所以婚礼上要点燃5盏灯。"7"最受俄罗斯人推崇，它们认为7是个圣数，表示完整、美好、成功和幸福，是最吉利的数字：上帝创造万物是在7天内完成的，因而有一周7天之分；基督教的主祷文有7个部分；圣母玛利亚有7件欢乐的事和7件悲哀的事；新婚夫妇在婚礼后乘坐彩车要经过7座桥；人一生中的智慧有7次等。

尽管俄罗斯人喜爱奇数，但大都忌讳"13"，认为这个数是不吉利的，据称这一忌讳源于基督教义，与耶稣的第13个弟子犹大有关，所以，他们在选择车牌、门牌、楼层、房号时尽可能绕开13，送花时绝不送13枝，订婚和结婚也绝不能在13号，请客避免宾主共13人，重要的活动从不安排在13日，出门旅行也回避13号等等。但是，中国人一般不忌讳13，比如古代帝王将相府第门前的石狮子头上都有13个疙瘩，俗称“13太保”。另外，俄罗斯人还忌讳“星期五”，认为星期五是个不吉祥的日子。如果星期五再碰巧又是13号，这一天则被称为“黑色星期五”（«чёрная пятница»），是诸事不宜的“凶日”。据说这一忌讳源于古文献记载，耶稣受难日是13号星期五，夏娃和亚当偷吃禁果被逐出天堂乐园的日子也是星期五，所以，13号和星期五自然会受到基督教的忌讳。

俄罗斯人忌讳偶数，视其为不吉利的冥数，如祭悼亡人时，送花应为2、4、6、8枝等双数，尤其不喜欢“666”，认为这个数字在圣经中是魔鬼撒旦的代号，唯恐避之不及，一见到这个数字就会往地上啐唾沫或在胸前画十字，以图消灾，这和一些西方国家的数字禁忌如出一辙。据说美国前总统里根在1989退休之前，得知他和家人将从白宫移居贝莱尔市的一座门牌号为666的别墅这一消息后惊愕不已，当即要求市政当局将其改换为668，以图消灾避难。与之相反，中国人对数字“6”喜爱有加，视其为吉数，社会习俗中有“六六大顺”一说，人们在挑选楼层、车牌号、电话号码等与数字有关的物件时，通常都喜欢“66”“666”等数字组合。

汉民族崇尚偶数，讲究成双成对，图个吉利，比如结婚时两个“喜”字要连在一起写，表示双喜临门。作为结婚等喜庆活动的礼品应为双数，有情人喜欢购买鸳鸯衫、情侣表之类双数物品，以示比翼齐飞，永结同心。中国人尤其喜爱8，因为“8”与粤语中的“发”谐音，意味着“发财”“发家致富”等，故而为人们所崇尚，在挑选电话号码、车牌号、门牌、房号时，大都想得到带8或两个8以上相连的号码，以图吉祥如意。但也有例外，比如偶数“4”是“死”的谐音，会引发不祥的联想，在我国华南地区，被视为不吉利的数字，所以送礼或给压岁钱时，其数额绝对不能带4。带有4的车牌、楼层、门牌号码、电话号码等经常被弃之不用，尤其是在一些医院，原本的第4层被改称为第5层，电梯里看不到“4层”字样。再如，人们往往对以12岁为一轮回的“本命年”12、24、36、48岁等偶数讳莫如深，每逢到了“本命年”，通常要扎上红裤带，以图无灾无难，平平安安。

中国人虽然崇尚偶数，但对数字“9”喜爱有加，自古以来视其为吉数，因为汉语拼音中“9”与“久”谐音，表示“天长地久”“九五之尊”等意，所以，“送99朵玫瑰”成为年轻人讲求浪漫的一种时尚，《九九艳阳天》这首脍炙人口的歌曲自1957年成为电影《柳堡的故事》的主题曲问世以来，广为流传，深为观众喜爱，至今久唱不衰。

透过上述数字现象可以看出，俄罗斯人和中国人对于数字的灵物崇拜由来已久，根深蒂固。这种现象不是孤立的，是受人类几千年来遗留下来的数字文化的潜移默化作用所致，是人们潜意识里的数字文化理念的折射与反馈，带有鲜明的历史与时代的痕迹，打上了深深的社会与文化的烙印。它们的语用价值尽管不尽相同，但无一例外都是习俗使然，分别体现或表达了数字联想、数字纪念、象征等意义。无论喜欢还是忌讳，都会勾起人们的记忆与联想，通过某种象征意义造就人们的惯性思维，使其自觉或不自觉地通过某些数字来表达自己的思想情感。感情流露的过程本身就自然而然地体现了数字灵物崇拜的内涵。只要看看上述表现形式各异的数字禁忌及其社会文化背景，就不难理解俄罗斯人和中国人对于数字的灵物崇拜何以如此虔诚，其他民族和国家的人们也不例外。这种现象已经司空见惯，代代相传。

2.8 跨文化交际中的社会性别语用理解差异

除上所述之外，日常言语交际中，还不时看到由于说话人与听话人对于同一句话的不同理解而造成的语境歧义，或者语用理解差异，即由于受性别角色、社会身份、文化理念、教育水平、时间地点、交际意向和目的以及交际的时代、社会、文化、环境等更为广阔的背景等因素的影响，交际双方对同一语言形式产生不同的理解，或者理解了却装作不理解，有意制造一些幽默的气氛或喜剧效果。试比较以下两组俄汉语例句：

Жена: Я стираю, убираю, готовлю, глажу... чувствую себя

Золушкой.

Муж: Дорогая, а я тебя предупреждал, что жизнь со мной будет как в сказке.

妻子：我天天洗衣，打扫卫生，做饭，熨烫……感觉自己就像童话中的灰姑娘。

丈夫：亲爱的，我曾给你说过，跟我在一起生活就像童话一样美好！

这则对话中，妻子抱怨自己像俄罗斯童话中受继母虐待、整天干粗活、夜间睡在炉灶旁边灰堆上的灰姑娘。在她看来，“童话”般的生活应该是美好、幸福的，不应该像她现在这样辛苦。很显然，丈夫明白妻子的言外之意，但采用“偷换概念”的惯常做法，用人们通常所理解的“幸福的童话般的生活”巧妙地避开了妻子的抱怨，制造出一种假象和语境歧义，似乎夫妻二人对同一事物的认知不同，看事物的角度有所差异，这种幽默的表述不仅化解了可能爆发的夫妻矛盾，而且暗示他们夫妻俩以后会过上幸福美好的生活，无形中起到了“化干戈为玉帛”的交际作用。

再来看一下汉语例句：2013年中央电视台春节联欢晚会上，沈腾和马丽主演小品《今天的幸福2》，其中有这么一段对话片段：

马丽：你看平时这个时候，咱们是不是都该睡了？

沈腾：不是，这都啥时候的事啊？咱俩啥时候睡过啊？

马丽：我直说了吧，今天晚上我就不留你了！

沈腾：你哪天晚上留过我呀？不是，老板，你今天说话咋一句一个大霹雳呢？

在这组简短的对话中，对话双方对相同的语言形式产生了表面上的意义理解偏差，受话人沈腾利用语境歧义机制两次故意制造笑点。其一在于，马丽说的“咱们”指的是所有的人，而沈腾误认为“咱们”意指“我和你”。其二在于，马丽说的“今天晚上”就是指现在，而沈腾却误认为“今天晚上”具有特意强调的作用，意指平常有的晚上会留他。（许凤才、姚丽娇，2015:16）不难看出，沈腾巧妙地转移话题，故意曲解马丽的意思，抓住异性之间“睡觉”这一敏感话题，甩出包袱，营造出幽默搞笑的气氛，让观众在笑声中领略了汉语同音异义的语用艺术以及利用性别差异制造笑点的美学效果。

在缺乏具体语境的情况下，这种同音异义造成的语境歧义往往导致理解困扰，如汉语句子“我刚才看到了白桦”，既可以理解为看到了“白桦树”，也可以理解为看到了一个叫“白桦”的人，“出租汽车”既可以表示“将汽车出租”，也可以表示“用于出租的汽车”。俄语中也有类似情况，如 «три книги» 中的 «три» 可理解为动词 «тереть» 的命令式，也可以理解为数词“3”，因而该词组既可以理解为“擦书”，也可以理解为“3本书”（许凤才、姚丽娇，2015:13）；再如，疑问句 «Где собачка?» 中的 «собачка» 既可以理解为“小狗”，也可以理解为“扳机”还可以理解为电子邮箱地址中的“@”。如此等等，只有借助于具体的语境，听话人才能正确解读这些话语的真正含义，不致产生误解，避免交际失误。

综上所述，形式相同、意义各异现象实际上包括了两种可能，一种是俄汉两种语言形式本身的意义互有差异，二是交际双方对同一语言现象的理解产生偏差，其中一方要么没有理解说话人的表达意图，要么有意而为之，装作不理解，利用对方的某些话语顺势而上，借题发挥，制造幽默的交际氛围。一般来说，有意而为之的情况通常发生在操相同母语的交际者之间，而不理解对方话语的情况经常发生在操不同母语的交际者之间，即两种语言、两种思维方式的碰撞。例如，有些外国人在与中国人的交往中喜欢使用恭维语，往往因为文化差异而引起语用失误，如《南方日报》1993年10月报11日曾刊载了这样一则故事：一个外国人去参加一个中国朋友的婚礼，出于礼貌，他对新娘说：“你真漂亮！”这时候新郎代替新娘回答道：“哪里！哪里！”这下可让这位外国朋友大吃一惊，想不到笼统的赞美居然无济于事，还要举例说明！出于无奈，他只得用生硬的中国话说：“头发、眉毛、眼睛、耳朵、鼻子、嘴巴都漂亮！”通过这一交际失误，可以清楚地看到问题的症结所在：这个外国朋友不了解汉语中“哪里”除了无标记的“去哪里，在哪里”等方位意义之外，还有“没有的事，不敢当”之意，这是一种有标记的中国式谦语，结果被外国朋友理解为刨根问底式的询问，最终闹出笑话。（周民权，2014: 187）

两种语言中对同一事物的不同理解现象时有所见，不足为奇，即便是使用同一种语言的交际双方亦会因各种原因出现理解误差。例如，在俄汉口语中，快速的连读有时会导致某些词合音或者语音语调发生变化，试比较以下两组俄汉语例句：

Девочка пяти лет спрашивает отца:

— Папа, что такое аборт?

Отец, ошарашенный таким вопросом, неумело, как может, объясняет. Видя возрастающее недоумение дочки, говорит:

— А что такое, почему ты спрашиваешь?

— Да по радио пели песню: и бьется волна о борт корабля.（许凤才、姚丽娇，2015:13）

5岁的女儿问父亲：

“爸爸，打胎是怎么回事呀？”

这一问题令父亲惊讶不已，困惑不解，不知如何解释为好。他看到女儿的疑惑越来越重，便问了一句：

“怎么回事呀，为什么你会提出这样的问题？”

“广播上播放了一首歌：浪花击打着船舷。”

按照俄语连读规则，把弱化后由 «о» 读成 «а» 的前置词与后边的名词 «борт»（船舷）连读，就会和 «аборт»（打胎）的读音无异。在父亲看来，一个5岁的小女孩突然说出这个仅适用于成人女性的敏感词语，非常唐突，他在感到十分吃惊之余，也许会产生诸多联想，担心发生对女儿不利的事，所以才会刨根问底。由此可见，连读引起误解固然令人遗憾，但更遗憾的是由此引发的心理负荷，尤其是涉及性别、生理、心理、健康等敏感问题时。

在汉语中，连读引起变调等语音变化也会造成语用歧义，致使听话人产生误解，如2002年中央电视台春节联欢晚会的小品节目《卖车》中有赵本山、范伟、高秀敏的一段对话：

赵本山：树上骑个猴，地上一个猴，加一起几个猴？

范伟：八个猴！

赵本山：错误！

高秀敏：俩猴！

赵本山：正确！

可以看出，赵本山在这则小品片段中利用汉语连读规则，通过变调把具有同一语音特点的“七个”和“骑个”巧妙地快速说出，范伟误以为树上有“七个猴”，再加上地上的“一个猴”，脱口说出“八个猴”，达到了赵本山所期待的歧义效果，引起观众哄堂大笑。而高秀敏则以女性所特有的细腻和敏感，及时捕捉到了“七”和“骑”的读音差异，说出了正确答案，让观众在笑声中享受到汉字歧义所制造的美学效果。这个例子在某种程度上也许可以旁证社会性别语言研究者所提出的一个观点：较之于男性，女性更为敏感，感知能力更强，对语音、气味、颜色等的辨识更为准确。这类形式相同、意义各异的语用歧义现象为社会性别定型差异研究提供了新的路径。

第四节 语用价值互不对应

所谓语用价值互不对应，就是指两种语用价值的“异”。由于受文化背景、民族习性、价值观念、思维方式、词汇概念以及语言表达习惯等因素的影响，俄汉两种语言的某些表征形式和意义各具特点，其语用价值难以相互对应，在俄汉成语对比中表现尤甚。

1. 语用价值互不对应的学理内涵

按照俄罗斯学者 Ю. П. 索洛杜布的解释，语用价值互不对应的成语指的是“不同语言中词汇（要素）成分和语法结构两个方面没有相似点的成语。”（Солодуб，1985：89）显而易见，这样的解释只顾及词汇和语法，却忽视了成语的形象与语义结构，最主要的是忽视了成语的民族特点，因而广遭质疑。Ю. П. 索洛杜布自己也认识到问题的症结所在，经过十几年的研究之后，他修正了以前的看法，明确指出，在确定语用价值互不对应的成语时，民族文化特点发挥着重要的作用，该特点“体现于语法结构、词汇、修辞、语音、语义等，但最能鲜明而充分体现民族文化特点的则是成语的语义结构和形象。作为成语内容要素之一的成语形象是民族文化特点的主要守护者。”（Солодуб，1996：15）

追根溯源，俄汉语言与文化具有不尽相同的哲学渊源和认知形成基础，它们为成语的产生与使用提供了翔实的文化背景。“在俄罗斯文化形成过程中，天主教，尤其是多神教发挥了重要的作用，而中国文化的形成则依赖于道教、佛教，主要是依靠儒家。俄罗斯人所不理解的汉语成语性单位，尤其是语用价值互不对应的成语性单位，基本上源自古代历史学家、哲学家、作家、诗人笔下的作品，它们记载了中国人几千年以来形成的传统。大部分俄语成语源自圣经、希腊神话、俄罗斯历史及民间口头创作。”（刘永红，2002:115）不言而喻，这些源头正是俄汉成语产生的文化背景。由于文化背景不同，两种语言中某些成语的形式和内容、形象和意义往往相去甚远，其语用价值难以完全对应也就在情理之中。

除了文化背景，词汇概念也是判断成语的语用价值是否对应的依据之一。和任何语言单位一样，词汇具有形式和意义两个层面，用索绪尔的话说，是指词的音响形象和它所表达的概念，即能指（означающее）和所指（означаемое）。所谓的能指，就是表示者，所谓的所指，就是被表示者。以玫瑰花为例，玫瑰的形象是能指，爱是其所指，两者加起来，就构成了表达爱情的玫瑰符号，成为爱的概念的要素之一。词的所指并不是想象中的物体或现象，而是词汇概念，即一组特征，人们借助于这些特征可以确定，是否可以用这个词来指称这个物。因此，词汇概念往往成为体现人类最重要的辨认能力的工具之一。

众所周知，同一个概念在不同的语言中具有不同的语言表达形式，而表达某个概念的对应表达形式的缺失则是该概念本身的缺失所引起的。也就是说，在一种语言中，由于缺少某个概念，便难以找到相应的语言表达形式。这种情况在成语中时有所见，一种语言中具有鲜明民族特点和习俗的成语，却在另一种语言中找不到语用价值相互对应的表达形式，如汉语中成语“牛郎织女”“嫦娥奔月”在俄语中没有对应的成语表征。（成卫娟，2017: 29）这两个成语源自神话故事，在中国可以说是妇孺皆知，每年农历七月初七和中秋节，人们会以不同的方式纪念牛郎、织女、嫦娥和后羿，为他们忠贞不渝的爱情送上祝福。但俄罗斯人对此知之甚少，他们所知晓的“织女”“月亮”仅仅停留在其命题意义上，没有“牛郎织女”“嫦娥奔月”的词汇概念，俄语中也没有与之对应的成语，其语用价值的对应自然无从谈起。

然而，不能不指出的是，词汇概念并非孤立存在，而是与文化背景密切相关，相互融合，互为依托，成为文化背景的表征者。因此，在谈及俄汉成语的语用价值互不对应问题时，文化背景和词汇概念常常融为一体，共同发挥阐释作用，有助于理解俄汉民族文化的跨语言互动的深度和广度，使得俄语和汉语学习者能够看清两个民族的语言与文化特点，并更好地理解俄汉成语中的民族文化定型、形象定型和思维定型，社会性别定型概莫能外。

2. 俄汉成语中的语用价值互不对应

俄汉成语经历了不同的历史发展时期，在不同的民族文化中熏陶而成，其特点表现在：表意上具有整体性，形成上具有历史性，内容、形式上具有民族性，结构上具有定型性、独特性和整体性等。成语中有很大一部分是从古代相承沿用下来的，在用词方面往往不同于现代语言，常常代表了一个传说、故事或者历史典故。它们像一面镜子，反映出一种语言或一个民族的特色，反映出该民族的日常生活、风俗习惯，社会经验、文化理念、人生观、世界观等。因此，某些俄汉成语各具特色，各自为政，难以找到相互匹配的对应点。

2.1 具有俄罗斯民族文化特点的俄语成语

俄语中的许多成语与宗教有关，在民间广为流传。例如，Дорого яичко к великому（к светлому, к Христову）дню（送红鸡蛋要赶复活节）这一成语源于16世纪，起初指官员们在复活节收取红鸡蛋和钱财（虽然当时贿赂已正式禁止）的宗教习俗，后逐渐被引申为“送礼要把握好火候”“对人做好事要及时”“助人要及时”等，与 Дорога ложка к обеду（午餐前送来的勺子是宝贵的）、Дорога милостыня в скудости（贫困时的施舍物是宝贵的）等释义性俄语成语意思相近；Не всё коту масленица, бывает и великий пост 的直译是：猫儿也不是天天过谢肉节，总是要过大斋期的，即猫也不是天天吃荤，总有吃不着荤腥的时候，后被引申为“好景不长，盛筵难再”；До Царя далеко, до Бога высоко 的直译是：沙皇离得远又远，上帝高高在苍天，后被引申为“呼天天不应，叫地地不灵，无处申诉求援”；Кому поп, кому попадья, а кому попова дочка 的直译是：有人喜欢牧师，有人喜欢牧师的妻子，有人喜欢牧师的女儿，“牧师”这样的旧时宗教神职人员名称曾带有浓厚的宗教色彩，现在已经淡化，被俄罗斯人用来喻指“各有所好”；与之相关的成语有 Попал в попы, служи панихиду，直译是：做了神甫，就得主持葬礼，意思是不干则已，要干就要干好干到底。如此等等，反映的是俄罗斯人的宗教习俗，中国人通常无法理解，自然不知其意，只有俄罗斯人可以借助于联想，悟出其真实含义，并在日常交际中广泛使用。

与童话故事、历史事件、传说、地名、人名有关的成语在俄语中屡见不鲜，它们皆与一定的民族文化背景有关。例如，Баба Яга（雅戛婆婆）

这一成语源于俄罗斯与其他斯拉夫民族的童话故事，指的是传说中专吃小孩的老女巫，在人们的心目中，她是个充满邪恶、神秘的角色，是一个负面的社会性别定型，常被俄罗斯人用来喻指凶狠和丑陋的老妖婆；Что у волка в зубах, то Егорий послал（狼咬住的东西是叶格里送来的）这一成语来自民间传说：每年俄历4月3日为叶格里节，这天最早送到田野的家畜可能成为狼的猎物，狼自然不会轻易放过到手的猎物，俄罗斯人以此喻指"谁猎获的东西就归谁所有""谁也不会放弃自己的东西"等；Пропал, как швед под Полтавой（像瑞典人在波尔塔瓦城下消失一样）这一成语源自波尔塔瓦会战：1709年6月彼得一世指挥的俄国军队击溃瑞典国王查理十二世统领的军队，战争地点在乌克兰东部波尔塔瓦，查理十二世战败后逃往土耳其，标志着俄国取得大北方战争的决定性胜利，瑞典成为欧洲列强的时代一去不返。俄国人以此喻指"完全不知下落""消失得无影无踪"等；Брянская коза（布良斯克的母山羊）和 Рязанская баба（梁赞的婆娘）这两个带有地名的成语意义基本相同，指的是缺乏教养、漫不经心、愚笨至极、什么都不会做的女性，其中不仅包含对女性的歧视，而且暗含对外省人的不敬，在俄罗斯文学作品中时有所见。

此类具有鲜明的俄罗斯民族文化特点的俄语成语不胜枚举，它们都是历史的沉淀，具有深厚的文化底蕴，日积月累，代代相传，久用不衰，俄罗斯人对其耳熟能详，但中国人知之甚少，汉语中也没有与之相对应的成语，只能借助于俄译汉的释义解读其真实含义。

2.2 具有汉民族文化特点的汉语成语

与俄语一样，汉语中不乏具有汉民族文化特点的成语，与宗教、神话传说、寓言故事、历史典故等密切相关。例如，与佛教有关的成语有：一佛出世，二佛涅槃（佛家称生为"出世"，死为"涅槃"。指死去活来。）、道高一尺，魔高一丈（"道"指的是正气，"魔"指的是邪气，比喻正义终将战胜邪恶）、恍如隔世、万劫不复、三灾八难（"三灾"有"大三灾"，指水、火、风之灾，以及“小三灾”，即饥馑、疾疫、刀兵之灾；“八难”就是王难、贼难、火难、水难、病难、人难、非人难、毒虫难）、香火因缘（香和灯火都是供佛的，因此佛教称彼此意志相投为“香火因缘”，指彼此契合）、香象渡河（喻大乘菩萨修证，比喻悟道精深彻底）、苦海无边，回头是岸等；与道教有关的成语有张冠李戴（出自明代田艺蘅的《留青日札》，比喻认错了对象，弄错了事实）、不三不四（出自明代施耐庵的《水浒全传》，指不伦不类）、长生不老（长生即永生，后也用作对年长者的祝愿语）、清净寂灭（指道教的清净无为与佛家的涅槃寂灭之说）、脱胎换骨（指修道者得道以后，就转凡胎为圣胎，换凡骨为仙骨，现比喻通过教育，思想得到彻底改造）等。某些源于宗教的成语逐渐世俗化，被广泛用于日常交际。

源自神话传说的汉语成语很多，较为知名的有：“夸父追日”：相传在黄帝时期，夸父族首领夸父想要把太阳摘下，于是开始逐日，和太阳赛跑，在口渴时喝干了黄河、渭水之后，在奔于大泽路途中渴死，手杖化作桃林，身躯化作夸父山。这个故事反映了中国古代先民了解自然、战胜自然的愿望；“精卫填海”：相传精卫本是炎帝神农氏的小女儿，名叫女娃，一日女娃到东海游玩，溺于水中。死后其不平的精灵化作花脑袋、白嘴壳、红色爪子的一种神鸟，样子有点儿像乌鸦，它的名字叫精卫，是女娃不屈的冤魂所化就。精卫栖身于布满拓木林的发鸠山上，它天天从发鸠山衔了小石子，或者小树枝，展翅高飞，直至东海，把石子或树枝投下去。日复一日，年复一年，不管是赤日炎炎还是雨雪霏霏，不死鸟精卫回翔在波涛汹涌、浩瀚无垠的大海上空，投下颗颗碎石、根根断枝，它不间断地叫着“精卫、精卫”，以激励自己的斗志，它要以锲而不舍的精神，决心将东海填平。该成语塑造了一个坚强的女性形象，比喻意志坚决，不畏艰难，不屈不挠，奋斗不止。国内一些性别问题研究专家曾以这一成语典故为例，勉励女性勇于挑战自我，不向命运低头，争做生命的强者。

汉语中的寓言故事同样不少，最为国人熟知的当属“愚公移山”：该寓言选自《列子·汤问》，作者是春秋战国的列御寇。故事的大致情节是：

愚公家门前有两座大山挡着路，他决心把山平掉，另一个“聪明”的智叟笑他太傻，认为不能。愚公说：“我死了有儿子，儿子死了还有孙子，子子孙孙无穷无尽的，又何必担心挖不平呢？”于是，愚公不畏艰难，坚持不懈，挖山不止，最终感动天帝，所以天帝命夸娥氏的两个儿子搬走两座山。这个故事比喻坚持不懈地改造自然和坚定不移地进行斗争，后人以此借指有决心和毅力，知难而进，不怕困难；刻舟求剑：这是《吕氏春秋·察今》中记述的一则寓言，说有个楚国人，坐船渡河时不慎把剑掉入河中，他在船上用刀刻下记号，说：“这是我的剑掉下去的地方，一会儿到岸的时候我就在这跳下去找剑。”当船停下时，他沿着记号跳入河中找剑，遍寻不获。该寓言比喻办事刻板，拘泥而不知变通，用静止的眼光看待不断变化的事物，劝勉为人们要明白社会在发展，时代在进步，要与时俱进，与客观世界的发展相向而行。

谈到汉语中的历史典故，不能不说“沉鱼落雁，闭月羞花”，两个成语言简意赅，八个字惟妙惟肖地演绎出由中国古代“四大美女”西施、王昭君、貂蝉、杨玉环的精彩故事组成的4个历史典故：“沉鱼”讲的是西施浣纱时的故事；“落雁”指的是昭君出塞的故事；“闭月”是述说貂蝉拜月的故事；“羞花”谈的是杨贵妃观花时的故事。四大美女享有“沉鱼落雁之容，闭月羞花之貌”的美誉，她们作为美的化身，已成为中国社会广为人知的社会性别女性定型，古往今来，久用不衰。例如，1994年8月1日，李朝永执导的电视古装历史剧《唐太宗李世民》在陕西卫视首播，由歌手李丽芬演唱的该剧片头曲《爱不释手》深得观众喜爱，其中第一段歌词是这样的：

沉鱼落雁 闭月羞花 美得无处藏 人在身旁 如沐春光 宁死也无憾 国色天香 任由纠缠 哪怕人生短 你情我愿 你来我往 何等有幸配成双

歌词中用“沉鱼落雁，闭月羞花”来比喻国色天香之美，是中国人惯常使用的一种表达手段，体现了社会性别定型在人们的语言意识里的重要作用。需要指出的是，在许多人的心目中，西施是美的化身和代名词，是社会性别定型的正面典型之一，故有“情人眼里出西施”“西施眼里出英雄”等说法。

如同中国人不理解某些具有民族文化背景的俄语成语一样，俄罗斯人同样难以理解相应的汉语成语。因此，在俄汉成语互译过程中，既要保持原文中体现的时代色彩和民族特点，又要在译文中避免使用本民族色彩非常浓厚的词语。通俗地说，就是要让外国人穿洋服，而不要使“异物归化”，如 Рубль 要译为“卢布”，而不能译为“大洋”，самовар 应译为“茶炊”，而不能译为“火锅”等。具体到成语，翻译时切忌生搬硬套，不能把中国的民族特色强加给俄罗斯人，也不能按照中国人的思维方式和表达习惯去翻译俄语成语。例如，俄译汉时，不能把俄语成语 «На безрыбье и рак — рыба.», «Не по хорошу мил, а по милу хорош.» 分别译为“蜀中无大将，廖化作先锋”和“情人眼里出西施”，正确的译文应为“物以稀为贵”和“情人眼里出美人”；汉译俄时，不能把汉语成语“说曹操，曹操就到”和“三个臭皮匠，合成一个诸葛亮”分别译为 «Говоря о Цао Цао, Цао Цао пришел.», «Три сапожника равны одному Чжуге Ляну.», 应该从俄语成语中找到俄罗斯人所能理解的意思相近的译文，把这两个成语分别译为 «Про волка речь, и он навстречь.»（“说到狼，狼就来”）和 «Ум хорошо, два лучше.»（“人多智广”或者“集思广益”）。（蔡毅、靳蔚然等，2006: 42—43）试比较一下上述两组误译，不懂俄语的中国人看到汉语译文，可能误以为俄罗斯人知道“廖化”“西施”等中国历史人物，而俄罗斯人看到汉语成语的俄语译文，通常不知所云，不知道中国的“曹操”“诸葛亮”何许人也。

综上所述，似乎可以得出这样的结论：在探讨俄汉社会性别定型的语用价值对比机制时，按照语用价值完全对应、部分对应或者互不对应等3个层面，可以较为充分地挖掘俄汉两种语言定型的使用异同，从中探究隐藏在这些异同现象背后的不尽相同的民族特点、历史渊源、社会习俗、文化理念、价值观念、思维方式、语言表征习惯等诸多特点。实际上，所谓俄汉语用值对应，只是一个大的对比机制概念，同时它也是一个相对的概念，并不是绝对的，不是一成不变的。完全对应中包含着部分对应，反之亦然，如在汉语中，“冰清玉洁、白富美←→女性”处于一个转喻映现的联想链中，“白”被视为中国女性的美感之一，民间有“一白遮千丑”之说。但俄罗斯女性并不是这样，她们喜欢在太阳下晒黑(загорать на солнце)，认为晒黑的皮肤不仅象征着健康，而且能够表明自己的经济状况不错，有能力远渡他国，尽情享受海滩的阳光浴。甚至在互不对应中仍然不时看到某些对应之处，如俄罗斯人和中国人对“真善美”的追求是相互对应和一致的，尽管俄汉两种语言中的神话传说、寓言故事、历史典故中的人物形象及其内容不尽相同。

总而言之，上述3个对应层面互为依托，相得益彰，融为一体，形成俄汉语用价值对比体系。这无疑有助于我们在对比分析具体语料时分门别类，厘清思路，找出异同，有的放矢，凸显俄汉社会性别定型的语用特点，提高男女两性的跨文化言语交际能力，为国内俄语和汉语教学提供可资借鉴的参照依据。

参考文献

[1] Hartmann, R. R. K. *Contrastive Textology: Comparative Discourse analysis in Applied Linguistics*[M]. Heidelberg: Julius Groos Verlag, 1980.

[2] Radden G., Kövecses Z. Towards a Theory of Metonymy[A]. // In Panther, Klaus-Uwe, G. Radden. Metonymy in Language and Thought [C]. Amsterdam: John Benjamins,1999: 34.

[3] Гак В.К. К проблеме сопоставительно-типологического анализа речевого акта и текста[A]. // Сопоставительная лингвистика и обучение неродному языку[C]. М., Прогресс, 1987, с. 35-44.

[4] Гак В.К. О контрастивной лингвистике[A]. // Новое в зарубежной лингвистике[C]. Выпуск XXV. М., Прогресс, 1989, с. 4-19.

[5] Кирилина А.В. Женский голос в русской паремиологии[J]. Женщина в российском обществе, 1997, N 3, с. 23-26.

[6] Крейдлин Г.Е. Мужчины и женщины в невербальной коммуникации[M]. М., Языки славянской культуры, 2005.

[7] Солодуб Ю.П. Русская фразеология как объект сопоставительного структурнотипологического исследования (на материале фразеологизмов со значением качественной оценки лица) [M]. М., МГПИ, 1985.

[8] Солодуб Ю.П. Роль словесного комплекса прототипа в реализации коннотативных возможностей фразеологизма[J]. Филологические науки, 1996 (1) : 9–17.

[9] Стернин И.А. Общение с мужчинами и женщинами[M]. Воронеж, Наука, 2002.

[10] Ушинский К. Избранные педогогические сочинения[M]. Т. II . М., Языки славянской культуры, 1939.

[11] Формановская Н.И. Коммуникативно-прагматические аспекты единиц общения[M]. М., ИКАР, 1998.

[12] 蔡毅、靳蔚然等，俄译汉教程 [M]，北京：外语教学与研究出版社，2006.

[13] 陈春红，社会性别定型的转喻认知研究 [J]，中国俄语教学，2015（2）:59—64.

[14] 成卫娟，社会性别语言学视角的俄汉成语对比研究 [D]，苏州大学硕士论文，CNKI, 2017.

[15] 褚敏、吴爱荣等，当代俄罗斯社会与文化 [M]，上海：上海外语教育出版社，2003.

[16] 董成如，转喻的认知解释 [J]，解放军外国语学院学报，2004（2）:6—9.

[17] 贾玉新，跨文化交际学 [M], 上海：上海外语教育出版社，2002.

[18] 李向东等，当代俄罗斯语言与文化研究 [M]，北京：北京大学出版社，2015.

[19] 刘光准、黄苏华，俄汉语言文化习俗探讨 [M]，北京：外语教学与研究出版社，1999.

[20] 刘永红，俄汉成语的文化分析 [M]，武汉：武汉华中师范大学出版社，2002.

[21] 刘永红，俄汉语对比方法论 [M]，武汉：华中师范大学出版社，2009.

[22] 吕叔湘，通过对比研究语法 [A]，// 吕叔湘语文论集 [C]，北京：商务印书馆，1983: 132—138.

[23] 吕叔湘，中国人学英语（修订版）[M]，北京：中国社会科学出版社，2005.

[24] 戚雨村，现代语言学的特点和发展趋势 [M], 上海：上海外语教育出版社，1997.

[25] 孙汝建，性别与语言 [M]，南京：江苏教育出版社，1998.

[26] 汪方方，多维视野中的俄汉恭维语对比研究 [D]，上海外国语大学硕士论文，CNKI, 2010.

[27] 王弘宇，说“一 A 就 C” [J]，中国语文，2001（2）:40—46，97—98.

[28] 王力，王力文集 [M]，济南：山东教育出版社，1985.
[29] 王铭玉，二十一世纪语言学的八大发展趋势（上）[J]，解放军外国语学院学报，1999（4）：4—8.
[30] 王仰正、赵爱国、周民权，俄罗斯概况 [M]，上海：上海外语教育出版社，2006.
[31] 魏耀章，恭维语的性别差异研究 [J]，西安外国语学院学报，2001（1）：1—5.
[32] 吴国华，俄语与俄罗斯文化 [M]，北京：军事谊文出版社，2000.
[33] 吴军，现代语言学视角下的俄语成语学 [M]，北京：首都师范大学出版社，2006.
[34] 吴军、周民权、胡明，俄罗斯商务环境 [M]，北京：对外经济贸易大学出版社，2016.
[35] 邢福义，文化语言学（修订本）[M]，武汉：湖北教育出版社，2003.
[36] 熊文华，汉英应用对比概论 [M]，北京：北京语言文化大学出版社，1997.
[37] 许凤才、姚丽娇，俄汉语歧义现象成因及语用价值对比研究 [J]，中国俄语教学，2015（1）：12—17.
[38] 许高渝等，外汉语言对比研究 [M]，上海：上海外语教育出版社，1991.
[39] 徐翁宇，俄语对话分析 [M]，北京：外语教学与研究出版社，2008.
[40] 杨蓉，俄罗斯心智中的女性原型 [J]，俄语学习，2010（5）：32—35.
[41] 叶芳来，俄汉谚语俗语词典 [Z]，北京：商务印书馆，2005.
[42] 于国栋、吴亚欣，语言和性别：差异与共性并重 [J]，外语教学，2002（2）：24-28.
[43] 张会森，俄汉语对比研究（上卷）[M]，上海：上海外语教育出版社，2004.
[44] 张会森，俄汉语对比研究（下卷）[M]，上海：上海外语教育出版社，2004.
[45] 张会森，语用·语用学·对比语用学 [J]，外语研究，2010（5）：43—46.
[46] 周民权，体育中的数字崇拜 [J]，解放军外国语学院学报，2004年（5）：94—98.
[47] 周民权，俄汉社会性别语言的语用对比研究 [M]，北京：北京大学出版社，2014.
[48] 朱德熙，主语和句子——印欧语影响现代书面汉语和句法分析的一个实例 [J]，世界汉语教学，1987（1）：31—34.

第四章

俄汉成语中的社会性别定型研究①

① 该章部分内容首次发表于《社会性别定型的转喻认知研究》一文（《中国俄语教学》2015年第2期）。

20世纪末至21世纪初期，语言学呈现出一个典型特征——将语言看作一种人类中心主义现象，其中语言被解释为“人的结构属性，人之所以成为人正是通过语言确定下来的。”(Постовалова, 1999: 29)对语言的此种解释源于 B. 冯 · 洪堡特的语言观，他用实践人类学哲学的预言来论证语言哲学观，对语言的研究“并不包含终极目标，而是与其他学科一起服务于更高尚的共同目标——追求人类的灵魂，认识人类本身，以及认清与周围看得见的和看不见的世界之间的关系。”(Гумбольдт, 1985: 383)

随着人类中心范式进入诸多人文学科研究，成语研究也步入发掘“人的因素”的研究路径，其中包括反映与评价男女两性语用特点的社会性别定型。俄罗斯学者 B.H. 捷利娅对俄语成语颇有研究，提出了许多建设性的观点，为成语的相关研究奠定了理论基础，她认为，成语性单位的本质决定了对其研究必须从正在形成的人类中心范式开始进行，需要有足够的成语储备。成语储备是研究人与语言相互关系的最好材料，因为成语结构“不仅使关于人类本身的知识、素朴世界图景以及其他各类主体对客观世界片段的态度得以观念化，还发挥了这些语言实体及其民族文化样本和定型在代际传播中的运用。”(Телия, 1996: 9)

成语记录和反映了一个民族生活的方方面面，是民族历史、文化、宗教、政治、经济、日常生活的浓缩表现。成语是民族文化最妥善的保存者和最集中的体现者，是语言经过长期的使用、锤炼而形成的固定短语。成语比词的含义更丰富，且富于深刻的思想内涵，是用精辟、形象、简洁的词组或短语表达人们在长期生活实践中对某些客观事物形成的共识的一种语言表达。

涉及社会性别定型，需要搞清楚的问题是：成语与社会性别定型之间是什么关系？社会性别定型如何体现于成语？俄汉成语中的社会性别定型有哪些特点？正如学者们指出的，任何一语言层级单位都可能含有文化载蓄信息，包括音节、词素、单词、成语性短语、句子和篇章。但是最能鲜明传达这些信息的是称名单位——词汇、成语、谚语和俗语等。俄汉成语的语义中保留了俄汉两民族的文化信息，比如民俗、传统、礼节和宗教信仰等知识，其中包括俄汉民族的性别观，这无疑与社会性别定型研究息息相关。

第一节　成语与社会性别定型

成语作为语言词汇珍品，是文化语言中的“信息块”“活化石”。社会性别文化丰富多彩，在成语中亦有充分的体现。在世界范围内，社会性别文化的具体存在形态从来都是多种多样的。在这个过程中，人们逐渐产生了对两性角色的印象和期待，并且有意识地按照这样的观念进行性别角色的塑造。男性和女性构成了强与弱、主动与被动、统治与服从等一系列二元对立关系。在这样的对立中，男性总是居于优势地位，从而使人类文化深深打上了男性中心主义的印记。因此，成语这一文化“信息块”对女性姣好外貌和贤良妇德的描写明显偏重，而对其智力水平则加以抑制。深入了解成语中的社会性别文化，将对男女两性，尤其是女性认识自己的社会地位、心理特征等具有重要作用。

Ю.Э. 普罗霍罗夫(2003)指出，言语行为定型可以通过两种形式来实现，一种形式是套语(речевые клише)。当关于某事物的定型评判(стереотипные суждения)每次都以同一语言形式复现时，这种定型评判就会成为套语，传统上将所有的固定词组和固定句子、成语、俗语谚语、格言警句、文学艺术作品中的先例话语和先例文本都归入此类。第二种形式是言语化 / 非言语化的意识成规(штамп сознания)，它是参与者归属某个社会文化空间的标志。已经成为意识成规的套语则是一种纯粹的形式联想。意识成规可以被看作一种心理现象，它与社会文化传统及其在言语中的使用规则有关。

本章选取的研究对象是俄汉语中的成语性单位，成语性单位是社会性别定型的主要语言载体和生存场所，分析成语性单位可以揭示社会性别定型的具体内容，因为概念表达需要诉诸特定的语言形式，因此通过特定的语言形式可以找到社会性别文化规约的特定内涵。另外，成语性单位因其结构和意义的固定性，常常被用于特定的交际场合，表达特定的语用含义，是一种语言定型。因此，表征社会性别定型的成语性单位具有双重定型特征和功能：思维 / 心智定型和语言 / 言语定型，我们正是从这两个层面对俄汉语成语性单位中所反映的社会性别定型加以展开和阐释的。

通过社会性别定型表达出的关于现实世界的种种概念，一方面促使人们人为地对世界图景进行简化和弱化，另一方面催生与原有事物真实状态相差甚远的偏见。因此，社会性别定型可以作为个人世界图景的基础，是个体社会化的辅助手段，同时，在给性别角色行为制定规范的同时，可能限制人的进一步发展。正如社会学家 H. 加芬科尔（1967）所说，日常生活是一个完全建构在假定（assumptions）和期望（expectations）之上的常识世界，这些假定和期望通常蕴涵在一个社会的文化背景知识之中，往往不能为人们所意识到而被他们想当然地接受，却很少受到他们的审视和质疑。但是，这些假定和期望却在很大程度上既控制着社会成员的行为方式，也左右着他们对别人行为方式的理解。

社会性别定型是一种社会现象，也是社会运作的产品之一。它将该语言共体特定社会制度范围内（比如婚姻、家庭、事业等方面）的先前经验记录下来。社会性别定型的形成发生在不同层面，且受一系列因素的影响，如该社会共体的经济条件、人的心理及生理特点（社会性别首先建立在生理性别基础之上）、价值导向、社会文化发展水平、受教育程度等。语言是表达社会性别定型的最主要手段:在称名与男女相关的特定现象时,语言同时也确定了一系列该社会的男性或女性应该拥有的品质特征。因此,社会性别定型被保存在个体的意识中,并在语言使用中发挥作用,语言将这些定型展现出来,同时形成特定的世界图景(看待世界的方法)。俄罗斯学者 O. A. 卡尔尼诺夫和 A. B. 基里利娜等将这种现象称之为语言世界图景,将其定义为该语言集团日常意识中历时形成的,并反映在语义中的关于世界的概念的总和,是对现实世界观念化的特定方法。

B. H. 捷利娅(1996: 288)认为,成语性单位能反映特定民族的文化定型,并将其固定在语言中,同时通过对一定语言世界图景基本模板的再现可以表达语言文化心智的整体同一性。但是,成语中描绘的形象的文化意义纷繁多样,错综复杂,只能通过展现在成语性单位的字面解释中的形象内容与民族文化范畴、观念、神话、定型以及模板,乃至在该空间中对物质文化、社会文化或者精神文化的解释的对比才能得以揭示。此外,固定在语言世界图景中的成语性单位,同样也是构筑社会性别定型的来源(或者基本单位),通过成语性单位,人的意识可以获取形成对客观世界的印象所依赖的形象。此外,固化在成语中的定型可以为不具有独立生活能力且不能批判性地对待他们周围所发生事件的人提供一定的行为方式参照。正如语言相对论指出的那样,语言是文化的载体,人类语言对意义的编码不受任何先验限制,语言编码的意义塑造或影响语言使用者的潜意识。E.M. 沃尔夫(1985)注意到,人们对事物的命名或描述常常会影响甚至决定他们对这些事物的行为和态度。语言可以在一定程度上通过其中蕴含的大量预设信息来间接隐性地影响使用者的思想和行为方式。

B.A. 马斯洛娃(2001: 82)认为,成语性单位在其自身语义中反映了民族文化悠久的发展过程,同时固定并传播着民族文化取向、定型、标准和原型。成语是所有民族语言的灵魂,它以独一无二的形式反映了民族的精神和独特性。成语是语言世界图景的片段。成语单位总是指向主体,也就是主要不是为了描写外部世界,而是要解释、评价它,表达主体对于客观世界的态度。因此可以假设,“在语言中固定下来的正是那些能引起民族文化标准、定型、神话等联想的形象表达,在言语使用中,这些文化因子被理解为某一语言文化共体的特有心智。”(Телия, 1996: 233)

成语作为语言中词汇平面最富有活力和表现力的单位,也是语言中最能体现社会性别文化特点的部分。各民族语言中成语的形成乃是人们历代相传习用、逐渐推广的结果。人们创造了丰富多彩的成语,它们自觉不自觉地适应着各自的文化。无论哪一个民族语言的成语都必定和它的文化息息相通,都凝聚着该民族的智慧。对成语中蕴含的社会性别文化特征的研究和揭示,有助于我们确定那些言语表层没有外显、只可意会的意义和社会性别文化要素。社会性别定型反映在语言的各个层面,俄罗斯学者在谈论该话题时,经常利用俄语成语性单位加以讨论,如 В. Н. 捷利娅(1996)、А.В. 基里利娜(1999)、Д.Ч. 玛丽谢夫斯卡娅(1999)的著述均对成语反映的社会性别定型作了论述。

为研究特定民族的社会性别文化,诉诸作为社会性别定型主要来源的成语性单位,在一定时期的具体社会中具有现实意义,这是因为成语性单位与词汇一道,“是语言最敏感的区域,它们能最迅速地(甚至在同一代语言的界限以内)反映发生在社会中的社会经济变化的结果。”(Поливанов, 1991: 624)换句话说,成语反映社会和文化的动态变化及其历时状态下的价值观导向。这表现为,在成语化过程中,“只有那些称名特定时期的具有现实意义的事物、事件的自由词组能够被成语化,因为这些事物和事件能够建立鲜明的形象,为成语性构成提供论据。”(Добрыднева, 2000: 223)因此,以不同历时片断的成语性单位为语料来分析社会性别定型,可以让我们既更好地观察一个民族框架内特定社会性别定型的发展,又能与其他文化的社会性别定型相比较,从而揭示该民族心智的那些基础的和不变的特征，以及那些改变了的特征。

一直以来，成语就是语言学研究特别重要的材料来源。按照俄语成语的分类，广义的成语包括谚语和俗语，它们都是在群众中间流传的固定语句，用简单通俗的话反映出深刻的道理。成语是人民智慧的结晶，是经过长时间的锤炼沉淀下来的，能代表当时的核心社会价值观，也是最能反映民族文化的语言表征形式之一。谚语主要来源于人们对自然和社会的认识，而其中对男女两性的认识及结论就以那些与性别有关的谚语的形式流传了下来。各民族中的情况都大抵如此，所以各民族语言中有关性别定型的谚语都不在少数。通过对成语中男女性别定型的研究，我们能体会不同的民族在性别定位上的异同，了解其中存在的性别歧视现象，并能帮助我们探索性别歧视产生的原因。

成语是传达和体现人类思维的特殊方式，它们构成一定的民间文学的体裁，“主要是再现客观世界，但又显现出与众不同，因为它们汲取各家之精华，就可能成为表达思想的概括性方式。”（Аникин, 1996: 112）民间口头创作是民族文化的独特成分，其中包含诸多反映民族智慧和民俗特点的成语。成语是民族智慧的结晶，包含着丰富的民族生活哲理，是民族语言文化的宝贵财富。成语所涉及的主题宽泛多样，其内容总是和丰富的民间生活现象息息相关，具有鲜明的民族特征，因而成为研究民族语言文化的源泉以及社会性别定型研究的重要依据。

第二节　俄汉成语中的社会性别非对称性问题

研究资料表明，无论是俄语还是汉语成语词典中，明确指称女性的成语远远多于描写男性的成语。为了对俄语中的表女成语单位作出大致分类，我们借鉴 А.В. 基里利娜的《社会性别：语言学视角》（«Гендер: лингвистические аспекты», 1999: 174）一书中的相关观点，根据表女成语的语义和语用特征，划分出4种类型：

（1）具有女性原型所指的先例性成语，如 Маланьина свадьба（一片狼藉）、ящик Пандоры（祸害之源）等，类比于汉语的精卫填海、女娲补天、东施效颦等，此类成语主要来源于历史典故和神话传说；

（2）组成成分中含有女性指示词(женщина, баба, девушка, невеста 等)，且只用于指称女性的成语，如俄语中的 рязанская баба(强悍的女性)、христова невеста（修女，死去的少女）；

（3）其内部形式具有女性所指的成语单位，这些成语体现女性生活特点，如俄语中的 отдать руку и сердце（托付终身），разрешиться от бремени（生孩子），на сносях（临盆，某事即将发生）、ходить по рукам（大摇大摆），вешаться на шею（投怀送抱），трепать юбки（搔首弄姿）等。其中，俄语中还形成了这样一些成语，即利用女性形象或女性生活物品来指称男性的成语，比如 За юбку держаться（对某女人言听计从），под каблуками у жены（妻管严）；

（4）其内部形式指向女性，但表述本身适用于所有人，这类成语具有隐喻性质，比如俄语中的 базарная баба（搬弄是非的人），кисейная барышня（矫揉造作），политическая проститутка（政治娼妓，蔑指那些为个人利益不惜出卖灵魂的小人），бабьи/ бабушкины сказки/ сплетни（无稽之谈）等。对应于汉语中的女流之辈、妇人之见、长舌妇、交际花等。此类成语多具贬义色彩，可以根据其隐喻性指代所有人。

通过分析成语的内部形式，可以发现，上面第4组具有隐喻性质的成语性单位的预设是对女性的否定，有鉴于此，我们有必要讨论一下社会性别的非对称性问题，也就是男性成语语义的积极化和女性成语语义的消极化倾向问题。

1. 语义层面的社会性别特点

根据对成语语义的观察和分析，在俄语成语中固定了父权制心理定位，对女性的心理特征和智力特征都以否定评价居多：定型牢固地印刻在语言中，根据这些定型，女性天生就有很多缺点，因此将男人比作女人，总是带有否定色彩，比如：истеричен как женщина（像女人一样歇斯底里），женская логика（妇人之见），бабья сказка/ девичий сон（无稽之谈），не будь бабой, тебе не штаны носить, а юбку（别像个娘们似的，你不应该穿裤子，而该穿裙子）。成语 дамская диссертация 是指质量差的、很一般的毕业论文，这一表达折射出语言中的大男子主义：即女性完成的研究比男性完成的类似工作质量差。

在人们的日常思维中，女人的智商与男人的智商相对立，被谬称为“不及人类水平的智商”。对于这种智商用成语的程式化表达是 куриные мозги（弱智），这并非用于表达任何一种“недо-ум”（傻，弱智），而表示不成熟的、肤浅的以及被认为妇人之见的思维方式。根据上述例子可以认为，在俄罗斯日常思维中，女性智力被看作某种未发育完全的、没有容量的智力的样本。在这一背景之下可以观察所有这些表达的民族文化伴随语义，如 женский ум — ум инфантильный（女人即弱智）。

这种群体性的、基本上属于典型的男性意识的观念成为男性智力沙文主义的基础。这一系列智力优势在俄罗斯一代又一代的心智中复制。由于代际之间传递下来的反映在语言固定表达中的女性的幼稚，女性智商被视为低人一等，我们现在常见的知识产品的性质证明了这一点，比如 женский роман（劣质小说），женские стихи（低级的诗歌），женский фильм（粗制滥造的电影）等，鲜明地表达了对于女性所创作的艺术和智力产品的贬低和蔑视态度。

成语 бабья политика 这一搭配表示“粗浅的、未经仔细思考的、目光短浅的政治策略”，理解这一成语的背景就是女性智商的定型 глупая баба。而这一成语又与一系列谚语相联系，似乎已经毋庸置疑地被认为是女人的本质属性，如 У женщины ум короток, а волосы длины（女人头发长，见识短）等。对于智慧女性(мудрая женщина/ баба)的探讨通常只表示某些实践方面的能力，用于说明一种常理，如 мудрая жена 表示富有婚姻生活智慧和经验的女性，而 мудрая мать 则表示善于教育孩子的女性。

而在俄罗斯的社会性别定型中，男性的伴随语义以正面为主：сын своего века（时代骄子），брат по духу（志同道合的人）。女人的许多好品质都源自男性，比如：мужской ум（男人般智慧）、мужская хватка（女中豪杰，女中丈夫）、мужской характер（男子汉气概）、мужественная женщина（具有男性气质的女性）等带有赞赏的色彩，类似于恭维语，而如果评价一个男性是 женственный мужчина（具有女人气的男性），可能被理解为贬低、侮辱，即缺乏男性气质，俗称“娘娘腔”或“奶嘴男”。

上述使用具有女性内部形式和否定附加含义的成语单位来指称男性，以及使用具有男性内部形式和肯定附加含义的成语性单位来指称女性，可以被看做男性中心主义的标志之一，前者如 базарная баба(泼妇)，后者如 свой парень（果敢的女子）。从语法属性来讲，парень 一词是阳性名词，原指“小伙子”。但是当这表女成语从自由词组转化为成语后，它就用来专指女性，意为：решительная, смелая, верная в дружбе девушка, ее уважают и ей доверяют юноши（果敢而忠于友谊的姑娘，男孩子信得过的女伴）。为什么借用 парень（小伙子）这一形象呢？因为这个形象一般给人一种性格刚毅，血气方刚的感觉。在俄语成语体系中，这种借用男性形象来形容女性或借用女性形象来形容男性的例子时有所见。例如，красная девица（美丽的姑娘；拘谨的男子）这一成语就是借用女性 девица 来形容男孩子胆小、拘束、不善交际，像“害羞的大姑娘”。成语 свой парень 现已作为 кисейная барышня（矫揉造作的娇小姐，娇气包）和 маменькина дочка（娇小姐）的反义语来使用。

汉语中存在类似的情况，比如对于“虎”的语义联想，用“虎头虎脑”形容可爱的小男孩，“虎背熊腰”形容男性的健硕，而“母老虎”则用于形容凶恶的女性，含贬义；"雄狮"指具有战斗力的精锐部队，"河东狮吼"则是对悍妇大吵大闹的指责和讽刺。英雄美女向来是相伴相生的，但都常常以褒男贬女的形式出现，将英雄的失败归咎到"红颜祸水"上。最形象的有"儿女情长""英雄气短""英雄难过美人关"，指那些有才华，有志向的人因为很难抵御美女的诱惑而丧失了理智和英雄气概，耽误了前程。与女性形成鲜明对比的是，男性无论是作为父亲、丈夫还是儿子，在成语、俗语中的形象都是十分伟大和积极的，很少会遭到丑化。成语和俗语里反而多是称赞男性能担当，有榜样和模范作用，他们在面对困境时能够灵活应对，而且意志特别坚强："丈夫就是天""教子之法，莫叫离父""大丈夫能屈能伸""大丈夫相机而动""男儿有泪不轻弹""男儿志在四方"等。"女中豪杰、戴头巾男子汉、巾帼不让须眉、谁说女子不如男"等赞美女性的成语性单位都是以男性为参照，在肯定男性、从男性的视角出发、以男性为坐标的基础上生成的。

这种现象表明男性语言是规范标准和主体，而女性语言只是一种附属的变体，关于女性的语言和女性所使用的语言中都体现着女性用语向"贬化"方向发展，具有消极的意义，而男性用语向"褒化"方向发展，具有积极的意义，这种现象是男女社会地位不平等的必然结果，也是导致社会性别非对称现象产生的成因。

2. 价值评价标准层面的社会性别特点

在对男女两性的价值评判上，也存在不同的标准差异，如汉语中的"郎才女貌"，对"郎才"的承认，是社会认可的，而对"女貌"的承认，主要是由男性认可的。也就是说，前者是社会视角，后者则出自男性单方面的视角。从男性视角看女性，带有庸俗的性感成分：男人把女人当花看，只注重她艳丽的外表，满足自己的感官享受，正如荷花被称为芙蓉，就是"女为夫容""夫贵妻荣"之谐音和寓意。对男性相貌的要求则只有"男子无丑相""在里不在表""男人四十一枝花"而已。

另外，这一英雄化女性理想形象的统治地位仍然被关于年轻女性或者成年女性的身体概念所占据：俄罗斯美女—— женщина статная, в теле, в соку или в прыску（试比较反映在固定比喻中的程式化非理想状态，如 толстая, как бочка, плоская, как доска, сухая, как жердь 等）。另外，轻盈的步态也非常重要（普希金的诗歌中这样写道：骄傲地，像垂柳一样轻盈）。当然这种女性美的范本并不总是符合已经变化的审美标准，但这种形象在俄罗斯民族心智中尤其是在男性心中的根深蒂固性，反映在将女性作为性伴侣的形象中。分析这一主题对于男性语言具有优先权：女人被作为性取悦对象——это аппетитная, пышная, сбитая, ядреная（通常搭配 баба），та, которая в соку, в прыску, пальчики оближешь。语言从来不会这样描绘男性，而在女性的语言中，这样的表达通常以引文的形式出现，如 Она женщина/ баба аппетитная — мимо нее редкий мужчина пройдет равнодушно（她风情万种——很少有男人不为她着迷）。

其中，美食隐喻是这些成语的基础：женщина — это лакомый кусок，对应于汉语成语“秀色可餐”。上述搭配的文化—民族伴随意义，其内容可以从与这些基础性隐喻中提取出来，使其具有文化符号的地位，这些符号表示在俄罗斯男性心中把女人当做某种纯物理性诱惑的典型观点。

成语中除了对外貌的评价标准不同以外，对于男性女性的个人独立性的要求也是不同的。“男怕入错行、女怕嫁错郎”，这句话在千百年年来成为男女人生成功的标准。首先，对于男性来说，强调的是事业的重要性，此类成语有：好男儿志在四方，大丈夫何患无妻，大丈夫顶天立地，大丈夫四海为家，等等。此外，对于男性的个人品格要求更高，比如：男子汉说一不二，男儿膝下有黄金，大丈夫不做暗事，大丈夫不拘小节，大丈夫流血不流泪，好汉不怕出身低，大丈夫能屈能伸，家有万贯不如出个硬汉，好汉做事好汉当，男儿有泪不轻弹，大丈夫一言既出、驷马难追，等等。而对于女性,则强调了她们的依附性,人生幸福必须取决于她所嫁的男人。这种视角对女性是不公平的,甚至埋藏着不利于女性的婚姻危机。常见的现象是,糟糠之妻和人老珠黄的女人在男人眼里往往掉价跌份,遗弃和失宠便成为许多女人的悲剧。而男人如果有才,便能得到社会的认可和尊重,于是丑男娶俊女,乃至老夫可以娶少妻。诚如哲学家尼采一针见血指出的那样:“男人说他爱女人,其实说的是要享受女人。”(转引自孙汝建,2010:65)

在科技迅猛发展的当今时代,劳动对人的体力要求大大降低,女性拥有与男性同等的条件和能力参加工作,一方面社会要求女性成为独立自主的“半边天”,同时,家庭又要求女性扮演好传统社会角色,做好“贤妻良母”,因此,女性常常面临家庭和事业的双重挑战。

3. 词序和数量层面的社会性别特点

贬女倾向首先体现在成语中“先男后女”的词语顺序上。在中国,由于父系氏族遗留下来的以“父家长”为中心的“男尊女卑”的思想,进而出现了封建社会的“重男轻女”观念,生男为弄璋之喜,育女为弄瓦之喜。为了便于统治,封建伦理道德要求妇女三从四德,女子不便抛头露面,不参与社会生活,从而导致女性不但在家中没有地位,在社会中更是处于最低层。这种观念在汉语中烙下了鲜明的文化印记。例如:夫贵妇荣、夫唱妇随、男耕女织、男盗女娼、红男绿女、男欢女爱、牛郎织女、痴男怨女、奴颜婢膝、金童玉女。这些词都是先男后女,与由尊及卑的语义构词原则相吻合。俄语中缺乏汉语中类似的整齐的成语,只是在男女词同时出现的先后顺序上,说明语义上占据文化优势的一方处于首位,而处于文化劣势的一方处于下位,比如 брат и сестра(兄弟姐妹), юноша и девушка(男孩女孩), отец и мать(父亲母亲), дед с бабкой(爷爷奶奶), господин Иванов и госпожа Иванова(伊万诺夫先生和夫人),这反映人们内心深处的一种“优者在先”的认知定势。

语言中的这种贬女倾向还体现在表女成语和表男成语的数量的差异方面。总体来看,较之于女性社会性别定型,男性社会性别定型相对较少,这一现象在俄语谚语中表现尤甚,试以 В. Н. 达利1994年编撰的著名的 «Пословицы русского народа» (《俄语谚语词典》)为例:在该词典中,达利把俄语谚语分为"快乐与痛苦""好与坏"等180多个大类,而其中和女性有关的分类有"妇女""未婚夫妻""丈夫与妻子",涉及男性的则只有"未婚夫妻""丈夫与妻子"两个分类。男性谚语比起女性谚语少了一个大类不说,在其所属的类别中还不是以单独的形式存在,而一定是与"女性"同时存在,因此其数量自然就少了很多。

表示两性定型的成语数量上的多寡其实很能说明一些问题。众所周知,数量在一定程度上决定了质量的高低,如果没有一定数量的男性谚语作为基础,那么势必无法对男性性别的定型做出准确的判断。而事实即是表男谚语的数量要远少于表女谚语。这并不能证明社会对于男性的认识不够,或者对男性群体不够重视,而正是说明了男性是成语乃至整个语言规范的制定者。因为只有当社会的话语权掌握在男性手中时,成语中保留下来的对于男性群体的各种评论、要求和束缚才会减少。这就是男、女成语在数量和语义上体现出巨大差异的根本原因。

总之,在男性居于统治地位、女性只能作为附庸的社会背景下,对女性的语言歧视在所难免,这种现象具有较为广泛的国际性,各个国家和各个民族的情况大同小异,如很长时间以来,女性一直被视为智力不及男性,爱搬弄是非、造谣生事、所说的话空洞乏味、索然无趣、只配充当听众等,在非正式的个人交谈中情况如此,在正式的交际场合更是如此,她们只能作为旁听者保持沉默,被剥夺了社会成员所应有的话语权。

第三节 俄汉成语的形象和语义特点

一般而言,一切语言单位都是有意义的。从反映论看,语言单位的意义有两个组成部分:(1)反映什么,即被研究语义的语言外基质(внеязыковой субстрак),也叫指称(денотаты);(2)如何反映,即反映的方式。然而,传统的研究角度只是语言诸因素的相互关系,如成语化、语义演变、固定性、上下文的限制等。众所周知,"成语语义具有超语言基质(экстралингвистический субстракт),在称谓过程中,语义连续统(континуум)反映在一定的语言范畴(词类范畴、句子成分范畴、词范畴、音位范畴)中,它是一个动态的发展过程,在具体的上下文中有扩大、缩小和转移的现象发生。在这个过程中,最能够反映也最容易辨析成语的文化差异。"(刘永红,2001:41)这些范畴都与客观世界现象相联系。

成语语义是自由词组在客观现实层的转义,而"事物情景"(предметная ситуация)是自由词组的指称,即成语组成成分的直义(буквальное значение)。成语语义和自由词组的"事实情景"没有直接关系,只有间接联系,它们之间的中间环节是反映客观现实的心理因素——形象表征(образное представление)。概括而论,成语语义的形成过程为:事物情景——形象表征——成语语义。(Кириллова, 1996: 82—90)在这个过程中,充满了不同民族对成语构成的形象取舍和文化评价。成语(狭义)是"有转义的词的组合"(Бабкин, 1961: 5),是"固定语",是"固定的词汇综合体",因此,成语还有隐喻性、形象性、情感色彩等。大多数成语以具体形象指称抽象概念,即客观世界的非物质面,对事物现象很少作客观冷静的旁观式说明,而是作充满褒贬的评价或描写。这时,成语的客观现象和心理表象有时分离,有时重合,形成多种多样的结构—语义体,使成语往往直义和转义并存,具有较强的语用功能。

1. 成语的形象性

成语的主要特征之一是形象性。优美典型的形象是成语的精髓所在,是成语意义的依托,也充分反映了语言的文化特征和文化取舍。从修辞学的角度说,形象是指具有鲜明、具体、生动的表现力的语言材料。成语正是这样的语言材料。愈是深刻的成语一般都用更鲜明更典型的形象表达,而愈是典型的形象愈能表达丰富的语义。它们和与其同义的普通词语比较起来,寓意更深刻,内容更丰富。成语的形象得益于对自然和生活的观察、概括和选择。一般而言,成语在取象时,既撷取美的东西,也撷取丑的东西,但两者必须具有一定的代表性,有美学价值,能反映民族心理与民族好恶。

同汉民族一样,俄罗斯民族有自己喜闻乐见的形象及家喻户晓的比喻方式,所以,在描绘现实世界出现的各种事物、现象以及人的心理感受时,俄语成语带有浓厚的民族文化印记,以自己独特的方式运用形象的表达手段。对于含有民族特色成分的俄语社会性别成语,具体可以划分出下列几种类型:

(1)其主要成分含有本民族所特有的文化形象和概念,比如:невестка в отместку(复仇新娘),в девках(少女时代),узколобая красавица(脑门窄的美女,比喻貌美但见识狭窄的女性),старая карга(臭老婆子,老妖婆)(Зимин, Спирин, 1996: 232);соломенная жена 或者 соломенная вдова 用来表示在秸秆堆里与男子幽会,后来被抛弃的女子(仿造德语词 Strohwitwe)。在德国中世纪时期,如果未婚女性生育孩子,将被捆在耻辱柱上,头戴草冠,同时被称作 Strohbrout(соломенная невеста);被诱惑的已婚妇女被称作 Graswitwe(травяная вдова)。如今还可以发现这一成语的联想意义的扩大,俄语中可以用 соломенная вдова 称呼任何与丈夫暂时分开的女性(Зимин, Спирин, 1996: 267),并相应地产生了阳性形式 соломенный вдовец,用以称呼与妻子分开的男性。成语 светский лев 用于指代上流社会中有巨大成就的男性,而相对应的阴性形式 светская львица 则表示勇敢的女性,或者用在含贬义的场合,指社交界的风流女子,交际花;

（2）反映不同生命阶段的生活方式特点的成语（童年，少年，青年，成年，老年；家庭生活——婚姻，离婚，为人父母等）：в самом соку（皮肤吹弹可破，指最美好的年纪），интересное положение（怀孕），разрешаться от бремени（生产），счастливая девичья пора（幸福的少女时光）；старая кошка, сварливая старуха（老 太 婆）；На старой скрипке можно сыграть не одну хорошую мелодию（破旧的小提琴不可能弹出好音符，用于隐喻多情但苍老的女人）；对应汉语的表达有豆蔻年华、花样少女、徐娘半老风韵犹存、人老珠黄等，描写男性外貌的成语有七尺男儿、美如冠玉、仪表堂堂、风度翩翩等；

（3）其形象依靠只为单一民族所知晓的现实事物（包括所谓的地理专名、人名和水域名等）：рязанская[①] баба，在外省城市中，баба 一词通常用于骂詈语，这里指笨拙的、懒散的、粗鲁的女人；在 Арина бесполдённая（笨女人）这一成语中，普通方言人名 Арина 成功获得广泛的社会意义，用来定义“愚蠢至极的女人”。汉语中有辣妹子、窦娥冤、如夫人（指小老婆或妾）、假小子等，以及指称男性的成语，如城北徐公、傅粉何郎、貌若潘安、坐怀不乱等。

俄语中还存在这样一个含有女性形象的成语，лепта вдовицы（寡妇的铜币），表示“发自真心的微薄捐赠”。Внести свою лепту во что（做贡献），这个成语的产生就融合了鲜活的圣经文本形象。圣经中有这样一个故事，讲述的是一个贫穷的寡妇，她只有可怜的两个小铜币（лепта：古代最小的铜币，源自希腊语，意为：细小的、极小的），但在教堂募捐时把所有的钱都捐了，她身边是一个富人的慷慨贡品，但是上帝认为，这两个铜币比所有的贡品都珍贵。后来，凡是发自真心的微薄捐赠都被称作是 лепта вдовицы。对于这个文本的小小片段来说，小铜币（лепта）的物质形象与文本中渗透的其他关键观念词如：善良

① Рязань 指俄罗斯的梁赞州。

(доброта)、慷慨(щедрость)、舍己(жертвенность)等天然地融合到一起，小铜币(лепта)的涵义已经耗散，形成了成语的意义：（接受）哪怕是极小的对公共事业的奉献。例如：На этом пути учеными в разных научных учреждениях сделано немало важных выводов, и мы здесь в Ростове, тоже внесли свою лепту в общие дела.（在这方面，各种研究机构的学者们已经得出不少重要结论，而我们在这里，在罗斯托夫，也为这一共同事业做出了自己微薄的贡献）。

形象是意识范畴，是感知理解世界的方式，在间接称名的符号内是与创造性的语言思维紧密联系的。比如，利用隐喻可以在世界语言图景的创造中产生新的观念，就像 И.Д. 阿鲁秋诺娃（1990: 26）所说，形象是心理的，隐喻是语义的，象征是功能的。语言形象感觉上不等同于物体形象：我们可以通过肉眼看到物体形象，而语言形象只是现实物体在我们意识中的反映。

在成语学中首先是分析语言形象，它是直观概括的产物和优选文化上有意义的事件或情景。毫无疑问，成语性形象，其成分是特定民族的特殊现实事物，展示了作为民族特色的“民族限制性的语言学标记”(Солодуб, 1990: 45)。但是通常此类形象的民族特色可能只有在更深入的分析时才能被发现，比如分析词源和对比类型研究。

2. 俄汉成语的形象及语义分析

成语通常由形象 + 评价语义两部分组成的。我们借助高菊（1997:47-49）提出俄汉成语对比方法，对俄汉语社会性别成语的形象和语义进行分析。根据俄语和汉语成语语义结构及其形象特征，可分为语义结构相对应的成语和语义结构不对应的成语。

2.1 语义结构相对应的俄汉社会性别成语

2.1.1 意义相同，形象相同的成语

由于客观现实和人类思维的共同性，不同民族在相同的社会实践和

生产生活实践中对客观事物的认识、判断、推理所得出的结论相同,加之各民族间的文化交流、经济往来的相互影响,使各民族的成语或出自同一来源,或相互吸收、借用。一般来讲,一种语言中的成语都可以在另一种语言中找到内容基本相当、语用意向基本相通的成语。由于俄汉两民族身处同一个地球村,对客观世界的认识和主观经验都有共同点,且都生存于“人类”这一大家庭中,“人类大脑的生理构造都是一样的,没有民族性,因而大脑的功能—思维也没有民族性,全人类都一样”(叶蜚声等,1981:23),这就促使对许多事物的认识具有一致性。

同样,俄汉语中社会性别成语也有一部分是形象、意义完全一致的。因为无论任何民族的女性,均拥有与男性不同的生理特征、外貌特征、思维和性格特征,并且体格小,体力不及男性,女性负责哺育下一代,男性负责寻找食物、保护妻小等。因此俄汉两语中有一系列意义相同、结构相近、形象比喻一致的社会性别成语,比如 У женщины ум короток, а волосы длины(女人头发长见识短), волосы длины, язык еще длинее(长舌妇), женская логика(妇女之见), базарная баба(骂街妇,泼妇), слабый пол(弱水三千), аппетный кусок(秀色可餐), гений чистой красоты(美若天仙), девушка с неба(仙女下凡), писаная красавица(如画的美女), старая дева(老处女), бабий век — сорок лет(半老徐娘,风韵犹存), девичьи (женские) думы изменчивы(女人心海底针)等俄汉两语言中均存在的含有贬低女性的成语。此外,成语 кисейная барышня(娇小姐,娇气包)的基本隐喻具有书面语性质,含不赞色彩,指柔弱、娇气以及生活能力弱的人。除了大量表女性的成语之外,俄汉语言中还存在一个表男性的成语: мышиный жеребчик(种马),通常是指拥有特殊魅力,让女人都为了他疯狂的男人。此外,俄汉两民族均赋予家庭中的父亲以崇高的地位,почтенный отец семейства 即“一家之主”。

俄汉成语中这种语义结构对应、形象比喻相同的成语主要使用转喻

（比如女性的长发，说话器官——舌头，以及女性经常出现的场所——市场）和隐喻（比如美女像食物）两种修辞手法来构造表女成语，数量虽然不多，但却反映了俄汉民族乃至整个人类心理、思维、习俗、经验的一致性。

2.1.2 意义相同、形象各异的成语

俄汉语成语是两种民族语言长期发展的产物，由于两民族语言发展的历史不同，所处的自然环境和社会条件不同，尽管一些社会性别成语语义相对应，但形象比喻各具特色，多数为本民族所固有，这些成语意象不一致，但寓意和用法基本相同。如：

Три женщины – базар 三个女人一台戏

Где баба, там рынок; где две, там базар 三个女人一台戏

Отрезанный ломоть 嫁出去的女儿泼出去的水

Ломовая лошадь 吃苦耐劳、逆来顺受的女人

Травленый волк 见过世面的人，饱经风霜的人，老江湖

Старый хрыч 老家伙，老东西

Гусь лапчатый 狡猾的人，老狐狸

第1、2条谚语中除了完全对应的“女人”的形象之外，俄语运用“базар”“рынок”等意象表示“嘈杂”“混乱”等语义，对应于汉语中的“戏”，表示“混乱”“热闹”等语义色彩，指“女人相聚在一起，总爱说说笑笑，热闹得像演戏一样”，根据语境不同，汉语语义可褒可贬，俄语以贬义为主。成语“отрезанный ломоть”直译为“切下的面包是粘不回去的”，泛指“离开家过独立生活的人”，形象不同，但通过隐喻实现语义的相通，在指称“女儿与父母关系疏远”的语境中与汉语中的“嫁出去的女儿泼出去的水”能达到语义的完全一致。俄语成语 ломовая лошадь 用“母马”来隐喻“女性”，因此可以用“конь”（公马）来表示辛苦工作的男性，即 ломовой конь。最后3个成语中，俄语皆运用阳性名词以及约定俗成的语义色彩，多用于表示男性，可以在汉语中找到语

义相似、形象不同的对应表达。

俄语中有一系列跟女性相关但指代男性的成语，这类成语往往带有戏谑或讽刺色彩，比如 под каблуком（常指对妻子唯命是从，百依百顺），за юбку держаться（一切听命于女人），бабий/ девичий/ дамский угодник（向女人献媚讨好的人）等，这在汉语中能找到形象不同但意义一致的成语表达，即“妻管严”“耙耳朵”等对女人言听计从、献媚讨好的男性，或叫裙下之臣。

其中，синий чулок，可译为女学究，指称毫无女性魅力，全身心投入到科研中的女性，含有不赞的语义色彩(仿造英语词组 blue stocking)。汉语中还有一个类似的表述是“女博士”，她们被戏称为第三种人，或者是 UFO（分别来自英语单词 ugly “丑”、foolish “笨”、old “老”的第一个字母的组合）。这些成语反映了英语、俄语和汉语社群中久已存在的心理定位，即只有男性才能从事科学研究，女性学者将丢失自己所有的女性气质和品质。

总之，俄汉语义对应的表女成语，无论是形象相同，还是形象各异，都具有极其丰富的语言表现手段，赋予言语特殊的表现力和独具一格的民族色彩，无不打上民族的烙印。因此可以借助“差异性”来对比理解俄汉语中的成语语义。

2.2 语义结构不对应的俄汉社会性别成语

2.2.1 意义不同、形象相似的成语

在俄汉语成语中有一部分虽然形象相似，但意义不尽相同或完全不同。这类成语需要特别注意掌握其本意，如按字面去解释会造成误解，甚至完全错误。如 хитрая лиса，虽然成语的形态为“阴性”动物名词词组，但不能直接理解为“狐狸精”这一针对年轻漂亮女性的称谓，更准确地应该表示汉语中的“老狐狸”。类似的成语还有俄语成语 аки лев рыкающий（宛如吼狮，指可怕的人或物），这里也不能简单理解为汉语中的“河东狮吼”，后者专指女性。与汉语成语“独夫民贼”的语义近似

的俄语成语 жить бирюком 主要用于指称男性，二者唯一的共通之处仅在于“独”：独夫——人所共弃的暴君，民贼——残害人民的人，多指反动政权的头子。而 жить бирюком 用以描述孤僻、寂寞、不爱与人交际的人，在民间口头创作当中，有许多讲述性格沉闷的、忧郁的人，他们通常是为地主当护林员，守卫森林，因此远离人群，性格孤僻和易怒。由于其生活方式和愁眉苦脸的性格，农民将他们称为独狼 бирюк——在俄罗斯某些地方用来称呼单只的狼。

2.2.2 意义不同、形象也不同的成语

在俄语中含有一系列富有俄罗斯文化特色的社会性别成语，比如与尤里节相关的：Вот тебе, бабушка, и Юрьев день（真倒霉），与圣经人物“夏娃”形象相关的：Дочь Евы，表示好奇心强的女子；还有Бабье лето（小阳春），来自于俄罗斯童话中的 царевна Несмеяна（冷面皇后）等。有一个源于俄国作家屠格涅夫作品的成语 тургеневская барышня/ девушка，是对屠格涅夫作品中女性的形象概括，她安静、内向，但十分感性，她们通常成长于僻静清新的乡村，未受到世俗社会的污染，单纯、有教养，这一文学形象已成为俄罗斯文学中的一个社会性别定型，用来表示外表清丽、性格内向，但情感丰富的淑女。

这些都跟俄罗斯独特的宗教文化和自然气候相关，汉语中则不存在这些成语表达，了解这些特色成语，可以丰富我们对世界的认知。在某些情况下，甚至可以借用其中一些成语对应汉语的某些表达，这也是丰富语言的方法之一，如 Бабье лето（小阳春）与汉语中的“秋老虎”基本对应，是指发生在二十四节气当中的立秋之后，短期回热天气，就像一只老虎一样蛮横霸道，所以民间称这段时间为“秋老虎”。它一般发生在8—9月之间，每年持续的时间长短不一，总体来说持续半个月到二个月不等。气温虽高，但是总的来说空气干燥，阳光充足，早晚气温不会太高。

总而言之，通过俄汉成语中社会性别定型的语义和形象性的对比分析，可以看出，成语是社会性别定型的主要存在场所，分析成语性单位可以揭示社会性别定型的具体内容，因为概念表达需要诉诸特定的语言形式，因此通过特定的语言形式可以找到性别文化规约的特定内涵。此外，言语行为定型可以通过两种形式来实现，一种形式是套语，包括成语、谚语、俗语、格言、警句等；第二种形式是言语化 / 非言语化的意识成规。成语性单位能反映某一民族的民族文化定型，并将其固定在语言中，同时通过对一定语言世界图景基本模板的再现可以表达语言文化心智的整体同一性。

俄罗斯和中国的父权制度都曾在漫长的历史中存在，不可避免地反映在俄汉谚语中，充分显示了男性本位主义特点。女性被视为不完整的人，是父亲或丈夫的财产，被赋予一系列负面定型：智力低下、招惹是非、用心险恶、唠叨多嘴等。这种现象表明男性语言是规范标准和主体，而女性语言只是一种附属的变体，关于女性的语言和女性所使用的语言中都体现着女性用语向"贬化"方向发展，具有消极的意义，而男性用语向"褒化"方向发展，具有积极的意义。

由于各自不同的自然环境和社会条件，形成了不尽相同的语言发展历史，俄汉语中有一系列具有民族特色的社会性别成语，它们具有鲜明的形象性，能表达深刻而隽永的含义，体现了俄汉民族文化的丰富多彩和民族心理的细致缜密，其意义不同、形象相似，或者意义不同、形象也不同。同时，由于人类对客观世界的认识和主观经验有其共同点，因此俄汉语中也有一系列形象不同、语义相似，以及形象和意义都相同的社会性别成语。通过形象和语义两个层面的对应和不对应分析，俄汉成语中的社会性别定型总体特征基本上得以彰显。

参考文献

[1] Аникин В.П. Теория фольклора: Курс лекций [М]. М., МГУ, 1996.

[2] Арутюнова Н.Д. Метафора и дискурс[A] //Метафора[С]. М., Прогресс, 1990.

[3] Бабкин А.М. Фразеологизмы русского языка и задачи Академического словаря русской фразеологии [A]// Проблемы фразеологии и задачи составления фразеологического словаря рксского языка (тезисы) [C]. Л., Наука, 1961: 5.
[4] Вольф Е.М. Функциональная семантика оценки [M]. М., Наука,1985.
[5] Гумбольдт В. Язык и философия культуры [M]. М., Прогресс, 1985.
[6] Даль В.И. Пословицы русского народа [Z]. М., Дом. «ННН», 1994.
[7] Добрыднева Е.А. Коммуникативно-прагматическая парадигма русской фразеологии [M]. Волгоград, Перемена, 2000.
[8] Зимин В.И., Спирин А.С. Пословицы и поговорки русского народа [M]. М., Сюита, 1996.
[9] Кирилина А.В. Гендер: лингвистические аспекты [M]. М., институт социологии РАН, 1999.
[10] Кириллова Н.Н. Проблемы идиоэтнической фразеологии [M]. СПб., Образование, 1996.
[11] Корнилов О.А. Языковые картины мира как производные национальных менталитетов [M]. 2-е изд., испр. и доп. М., ЧеРо, 2003.
[12] Малишевская Д.Ч. Базовые концепты культуры в свете гендерного подхода (на примере оппозиции "Мужчина/Женщина") [A]. // Фразеология в контексте культуры [C]. М., Языки русской культуры, 1999.
[13] Маслова В.А. Лингвокультурология: Учебное пособие для студентов высш. учеб. заведений [M]. М., Издательский центр Академия, 2001.
[14] Поливанов Е.Д. Избранные работы: Труды по восточному и общему языкознанию [M]. М., Наука (ГРВЛ), 1991.
[15] Постовалова В.И. Лингвокультурология в свете антропологической парадигмы (к проблеме оснований и границ современной фразеологии) [A]. // Фразеология в контексте культуры [C]. М., Языки русской культуры, 1999: 25—33.
[16] Прохоров Ю.Э. Национальные социокультурные стереотипы речевого общения и их роль в обучении иностранному языку иностранцев[M]. М., Эдиториал УРСС, 2003.
[17] Солодуб Ю.П. Национальная специфика и универсальные свойства фразеологии как объект лингвистического исследования[A]. // Филологические

науки[C]. М., Наука, 1990 : 45.

[18] Телия В.Н. Русская фразеология. Семантический, прагматический и лингвокультурологический аспекты [M]. М., Школа «Языки русской культуры», 1996.

[19] Формановская Н.И. Коммуникативно-прагматические аспекты единиц общения [M]. М., ИКАР, 1998.

[20] Garfinkel, H. Studies in Ethnomethodology[M]. Englewood Cliffs, New Jersy: Prentice Hall, 1967.

[21] 高菊，俄汉成语语义结构的对比 [J]，外语学刊，1997 (3)：47—49.

[22] 刘永红，论俄语成语文化研究的核心线索 [J]，外语研究，2010 (6)：40—44.

[23] 孙汝建，汉语的性别歧视与性别差异 [M]，武汉：华中科技大学出版社，2010.

[24] 叶蜚声、徐通锵，语言学纲要 [M]，北京：北京大学出版社，1981.

第五章

俄汉言语礼节中的社会性别定型研究①

① 该章部分内容首次发表于《俄汉传统言语礼节中的社会性别定型探究》一文(《中国俄语教学》2017年第3期)。

在龚学胜(2015:858)主编的《现代汉语大词典》中,“礼节”一词被解释为“合乎礼法的各种惯用行为和形式,如鞠躬、握手、敬礼、献花圈、献哈达、鸣礼炮等。”它泛指恭敬而得体的行为规范,既包括礼貌的言语,也包括礼貌的动作,即通常所说的“言必有礼,行必有礼”。从社会作用看,礼节作为维系社会运转的重要活动,受制于一定的社会规范,是维系社会秩序的重要保证,不仅仅是个人文明的重要标志,更是社会文明的标志。从人际交往看,礼节有助于创造和谐、融洽、相互尊重的交际氛围,促进人际间的正常交往,是建立良好人际关系的润滑剂,亦是搭建和维系交际各方友谊的桥梁,成为古往今来促进各个历史时期社会文明的不可或缺的重要元素。

追根溯源,表达各种言行和情感的礼节形式原本属于哲学的一个研究分支,与起源于哲学的符号学有着不可分割的密切联系,言语礼节(речевой этикет)概莫能外。句法学、语义学、语用学三者互为一体,构成了符号学的总体概念。言语行为、对话、篇章中的礼节符号之间的搭配组合属于符号句法学的研究范围,而从人在社会和交际中的相互作用和相互关系表现为对现实客体的反映这一角度来看,符号语义学无疑是研究礼节符号及其意义的。如果从说话人的角度看,他在具体语境中如何为受话人选择合适的礼节符号则属于符号语用学的研究范围。言语礼节无论以何种形式出现,都不可避免地涉及礼节符号的使用。

按照俄罗斯学者 Н. И. 福尔玛诺夫斯卡娅的说法,“礼节乃是涉及对人的态度的行为规范之总和(同周围的人如何相处、称呼与问候形式、在公众场合的言行举止、动作、衣饰等),以人为本,具有对话性质:它反映着一个人在现实世界中对其他人(对周围的人以礼相待)和对于具有礼节意义的事物（发型、衣饰等）的态度，其中包括言语的和非言语的、口头的和非口头的表现形式。这些不同的礼节形式在交际过程中通常相互作用。”（Формановская，1998：241—242）这段论述突出了“人”在礼节中的主导地位，强调了言语礼节在对话形式中的重要作用。

依据学界较为普遍的观点，定型按其结构可以划分为社会定型、民族文化定型、语言定型等三种类型：社会定型通常指的是思维定型和行为定型两个方面，“是群体或民族带有类型化倾向的认识及其形象的高度概括。”（文卫平，2002:12）也就是说，社会定型尽管是在人的知觉和情感基础上形成的，但其最终的确定因素则是固定在群体意识中并获得个人认同的、人的发展得以实现的各种自然条件；民族文化定型又被称之为“文化定型”或“民族定型”，是指某民族或群体对本民族或群体以及对他民族或群体所共同认可的价值和行为的概括性认识，或者对形成某民族或群体的典型特点的概括性表达；语言定型也叫“套话”（шаблон речи），是在社会共识和群体意识基础上形成的合乎一定逻辑的语言单位，泛指一切具有概括指涉意义的典型语言组合及应景型套语，其中包括“言语定型”（речевые стереотипы）。

在纷繁多样的言语定型中，表达礼仪规范的言语礼节占有重要的一席之地。在人类历史的发展进程中，所有民族无论大小，都具有自己丰富多样的历史与文化，并通过一定的语言符号模式反映出来。这些语言符号模式不仅包括每个民族制定的人们在社会中的行为准则，而且包括人们在各种不同交际情景中进行谈话的规范。这些规范可以简要地归结为言语礼节，或称礼貌用语。由于男女两性在人际交往中积极运用各种言语礼节来实现自己的交际意图，其语用层面不可避免地彰显各种各样的社会性别定型特点。

第一节 言语礼节研究综述

言语礼节属于礼节范畴，与社交礼节、饮食礼节、衣饰礼节、居家礼节、出行礼节、休闲礼节等相辅相成，互为依托，成为人们在社会交往活动中广为运用、共同遵守的行为准则，它既是一种内在的修养，又是一种行为规范，即行为定型。追根溯源，俄语中的“礼节”(этикет)一词源于法语“etiguette”，表示涉及待人接物外部行为规则的总和，它最早出现在14世纪的“留里克王朝”(Династия Рюриковичей)[①]，起初是指宫廷仪式规范，后来流传到民间，逐步演变为各种流行的社会行为规约。在俄罗斯以及其他国家的不同历史时期，社会为了使自己的成员达到和睦相处，相互理解，往往会根据生活模式和礼节套路制定出许许多多标准的社会行为规范以及成文或不成文的规定，并且经过社会成员反复多次的实践，使之成为约定俗成的惯性礼仪行为。诚如俄罗斯学者 M. B. 索科夫宁所说：“在社会交际中，首先成为标准规范的是那些最简单的且经过千万次重复的交际表现形式，其中每一种形式似乎微不足道，但其总和却构成了最为重要的人际关系轴心。其中占据首位的是维系人类群体中非对抗性交往的礼仪关系，这些关系自孩提时代就在接受教育和适应交际语境的过程逐步得以形成，并且以规范的符号形式衍生和固定下来。”(Соковнин，1974：105)由此可见，礼节是一个产生于社会群体的大概念，是出于人类交际的需要，对社会所允许或禁止的行为作出了符合人类道德规范的整合与归纳。

不仅如此，H. И. 福尔玛诺夫斯卡娅还引证诺贝尔奖获得者、著名奥

① 留里克王朝是统治东斯拉夫人的古罗斯国家的第一个王朝。大致相当于今日俄罗斯东欧部分地区、乌克兰、白俄罗斯部分地区。基辅罗斯是由来自北欧瑞典的瓦里亚基人建立的，其首领名为留里克，故称为留里克王朝，公元882年开始定都于基辅，故又称基辅罗斯。留里克王朝的最后一位沙皇费奥多尔·伊万诺维奇于1598年去世后，该王朝最主要的一系遂就此断绝。另外，俄罗斯罗曼诺夫王朝彼得三世·费奥多罗维奇之妻，即著名的女皇叶卡捷琳娜二世与俄罗斯留里克王朝有血缘关系，为留里克王朝的后裔。

地利生态学家K. 洛兰茨的动物行为研究成果，从发掘人的动物性入手，揭示出人和动物所共同具有的礼节的3种功能：(1)抑制侵略功能，即禁止同一群体成员之间的殊死搏斗；(2)示意“自己人”功能，即把同一群体成员限定在“自己人”的封闭圈子之内，把其他群体成员作为“外人”排除在圈子之外；(3)接触功能。人与人之间只要相互接触，就会形成交际互动，就需要言语礼节来维系合作交际，因为言语礼节的宗旨是为建立伙伴的友善关系服务的，与断绝来往、争吵、指责、训斥、辱骂等冲突性交际方式截然对立。(Формановская，2002：183—185)显而易见，言语礼节作为维系社会成员之间相互关系的纽带与桥梁，已经成为人际交往中不可或缺的重要组成部分之一。

1. 言语礼节研究缘起

言语礼节与礼貌(вежливость)虽然不能画等号，但二者之间有着密切的关系。在谈及言语礼节的历史沿革时，不能不谈学界的礼貌研究。礼貌是日常交际行为中具有道德或伦理意义的一项行为准则，包括人们为维护和谐的人际关系、保证社交活动畅通无阻所作出的种种努力。然而，礼貌这一概念一旦从伦理学、美学等研究范畴进入语言学研究领域，就获得别具一格的学术地位，有其独特的理论内涵，受到国内外语言学界的高度关注，研究成果纷至沓来。从国内外学者广泛开展的关于“礼貌”的界定与研究来看，其中较有影响力的学说有以下3种：

一是“交际原则说”，其代表性研究成果当属美国学者H. 格莱斯提出的合作原则(1975)和英国学者G. 利奇提出的礼貌原则(1983)。H. 格莱斯认为：“在所有的语言交际活动中，为了达到特定的目标，说话者和听话者之间存在着一种默契，一种双方都应该遵守的原则。”(转引自何兆熊，2001：154)他称这种原则为会话的合作原则，主要包括数量准则(要让自己所说的话达到交谈目的所要求的详尽程度；不要让自己所说的话比所要求的更详尽)、质量准则(不要说自己认为是不真实的话；不要说缺乏足够证据的话）、关联准则（说话要贴切，前后照应）、方式准则（避免晦涩的词语；避免歧义；说话应简要，避免赘述；说话应有条理）等4种准则（Grice，1975: 307—308）。这4种准则要求每一位交际参与者在整个交谈过程中所说的话符合这一次交谈目标或方向，其中前三种与人们在交谈时“说什么”有关，第四种则与“怎么说”有关。与此同时，H. 格莱斯发现，在言语交际活动中，人们有时并不遵守合作原则，甚至故意违反它，以符合交际需求。例如，人们去医院看望身患绝症的病人时，通常会有意违反质量准则，使用“善意的谎言”，不告诉病人实情，以免加重其心理负担。再如，当受话人不愿意回应说话人的话语时，会有意违反关联准则，移花接木，转移话题或者“你说东，我道西”，前言不搭后语，使得交际无法正常进行。

G. 利奇的礼貌原则包括6条准则：（1）策略准则，即说话要得体，使他人受损最小，受惠最大；（2）慷慨准则，即对别人要宽宏大量，使自身受惠最小；（3）赞誉准则，即在表情和表述方面尽力夸大对他人的赞扬，努力做到不贬损他人；（4）谦虚准则，即言行谦恭，尽可能减少对自身的赞扬；（5）赞同准则，即在言语交际中尽力夸大自身和他人之间的一致，尽可能缩小分歧；（6）同情准则，即设身处地替他人着想，尽力表现出对他人的同情（Leech，1983: 132）。G. 利奇认为，礼貌是一种语用现象，是人际修辞的原则之一，而修辞就是有效地使用语言，因此，他将修辞分为语篇修辞和人际修辞，人际修辞包括合作原则和礼貌原则。礼貌原则的提出是以合作原则为基础的，希冀解释人们违反合作原则的原因。简言之，“礼貌原则就是尽量减少（在其他因素相等的情况下）不礼貌信念的表达；尽量增大（在其他因素相等的情况下）礼貌信念的表达。而礼貌和不礼貌信念则分别是对听话者或者第三者有利和不利的信念。而有利或不利可以在一些相关的价值尺度上来衡量。”（高航，1996: 13）

在礼貌原则的6条准则中，最根本的一条是策略准则。这是因为“策略准则用于指令，而指令是各种言语行为中最需要讲求礼貌，也最能体现礼貌的一种行为。因此,策略准则是应用最广、最不可缺少的一条准则。实际上,策略是礼貌的根本,礼貌地使用语言就意味着策略地使用语言。”(何兆熊,1989: 179)可以看出,在言语行为这一平台上,礼貌原则与合作原则有着密切的联系,是对合作原则的补充。礼貌作为一种言语准则,是人类社会活动的重要准绳之一。言语活动作为社会活动的一个组成部分,无一例外要受到礼貌的约束。

二是“面子说”,其代表性研究成果首推英国语言学家 R. 布朗和 S. 列文森在《语言使用中的一些普遍原则:礼貌现象》(1978)一文中所提出的“面子保全论”(Face-saving Theory, 简称为 FST)。该理论更具说服力,对礼貌的界定更为明确,其礼貌策略似乎更为清晰。在他们看来,“礼貌就是‘典型人’(Model Person,简称 MP)为满足面子需求所采取的各种理性行为。他们的礼貌概念本质上是策略姓的,即通过某种语言策略达到给交际各方都留点面子的目的。”(何兆熊,2001:225)这里所说的“典型人”,是指具有面子需求的理性人,即社会集团中具有正常交际能力的人。这种典型人具有“面子”和“理性”等两种特殊的品质:“面子”是社会交往中人们有效地为自己赢得的正面社会价值,是一种公众形象,这种被称之为面子的公众形象是由他人的评价所支撑的,是社会赋予个人的。每一个社会成员意欲在公众中为自己树立个人形象,其中包括积极面子和消极面子。积极面子是指希冀得到别人的欣赏、赞同、喜爱和支持,而消极面子是指不希望自己的言语行为受别人干涉,不希望别人强加于自己。而“理性”则指的是交际双方能够运用一定的交际模式进行语用推理的能力,其中包括他们为实现交际目的而运用最佳手段的能力。布朗和列文森认为,只有具有“面子”和“理性”的典型人能够遵循礼貌原则,保证正常的交际得以顺利进行。

上述两个“礼貌”理论从不同视角对“礼貌”这一普遍现象作出语用学的解释,进一步巩固了“礼貌”这一概念在语言学中的学术地位。但它们也因以说英语国家文化或以西方文化为背景而忽略各国文化差异,以偏概全,在语言学界受到质疑与批评。实际上,利奇、布朗和列文森在提出这些理论时,也意识到“面子”这一概念尽管具有普遍性,但在特定的社会受特定文化规则的制约,礼貌常常表现出一定的特殊性。利奇也指出,“礼貌原则”的各个准则在不同文化中的重要性不同。有的东方文化国家(如中国和日本)比西方国家更强调“谦虚准则”,英语国家则更强调“策略准则”。因此,“礼貌原则”和“面子论”究竟在多大程度上具有普遍性,这是各国语用学家所关心的问题。(赵爱国、周民权等,2012:346)

三是“社会规范说”,其主要观点是:礼貌是一种约定俗成的社会道德规范,要求每个社会成员务必遵守。我国学者何兆熊(2001: 239)明确指出:“礼貌是一种可以观察到的社会现象,一种为达到一定目标的手段,一种约定俗成的行为规范……礼貌是不同文化背景的人都必须遵守和维护的准则。”陈松岑(2001: 3)也认为礼貌是“个人言行的准则和社会的道德规范。它要求社会成员在思想上有合乎礼的是非观、美恶观,在仪表、举止和谈吐上合乎礼的规范。思想上的是非美恶是内在的,而仪容、举止和谈吐的得当与否是外在的。内在的礼必须通过外在的礼才能为人们所感知,这种发自内心而行于外表的礼就是礼貌。”这种阐释揭示了外因通过内因而起作用、内在意向通过外在表达手段而发挥礼貌作用的哲理。王箕裘(2004: 4)的表述更为具体和清晰,他认为“礼貌是人们在日常交往中语言动作谦虚恭敬的表现,是相互尊重和友好的内在品质及行为规范。它体现时代的风尚和道德规范,体现人们的文化层次和文明修养。”这一界定把礼貌与社会规范与人的精神文明联系起来,进一步明确了礼貌的道德内涵与定型特点。

受多元化研究趋势的影响,学界对“礼貌”的研究已转移到对“礼貌原则”和“面子”进行跨文化对比以及本土化研究,国内外许多学者对这两个理论进行了修正和补充,同时也提出了适合本国文化的礼貌原则和准则。例如,俄罗斯学者 Е. А. 尼奇波罗维奇对俄语和西方其他语言中的礼貌现象进行对比，发现各个文化对礼貌和不礼貌的界定及阐释不尽相同，仁者见仁，智者见智，莫衷一是。因此，他认真探索不同文化判断礼貌和不礼貌的共同基础，提出了把人际距离（интерперсональная граница）作为判断热情或冷漠、礼貌或不礼貌的评判标准，并明确指出："礼貌是一种观念，该观念与人际距离密切相关。礼貌是'距离'的派生概念，而礼貌的标志则被视为人际距离的标记。"（Ничипорович, 2002: 102）再如，我国英语学者顾曰国（1992: 12—13）在研究西方学界相关礼貌理论的基础上，对汉语礼貌用语及其文化特征进行悉心研究，认为现代汉语中的礼貌和古代的礼有着深厚的历史渊源，从本质上来说乃是一种社会规范。为此，他提出了损己尊人准则、称呼准则、文雅准则、求同准则、言德行准则，认为这5条准则符合中国国情的汉文化礼貌要素以及言语行为规范。笔者认为，顾曰国提出的5条汉语礼貌准则比较适合汉文化的礼貌表征特点，对汉语言语礼节的研究与推广具有积极的促进作用。

俄罗斯著名汉学家 B. M. 阿列克谢耶夫长期从事俄罗斯和中国的礼节对比研究，他认为，中国乃礼仪之邦，历史悠久，文化底蕴深厚，中国人的言谈举止和待人接物向来以礼节为重，而这些礼节均来自于孔子所倡导的儒教。他明确指出："中国文化是世界上最古老、最有意思的文化之一，其中包括礼节文化……在各种不同的场合，孔子提出的旨在照顾面子和调节行为的'礼'往往发挥着主导作用。"（Алексеев, 2002: 173）他对孔子所说的"辞达则已矣"和我国古人所云"言谈之道，攻心为上""发人曲衷，动之以情""以虚求实，曲得所谓"等至理名言推崇有加，视其为中国礼节文化内涵的经典。B. M. 阿列克谢耶夫通过观察发现，在现实生活中，俄罗斯人在与中国人交往或者观察中国人相互之间的言行举止时，往往会发现许多不大理解的地方，用他的话来说，就是"很有意思但又很费解的地方"。这种费解是俄罗斯人以自己的言语礼节为参照，在跨文化交际对比的基础上形成的，反映了他们的礼貌文化理念、思维方式和价值观念，同时也折射出中国人某些独具特色的民族心理特征和别具一格的言语礼节特点。

俄罗斯学者的言语礼节研究自成体系，独具一格。早在20世纪初，Л. П. 雅库宾斯基率先研究俄语句法结构中某些现成的具有固定模式的句子，认为这些模式化场景中的固定表达方式含有社会规范的语义。此后，В. В. 维诺格拉多夫对俄语中有关言语礼节的感叹词进行研究，从中划分出一类特殊的感叹词，认为这些感叹词“是一类特殊的具有感情色彩的声音，表达了不同场景下熟人或者陌生人之间的相应的社会礼节。”(Виноградов，1972: 593）这些观点产生了重要的影响，推动了俄语语言学界的言语礼节研究，如 В. В. 巴巴依采娃、Л. Ю. 马克西莫夫（1981）在其专著中指出了某些语气词与言语礼节之间的密切关系，П. А. 列坎特（2001）在其专著中研究并区分了与言语礼节相关的某些语气词，Т. В. 费奥多罗娃（2004）在其副博士论文中总结了俄罗斯学界的言语礼节研究概况，对俄语不可分结构中的言语礼节单位、礼貌语义及其表达手段等问题作了详尽的阐述。

在言语礼节研究领域，尤为引人注目的是俄罗斯著名语言学家 В. Г. 科斯托马罗夫的研究成果。他借鉴西方和本国学者的相关学术研究观点，结合本民族文化特征与俄语礼貌用语的使用特点，首先提出言语礼节理论，在俄罗斯普希金俄语学院院刊《国外俄语教学》(« Русский язык за рубежом»）创刊号，即1967年第1期的《俄语言语礼节》(«Русский речевой этикет»）一文中进行论证，开创了这一理论研究之先河。应该指出的是，这一理论提出的初衷是基于语言国情教学法、伦理学以及美学等视角，旨在指导人们在日常言语交际中如何正确地使用礼貌用语。实际上，各个民族语言都有自己日久形成的既定的言语礼节，但俄罗斯学者首先将其上升到理论高度进行研究。在他们看来，言语礼节作为礼节的重要组成部分，指的是交际双方在交际过程中选用适用于交际场合、交际者的社会特征（年龄、性别、社会地位、社会角色等）以及言语交际内容所需要的社会行为规则。例如，交际双方只要一开始接触，就要相互问候，打招呼，一旦进入正式交际，就要遵循社会所规定的言语礼节形式进行交流，要么提出建议或请求，要么表示同意或拒绝，要么表示感谢，要么表示歉意……交际结束时，双方要彼此祝愿、相互告别，等等。人们在孩提时代就耳濡目染这些言语规则，在社会交往中逐渐掌握，并随着年龄的增长日益运用自如，从而创造出交际中的良好氛围，提高集体中人们的情绪，使人际关系融洽，气氛和谐。

随着研究的深入，Н. И. 福尔玛诺夫斯卡娅、А. А. 阿基希娜等学者把 В. Г. 科斯托马罗夫的言语礼节理论引入语用学研究。她们把俄语中表达礼节的语句罗列出来，梳理整合，分门别类，在此基础上从理论高度进行阐释，构建了较为完整的言语礼节理论体系，为言语行为的实施搭建了一个交际平台。她们认为，言语礼节就其实质来讲是一种言语行为，但二者不能等同，它作为一种行为手段，最终服从于言语行为所体现的评价、情感、言外之意、取效性及交际目的。因此，有些俄罗斯学者称言语礼节为“仪式性言语行为”(ритуальные речевые акты)或“社会性言语行为”(социальные речевые акты)。这些论述从理论和实践上进一步深化了言语礼节的语用属性，使其成为俄语语用学理论的原创性研究成果之一。

按照福尔玛诺夫斯卡娅的解释，言语礼节是指“交际者根据自己在正式和非正式交际场合的地位、角色以及个人关系来建立、维系并结束相互接触的调节性言语行为规范，为社会所认可，并且具有民族特点。”(Формановская，1998:240)换言之，言语礼节是人们在言语交际活动中应该共同遵守的、旨在调节相互之间关系的言行规约，即“由交谈双方的相互关系所确定的言语行为规则，”(Акишина，Формановская，1986:3)亦是交际双方根据交际场合、交际内容的需要及交际者的社会特征实施言语行为的社会规则。

言语礼节文化在人类漫长的历史进程中逐步形成并日趋完善，反映着人们对真善美的追求，是维护正常交际秩序的经验结晶，是社会进步、人类精神文明的标志之一。现代言语礼节文化内涵丰富，已经渗透到社会生活的方方面面，从政治、经济、文化领域，到人们的日常生活，从国家元首互访时的双边会谈，到人们平时见面时的一声问候，无所不在，无处不有，具有鲜明的普遍性和共同性。因此，可以毫不夸张地说，言语礼节不仅是人际关系的润滑剂，而且是人类社会保持有序及和谐发展的重要手段，是人们进行言语交际的指南，俄罗斯学者提出的言语礼节理论的社会意义正体现于此。

言语礼节是时代的写照，往往因时空地域或交际对象不同而有所差异。各个国家和民族之间除了具有一些共性的遵循国际惯例的言语礼节规范之外，同时还有自己约定俗成的个性化特定内容。即便是同一民族，其言语礼节亦因历史渊源、地域或方言、生活习俗等原因而各具特色，不尽相同。俄罗斯学者准确地把握住了这一点，根据时代的要求和语言发展的需求，把本民族千百年来积累的言语礼节不失时机地进行概括与总结，并且上升到了理论的高度，形成了颇具俄罗斯特色的言语礼节研究成果，其丰富的内涵和外在表现形式在 В. Г. 科斯托马罗夫、Н. И. 福尔玛诺夫斯卡娅、А. А. 阿基希娜等学者的著述中得到了较为详尽的阐述与论证，其中不仅包括简明的理论概述，而且列有大量生动而翔实的语料、丰富多彩的言语表达形式及其使用场合，层次分明，通俗易懂，实用性强，成为俄语语用学文献的重要组成部分，大大丰富了俄罗斯语言与文化的宝库。

2. 言语礼节与其他理论的相互关系

俄语言语礼节理论阐述独具一格，颇有见地，表明言语礼节理论并不是孤立存在的，它作为一种礼节，深深扎根于博大精深的俄罗斯语言与文化。В. Г. 科斯托马罗夫、Н. И. 福尔玛诺夫斯卡娅、А. А. 阿基希娜等俄罗斯学者除了阐述以上所展示的言语礼节与礼节的相互关系之外，还论述了言语礼节理论与以下7个研究命题的相互关系，展示了该理论丰富的内涵与宽泛的外延，可以将其简要概括如下：

2.1 言语礼节与礼貌的关系

关于言语礼节与礼貌的关系，上文已经略有涉及。二者都属于道德范畴，相互之间存在着一种相互密切作用的关系。礼貌体现一个人的道德品质，是对别人的尊重，是他习以为常的与别人相处的行为规范。因此，言语礼节通过言语体现礼貌，成为礼貌的不可或缺的重要组成部分。既然礼貌是尊重别人的表现形式，那么尊重本身就意味着承认人格、对别人彬彬有礼等，其结合点在于：遵守礼节规范就意味着必须礼貌待人。但是，言语礼节和礼貌不是一回事，不能相互代替，许多俄罗斯学者都持这一看法。

Г. Р. 沙米耶诺娃认为，礼貌与言语礼节实际上是战略与战术之间的关系。按照她的观点，礼貌作为致力于建立和谐舒适的交际联系的综合性战略，需要配置一系列的战术，其在俄语中的表达方式可以分为4类："(1)言语礼节，主要是指礼貌的固定表达和套语；(2)称呼性表达手段，如礼貌的称呼语、对和或事物的积极正面称名、人称代词 ты 和 вы 的使用等；(3)语音手段、委婉词语及评价手段等词汇手段、语法手段(性范畴、体范畴、人称范畴、无人称结构、复合句等)；(4)间接表达。"(Шамьенова，2000: 70—71)

Т. В. 拉琳娜在对比研究英俄两种语言文化异同的基础上研究礼貌与言语礼节，把礼貌视为"一个普遍性的交际范畴，是一个具有民族特征的策略组成的复杂系统，这些策略致力于无冲突的和谐交际，与受话人的期望保持一致，因此，礼貌遵守的是距离与亲密、正式与非正式之间的平衡。"(Ларина，2009: 168—169)按照她的观点，不同文化对礼貌有着不同的理解，如西方文化把礼貌解读为关注他人，尤其是关注受话人，而俄罗斯文化则认为礼貌意味着遵守恰当而适宜的规则，因此，俄罗斯语言与文化中的礼貌具有很鲜明的礼节特征，与言语礼节有着密切的联系。

E. A. 泽姆斯卡娅从俄语表达手段方面对礼貌和言语礼节进行区分。她认为，礼貌和言语礼节的区别主要体现在表达手段上，二者的表达方式相互交织，但礼貌的表达方式更加多样化。较之于言语礼节，礼貌不仅有诸如欢迎、感谢、道别等固定表达手段，而且还有更多更广的表达方式。(Земская，1994: 131)

H. И. 福尔玛诺夫斯卡娅对言语礼节与礼貌的相互关系有着独到的见解。她认为，从狭义上讲，言语礼节是不同语境主题下的交际单位的总和，这些交际单位致力于建立、保持和中断与交谈者的言语接触（欢迎、道歉、祝贺、道别等）。从广义上讲，言语礼节是具有社会和民族特征的言语行为调节规则。(Формановская，1986:72)谈到二者的差异时，H. И. 福尔玛诺夫斯卡娅明确指出："礼貌是对他人尊敬的表现，和言语礼节有所不同。言语礼节是建立和保持交际联系的语言手段，因此，它不仅具有尊敬的表达手段，而且具有亲昵而不拘礼节的表达，而不拘礼节的表达不具备礼貌特征。"(Формановская，2008:2)

关于礼貌和言语礼节的相互关系，H. И. 福尔玛诺夫斯卡娅有一句精辟的名言："遵守礼节的言行并非都是礼貌的，但不遵守礼节的言行肯定是不礼貌的"。(Формановская，1998:253)按照她的观点，礼貌属于表达说话人与听话人之间相互关系的功能语义—语用范畴。通常有4种体现方式：恭敬（指严肃、端庄有礼貌），彬彬有礼（常用于对待年长或社会地位比自己高的受话人），殷勤（常指男士对女士），得体（常指严格遵守行为规范）。遵守礼节、对受话人持以尊敬的态度将礼貌与言语礼节联系起来，使得说话人在言语交际中能够关注对方的兴趣、感受和意愿，表现出利奇所说的言语得体、慷慨大方、善于赞誉、谦逊有礼、协调一致、富有同情心等。只有同礼貌相结合，言语礼节才能预防或者取消言语对话中的冲突性，保证交际信道畅通无阻。如果言语交际中的任何一方不履行期待中的言语行为（如不打招呼，不问候，不感谢，不道歉，不祝贺节日等），或者使用与语境、角色、社会身份不相吻合的言语表达方式以及使用带有负面评价色彩的粗鲁词语等，则不符合言语礼节，也是不礼貌的。但是，从另一方面讲，如果在一些非正式交际场合，彼此关系很密切的同龄人或者“自己人”之间常常使用某些诸如 Привет, Тань！（塔尼亚，你好！）、Здорово, мужики！（哥儿们好！）之类无拘无束的随意性表达方式，从言语礼节角度来讲是适宜的，但并不一定符合礼貌规范。从另一方面讲，有些表达方式看似礼貌，但并不符合言语礼节，如夫妻之间以 «вы»（“您”）相称有悖于人之常情，除非夫妻关系破裂。由此可以看出，礼貌与言语礼节之间不存在绝对的对应关系，它们既相互作用，又相互对立。

2.2 言语礼节与文化的关系

关于言语礼节与文化之间的相互关系，В. Г. 科斯托马罗夫、Е. М. 维列夏金在其合著的《语言与文化》一书中作了详尽的分析，他们认为，不能把文化仅仅视为社会发展的外部条件或环境，文化是确定社会发展方向与形式的最为重要的源泉和动力，是手段，也是目的。交际文化乃是文化的最重要的组成部分，它同劳动一样，成为意识发展的手段，而这种手段就其本质和实现方式来讲具有对话性质。言语礼节作为人际交往中具有对话性质的言语行为，与民族文化、风俗习惯、仪式、典礼、社交传统密切相关，是言语交际文化的不可或缺的重要组成部分。

Н. И. 福尔玛诺夫斯卡娅从跨文化的角度来研究言语礼节，认为不同民族的言语礼节现象在功能、语义和语用上呈现出体现民族特色的多样性，其中存在着明显的差异，主要表现在两个方面：一是与受礼仪功能制约的语言结构有关，尽管文化理念相同，但语言表达形式各异。例如，在俄语言语礼节中，当对方是一个人时，称呼他的尊称形式只有 «вы»（“您”）一个词，在匈牙利的言语礼节中则有两个不同的词，一个用于日常尊称，另一个用于庄重场合，而波兰语则直接用第三人称代名词“пан / пани”来表达“您”。试比较：Могла бы пани дать мне на минутку ручку ?（先生能否把钢笔借我用一会儿？）；Вы не можете дать мне на минутку ручку ?（您能否把钢笔借我用一会儿？）；二是与受民族心理、文化习俗、生活方式影响的言语行为有关。例如，在见面问候与寒暄时，捷克人喜欢自我抱怨，尽管各方面一切正常，却习惯于把自己的情况说得一团糟，据说是避免说漏了嘴，以防恶鬼从中作祟。而保加利亚人和波兰人则恰恰相反，无论自己的情况怎样，都喜欢说得很好，且常常故意拔高，据说是为了防范不义之人，不让他们因听到不好的消息而幸灾乐祸。

根据 Н. И. 福尔玛诺夫斯卡娅的观察与研究，亚洲人的问候礼节别具一格，很有意思。例如，蒙古人的问候语取决于季节和牲畜，春夏秋冬各不相同，因为畜牧业是其民族生存之本，季节的变化直接关系到牲畜的饲养状况，如秋天的礼节性问候中通常少不了 «Жирный ли скот ?»（“牲畜肥壮吗？”），«Хорошо ли проводите осень ?»（“您秋天过得可好？”）之类话语。（Формановская，1998：258）而中国人过去相互见面时常使用“您吃饱了吗？”“您吃了吗？”之类问候语，可能与千百年流传下来的“民以食为天”的观念和以前缺吃少穿的生活状况有关，现在已经很少使用。

此外，Н. И. 福尔玛诺夫斯卡娅还提出，必须按照人们不同的文化层次与社会角色对言语礼节进行归类划分，因为每一文化中都存在着几种次文化，因此将言语礼节的表达形式进行社会修辞分类是符合社会群体结构（老一代——青年；知识分子——文化水平低下者；城里人——农村人等）的。这一点在对外俄语教学中非常重要，否则，将难以掌握俄罗斯式的对老师以名字和父称相称的尊称形式，难以选择名字的不同变体形式和能够令人接受的寒暄语以及难以选用 «ты/вы»（“你 / 您”）交际形式等，这就造成用所学语言（俄语）和自己的母语之间进行的交际在某种程度上将难以融合与对应的局面。（Формановская，1998：259）这正是福尔玛诺夫斯卡娅多年从事对外俄语教学的经验之谈，阐明了言语礼节在沟通不同民族文化、不同文化层次的交际以及在外语教学中的重要作用。

2.3 言语礼节与社会语言学的关系

社会语言学研究有关语言学与社会相互作用的一系列问题，其中不可避免地涉及言语礼节和交际者的社会地位问题。社会各界人物一般是按照固定的社会地位的特征来划分的。社会地位的特征包括：年龄（是中老年，是青年，还是小孩），工作性质所决定的社会归属（是工人，是农民，还是知识分子），文化教育素养（是使用规范语言的有知识的人，还是满嘴粗语脏话的无知识的人），居住地点（是城市，还是农村），性别（是男，还是女）等。例如，在俄罗斯，年龄大一些的知识分子见面时常说 «Мое почтение»（“您好”），分手时喜欢说 «Честь имею»（“很荣幸”）、«Разрешите откланяться»（“请允许我告辞吧”）等，请求对方时习惯于使用 «будьте добры», «будьте любезны»（“劳驾”）之类敬语形式，而年轻人则直接使用命令式形式；中老年人致歉时常说“我有过错”(«Виноват»)，很少说“对不起”(«Извините»)，而问候对方时喜欢使用“很高兴欢迎您”(«Рад вас приветствовать»)，“很高兴见到您”(«Рад вас видеть»)之类较为文雅的表达形式，不使用常出自年轻人之口的 «приветец»（“你好”），«салют», «салютик», «прибемия»（“敬礼”）等问候形式，甚至持反对态度；«Доброго здоровьица»（“你好哇”）、«Не поминайте лихом»（“请不要记仇”）之类说法常出于年纪较大的农村人之口，年轻人或城里人很少这样说；«Здорово！ »（“你好哇！”）这一稍显粗俗的问候语一般出现在男性言语中，女性则习惯于使用 «Здравствуйте!»（“您好！”）、«Доброе утро!»（“早上好！”）等常规性的礼貌用语。

除了上述固定的社会特征外，人们在不同的交际场合还往往充当着各种各样的社会角色，具有变化不定的特点，比如可以具有上下级、父母、客人、主人、同事、朋友、顾客、病人、医生、学生、老师、行人、乘客等不同的身份。在正式交际场合和非正式交际场合，针对不同的交际对象，对于语言的使用也都有不同的要求。

俄罗斯学者一再强调社会角色是相对的，因人而异，不断变化，比如一位年轻教师在课堂上是老师，但下了课之后他有可能成为其他老教师的学生或同事，医生生了病后同样可以成为病人等等。如果交际双方的身份和年龄等主要社会特征基本相同，那么言语情景就是对称的，如果年龄不等（如老人对小孩）、社会地位不同（如上级对下级、教师对学生等）、受教育程度或专业不同（如文盲对知识分子、化学家对文学家）等，那么言语情景就是非对称的，使用的语言就会各具特点。即便是对称性的交际，也会因交际场合的变化而使用不同的表达方式，比如两个同事在办公室里闲聊时可以互称小名，但到了庄严的会场则需使用尊称形式。而在非对称性的交际中，往往也会出现交际双方平齐的现象，双方似乎都能接受某种相互较为适宜的表达方式。在这种情况下，讲话时可以打破常规，使用平时不常使用的言语礼节，如从城里到农村来捕鱼或狩猎的知识分子，可以对当地农民说 «Здорово, хозяин!»（“主人好哇！”）之类略显粗俗但却表示亲近的话语，拉近与农民的距离，营造一种宽松的交际氛围。(Формановская，1998:243)因此，言语礼节与社会语言学密切相关，相辅相成，相互作用，能够从总体上调节各种类型的交际者之间的相互关系。

2.4 言语礼节与修辞学的关系

在交谈双方进行交际的时候，言语礼节“形成一种自然产生的口语，这主要表现在对话形式中。所有这些超语言学特征都使得言语礼节接近口语。”（李林章，2000:175）但是，在言语交际中，交谈双方的相互关系以及他们不同的社会归属、正式的和非正式的交际场合等情况都会影响言语礼节的语用及修辞特征。换言之，言语礼节与修辞学之间的关系是根据交际的正式程度、交际者的相互关系以及他们各自的社会特征来确定的。按照俄罗斯学者的观点，“任何一种功能语体都具有自己的规范和程式化的表达方式，依照既定的方式选择词汇与句法单位并将其融入话语结构。”(Формановская,1998:246)例如,政论语体讲究语句的气势节调,其表达方式以科学论证的逻辑性、说理性与艺术描绘的形象性、情感性相交织为特征,信息报道一般不能超越既定的常用套语,如俄语中不能说 Вчера здесь был дан прием в честь высокого гостя. Прием прошел в теплой и дружественной обстановке(昨天这里曾举办过欢迎贵宾的招待会。招待会是在热烈而友好的气氛中进行的),其中的时间、地点表述不够明确,不符合政论语体规范,被动形动词短尾“был дан”明显有误,通常应该使用中性动词 «состояться»,以体现迎接贵宾的庄重氛围。

与书面语体不同的是,在俄语口语语体的非正式交际中,交际双方的对话是在无拘无束的氛围中进行的,口语色彩浓厚,不仅可以省略许多话语成分,而且常常使用一些寒暄语、语气词和感叹词,如 Как жизнь?(日子过得怎么样?)、Ну, пока!(再会!)、Всего!(一切如意!)、Ах, как красиво!(哎呀,多么漂亮啊!)等,修辞意义有所减弱,适用于对待平辈人和亲人。而在正式的交际场合,语句结构要求完整,表达要讲求修辞效果,以此表明对遵守礼仪和文明礼貌的高度重视,因此,Разрешите поблагодарить вас(请允许我感谢您)、Горячо приветствую вас(热烈欢迎您)之类礼节性套语广为运用。

涉及交际双方的相互关系,主要看是交际对象是陌生人还是熟人,这两种情况不同,在言语礼节方式和对话结构的选择上都会有所区别。在俄语中,通常对陌生人宜用小型对话,说话人讲话力求言简意赅,除了称呼之外,表达请求、问题、信息传递等内容的“实质部分”尽可能简洁明快。例如:

— Простите, как дойти до Большого театра?

— Сначала прямо, потом направо.

— Спасибо.

— Пожалуйста.

— 请问，去大剧院怎么走？

— 先直走，然后右拐。

— 谢谢。

— 不客气。

说话人使用了 «простите»（“请问”）这一表达形式，既作为面对陌生人时的一种辅助称呼语，也体现了因打扰对方而表达自己的礼节性歉意，可谓一箭双雕，恰到好处。

而对熟人，尤其是对亲近者说话时，通常使用比较随意的称呼形式，话语可长可短，不拘礼节，甚至违背一般的语法规范，这是口语有别于书面语的修辞特点之一。例如：

— Бабуля, можно я пойду в театр?

— Конечно, можно.

— 奶奶，我可以去剧院么？

— 当然可以啦。

不难看出，说话人使用了 «бабушка» 一词的表爱形式 «бабуля»，既凸显了无拘无束的家庭谈话氛围，又体现了祖孙之间的亲昵，说话人在 «можно» 之后没有使用动词不定式 «пойти» 这一规范的语法表达形式，使用了变位形式 «пойду»，充分彰显出俄语口语的语用修辞特点。

再如，在苏联时代，товарищ（同志）一词作为称呼语广为运用，表达一定的修辞意义，具有加强语气的庄重感，如 товарищ преподаватель（教师同志），товарищ директор（厂长同志）等，体现出对对方的尊重。如果上述称呼中缺少了 товарищ 一词，则会导致修辞上的贬义，体现出不适宜的亲昵或者缺乏教养的粗鲁。在一些庄重场合，在称呼中不使用 товарищ 还常常表示不满或者不耐烦，如列车员在火车上查票时，会对迟迟不出示车票的乘客说：«Пассажир, ваш билет»（旅客，请出示你的车票），在商店里，顾客会对磨磨蹭蹭的售货员说：«Продавец, покажите мне эту сумку»（售货员，请给我看看这个包），等等。正常情况下，товарищ 是不能少的，否则是对对方的不尊重，搞不好还会引发交际冲突。但是，товарищ 一词只能和阳性职业名词连用才能构成正式称呼，不能和表示女性职业的阴性名词连用，如不能说 товарищ преподавательница（女教师同志），товарищ продавщица（女售货员同志），对职业女性也应使用阳性形式，使用阴性形式会被视为对女性不敬，也违反了俄语职业称谓的语用规范。随着苏联解体和时间的推移，该词虽然已被 господин（先生）一词所替代，但二者的修辞特点却是共同的。

需要指出的是，在日常交际中，尤其是在服务行业的工作范围内，为了降低交际的正式程度，人们通常广泛使用 «девушка»（姑娘，女士）这一称呼形式，对各个年龄段的女售货员、女服务员、女售票员、女列车员、女理发员、女秘书等几乎都可以这么称呼。例如，对餐厅女服务员可以说：«Девушка, подайте чай, пожалуйста»（姑娘，请上茶），既弱化了称呼语的正式修辞色彩，也给人以自然亲切之感。

2.5 言语礼节与语境的关系

如同言语行为一样，言语礼节的实现离不开具体的交际语境。语境是一个外部交际条件与交际者的内心反应相互结合的复杂的综合体，包括“说话人——受话人——交谈主题——时间——地点——原因——目的”等因素，说话人和受话人作为交际主体必不可少，时间、地点以及部分交谈主题属于外部交际条件，而原因及目的则属于交际双方的心理反应。这些因素适用于面对面的口头交际，因为较之于其他交际形式，这种口头交际与言语礼节的联系更为紧密。在每一种要求使用言语礼节的交际语境中，交际双方可以从诸多言语形式中选择最为贴切的表述方式。同义的言语礼节表述方式丰富多样，使得说话人能够根据受话人的特点、具体的交际语境来实施最令受话人愉悦以及最适合该场合的言语行为，如称呼受话人或为 Анна Ивановна, 或为 Анна, 或为 Аня, 或为 Анюта, 或为 Анечка, 或为 Нюра 等，完全取决于受交际语境所制约的言语礼节的本质特点。如果不顾及这些特点，就会歪曲言语礼节的本来面目，伤害对方，导致交际失误或者引发交际冲突。

Н. И. 福尔玛诺夫斯卡娅认为，言语礼节是靠交际语境来实现的，尽管交际语境多不胜数，但归纳起来，能够体现言语礼节的基本语境有9种：

（1）称呼语境：这是俄罗斯人在交际中最常遇到的情况，从中能够根据说话人本身的特征来确定受话人的社会地位与角色，同时还包括交际的正式与非正式程度、是对熟人还是陌生人、双方关系如何等。

（2）相互认识，或称确立接触语境：只有相互接触，才能使用言语礼节，其中包含着过渡到能够进行非偶然的、经常性的交际信号。

（3）选择以 ты（你）或者 вы（您）称呼对方：这两个简单的人称代词隐含着深刻的文化背景意义，统治并制约着交际语言的各个层次，诚如有的俄罗斯学者所说，掌握了 ты（你）与 вы（您）的用法也就基本上掌握了俄罗斯人的交际礼节。这种说法不无道理，因为在俄罗斯人交际的过程中，这两个代词时时刻刻受制于诸多因素，如年龄、性别、职务、身份和社会地位、正式场合与非正式场合、称谓、称呼、人与人之间上下左右的相互关系以及这种关系的细微变化、词语的选择、动词的人称和数范畴以及与之相关的形态变化等，其复杂的交际功能及其所谓“反复无常”的情感变化极不好掌握，可以说是一把“双刃剑”。例如，ты（你）既表示彼此关系密切，又表示极不礼貌，既表示熟人之间不拘礼节，又表示亲切。只有融入俄罗斯文化，才能体会到其中的分寸和尺度。但这并不意味着 ты（你）与 вы（您）这两个词的使用没有规律。俄罗斯人从小就接受教导，懂得其中要领。例如，学生对教师必须称 вы（您），据说长期从事青少年教育的苏联著名教育家、作家 А. С. 马卡连柯非常注重言语礼节，曾因一个学生对他称 ты（你）而给其一个耳光，就是让其长记性，明白学生是不能随便称呼老师的。因此，使用 ты 或者 вы 时，需要因人而异，因事而异。

（4）问候，或称开始语境：交际双方的接触通常从问候开始，其中常常伴随着各种各样的问讯与祝愿，是言语礼节的典型特征之一。

（5）告别，或称结束语境：交际有始有终，告别意味着接触终止，其中同样包含着诸多表达方式。

（6）致歉与感谢：不管有意还是无意，冒犯了对方就要道歉，得到对方的帮助就要致谢，这是保持社会平衡的必要礼节，是良好的交际性质与人际关系不致遭受破坏的重要因素。

（7）祝贺与祝愿：一旦出现任何喜庆理由，都要给对方及时送上热烈祝贺和良好祝愿，这同样是维系与保持社会平衡的重要手段。

（8）表扬与奉承：作为一种激励上进和催发正能量的交际手段，不失时机地赞赏和鼓励对方，能够振奋对方情绪，为交际增加动力，以促进交际和非交际目标的实现。

（9）安慰与同情：在对方遇到困难或者需要帮助时，态度鲜明地体现出设身处地为对方着想、保持与之协调一致的立场，表明 «Я с вами вместе»（"我和您在一起"）。（Формановская，1998：261—262）

上述9种交际类型通常作为言语礼节的主要内容，被学界广泛认可。Н. И. 福尔玛诺夫斯卡娅将其作为语境进行研究不无道理，不仅突破了原有的研究模式，而且全方位地展现了言语交际中可能出现的各种情况，为成功的言语交际行为提供了礼节方面的行动指南。

2.6 言语礼节与民族志学的关系

按照俄罗斯学者的观点，言语礼节与民族志学的相互关系主要通过具有民族特色的日常生活习俗、家庭结构、社会形态、仪式或典礼、文化传统等体现出来。А.К. 拜布林先后在两篇文章（1985，1988）中详尽研究言语礼节与民族志学的关系，认为言语行为是"固定的经常重复的行为方式，从中可以看到传统机制的核心以及民族文化的独特性。"（Байбурин，1985：3）如逝者的安魂弥撒仪式、对于病痛的符咒、婚礼仪式等，都无一例外地体现了不尽相同的民族文化特征。按照 Н.И. 福尔玛诺夫斯卡娅的说法，“诸如此类民间习俗、仪式、传统已经常态化，成为定型。”(Формановская，2005: 62)

苏联时期久负盛名的吉尔吉斯族俄语作家Ч. 艾特玛托夫在中篇小说《花狗崖》(«Пегий пес, бегущий краем моря，1977»)中肯定了维系种族生存的自我牺牲精神，通过“渔女”的故事，讲述了尼福赫族的祖先流传至今的出海捕鱼习俗：举行男孩子第一次出海捕鱼送别仪式时，妈妈一个人陪送他，并且不出声说任何话，只字不提即将到来的出海之旅，还没送到海湾就与儿子告别，有意一字一板、清清楚楚地对儿子说：“去森林吧！”说这句话时，她不看海，而是看着森林方向：“当心哦，柴禾要干，你自己也不要在森林里迷路！”妈妈说这些话的目的，就是为了弄乱儿子的行踪，保护其免遭魔鬼侵害。

Н.Б. 科尔尼洛娃通过研究发现，主动型的男性沉默成为亚马逊热带丛林中某些部族严格遵守的习俗：在部落众人的眼里，勇敢的男人是不耍嘴皮子、保持沉默的人。按照当地的迷信传说，沉默的男人本身具有超乎寻常的力量，这种力量对他的狩猎、作战与家庭生活极有帮助。在结婚前1至2年，新郎会立下沉默誓言，保持始终一言不发的言语礼节。只有结婚之后第一个孩子出生，才能改变誓言，打破沉默。但是，如果第一个孩子是女孩，则沉默誓言仍然有效，一直到男孩出生为止。有些男人由于等不到男孩的降临而只能保持沉默到老，而老年人在部落里是允许说话的，不管他们的孩子是男还是女。(Корнилова，2002:216)

作为调节社会生活的规则，这些从古代延续至今的诸多礼仪名目繁多，构成了总体上囊括允许与禁忌的道德规范，如尊老爱幼、关心家人、善待周围的人、不羞辱依赖于自己的人、热爱劳动、有良心等。以俄国罗曼诺夫王朝第四代沙皇彼得一世(1672—1725)为例，他作为俄国历史上最伟大的帝王，在位期间不仅积极推行政治、经济和军事等改革，而且大力发展文化教育事业，竭力弘扬俄罗斯道德精神，为此颁布的行为准则《少年正镜》(«Юности честное зерцало»)曾先后再版3次，成为俄罗斯族效法的言语行为规范，其中某些条款至今仍对俄罗斯人的言行举止具有潜移默化的影响。再以大蒙古国的末代可汗，同时也是中国元朝的开国皇帝忽必烈（1215—1294）为例：他作为闻名遐迩的蒙古族政治家、军事家，继承了先祖的政治和军事遗产，严守等级社会的操行规范，处处展现他的帝王权威，如他在举行宫廷盛宴时，高高在上，坐北朝南，其他人的桌子被摆放在很低的位置，左边坐着皇后，右边更低一些的桌子后边坐着太子、侄儿以及皇室亲戚，他们的头不能高于忽必烈的脚，而大臣们则坐在更低的地方……每个人都知道自己的位置，严格按照可汗规定的次序入席就座，不得半点有误。这些规定反映了蒙古社会当时的道德和礼节规范，与社会成员的地位、性别、社会角色等因素密切相关，彰显出独具一格的民族特点。

实际上，古往今来，这种按照职务或者社会地位高低来排座次的现象在各个国家都存在，至今仍然时有所见。例如，在外交场合，两国领导人会晤时，通常都是走在最前边，会谈和合影时坐在最中间，处于中心位置，而陪同人员则按照职务高低或者重要程度分坐两旁。不仅如此，会晤双方的身份还要讲求对等，避免厚此薄彼，违背外交礼仪。在其他场合，这种论资排队现象已经司空见惯。例如，无论召开什么层次的会议，在主席台上就座的人通常被视为重要人物，而坐在主席台最中间的人一般是核心人物，代表着该会议的层次或者级别，作会议主旨发言的人，一般是该领域最有影响的人；请客吃饭时，有主客之分，面对正门的主要位置上坐着主人和主要客人；家里就餐时，坐在主座位置的一般是长者，等等。在这些方面，俄汉两个民族的言语礼节大同小异。

但是，涉及性别和年龄因素时，俄汉民族的文化理念和行为定型出现差异。尽管性别与年龄在交际中具有重要的作用，但它们在俄汉文化中的主次位置却全然不同：对于俄罗斯人来说，性别因素大于年龄因素，提倡“女士优先”，女性在礼仪等级中一般高于男性，而对于中国人来说，情况则正好相反，年龄被视为受尊重的要素，在礼仪等级上高于性别，由此产生的文化碰撞势必会引起交际冲突。李学岩（2006: 91—92）曾列举了一个现实生活中的例子来说明问题：在圣彼得堡的公交车上，一位中国姑娘看到一位拄着拐杖的俄罗斯老爷爷上车，便很礼貌地起身让座，但这位老人既没有入座，也没有表示感谢，双方都感到很尴尬。引发这种误解的原因就在于，性别与年龄在中国人和俄罗斯人的礼仪等级观念中互不相同，俄罗斯人首先考虑的是性别因素，男性无论年龄多大，都应该站着，把座位留给女性，而中国人则将年龄因素放在首位，年轻人不管男性还是女性，都应该给老年人让座，视其为一种有礼貌和有教养的标志，这与汉民族"尊老"的历史传承不无关系。

笔者以为，"尊老"有其历史原因，这实际上是历史上孔子的儒家思想对中国文化和中华文明发展的不断影响所致。在中国的封建社会里，女性应该遵守"三从四德"的道德规范，社会地位低下，一切屈从于男性。尽管新中国成立后倡导男女平等，但男尊女卑的封建残余仍然挥之不去，在与性别有关的问题上时有表露，当遇到性别与年龄发生碰撞时，"尊老"观念又会趋于上风，体现了中华民族的"长者为先"的传统观念。

2.7 言语礼节与社会性别语言学的关系

俄罗斯语言学家对"社会性别语言"(гендерный язык)的语用对比研究首先体现在言语礼节方面，认为男性和女性在交际中所使用的问候、称呼、职业称谓、关注的话题等方面各不相同。例如，俄罗斯男性，特别是比较熟悉的年轻男性见面时常以 здорово（你好），салют（你好）之类表示亲近的用语互致问候；而女性则不然，她们通常使用 здравствуй(те)（你 < 您 > 好），привет（你好），добрый день（日安）之类大众化标准用语，既随意而又不失文雅。一般的俄罗斯知识女性都认为，言语是给人产生良好印象并且证实自己的社会地位的第一武器，因而在称呼男性时言辞谨慎，不随意表示亲昵，即便面对自己的恋人也是如此，注意保持淑女风范，保持矜持，希望对方首先使用亲昵称呼。如此等等，我们将在本章后半部分详叙，此处不再赘述。

从以上综述中可以看出,俄罗斯学者对言语礼节的研究已经达到一定的深度与广度,较为全面地诠释了浩如烟海的俄罗斯语言与文化中的礼仪元素。由于俄汉两个民族的文化理念、思维方式、价值观念、语言表达习惯等不尽相同,俄汉言语礼节中的差异在所难免。由于某些中国人和俄罗斯人缺乏足够的相互了解,在交往时难免出现种种交际失误,诚如闻一所说:“在我频繁来往于中俄两国的经历中,中国人不经意的一个词或一句话常常会伤害到俄罗斯人的某种情感。比如,说中国商品物美价廉时,有些俄罗斯人会认为讥笑他们经济能力不行;说中国人思想越来越开放时,有些人就会误解为是在暗示俄罗斯人的守旧”。(闻一,2005:11)有位俄罗斯人甚至把中国人所说的自然现象“西伯利亚寒流”也当成一种政治或社会概念,不明白中国人为什么非要把冬天天气冷归罪于它,认为这种说法伤害了俄罗斯公民的自尊心。在全球一体化、不同文化相互碰撞、相互渗透、相互融合的当今社会,如何宣传中国言语礼仪文化,使之融入国际主流意识并且发扬光大,确实值得认真思考。

从另一个方面讲,中国人在同俄罗斯人交往时,也不能不尊重人家的言语习俗,这就需要解读俄罗斯,研究俄罗斯人的言语礼节文化,增进彼此之间的相互了解。闻一先生不无担忧地说:“对俄罗斯,我们不是越来越陌生了吗?除了当前媒体中有限的总统普京和俄罗斯军售等问题的消息外,俄罗斯的传统似乎已经淡出了我们的日常视野,青年人不再谈论‘保尔·柯察金’,也很少唱《莫斯科郊外的晚上》,更不用说《喀秋莎》了。”(闻一,2005:11)这种说法在某种程度上确实反映了中国人对俄罗斯的一种认知现状。然而,我们欣喜地看到,进入21世纪来,随着“俄罗斯年”“中国年”“俄语年”“汉语年”等中俄文化交流的全面开展,俄语言语礼节越来越引起中国学界的重视。例如,学生使用的许多俄语教材中辟有“言语礼节”专栏,有些学校还专门开设了俄罗斯言语礼节课,言语礼节教育也成为赴俄人员培训中的一项主要内容。如此等等,无疑有助于促进中俄人民之间的跨文化交流。

第二节 作为言语定型的言语礼节

如上所述，言语礼节的初始研究基于语言国情教学法、伦理学以及美学等学科，后来进入语用学研究领域，被视为一种体现交际意向的言语行为。随着研究的步步深入，俄罗斯学者发现言语礼节通常具有约定俗成的性质，与言语定型有着千丝万缕的联系，在人们的日常言语交际中发挥着习得性的社会规约作用，从而使得言语礼节进入言语定型的研究视阈。

1. 言语礼节的定型特征

广义的言语礼节，是指言语交际中经常重复、使用频率极高的套语，通常作为人们相互之间进行言语交际的先导和前提，用来营造良好的交际氛围，建立和谐的人际关系，因而广为运用。薛丽山（2000:182）明确指出："语言群体在无数次的重复使用中，将这些言语手段反复加工，千锤百炼，形成了种种套式。它们是 formula, 而不是 formulations，是一些公式化了的习惯说法，这就是礼貌用语的习用性。"也就是说，言语礼节具有先例性的习得特点，成为社会所认可的、人们习以为常的惯性套语，其惯常性和习用性呈现出以下两个特征：

首先，这些礼节性套语重在深层含义的交际功能，其字面意思已经淡化或者被弃之不用。例如，俄罗斯人要向对方打听什么事时常说«Простите, ...»（"请问，……"），«Извините, ...»（"劳驾，……"），其交际含义已经不是字面意思"对不起"，而相当于«Скажите, пожалуйста, ...»；熟人之间见面时常说«Как дела?»，«Как здоровье?»，并不是刨根问底，想打听对方的近况和身体情况究竟如何，而只是礼节性的问候，对方简单作答既可；人们相互告别时常说«Всего наилучшего!»，«Всего доброго!»，并不是希冀对方获得一切好的东西，仅仅是分别时表达一下良好的祝愿，相当于汉语的“祝一切顺利！”“再见！”。

其次，这些礼节性套语都是日复一日、长期重复使用的现成语句，信手拈来即可，不需要根据语法和逻辑临时组织，更不需要按照字面意思逐词译为汉语。例如，交际双方见面时说 «Кого я вижу?»，意为“是你呀！”，而不是“我看见了谁？”；当对方说声 «Спасибо»（“谢谢”）时，以 «Пожалуйста» 作为回应，而不是用 «Нет, не надо» 来表示“不用谢”，等等。正确解读并熟练掌握这些约定俗成的套语，对于提高俄语初学者的交际应对能力至关重要，会帮助他们避免出现不必要的语用失误。

上述语例在人们的语言意识中自幼潜移默化，广为运用，具有鲜明的习得性，成为社会成员习以为常、反复使用的言语定型，诚如俄罗斯学者 Н.И. 福尔玛诺夫斯卡娅所说：“说话与一定的日常生活模式相关，会导致产生一系列与日常生活状况和谈话主题密切相关的固定性套语。事实上，如果看看我们在日复一日的重复语境中所说的话，则不难发现，我们使用的是套话，即交际定型。”（Формановская，2005: 59—60）例如，Сколько стоит...（多少钱）、Покажите, пожалуйста...（请拿给我看看）、Взвесьте...（请称一下）、Заверните...（请包起来）之类语句常见诸商店，是顾客对售货员所使用的语言，这就是买卖言语定型。如果换作食品自选商场，这种言语定型不再发挥作用，人们会默默选择自己需要的商品，然后到收银台直接交款即可。也就是说，语境不同，言语定型亦迥然各异。这类针对不同场合所使用的言语定型在现实生活中比比皆是，如 Какая это остановка?（这是哪一站？）、Вы выходите на следующей？（下一站您下车吗？）之类语句常见于公交车上，而 Что с вами?（您怎么啦？）、Как вы себя чувствуете?（您觉得身体怎样？）之说则常见于医院里医生对患者的询问。

早在20世纪20年代，著名俄罗斯语言学家 Л.П. 雅库宾斯基在谈到言语交际时明确指出：“与一定的日常生活模式相关的说话会导致一系列套语的生成，这些套语（шаблонные фразы）固定用于既定的日常语境和成规的谈话主题。”（Якубинский，1923: 175）这一观点对以后的言语行为研究产生了重要的影响。例如，Н.И. 福尔玛诺夫斯卡娅认为这些“套语”就是言语定型，她把言语定型与言语礼节联系起来进行研究，明确指出：“言语礼节的礼仪性是以一定的行为定型为前提的，而行为定型就包括言语定型和心智定型。言语定型指的是一切具有固定指涉意义的语言组合及其在交际中的用法，这是从广义角度而言的。许多表示礼节的言语无论在结构上还是在意义上都可以被称之为‘套语’。社会为了让所有成员能够和睦相处，通常会制定出一套由约定俗成和成规的概念所决定的行为规范。”（Формановская，2002: 181）这样一来，日常生活中规范的言语行为会帮助社会成员养成自觉实施习惯，省时省力，释放智力和体力能量，去完成创造性的工作。

由此可见，“不以规矩，不能成方圆”（摘自孟子的《离娄章句上》一文），这句话揭示了一个重要的道理：做任何事情都要有规矩，懂规矩，守规矩，否则无法成功。社会是由人集合而成的，社会活动是人的活动。人们活动的动机、目的往往不同，如果没有一个规矩来约束，各行其是，社会就会陷入无秩序的混乱中。一个人在接受教育和社会化的过程中，他会逐步掌握并完善语言，了解与周围人相处的礼节规范，其中包括言语礼节，换言之，他必须掌握礼节文化。为此，他“应该明确交际语境以及对方的角色特征，并适应自己本身的社会和心理特征，满足其他人的愿望和期待，努力仿效操母语者的意识中形成的‘范例’，按照说话人和受话人的交际角色规范实施言语行为，有礼有节，张弛有度，收放自如，说话要符合语体规范，不仅掌握交际的口头和书面表达形式，而且要掌握一系列非口头交际手段。”（Формановская，2005: 63）因此，每个社会成员必须自觉遵守社会规定的成文的或不成文的行为规范。有些行为规范是社会特意制定的，有些则是人们自幼耳濡目染习得而成，带有很强的因袭性。在什么场合应该说什么话，遵守什么礼节，已经成为人们习以为常或必须实施的言语行为。从这个意义上讲,言语礼节作为反映人们习惯行为的言语定型无可厚非。

2. 言语礼节定型的基本类型及其意义

言语礼节纷繁多样,无处不在。从人们相互见面问候、称呼,到交际结束及告别,其间涉及诸多交际环节。也就是说,凡是涉及言语交际的场合,都不可避免地面临言语礼节的选用。如何对浩如烟海的交际场合以及与之相匹配的言语礼节进行归类整合?这一问题引起各国语言学界的高度关注,许多学者从不同视角对其进行探究,为言语礼节定型研究提供了有益的借鉴。例如,我国学者孙乐中的《实用日常礼仪》(2005)一书归纳出言语礼节的几种类型:日常见面礼节(招呼礼、握手礼、鞠躬礼、拥抱礼、亲吻礼、吻手礼、飞吻礼、致意礼、注目礼等)、称呼礼节(泛称、职务称、职业称、姓名称、特殊称、习惯称呼、亲属称呼、拟亲称、尊称和谦称等)、介绍礼节(正式介绍、非正式介绍、自我介绍、他人介绍、介绍他人以及介绍后的应对礼节,如点头、欠身、起立、握手、寒暄、递接名片等)、日常来往礼节(约会与邀请、拜访与做客、待客、馈赠等礼节)、仪态礼节(手势、表情、微笑、眼神以及站、坐、走、卧、蹲、跪、挽臂等姿势)等。在分类的基础上,作者进一步详细阐述了言语礼节所要遵循的两个基本要求:其一是内在方面,要求说话人必须从内心关心受话人的思想情绪;其二是外在方面,强调说话人必须将这种关心用礼貌的语言表达出来。(孙乐中,2005:228)要达到上述基本要求,说话人就必须具有良好的动机和恰当的表达方法,根据言语礼节的不同类型选择得体适宜的应景套语。

俄罗斯学者对言语礼节的分类有着较为详尽的描写,如上面提到的Н.И. 福尔玛诺夫斯卡娅、А.А. 阿基希娜合著的《俄语言语礼节》(1986)一书作了富有见地的尝试。参照俄罗斯言语礼节的特性、功能、内容范围以及所表达的意向意义,我们结合自己的理解与体会,将其归结为以下14种言语定型类别：

2.1 **称呼礼节**(Этикет обращения)

称呼礼节作为人际交往的前奏，是日常交往沟通人际关系的信号和桥梁，不仅彰显交际双方之间的相互关系以及亲疏程度，而且体现社会规约所框定的礼貌与尊重。“在许多语言社会中，先称呼对方，然后说话，是有礼貌的表现。它既表明说话人请求对方聆听自己的讲话，更重要的是表达了说话人如何理解交谈双方的关系，甚至还有说话人对这次交谈本身性质的认识。”（陈松岑，2001:18）也就是说，作为交际起始行为，称呼语从交谈一开始就表达了说话人对受话人的态度，以及说话人对两者社会关系的认识，它表达的不仅是称呼语本身的命题意义，更重要的是体现说话人的命题态度，即交际意向。在俄汉语中，称呼语通常包括以下4种形式：

2.1.1 对陌生人的称呼：这是说话人时常面对的礼节之一，由于不知道对方的姓名，有时不免为如何称呼对方而纠结。在这种情况下，俄罗斯人一般使用通称形式，即说话人不区分听话人的职业职务，而是通过听话人的其他典型社会特征来称呼对方的称呼语。典型社会特征通常涉及年龄、性别等，比较容易从外貌上辨识。俄语中常见的通称形式有：«Молодой человек!»（“年轻人！”）、“姑娘，女士”（«Девушка!»）一般是对青年男女的称呼，也经常见诸老年人对中年男女的称呼或中年男女之间的相互称呼。面对素不相识的一群青年男女，同龄人及年长者通常习惯于称呼他们为 «Ребята!»（“青年人们，小伙子们！”）、«Девушки!»（“姑娘们”）等。例如：

（1）—Девушки, здесь свободно?

— Свободно, садитесь, пожалуйста.

“姑娘们，这里的位子空着吗？”

“空着，请坐。”

（2）—Молодой человек, можно попросить вас подвинуться.

— Пожалуйста.

“年轻人，请您让一下位子，好吗？”

“好的。”

通称形式还包括 «дама»（“女士”）、«господин»（“先生”）等，主要用于正式的交际场合，如：Уважаемые дамы и господа, разрешите мне от имени правительства РФ выразить вам горячее приветствие（尊敬的女士们、先生们，请允许我代表俄罗斯联邦政府向你们表示热烈的欢迎）！俄汉语都遵循国际惯例，“女士”在前，“先生”在后，以体现对女性的尊重。

需要指出的是，在苏联时期，不分男女，不论性别，陌生人之间广为流行 «товарищ»（“同志”）这一称呼，如在公交车上，常会听到这样的对话：

— Товарищ, вы выходите на следующей остановке?

— Нет, не выхожу. Проходите, пожалуйста.

“同志，您下一站下车吗？”

“不，我不下车。请过去吧。”

在其他交际场合，“同志”这一称呼同样不绝于耳，与我国20世纪50—80年代流行的人与人之间的称呼颇为相似。苏联解体以来，随着社会动荡和人际关系的变化，“同志”逐步被代之以 «господин»（“先生”）或 «дама»（“女士”），人的性别特征被彰显出来。这一现象说明，社会的变化引发的不仅是称呼礼节的改变，而且包括思维及语言定型的改变，在某种程度上反映了俄罗斯当今社会对与前一历史时期的有意疏离。

除此而外，对陌生人还有一种非亲属称谓，即人们与家庭以外的陌生人接触时，往往会自然而然地把亲属称谓引申，用来称呼他们。俄汉语种常见的此类称呼是：«Дядя!»（“叔叔！”）、«Тетя!»（“阿姨！”）是小孩对陌生成年人或熟人的称呼，如果面对的是老年人，小孩子分别称

呼他们为 «Бабушка!»（“奶奶！”）、«Дедушка!»（“爷爷！”）；成年人对小孩子的称呼分别为 «Мальчик!»（“小男孩！”）、«Девочка!»（“小姑娘！”）、«Ребята!»（“孩子们！”）等。例如：

（1）— Дядя, скажите, пожалуйста, сколько времени?

“叔叔，请问几点了？”

（2）— Девочки, уже позно, пора возвращаться домой.

“小姑娘们，天色不早，早点回家吧。”

当需要询问陌生人时，有时不便使用上述称呼或者为了快捷，说话人会使用一些类似于招呼语的辅助称呼形式，如“请问……”（«Скажите, пожалуйста.., Простите.., Извините...»）“劳驾……”（«Будьте добры.., Будьте любезны...»）等，这样说是为了吸引对方的注意力，紧接着提出问题、请求等。例如：

（1）— Простите, вы не можете сказать, когда открывают читальню?

— В восемь часов.

— Спасибо.

“请问，您能否告诉我，阅览室几点开门？”

“8点钟。”

“谢谢！”

（2）— Будьте любезны, закройте окно, в зале очень душно.

— Пожалуйста.

— Благодарю.

“劳驾您开一下窗户，大厅里很闷。”

“好的。”

“谢谢。”

需要说明的是，俄语中的 «Будьте добры» 和 «Будьте любезны» 以及 «Благодарю» 之类话语比较文雅，讲求客套和礼貌，常出自知识分子或老年人之口。

2.1.2 对熟人和亲属的称呼：对熟人的称呼相之于陌生人相对容易一些，但也要顾及交际场合是否正式、彼此之间的熟悉程度、社会地位、社会角色、年龄、性别等因素。一般来说，在非正式交际场合，俄汉语中对家庭成员使用亲属称谓，这与家庭结构、风俗习惯以及俄中两个社会的经济制度密切相关。俄罗斯的宗族制度没有中国的宗族制度复杂，限制不是那么严格，因此俄语的亲属称谓比汉语少，常见的有 дедушка（爷爷）、бабушка（奶奶）、папа（爸爸）、мама（妈妈）、сын（儿子）、дочь（女儿）、внук（孙子）、внучка（孙女）等，或称之以相应的表爱形式，如 папочка, мамочка, дедка，бабуля, сынок, дочка 等。相比较而言，汉语中除了上述亲属称谓，还有诸多根据姻亲和血亲关系以及不同辈分所规定的称呼，其中包括“姥爷”或（“外公”）“姥姥”（或“外婆”）“伯父”“伯母”“叔父”“叔母”“小叔子”（丈夫的弟弟，也称“小叔”）“大舅子”（妻子的哥哥）“小舅子”（妻子的弟弟）“小姨子”（妻子的妹妹）“姨夫”“小叔”“婶子”“姑父”“姑姑”（或“姑母”）“舅舅”“妗子”（或“舅母”）“哥哥”“姐姐”“弟弟”“妹妹”等。这些称呼形式错综复杂，不谙世事的小孩子一般难以辨识，只有随着年龄的增长，才能逐步厘清个中缘由。

需要指出的是，在俄罗斯，兄弟姐妹之间通常直呼其名，不像中国人那样互称“哥哥”“姐姐”“弟弟”“妹妹”。有时面对与自己几乎同龄的长辈，也同样直呼其名。但是，在正式交际场合，无论家庭成员、亲朋好友，或是同事、上下司之间，或者长辈和晚辈之间，通常用“名字 + 父称”（如 Николай Иванович...）这一尊称形式或者“先生 + 姓”（如 Господин Браун...）“女士 + 姓”（如 Госпожа Браун...）等称呼形式。笔者曾在俄罗斯亲眼见证这一语用现象：1988年11月的某一天，我们几位中国进修教师相约，去指导教师 Н.И. 福尔玛诺夫斯卡娅的办公室咨询几个问题，期间她的女儿敲门而入，急急忙忙地说：«Мама, дай мне ключ от дома, я забыла взять его с собой, мне нужно срочно ехать домой.»（“妈妈，把家门钥匙给我，我忘了随身带它，现在我需要马上回家一趟。”）这时，只见Н.И. 福尔玛诺夫斯卡娅板起面孔，严肃地对女儿说：«В кабинете я вам не мама, а Наталия Ивановна !»（“我在办公室不是您的‘妈妈’，而是‘纳塔利娅·伊万诺夫娜’！”）女儿一听，马上改口说：«Извините, Наталия Ивановна !»（“对不起，纳塔利娅·伊万诺夫娜！”）之后才从妈妈那里拿到了家门钥匙。Н.И. 福尔玛诺夫斯卡娅借这件事给我们上了一课，让我们懂得了交际场合的重要性：对熟人的称呼也要因时因地而异，并不是随意的。

在俄语中，对亲朋好友使用姓名称呼语是一种常见的语用现象，但有一定的社会规约：在正式交际场合通常使用“名字＋父称”这一称呼形式，在非正式交际场合一般直呼其名，或使用表爱或表小形式。试比较：

（1）— Наталия Николаевна, вас просит зайти директор.

— Сейчас зайду, спасибо.

“纳塔利娅·尼古拉耶夫娜，经理请您去一下。”

“我马上就去，谢谢。”

（2）— Наташа, посмотри, какое платье я купила!

— Очень красивая, Верочка, тебе так идет!

“娜塔莎，快看，我买了一件什么样的连衣裙！”

“很漂亮，韦罗奇卡，你穿着正好！”

相比较而言，中国人对认识或熟悉的人的称呼礼节要更为复杂，这尤其体现在非正式交际场合，常见的有语用现象有4种：

一是言必称“官”，在日常工作和生活中，姓＋行政职务（如马主席、刘院长、牛董事长、赵总、孙副局长、王副主任等）这一职务称呼形式在上下级或者同事之间颇为流行，有时甚至把副职随意“扶正”，省去“副”字，“孙副局长”成了“孙局长”，“王副主任”成了“王主任”等，说话人认为只有这样称呼才是尊重对方，被称呼者也习以为常，乐于接受。有些人对于官衔很在乎，尽管身为专业人士，但很享受别人用行政职位称呼自己。据报道，某校有位老师前一天刚被任命为教务处长，第二天有学生找他时，按照习惯随口称他为“老师”，他的脸色马上变得阴沉，一幅爱理不理的样子，幸好这个学生反应快，明白了老师不高兴的原因，随即改称其为“处长”，该处长马上多云转晴天，笑脸相迎。近些年来，在我国高校里还出现了一个奇怪的现象：一些院校原本只有十几个系部，后来都改成了院部，所有系主任都改称院长，麻烦随之而来。“总院领导称院长，各分院领导也称院长，不撞车还好，一撞车就会出现尴尬。好在人民的智慧是无穷的，教职工把总院的领导称为大院长，把分院的领导直接称院长。”（雨茂，2011）似乎这样才能显示对方的身份与地位，同时表达自己的敬意。

然而，俄罗斯人对这种现象感到匪夷所思，他们不明白为什么中国人称呼对方时非得说出职务，把“官衔”看得那么重，因为在日常言语交际中，俄罗斯人很少以职务相称。他们无论面对上司或者职务高于自己的人，习惯于使用“名字＋父称”或“先生＋姓”等尊称形式。即便是在苏联时期，俄罗斯人还常常以“同志＋姓”或“同志＋职业称谓”称呼对方。苏联解体之后，尽管“同志”这一称呼逐渐被代之以“先生”，但在平时的言语交际中，俄罗斯人也不习惯叫你什么长，什么官，而是按照他们的习惯直呼其名或者使用“先生＋姓”（如 господин Петров）这种尊称形式。当然，在一些正式的交际场合，俄罗斯人也会出于外交礼仪的考虑，使用“先生＋职务”这一尊称形式，如 господин председатель（主席先生）、господин президент（总统先生）等，带有浓厚的官方语体色彩。最常见的还是上述“名字＋父称”形式，对国家总统也不例外，如俄罗斯人无论普通百姓或是政府高级官员，一般都当面称 В.В. 普京总统为 «Владимир Владимирович»（“弗拉基米尔·弗拉基米罗维奇”），认为这是最为贴切的礼貌称呼。这与中国人把毛泽东、习近平等国家领导人称为“毛主席”“习主席”的习惯性尊称形式形成了鲜明的对照。

这种情况表明，俄罗斯人心目中的“权力距离”要远远小于中国人，他们看重的是称呼本身而不是官衔，而不少中国人以职务称呼对方，除了作为尊称之外，还往往带有潜在的奉承含义，这与长期以来残留在人们潜意识里的等级观念有关。在几千年来的社会发展进程中，中国一直比较重视等级制度，级别或职务高低往往决定着一个人的身份和社会地位以及别人对他的称谓。“礼”往往是下对上而言，故古人有“刑不上大夫，礼不下庶人”之说。下对上毕恭毕敬，俯首帖耳，唯命是从，尊敬有加。由此看来，古人的“礼”具有很大的局限性，并非整个社会不分尊卑贵贱，人人有“礼”。受这种观念的影响，口必称“官”，言必叫“长”在中国就成为一种根深蒂固的尊称形式，某些说话人认为只有这样称呼才是看得起对方，唯恐用之有误，而听话人也坦然笑纳，某些喜欢摆谱的人甚至因为对方没有称呼自己的官衔而心怀不满，认为称呼者对他不恭不敬。（周民权，2014: 171）这种以“官”为荣、以“长”为耀的称谓形式实质上是“官本位”意识的具体反映，没有接受过中国文化熏陶的俄罗斯人自然是体会不到个中缘由的。

二是言必称“老”，在各个年龄段广为运用。中老年人或同事、同辈之间只要相互熟悉，一般都喜欢用“老＋姓”（如老吴、老朱、老邓、老魏等）这种称呼，甚至一些年轻人也竞相效仿，相互之间常以“老”字互称，一口一个“老周”“老王”“老江”等，出自小孩之口的“老爸”“老妈”“老爷爷”“老奶奶”更是不绝于耳，这无疑是受长辈的影响所致，他们从小就听惯了“老师”“老公”“老婆”“老板”“老伴儿”之类称呼，可以说是在“老”字声中长大成人。这种称呼连外国人也难于幸免，“老外”成了他们的别称，不含任何贬义。如果改称“姓＋老”，如董老、于老、宋老等，则是对德高望重或者在某一领域造诣精深的老前辈的尊称。实际上，在汉语中，“老”字除了表达“年龄大”的无标记意义，还作为一个具有语用标记的敬语，在各个年龄段的称呼语中广为运用。中国人崇尚“尊老”，听到称呼中有个“老”字，通常会觉得受到尊重，非常高兴，甚至连不知愁滋味的少年也常常以“老＋姓”互称，其语用标记意义可见一斑。

在汉语言语交际中，“老”具有双重意义，既包含着受人尊敬的成分，如“老骥伏枥”“老者安之”“老来俏”“人老心红”“老马识途”“宝刀不老”等，也被用来表达各种贬义，成为被攻击的对象，如“倚老卖老”“老气横秋”“老不中用”“人老珠黄”“老掉牙”等，甚至连詈语也要和“老”字沾边，“老子”“老娘”“老不死的”“老糊涂”“老东西”之类粗俗言语时有所见。在评论某些独断专行、横行霸道的自以为是之人时，人们常以“老子天下第一”批评之。可见“老”字在中国文化里的影响有多大，可以说是一把双刃剑，褒贬意义兼而有之，是独一无二的中国“土特产”，其深层含义不是俄罗斯人和其他“老外”所能完全领会的。俄罗斯人所理解的«старый»（“老的”）通常是生理层面的无标记意义，不涉及有标记的“尊称”语用含义，所以对于中国人动辄称“老”的做法很不理解：有些人根本不老，可为什么偏偏喜欢别人说自己老？俄罗斯人忌讳“老”字，不愿意别人说自己“老”，特别是许多中老年妇女“恐老”，不喜欢年轻人称呼她们为«бабушка»（“老奶奶”），一听到别人说自己“老”就不高兴，谁也不想“老”得太早太快。因此，在上了年纪的妇女群体中，在谈到另外一个女性时，不能说«Она уже старая！»(“她已经老啦！”）或者«Ну, в этом возрасте...»（“哎，在这个年龄段……”）之类敏感话题，否则会被视为贬损他人。

三是言必称“小”，“小＋姓”（如小王、小刘、小孙、小郭等）和“老＋姓”一样，在日常称呼中广为运用，所不同的是，“小＋姓”这一称呼形式常见于中青年人或同事、同辈之间。只要彼此熟悉，知姓知名，一般都喜欢用“小＋姓”这种称呼，显得双方关系密切，无拘无束。但是，在汉语中，“小”字除了表达“年龄小”“辈分低”的无标记意义之外，更多的时候是表达一种亲昵的语用标记含义，也就是说，“小”并不意味着真的年龄小或者辈分小，而是出于体现双方关系较为密切的表达需要，有些年龄超过60岁的老年人之间也这样相互称呼，尽管他们已经不“小”。如果说“老＋姓”这一称呼形式表达的一种尊称，那么“小＋姓”在某种意义上则表达的是一种昵称。一般来说,被称“小”的一方或者年龄小,或者辈分低,或者职务低,对“小+姓”这一称呼通常会坦然接受。但被称呼者有时并不比称呼者年龄小,甚至可能还大几岁,接受这种称呼已经成为一种习惯,尤其同龄人、同辈人、同事或者较为熟悉的人之间更是如此,这已成为一种约定俗成的称呼言语行为定型。

俄罗斯人面对年龄小于自己、和自己同龄、甚至稍微年长一些的长辈亲属,会直呼其名,不像中国人那样称呼“叔叔”“婶婶”“姑夫”“姑姑”“姨父”“姨”“舅舅”“舅妈”等。即便是面对年龄小于自己的长辈,中国人也习惯于按照辈分称呼对方,不好意思直呼其名,否则会被人视为不尊重长辈,不礼貌,在农村尤其如此。这或许是等级观念对人的称呼的一种潜移默化的影响,或许是“尊老”理念传承的结果。

四是职业或学位学衔在称呼对方时屡被提及,构成“姓+职业或学位学衔”称呼模式,如汪医生、郑老师、杨翻译、冯师傅、刘工程师、姜教授、苟博士等。这种称呼与职务称呼有所不同,其关注点在于称呼本身,而不在于被称呼者的职业或学位学衔,是一种谦恭和礼貌的表示,常见诸师生、师徒、上下级、同事之间或者面对从事某种职业的人时。例如,学生习惯于用“姓+老师”对老师的称呼,如“马老师”“刘老师”“张老师”等,体现出对老师的尊重。除了学生之外,老师之间也会相互以“姓+老师”互称,表示彼此尊重,有时年长的老师还会称年轻老师为“小马老师”“小孙老师”“小李老师”等,在姓氏前边加一个“小”字,既显得亲切,又比直呼其名礼貌很多。

在某些非正式交际场合,中国人会直接以职业或学位学衔称呼对方,不提姓或名。例如,学生有事找老师时常说“老师,……”,这种去掉了姓的称呼显得不是那么生疏,显得更为亲切,拉近了师生之间的距离,如“老师,我想请教您一个问题。”“老师,祝您节日快乐!”等,体现出较为密切的师生关系;在商店或饭店,人们常用“售货员”或“服务员”来称呼对方,请求提供服务;在医院,常常听到出自病人或家属之口的“医生”“护士”之类称呼，如此等等，一切显得自然而正常。但是，这种称呼形式在俄罗斯属于交际禁忌，一般不能直接以职业名词称呼对方，更不能以阴性职业名词称呼女性，否则会引起不必要的误解。

在中国人的教育辞典里，“师傅”与“师父”作为称呼语，与教师这一概念密切相关，但在日常言语交际中，这两个称呼语常常被混用，很多人不了解其区别何在。实际上，现代社会通用的“师傅”的基本含义与“师父”相同，是指传授知识或技艺的人，也可泛指从事教学工作的老师。但是，追根溯源，二者有所区别："师傅"一词早在战国时期就已出现，本义即老师。但自秦汉时期起，“师傅”一词演变为专指帝王之师，即太师和太傅的统称，所谓“身为师傅，贵极人臣”，是指“师傅”具有很高的社会地位，普通老师难以望其项背，其用法具有一定的排他性。南宋之后“师傅”一词开始回归百姓，平民也可使用。“师父”一词或自唐代起流传，基本含义即老师，也可用于对出家人的尊称。“师父”一词在感情色彩上要强烈得多，正所谓“一日为师，终身为父”“父生之，师教之”“师者，所以传道授业解惑业也”等。在古代，师父往往自己收养徒弟，弟子住到师父家里，由师父贴钱教养，把徒弟当成家人。由于受重教尊师观念的影响，在人们的传统观念中，父和师也具有同等重要的意义，因此旧时也普遍使用“父师”一词，就是这种意义的典型体现。

相比较而言，“师傅”作为尊称，当然含有尊敬的情感在内，而“师父”将“师”比作“父”，感情显然更加深挚，敬重的色彩更浓。“在一个人的成长道路上，父亲有生养之恩，老师有教育之谊。‘师父’的称呼在保留了原有的传授知识或技艺的意思之外。还灌注了更多的情感色彩，表现了古人对老师犹如父亲一样的感情……相对于‘师傅’而言，‘师父’的所指更加宽泛一些，它包含了‘师傅’的一切含义。在很多情况下，这两个词可以混用。”（徐梓，2007: 46）但是，“师父”的使用频率非常有限，常见于古时，在现代社会已经很少使用。不仅如此，在笔者看来，“师傅”比“师父”的所指更加宽泛，它不仅指后者所包含的老师、太师、僧道等意，而且是对过去衙门中的吏役、有专门技艺的工匠、民间对某行当的权威或有技术的人的尊称，在当代社会多用于对人的尊称，而不管其年龄、性别，已经成为社会上流行的称呼语。有时人们出于尊敬和礼貌，把本来没有师徒关系的人称为“师傅”或“老师”，也把并不从事教师职业的人称为“老师”。例如，在许多比赛现场，主持人和参选者常常称某评委为“老师”，在向素不相识的陌生人问路或者打听什么事时，询问者也常使用“师傅”这一称呼，被称呼者一般都乐于接受没有感到什么不妥。但是，俄罗斯人对这种称呼不大理解。在他们看来，“师傅”和“老师”这两个称呼有其特定的职业含义，有师徒或师生关系的人之间才可以使用，不能称呼没有带徒弟的人为“师傅”，不能称呼没有从事教师职业的人为“老师”。

除此而外，中国人和苏联时期的俄罗斯人一样，喜欢使用“同志”这一称呼形式，这与其说是受苏联人的影响，不如说是历史传承的结果。据考证，“同志”一词最早见于春秋时期左丘明的《国语—晋语四》，后被用于作称呼语。20世纪50—70年代，中国共产党党员无论职位高低和年龄大小，彼此之间一律互称“同志”，受其影响，这一称呼形式也在社会上流行开来，无论是熟人还是陌生人，彼此以“同志”相称，人与人之间拉近了距离，地位平等，关系亲切。后来，随着社会变革的蓬勃兴起，大浪淘沙，泥沙俱下，党内和党外称呼中的“同志”逐渐消失，被代之以“主席”“部长”“局长”“书记”“主任”之类带官衔的称呼，“老板”“老大”成为一些下级对上级、学生对老师的称谓，话语体系的改变导致人与人之间的关系变得不再那么纯洁，就像有人所说的那样：“语言是思维的工具。称谓变了事小，思维方式变了就是大问题。”（唐剑锋，2016）针对这种情况，2016年6月28日，习近平总书记在中共中央政治局第33次集体学习时明确指出：“倡导清清爽爽的同志关系，规规矩矩的上下级关系。”同年10月，中国共产党十八届六中全会通过的《关于新形势下党内政治生活的若干准则》中，再次明确提出：“党内一律称同志。”这种拨乱反正的举措不仅在党内，而且会在全社会形成一种导向，一种提倡，一种新风尚，有利于营造平等氛围，净化政治生态，影响社会风气，增加人与人之间的相互信任。

2.1.3 书信称呼：俄语书信称呼一般包括3种：一是对陌生人或者不太熟悉的人常用“尊敬的 + 职务”“尊敬的 + 先生或女士”等称呼， 如 Уважаемый господин (директор...), Уважаемая госпожа (директор...) 等。如果被称呼者的年龄较大，则可把“尊敬的……”改写为“非常尊敬的……”(Многоуважаемый / Многоуважаемая..., Глубокоуважаемый / Глубоковажаемая...)；二是在外交场合的书信称呼通常为“非常尊敬的 + 先生或女士 + 姓”，如 Многоважаемый господин Иванов..., Глубокоуважаемая госпожа Иванова... 等； 三是对熟人的称呼，尊称形式为“尊敬的 + 名字 + 父称”，对很熟悉或亲近的人的称呼多种多样，常见的是“亲爱的 + 名字 + 父称”或者“亲爱的 + 名字或昵称”，如 Дорогой Николай Иванович..., Дорогая Лариса Васильевна..., Милый (Любимый, Родной...) Петр (Петя) ..., Милая (Любимая, Родная...) Татьяна (Таня, Танечка) ... 等。

2.1.4 电话称呼：俄罗斯人的电话称呼为“喂！”“请问，您 < 你 > 是……？”“这是……？”等，紧随其后的称谓视双方的相互关系而定，还可以以单位名称来代替人，如 Алло!.., Это Иван Сергеевич?.., Иван Сергеевич?.., Это ты, Ваня?.., Простите (Извините), это кинотеатр «Россия»?... 等。需要指出的是，俄罗斯人回应电话的答语和汉语中的“喂！”“我是……”“请问，您是哪位？”“您打错了”等答语大同小异，但表达形式多种多样，如 Алло!..., Да!.., Слушаю!.., Слушаю вас!.., Я слушаю!.., Я у телефона!.., Это я!.., Да, это я!.., Простите, кто (это) говорит?.., Вы ошиблись..., Вы не туда попали... 等。

2.2 **问候礼节** (Этикет приветстия)

该礼节和称呼语先后并用，是人际交往中最为常见的对话开启方式，标志着说话人和受话人建立了交际联系，为交际双方进一步实施言语行为做好了铺垫。对于俄罗斯人来说，最常用的问候语是“你（您）好！”（“Здравствуй(те)!”）无论何时何地，无论面对任何人，都可以这样问候，但不能滥用，应注意其区别：对陌生人、不太熟悉的人、上司、年长者等使用第二人称复数形式，即尊称形式。相比之下，使用“早安！”“日安！”“晚上好！”等具有时间特征的问候语要容易很多，不存在身份、年龄、亲属程度等问题，但要注意时间的把控。一般情况下，俄罗斯人在上午11点之前说“早安！”，此后到下午5时之前这段时间说“日安！”，5点之后说“晚上好！”。这和中国人的时间概念有所区别，其差异主要体现在白天这个时段，中国人习惯于在8.00—12.00的时段说“上午好！”，12.00—13.00的时段说“中午好！”，13.00—18.00[①]的时段说“下午好！”。这种差异源于地域、时差等语言国情，它不仅体现在昼夜时段，而且体现在对于一年四季的理解与表征方面，试看下边这个例句：

Зимой 1945 года Советская армия направила свои главные силы на западные направления фронта.

如果稍不注意，会按照字面意思地将其译为：1945年冬，苏军把主力调往战线的西部。但仔细一想，这显然与历史事实不符：1945年5月8日，德国法西斯已经投降，为什么苏军还要把主力调往战线的西部，即柏林以西地区呢？难道准备进行第三次世界大战吗？实际上，这是对俄语 зима 一词的理解产生误解：在中国人的心智定型中，“春、夏、秋、冬”中的“冬”是指一年之末，而在俄罗斯民族的心智定型中，зима 的概念包括年末与第二年年初之间的时段。（蔡毅，2006: 125）在这里，Зимой 1945 года 指的是1945年初。因此，这个句子的正确译法应该是：1945年初，苏军把主力调往战线的西部。

---

① 这几个时段的划分情况可参看龚学胜主编的《现代汉语词典》（2015）第1265、1572、1893页。

除了上述几个问候语之外，“你好！”(«Привет!»)这一带有俗语性质的问候广为运用。按照 Н.И. 福尔玛诺夫斯卡娅的解释，这一问候形式经常用于相互熟悉的青年人之间，但实际上其他年龄段的人也在非正式交际场合屡屡使用，体现出一种随意、不拘礼节的交际态度。但这并不意味着可以随便滥用，即便是彼此很熟悉的人，在庄重的正式交际场合亦忌使用。在非正式交际场合，这一问候形式的使用要受交际双方的相互关系、年龄、社会地位、社会角色等语用因素的制约，如晚辈对长辈、下级对上级、学生对老师、对互不熟悉或者素不相识的人是不宜随便使用的，否则会被视为缺乏礼貌，不懂规矩。

需要指出的是，俄罗斯人在问候彼此熟悉的人之后，常常会说出一些客套的寒暄语，如 «Очень рад (рада) вас (тебя) видеть!»（“很高兴见到您 < 你 >！”）、«Как дела?»（“近况如何？”）、«Как поживаете (-ешь)?»（“您 < 你 > 近来过得怎么样？”）、«Как здоровье?»（“身体状况如何？”）等，这仅仅是出于礼节，并不要求对方详细回答，一般只需说声 «Спасибо, все хорошо.»（“谢谢，一些都好。”）即可。这和中国式寒暄语较为相似，比如熟人之间见了面相互问候之后，会说一些诸如“一切都好吧？”“在散步啊？”“忙什么呢？”“下课啦？”之类客套话，并非刨根问底，想详细打听什么，被问候者通常简单作答即可。

如果突然遇到久未见面的亲朋好友，俄罗斯人在问候对方之后，通常以各种寒暄语表达自己的喜悦之情，常见的说法有 «Какая приятная неожиданность!»（“多么令人愉悦的意外之喜！”）、«Какая приятная встреча»（“多么愉快的相遇！”）、«Не ожидал (-а) вас (тебя) встретить!»（“没想到在这里见到您 < 你 >！”）、(«Какими судьбами!», «Каким ветром!»“什么风把您 < 你 > 吹来的？”）等，有时还会来几句诸如 «Тысячу лет не виделись!», «Сто лет не виделись!», «Целую вечность не виделись!»）之类夸张语，以表达意外之喜，其意思都是“我们很久没见面了！”如果刚刚说到某人，某人正好来临，俄罗斯人通常会说“提到谁，谁就到了”（«Легок на помине»），近似于汉语中的“说到曹操，曹操就到”。如：

«Витя, здравствуй! Легок на помине! Мы только что о тебе говорили. Входи, не стесняйся, здесь все свои»（“维佳，你好！说谁谁就到！我们刚刚说到了你。快进来，别不好意思，这里全是自己人”）。不言而喻，这种意外的相逢往往给人带来难以言状的愉悦，人们往往不吝言辞，尽情表达自己的内心感受。

在遇到期待中的熟人来临时，俄罗斯人在问候之后，也会用一些寒暄语表达自己的喜悦之情，常见的说法有«Хорошо, что вы пришли (ты пришел, -шла!)»（“您 < 你 > 能来真好！”）、«Я очень рад (-а), что вы пришли (ты пришел, -шла!)»（“您 < 你 > 来了我真高兴！”）、«Наконец-то вы пришли (ты пришел, -шла!)»（“您 < 你 > 可终于来啦！”）等。当所期待的人来晚时，等他的人有时会略带责备地调侃一句«Лучше поздно, чем никогда!»（“晚来总比不来好！”），这句话有时也被迟到者用来为自己的不守时行为辩护。

2.3 **相互认识礼节**（Этикет взаимного знакомства）

两个及两个以上素不相识的人初次见面，相互问候之后，必然经历相互认识这一过程。一般来说，无论在俄罗斯还是在中国，相互认识包括两个方面：

一是无需他人帮助的相互自我介绍。在俄罗斯，说话人通常首先说出«Давайте познакомимся; Давайте знакомиться; Будем знакомы.»（“让我们相互认识一下吧。”）、«Я хотел (-а) бы с вами познакомимся; Мне хотелось бы с вами познакомимся.»（“我想与您认识一下。”）之类套语，然后报上自己的姓名，有时还会说出自己的职务、职称或职业等，然后问对方叫什么，如：Давайте познакомимся, меня зовут Олег Петрович Беляев, директор городской школы № 9. А вас?（让我们相互认识一下吧，我叫奥列格·彼得罗维奇·别利亚耶夫，市立第九中学校

长。请问您叫什么？）在这种情况下，受话人一般会报出自己的姓名，介绍自己的职务或职业。但有时说话人似乎认识受话人，而受话人并不认识说话人，遇到这种情况，受话人通常会问一句 «Простите, кто вы?», «Простите, с кем я говорю?»（“对不起，请问您是谁？”）。这种似曾相识的现象时有所见，只要询问者保持足够的礼貌，是可以消除被询问者的尴尬的。

二是经中间人介绍的相互认识。中间人一般认识或者熟悉原本素不相识的两方，出于交际需要，介绍双方相互认识。在俄语中，中间人常说的话有 «Познакомьтесь, пожалуйста!»；«Знакомьтесь!»（“你们相互认识一下吧！”）、«Познакомьтесь с моим другом!»（“您同我的朋友认识一下吧！”）等，紧接着会说出双方的姓名，有时还会带上职业称谓，如 «Познакомьтесь, пожалуйста! Это профессор Алексеев, о котором я вам говорил (-а), а это доктор Иванов, с которым вы хотели познакомиться»（“你们双方相互认识一下吧！这是我给您说过的阿列克谢耶夫教授，而这位是您想认识的伊万诺夫医生”）。在正式的交际场合，中间人通常会说 «Разрешите вас познакомить.»（“请允许我介绍你们相互认识一下。”）、«Разрешите познакомить вас с...»（“请允许我介绍您同……认识一下。”）等，除了说出被介绍者的名字、父称和姓，还会介绍其职务、职称或职业等。

无论是自我介绍，还是经过中间人介绍，新认识的双方通常都会以一些礼节性的定型言语予以回应，常见的说法有 «Очень приятно!»（“非常开心！”）、«Я счастлив (-а) с вами познакомиться.»（“与您认识我感到很荣幸。”）、«Очень приятно с вами познакомиться.»（“非常高兴同您认识。”）等，从而为进一步的交际互动奠定良好基础。

2.4 **邀请礼节**(Этикет приглашения)

邀请对方是言语行为中常见的交际定型之一，体现了邀请人对被邀请人的尊重与敬意。在俄语中，最常用的邀请语是 «Я приглашаю вас (тебя)...»（“我邀请您 < 你 >……”）、«Я хочу пригласить вас(тебя)...»（“我想邀请您 < 你 >……”）等，紧接着就是邀请内容，可用动词不定式，如 «Я приглашаю тебя пообедать»（我想邀请你共进午餐），或者“动词不定式 + 名词组合”，如 «Я хочу пригласить вас выступить на конференции»（我想邀请您做大会发言），或者带前置词的名词第4格形式，如 «Я приглашаю вас на конференцию»（我邀请您出席代表大会）等不同形式表达。

一般来讲，俄语中的邀请分为正式邀请和非正式邀请两种形式，视交际场合和交际双方的相互关系而定。正式邀请是指在正式交际场合或者面对重要客人时所发出的邀请，常用的邀请语是 «Разрешите(Позвольте) мне пригласить вас...»（“请允许我邀请您……”）、«Могу ли я пригласить вас?..»（“我是否可以邀请您……？”）、«Можно ли пригласить вас?..»（“可以邀请您……”？）等，一些年长者还经常使用 «Я позволю себе пригласить вас...»（“我冒昧邀请您……”）这一用法既委婉又文雅。如果邀请带有请求含义，则使用“请求 + 动词不定式”(«Прошу вас +инфинитив») 这一邀请形式，如 «Господин Иванов, прошу вас присутствовать на собрании в 9 часов утра.»（“伊万诺夫先生，请您出席早晨9点的会议。”）（ ）。有些学者将后一种邀请归入请求礼节，亦无可厚非。

非正式邀请是指人们在交往中出于礼节，就一些日常琐事所发出的口头邀请，事无巨细，随处可见，语言简洁明快，说话语气比较随意，如邀请对方来家做客、去参观、看电影、外出吃饭等。俄语中常用的句式有第二人称命令式(Приходи (-те) к нам в гости; Заходи (-те) как-нибудь ко мне; Входи (-те) в дом и др.)、第一人称命令式(Пойдем (-те) в кино; Идем (-те) в столовую; Давайте сходим в магазин и др.)、疑问句式(Вы (не) хотите зайти к нам в гости? Ты (не) можешь дать мне свой учебник? Не хотите ли поехать на рыбалку? Не согласитесь ли пойти со мной в ресторан? и др. ）等。

在俄罗斯，对于来自对方的邀请，无论是正式的或是非正式的，被邀请人通常都会作出回应，除了说声“谢谢”外，还常常伴之以 «С удовольствием»; « Охотно...» （“很乐意”）、«Не возражаю»; «Не откажусь» （“同意”）、«Хорошо»; «Давайте» （“好吧”）之类客套语，如以下两组小对话：

（1）— Я хочу пригласить вас в кино сегодня.

— Спасибо. С удовольствием.

“我邀请您今天一道去看电影。”

“谢谢！ 我很乐意去。”

（2）— Разрешите мне пригласить вас на завтрашний банкет.

— Благодарю вас. Я обязательно приду.

“请允许我邀请您出席明天的宴会。”

“谢谢您。我一定参加。”

不言而喻，如果被邀请人因故不能接受邀请，一般会表示感谢或者歉意，并说明拒绝的理由，如以下两组小对话：

（1）— Разрешите пригласить вас на танец.

— Простите, но я уже приглашена.

“请允许我邀请您跳支舞。”

“对不起，我已经接受了别人的邀请。”

（2）— Николай, хочу пригласить тебя ко мне на чашку чая после обеда.

— Спасибо, Нина, но вряд ли я смогу: сегодня у меня собрание.

“尼古拉，我邀请你午饭后来我这里喝茶。”

“谢谢，妮娜，今天我未必能去：我下午要参加一个会议。”

总之，邀请人和被邀请人都是在一种平等和友好的气氛中进行交际的，邀请人之所以发出邀请，是经过认真思考的，认为对方是值得邀请之人，因此，对于对方接受邀请或者婉言谢绝都能够坦然面对，而被邀请人收到邀请，通常会积极回应，无论接受或者拒绝，都会表达对邀请人的谢意，从而彰显社会所认可的约定俗成的邀请礼节定型。

2.5 **请求、建议礼节**(Этикет просьбы, совета, предложения)

请求、建议礼节在日常交际中较为常见，使用频率较高。有学者认为，说话人的社会地位低于或者等于受话人，因此，他提出请求是对自己有利，因为受话人能够满足他的意愿，完成他所请求的行为，而他提出建议是对受话人有利，后者可以从中受益。笔者认为，这种说法虽有一定道理，但仅仅反映了问题的一个方面。从另一个角度看，请求和建议密切相关，有时甚至难以辨识，请求中包含着建议，建议中夹杂着请求，其内容可能对其中一方有利，也可能对双方有利，视具体内容和交际语境而定，而且与交际双方的社会地位没有必然的联系：在不同的交际场合，社会地位高的人对于社会地位相对较低的人既可能发布命令，也可能提出请求或建议，在人类文明高度发展、人与人之间讲求平等的当今时代更是如此，发出请求的说话人并非低人一等，受话人也并非高高在上，他对于是否完成说话人提出的请求或建议，有自由选择的权利，可以完成，也可以不完成，不完成可能源于某些客观原因，并不是受话人居高临下或有意而为之。也就是说，他可能对请求或建议做出各种不同的反应，即“情态上认同的反应或者情态上不认同的反应。”(Дорошенко, 1985:23)说话人对此应该坦然面对，通常不会由于自己的请求或建议未被满足而心怀不满，甚至恼羞成怒。正因为交际双方相互理解和尊重，按照约定俗成的言语交际定型进行人际交往，请求和建议以及其他礼节才能够代代相传，延续至今。

在俄语中，请求和建议有直接和间接两种表述方式，前者开门见山，直来直去，意向意义一目了然，而后者，即间接方式拐弯抹角，语气委婉，能够对受话人的思想、理智、情感、心理、道义感等产生影响，使其被打动并愿意完成请求行为，诚如 Л.Ф. 别尔德尼克所说：“说话人应该竭尽全力，让受话人相信所提请求的合理性以及应该完成该行为的必要性。”

(Бердник, 1982: 58)在一定的语境中，当说话人的地位高于受话人，或者受话人的地位高于说话人时，说话人若要实施请求行为，不仅应该考虑自己的利益，还应顾及受话人的利益和感受，这样受话人才会相信并乐于完成请求，诚如A. 维日彼茨卡所说："说话人的出发点是以受话人的利益为核心的。前者告诉后者，处在一定语境中应该如何行动。"(Вежбицка, 1985:4)类似的请求中包含着建议的因素，如在M. 高尔基的小说《母亲》中，母亲看到儿子巴维尔在天寒地冻的冬天穿着单薄，冻得瑟瑟发抖，便温柔地对儿子说：«Надел бы что-нибудь — холодно!»("最好穿点什么吧，太冷了！")

一般来说，直接的请求和建议中可以包含просить—просьба, советовать—совет, предлагать—предложение等动词或动名词，也可以不使用这些词，而使用命令式、假定式等句式。例如：Прошу тебя купить мне хлеба, если пойдешь в магазин; У меня к вам просьба: возьмите с собой зонт, будет дождь; Мы предлагаем вам в воскресенье пойти в кино; Вот вам совет: не занимайтесь этой проблемой; Принеси мне, пожалуйста, вашу статью; Тихо! Не разговаривайте на уроке!; Я предложил бы не решать этой проблемы сегодня; Надо бы нам на днях встретиться. 这些句子的共同特点是表述直白，说话人请求和建议的意向意义十分明显，与命题意义浑然一体。

但是，在请求和建议的间接表达方式中，说话人的意向意义和命题意义是不一致的，即意向意义与命题意义互不吻合。按照美国哲学家J. R. 塞尔的观点，间接言语行为是"通过实施另一个行事行为而间接地实施的一个行事行为。"(Searle, 1975:12)这是由于间接言语行为同时体现着两种言外行为，即体现说话人交际意图的主要言外行为以及表达话语字面意思的次要言外行为。不仅如此，塞尔还认为，"话语的言外行为不仅决定于意图，而且取决于规约。因此，他以主要言外行为和次要言外行为之间的联系性为依据，将间接言语行为区分为规约性间接言语行为和非规约性间接言语行为。在规约性间接言语行为中，主要言外行为和次要言外行为之间联系紧密，具有约定俗成性、习惯性和程序化的特点。”（王德春、孙汝建、姚远，1995: 74）请求和建议的间接表达就属于规约性间接言语行为，如俄罗斯人在地铁里常说«Вам нетрудно подвинуться?»（“请您让一下位子好吗？”），听话人对其第一反应不是“问题”（次要言外行为），而是直接把它理解为“请求”（主要言外行为），这种对规约性间接言语行为的理解已成为交际双方心知肚明的一种共同规约，听话人只需对字面意义作简单推断，即可得知说话人的真实交际意图。

请求和建议的间接表达通常借助于疑问句，以提问的形式委婉地提出建议或请求，看似商量，实际上是表示尊重和礼貌，给对方留有余地，排除了“强加于人”或者“强求”的因素，如 Не дашь ли мне свою тетрадь с лекциями? У меня не все записано（能否把你的课堂笔记给我？我没有全记下来）、Вы не можете разменять 100 рублей？（您能给我兑换100卢布的零钱吗？）、Можно попросить вас прийти ко мне после завтрака？（可以请你早饭后来我这里一下吗？）等。这些疑问句是间接请求意向的定型表达方式，彬彬有礼，受话人听起来很惬意，一般不会将其理解为疑问，但并不是说类似的疑问句都可表达请求意向。E.B. 帕杜切娃曾列举出以下11个包含某些并不表示请求建议的句型，对随意扩大间接请求意向的错误提出批评(Падучева, 1985: 45)：

（1）Я бы хотел, чтобы ты ушел.（我希望你离开。）

（2）Будет хорошо, если ты уйдешь.（如果你离开，那就太好了。）

（3）Ты уйдешь, наконец?（你终于要离开了？）

（4）Не хочешь ли ты уйти?（你不想离开吗？）

（5）Ты должен уйти.（你该离开了。）

（6）Почему бы тебе не уйти?（为什么你还不离开？）

（7）Долго ты еще будешь здесь стоять?（你还要在这里待很久吗？）

（8）Что ты скажешь, если я попрошу тебя уйти?（如果我请求你离开，你还能说什么？）

（9）Можно попросить тебя уйти?（可以请求你离开吗？）

（10）Ты мог бы уйти.（你最好还是离开吧。）

（11）Как насчет того, чтобы тебе уйти?（请你离开，怎么样啊？）

通过对比不难看出，只有第9个句子表达纯粹的请求和建议意向，其他10个句子虽然表达祈使意义，但蕴含着催促、不耐烦、不满意、反感甚至威胁等负面情感，语气有些粗鲁，或者咄咄逼人，置受话人于尴尬境地，不符合请求和建议的基本语用条件，即尊重受话人，不伤害，不贬损，希冀受话人自觉自愿地满足请求或听从建议。

按照 Н. И. 福尔玛诺夫斯卡娅的观点，实施请求和建议行为时，无论使用陈述式、命令式或者疑问式语句，都要无一例外地恪守礼貌原则，最大限度地为受话人进行“社会抚摸”，促使其实施对请求者有益的言语行为。和其他祈使行为一样，请求和建议意向的表达必须以语句形成的两个主要要素，即典型语境和命题内容为基础。（Формановская, 1998: 185）

与上述规约性间接言语行为不同的是，非规约性间接言语行为则是一种有标记的非自然表达方式，脱离上下文难以判断其真实含义，如孤零零的语句 «У меня болит горло»（“我的嗓子痛”）仅表示一种“陈述”，但是，如果将其作为 «Давай съедим мороженого»（“我们吃点冰淇淋吧”）这一请求的答语，则表示间接“拒绝”意向。也就是说，非规约性间接言语行为主要依靠具体的语境以及交际双方共有的语用前提来推断，属于一种有标记的表达。但是，在语用层面，语言单位的标记性是一个完全动态的概念，随着语境的变化而改变原有的标记特点，如果同一个句子出现在另外一种交际场合，意义就会发生变化，比如在看病时，患者用上边提到的“我的嗓子痛”来回答医生的询问 «Что с вами?»

(“您哪里不舒服?”),那么这句答语仅表达常规性的陈述意义,没有意向意义。由此可见,判断一个句子是否表达意向意义,不仅要看具体的语境,还要看交际双方的谈话内容,即看说话人是在陈述一个事实或是通过命题内容表达另外一种意向意义。

俄语请求和建议言语行为有时还夹杂着商量与讨论的附加含义,说话人在提出请求和建议的同时,出于对受话人的尊重,以商量的口气征询建议或意见,如«Не будете ли вы против того, чтобы попросить вас в воскресенье съездить за город?»(“想请您星期天去郊外,您不会反对吧?”)、«Как вы относитесь к тому, чтобы попросить вас провести этот экспримент еще раз?»(“请你再做一次实验,你觉得怎么样?”)等。这些请求和建议的礼貌程度很高,给受话人留有充分选择的余地。

2.6 同意与拒绝礼节(Этикет согласия и отказа)

作为对于对方的邀请、请求、建议或意见所做出的正反两个方面的回应,同意与拒绝相辅相成,是日常交际中较为常见、使用频率较高的言语行为之一,源于交际双方受道德规范、社会习俗、法律条文、行为准则、主观愿望等因素的约束。从行为本质上讲,同意或拒绝是一种说话人给予受话人面子或者威胁受话人面子需求的言语行为。在日常言语交际中,如何适时同意对方的需求或者在不伤及对方面子的情况下表达拒绝意愿,如何在被拒绝的情况下解读他人的拒绝之意,这是每一位交际参与者都必须具备的语用交际能力,也是交际双方应该遵守的交际礼节,俄汉语概莫能外。

一般来说,同意礼节的语言表征不太复杂,它作为一种保全对方面子、满足其各种需求的言语手段,旨在调节人类交际行为、促进社会和谐发展,在人际交往中发挥着重要的作用。在俄汉合作型言语行为中,当说话人提出请求建议或意见以及有什么要求时,受话人一般都会积极回应,尤其是说话人发出邀请时,受话人无论同意是否,都会说声“谢谢”，以表示对于邀请人的尊重。常见的同意礼节表达方式有：Хорошо; Да; Пожалуйста; Ладно（好的）、Я согласен (-на); Я за!（我同意）、Я не возражаю; Я не против（我不反对）、Я сделаю, напишу, приду на помощь и др.（我将做、写、来助一臂之力等）、Я готов; Я готова（我已经准备好了）、Договорились! Решено!（一言为定！）等。当俄罗斯人表达十分痛快的“同意”时，通常喜欢使用具有强烈感情色彩的 «Конечно! ; «Еще бы!»»（“当然啦！”）、«обязательно!»（“必须的！”）、«Какие могут быть сомнения!»（“毫无疑义！”）、«А почему бы и нет? »（“为什么不呢？”）、等说法。当勉强同意对方或者带有让步含义时，俄罗斯人一般常说 «Так и быть»（“只好这样啦。”）、«Что ж делать, придется так поступать.»（“有什么办法呢，只能这样了。”）、«Хочешь, не хочешь, а надо.»（“不管愿意不愿意，都是应该做的。”）等。

需要指出的是，俄罗斯人在口头交谈或者书面表达“同意”意向时，喜欢使用 «Не возражаю»（“我不反对”）这一表述方式，认为它是一种较为文雅的说法，与“同意”毫无二致。但是，中国人较少使用“我不反对”这种说法，认为从命题意义来看，它与“同意”没有什么区别，但在潜意识里却认为“我不反对”似乎有点勉强之意，或多或少会让对方感到有点缺憾，远没有“同意”那么干脆、痛快。在“同意”意向的其他表达形式及内容上，俄汉语大同小异，没有多大区别。

相比较而言，拒绝礼节比同意礼节复杂很多，因而成为本节的研究重点。拒绝源于说话人受到道德规范、法律条文、行为准则等的约束或者基于某些主观原因，不能、不愿完成对方要求的行为，是日常交际中较为常见的一种语言现象。“根据布朗和列文森的面子理论，拒绝言语行为本质上是一种威胁受话人积极面子需求的行为。在社会交往中，如何在不伤及对方面子的情况下表达拒绝意愿以及如何正确解读他人的拒绝之意，是每一位交际参与者必须具备的语用能力。”（刘星、周民权，

2016:32)也就是说,拒绝语本质上是一种不礼貌的、威胁请求者面子的言语行为,但通过使用礼貌的语言策略,往往可弥补行为本身可能给对方带来的伤害,确保交际的顺利进行。因此,能否成功地实施该言语行为,保全对方的面子,使其抛弃负面情绪,坦然接受拒绝,在很大程度上取决于拒绝礼节的表达手段和方式。与西方学者一样,俄汉语界一般将拒绝语分为直接拒绝与间接拒绝两大类。

2.6.1 直接拒绝

直接拒绝语虽然可以简洁明快地表明说话人的交际意图,不给受话人留有余地,不会产生歧义,但对受话人的面子威胁很大,与合作原则与礼貌原则相违背,容易导致尴尬局面出现或者造成交际双方关系紧张。例如,在俄语中使用 «Ни в коем случае!»(“绝对不!”)、«Вот еще!»(“休想!”)、«Нет, нет и еще раз нет!»(“不,不,万万不行!”)、«Моя хата с краю.»(“这与我无关。”)、«Шиш с маслом!»(“想都别想!”)等直接拒绝的表达手段,会让被拒绝者很没面子,激怒其负面情绪,极易造成对立局面。因此,在俄语中表达直接拒绝时,说话人为了避免使受话人感到难堪,减轻对他的冒犯程度,常采取缓冲性的补偿方式,把拒绝语与其他类型的言语行为叠加在一起使用,如拒绝 + 说明理由、道歉 + 拒绝、致谢 + 拒绝、拒绝 + 建议、拒绝 + 承诺等。例如:

(1) — Советую тебе прочесть эту книгу.

— Я бы охотно, но ты же знаешь, что сейчас сессия, и у меня ни минуты свободной.

“建议你读一读这本书。”

“我倒是非常想读,可你知道,现在是考试期,我一点空闲时间都没有。”

(2) — Можно вас пригласить сегодня к нам на чашку чая?

— Спасибо, но я сегодня никак ни могу, к сожалению.

— А завтра?

— Завтра свободна. Приду с удовольствием.

— Ну вот и договорились.

“可以邀请你今天来我们这儿喝茶吗？”

“谢谢！但我今天没法去，很遗憾。”

“明天呢？”

“明天我有空，很乐意去。”

“就这么说定啦。”

（3）— Я хочу пригласить тебя в театр сегодня.

— Извините, я сегодня не могу, очень занят.

“我想请你今天去看剧。”

“对不起，我今天不能去，很忙。”

从以上3例可以看出，说明理由、致谢以及道歉本身都是礼貌的言语行为，在直接拒绝情景中缓解了可能给被拒绝者带来的不快，对调节交际双方的关系发挥着重要作用。至于拒绝的理由，既可能是主观或客观原因，也可能是说话人临时找到的借口，但不管怎样，至少拒绝态度是诚恳的，表达是较为客气的，不会让拒绝显得过于生硬，在一定程度上可以照顾对方的面子。而在拒绝时提供建议或者作出承诺，是对被拒绝者提供的一种心理补偿，虽然拒绝者自己无法满足对方的邀请、请求、建议或者心理期待，但却可以给对方提供可供参考的解决问题的办法，让对方不致因为被拒绝而产生失落感，避免双方的关系陷于尴尬境地。因此，俄语中有时也会出现几种言语行为叠加使用的情形。例如：

— Виктор, проходи, проходи, не стесняйся. Ты голоден? Мы давно пообедали, ты сейчас же пообедай.

— Нет-нет, спасибо, Маша, — отказался Виктор, из-за волнений аппетит абсолютно пропал.— Я уже пообедал, но я останусь и буду с тобой вместе ужинать.

“维克多尔，来吧，来吧，别不好意思。你饿了吗？我们早已吃过午饭了,你现在吃午饭吧。”

“不,不,谢谢,玛莎。”维克多尔谢绝了,由于激动已经胃口全无。“我已经吃过午饭了,但我会留下来,与你们一起共进晚餐。”

维克多尔尽管拒绝了玛莎请他吃午饭的好意,但仍然表示感谢,并承诺留下来陪玛莎吃晚饭,从而冲淡了拒绝带来的尴尬或者不快。这种承诺是对直接拒绝的心理补偿,可以维系交际双方的相互关系,不致其因为一方的间接拒绝而受到影响。

2.6.2. 间接拒绝

在俄语中,说话人间接表达拒绝意向时,通常会借助于一定的规约化交际手段。Н.Д. 阿鲁秋诺娃、Е.В. 帕杜切娃在描写间接祈使言语行为时,曾提及这一规约化过程:“说话人为避免在直接表明自己意愿时将对方置于为难境地,转而使用那些赋予受话人拒绝权利及机会的请求表达方式。例如,不直接表明请求资金援助的想法,而是采用询问的方式,如«У тебя есть свободные деньги?»(‘你手头宽裕吗?’)。这种转换方法符合 Д. 戈尔东和 Дж. 莱科夫提出的交际意向缓和策略(стратегия смягчения коммуникативного намерения)。这种类型的间接言语行为相应地演变成一种常规用法,即询问受话人是否具有可能性的问题几乎总是包含着请求意愿。”(Арутюнова, Падучева, 1985: 29—31)同样,在实施间接拒绝言语行为时,说话人也经常使用一些固定的规约性表达方式,如上边提到的致谢、说明拒绝理由、承诺等都是常见的表达手段。此类手段还包括祈使句,如 «Оставь меня в покое!»(“别打扰我!”)、«Отстань от меня!»(“让我静静!”)、«Отвяжись от меня!»(“别来纠缠我!”)等。说话人使用这些表述方式,是想通过间接拒绝让对方提高注意力,正确理解自己的话语,按照自己的意愿行事,但这种表述方式很不礼貌,极易引起交际冲突。此外,反问句也是一种比较常见的表达拒绝含义的规约性手段。例如,当受话人听到 «Разве можно так?»(“难道可以这样吗?”)、«Ты с ума сошел(сошла)?»(“你疯了?”)

之类话语时，很容易体会到说话人表达的强烈拒绝意愿。一般来讲，在使用此类常规性拒绝手段的交际情景中，由于说话人的拒绝意向十分明显，受话人的理解不会产生歧义，所以很少出现交际失误。

除了规约性间接拒绝外，还存在一些非规约性的间接拒绝表达手段，其特点是具有很强的情景依赖性，只有在具体的交际语境中才能推导得出拒绝含义。在俄汉语日常交际中，比较常见的非规约性间接拒绝策略有以下11种：

2.6.2.1 模棱两可，有意推辞：尽管说话人对受话人所提问题予以回应，但很不明确，含含糊糊，需要受话人结合语境才能准确判定其间接拒绝意向。俄语中常见的此类表达结构有："动词完成体将来时形式(посмотрим, подумаем)、含有不确定语义成分的结构(предположим, допустим, что-то в этом роде) 等。"(Нестерова, 2009: 53) 此 外，«может быть»; «наверное»("也许")、«вероятно»、«возможно»("大概")、«вряд ли»("未必")、«потом» ("以后")等词语也广为运用，增加了话语的不确定性及不可预见性，给间接拒绝蒙上了一层神秘的色彩。例如：

(1) — Приходи ко мне в среду. Вместе позанимаемся, а вечером сходим в кафе.

— Я посмотрю. Возможно, приду.

"周三来我这里吧。我们将一块儿学习，晚上去咖啡馆。"

"我到时再看吧。也许我会去的。"

(2) — Помогите мне сегодня сделать упражнения.

— Вряд ли я смогу тебе помочь.

"您今天帮我做作业吧。"

"我未必能帮你。"

(3) — Что ты там делал? — прошептал Алексей.

— Потом, потом скажу, — медленно ответил Максим.

“你在那干什么呢？”阿列克谢小声问道。

“以后告诉你，以后吧。”马克西姆慢吞吞地回应了一句。

汉语中也有类似表达，如“回头再说”“看看吧”“似乎是这样”“可能吧”“我尽量争取去”“等等再说”等。例如，电视连续剧《奋斗》中的一组小对话：

灵珊：“那你告诉我，为什么你姓陆，你爹爹姓徐？”“我以后告诉你。”陆涛说罢又抬起了手。

显而易见，陆涛的回答是一种推辞，他用“以后告诉你”缓解一下暂时的难堪，实际上是拒绝回答灵珊的问题。再如，路遥的中篇小说《人生》中有另一段对话：

黄亚萍：“加林，咱们在一块生活吧！跟我们家到南京去！你是一个很有前途的人，在大城市里就会有大发展。我回去可能在省广播电台当播音员；我一定让父亲设法通过关系，让你到《新华日报》或者省电台去当记者……”

高加林：“我冷得实在受不了，咱们走吧……亚萍，你先别急，让我好好想一想。”

不难看出，高加林用“冷得实在受不了”转移话题，但同时为了给黄亚萍面子，用“让我好好想一想”这种模糊的话语搪塞一下，实际上是暂时拒绝表明自己的态度。

2.6.2.2 移花接木，转移话题：说话人故意违背关联准则，忽略对方初始话语中的建议或要求等信息内容，避实就虚，转而引出其他谈话话题，即人们常说的“绕圈子”“你说东，我道西”。按照俄语的说法，就是 «Тебе про Фому, а ты про Ерему», «В огороде бузина, а в Киеве дядька» 等。(Формановская，1998: 60) 由于说话人有意转移话题，避而不答，因而可以视其为一种间接拒绝，如说话人盛情邀请受话人去看夜场电影，而受话人不予回应，只说了一句“今晚的欧洲杯足球决赛很值得一看啊”，说话人马上就明白，受话人通过这种回应方式间接拒绝了他的邀请。再如,如果对说话人的俄语问句 «Можно поговорить о себе? Откуда вы родом? »(“可以谈谈自己吗? 您是在哪里出生的?”)回之以 «Ваша квартира очень красивая. Когда вы ее купили? »(“您家的房子很漂亮? 您什么时候买的?”),则可以明显看出,受话人不愿意谈论自己以及说出出生地,转而引出房子作为新的话题。

2.6.2.3 发出暗示,回绝对方:与转换话题不同的是,暗示并没有将谈话主题转移到其他方面,而仍然在同一话题范围内,只是拒绝者故意违反数量准则,没有提供给对方所需要的足够的信息,实际已经在话题中间接拒绝了对方。(易鑫,2016: 89)例如:

(1) — Поедем, Маша, домой!

— Я здесь останусь ночевать.

“玛莎,我们回家吧!”

“我留在这里过夜了。”

(2) — Люба, скажи, пожалуйста, где ты сейчас находишься?

— Ты это скоро узнаешь.

“柳芭,请告诉我,你现在哪里?”

“你很快就会知道的。”

例(1)中,玛莎没有给对方一个明确的回复,而是通过“我留在这里过夜了”一句暗示语,表示她不会回家,拒绝了对方的要求。例(2)中,柳芭用一句“你很快就会知道的”回应对方,暗示她不会告诉自己现在哪里,以此来间接拒绝回答对方的问题。这两种回答尽管都是围绕着话题进行的,但很不明确,都是借助于含糊其辞的暗示来拒绝对方,对方通常也能明白这种暗示的真实含义。

2.6.2.4 迂回战术,间接拒绝:这是日常生活中常见的一种间接拒绝方式,说话人通常特别注意选择劝阻理由,在尽量不伤害对方面子的情况下,用迂回的方式劝说其放弃自己的想法。例如,丈夫看中一款新车,带妻子去试车,想让妻子同意买下来,而妻子认为价格比较昂贵,性价比不高，不想购买，所以她采取说明新车的颜色、款式等与丈夫的气质不协调的方式，从侧面劝说丈夫放弃购买新车的欲望，没有暴露自己嫌车太贵的真实想法；有位年过80的老翁执意要登西岳华山，众人担心老人年事已高，不愿意让他冒险，但久劝不下，这时，他女儿说话了："老爸，这几天雨后路滑，有人已在山顶遇险，为了安全起见，管理部门暂时禁止游客登山。"老人一听，不再坚持己见。

2.6.2.5 表面赞同，回避真意：说话人使用这种拒绝方式的主要原因是：一是不愿对受话人的言行做出评价，不想承担评价带来的后果；二是不愿得罪对方，想继续维系双方的良好关系。这就是日常交际中所谓的"假同意(псевдосогласие)"，即隐藏自己的真实想法，表面上同意，把话语权和责任推给对方。俄语中常见的表达句式有«Это ваше право»（"这是您的权利"）、«Поступай, как считаешь нужным»（"你认为怎么合适就怎么办"）、«Как вам будет угодно»（"您怎么方便就怎么来"）、«Как вы хотите»（"您按照自己的意愿办吧"）等。汉语中也有类似表述，如"您怎么做都行""你觉得这样好，就这样做吧""您自己决定吧""决定权在你"等。这些说法貌似尊重对方，实际上没有给对方提供任何帮助，间接拒绝了对方的请求或建议，常常使其不知如何是好。

2.6.2.6 提出建议，意在拒绝：在日常交际中，当说话人提出某个请求时，受话人常常用建议的方式回应对方，达到间接拒绝的目的。例如：

（1）— Лена, можешь ли ты одолжить мне этот журнал на несколько дней?

— Ты можешь взять его в библиотеке.

"列娜，把这本杂志借给我几天，好吗？"

"你可以去图书馆借阅啊。"

（2）— Ваня, напомни мне, пожалуйста, чтобы я завтра встал в 7 часов утра, мне нужно встречать друга на вокзале.

— Советую тебе завести будильник.

“万尼亚，请提醒我明早7点按时起床，我要去火车站接一位朋友。”

“建议你上好闹钟。”

例（1）中，说话人想让列娜把自己的杂志借给他看看，列娜则建议他去图书馆借阅，从而间接拒绝了对方的请求。例（2）中，对于说话人提出的提醒他按时起床的请求，万尼亚没有答应，而是建议说话人自己上好闹钟，以免误事。这种拒绝方式看似建议，但没有说明理由，实际上不给对方面子，使其处于较为尴尬的境地。

2.6.2.7 说明理由：这是一种常见的间接拒绝方式，与直接拒绝中的说明理由有所不同，其字面意思不含拒绝之意，但包含了主观和客观方面的理由，这些理由可以有真假之分，取决于说话人说明理由时的具体语境。例如：

（1）— Давайте завтра поедем на рыбалку.

— Завтра приезжает Витя.

“明天我们去钓鱼吧”

“明天维佳将来我这儿。”

（2）— Пойдемте сегодня вечером в кино.

— Прости, я очень устал.

“今晚我们去看电影吧。”

“对不起，我很累。”

例（1）中，受话人用“维佳将来我这儿”作为婉拒理由，其中包括一个重要的语用前提：交谈双方都知道“维佳”这个人，而且维佳每次来都需要受话人陪同，所以受话人不能跟说话人一道去钓鱼，他知道说话人完全理解这种间接拒绝方式，不会怪罪于他。如果没有这个语用前提，拒绝理由就不能成立。

例（2）中，受话人没有直接拒绝说话人的邀请，而是通过“我很累”这一理由来说明他不能跟说话人一道去看电影。无论这一理由是主观的或是客观的，是真的或是假的，说话人都不好说什么。

2.6.2.8 使用带有俄语疑问副词 зачем（何必，为什么）的答语：其真实含义并不是询问原因或者目的，而是“没有必要”或者“不可以”。当受话人对于说话人提出的要求、请求或建议等感到惊讶、不满意或者不理解时，常会借助于这种手段表达拒绝意向。例如：

（1）— Спать будете у меня, на моей кровати.

— Зачем же вас стеснять? Я устроюсь где-нибудь.

“您可以在我这里睡觉，睡在我的床上。”

“干嘛要挤你呢？我随便找个地方睡就行了。”

（2）— Я провожу тебя до дома. — внезапно заявил Саша.

— Зачем? — удивилась Женя, — Меня никто не украдёт. Ещё совсем светло.

“我送你到家吧。”萨沙突然冒出这么一句。

“何必呢？”叶尼亚感到惊讶。“谁都不会把我偷走。天还亮着呢。”

例（1）中，受话人用“干嘛要挤你呢？”作为回应，表达了自己不愿意打扰说话人的拒绝意向，而在例（2）中，叶尼亚的答句表达的是惊讶与诧异，通过这种方式间接拒绝了萨沙的建议。

2.6.2.9 幽默拒绝：这是拒绝者有意违反合作原则中的数量准则和方式准则的常见方式，诙谐的调侃方式通常会给间接拒绝增加令人忍俊不禁的喜剧效果。例如：

（1）— Как тебя зовут? — спрашивает милиционер.

— Как папу.

— А как зовут папу?

— Точно так же, как и меня.

“你叫什么？”警察问道。

“和爸爸一样。”

“爸爸叫什么呢？”

“和我完全一样。”

(2)正在上课时，小东想上厕所，就举手。

老师：有什么事吗？

小东站起来说：老师，想上厕所！

老师看了看他说：坐下吧，老师不想上厕所。

小东……

例(1)是警察和一个孩子的对话。当警察询问孩子的姓名，而孩子用“姓名和爸爸一样”的回答拒绝了该提问，当警察再次询问时，孩子又回答道：“爸爸的姓名和我一样”，拒绝说出自己的姓名，让警察觉得孩子聪明可爱又拿他没办法。(易鑫，2016: 91)。例(2)是课堂上的师生对话，面对小东想上厕所的请求，老师为了维护课堂秩序，把小东的请求稍作变动，用“老师不想上厕所”作为回应，以这种诙谐的方式间接拒绝了小东的请求。

2.6.2.10 虚假拒绝，言不由衷：这是一种特殊的拒绝形式，对于对方的邀请、请求、恭维、礼物等，说话人表面上出于礼貌和客气表示拒绝，但实际上内心是接受的，或者是渴望得到的，尤其当对方一再坚持时，更为这种拒绝蒙上了一层虚假的色彩，这种情况在中国的官场和人际交往中较为常见。例如，某单位来了一位新职员，他去拜访自己的顶头上司王主任，告别时拿出两条高级香烟作为赠礼，于是有了下边这组对话：

职员：王主任，请允许我将它送给您这来表达我的心意。

主任：这些我不能要，你赶快拿回去。以后这又不是外人了。

职员：就是一点心意。您一定得收下！我这大老远拎来的，您就别让我再拿回去啦！

主任：下不为例啊！再来可不许这么客气了！(刘葆，2016: 19)

说完“下不为例”之后，王主任笑纳礼物，这样的客套拒绝可能他已经重复了无数次，拒绝是假，收取是真，交际双方心知肚明，已经成为请客送礼中的一种潜规则，许多官员因此贪腐落马。这种虚假拒绝在俄罗斯较为少见，俄罗斯人喜欢直来直去，一般不讲客套，接受邀请或礼物之后不会忘了说声“谢谢”。这样一来，有些俄罗斯人由于缺乏对中国礼仪文化的了解，和中国人交往时遇到虚假拒绝，常常不解其意，信以为真，把虚假拒绝视为真诚拒绝，时不时造成交际失误。例如，俄罗斯姑娘拉里莎初来中国工作，人生地不熟，急需中国朋友帮助，有一天下班后，她邀请自己的中国同事王珊珊去吃晚饭：

拉里莎：珊珊，下班以后我请你吃饭吧，我刚来中国，情况不熟悉，好多事情还要向你请教呢！

王珊珊：拉里莎，你别客气哦！有事尽管说，我会尽力帮你，吃饭就免了吧？

拉里莎：哦，那好吧！明天见！

王珊珊：呃……明天见！

这个例子是典型的中俄文化碰撞：拉里莎真心实意，想请王珊珊共进晚餐，而王珊珊认为拉里莎有求于她，请吃饭是出于礼貌，所以借助于虚假拒绝手段，用商量的口气建议取消吃饭，不明个中缘由的拉里莎只好表示同意，这令王珊珊始料不及，通过一声长长的“呃……”就可以看出她内心的失落，说明她还是愿意和拉里莎一块儿吃饭的。不难发现，王珊珊顺口所说的“吃饭就免了吧？”只是一句客套话，貌似拒绝，实际上是等着拉里莎像中国人通常所做的那样，一再坚持自己的吃饭邀请，她借机来个顺坡下驴，表示同意。但是，拉里莎并不理解这种中国人习以为常的言语定型，她按照俄罗斯人的思维方式处理问题，于是就出现了上边一幕。

2.6.2.11 消极沉默，意在拒绝：沉默作为一种言语行为，具有一系列交际功能，其中包括间接拒绝，诚如 Н.Д. 阿鲁秋诺娃所说：“沉默是交际活动的最高形式，是表达或者传递心理感受和感情的纯粹方式。”(Арутюнова，1994：178）但是，对交际中的沉默现象应该具体分析，不能一概而论。事实上，沉默在不同的语境中被赋予各种不同的含义，在语言实践过程中可分为“积极沉默”和“消极沉默”：“积极沉默包括默认、沉思、羞涩、威严、默契等行为，所以有‘此时无声胜有声’‘一切尽在不言中’‘沉默是金’等说法，而消极沉默指逃避、不悦、拒绝、挑衅、放弃等非言语行为。由此看来，消极沉默在交际过程中或多或少带有否定、贬义的色彩。”（姚芬芳，2009：106）作为间接拒绝的主要表现形式之一，消极沉默往往发挥着不同意、愤怒、不屑一顾、有意回避矛盾或者拖延等作用。试举两个俄语例子：

（1）— Ты бы хоть извинился перед человеком!

Зорин молчал, сжимая зубы.

（2）— У меня же бывает то и дело: вызываешь его, подлеца, в кабинет: Ну, что будем делать?

Молчит.

— Что будем делать-то?!

Молчит, жмет плечами.

— Будем продолжать в таком же духе?

Горбовое молчание.（Формановская，1998: 283）

例（1）中，对于对方提出的要他道歉的要求，佐林选择了咬紧牙关，一言不发，保持沉默，以此表明自己拒绝道歉的态度。在例（2）中，说话人把另一个“无耻之人”叫到办公室，问他“我们该怎么办？”“无耻之人”则一言不发，说话人又重复一句“我们到底该怎么办?!”而对方仍然保持沉默，耸耸肩，未置可否，说话人紧接着问了一句“我们就这么僵持下去？”之后依然是死一般的沉寂。“无耻之人”就是用这种沉默不语的方式拒绝回答，让说话人无计可施，无可奈何。

非规约性间接拒绝方式除了上述11种之外，俄语中还包括修辞问句（— Прошу вас к сестре моей больше не ходить! — Разве я вас обидел?）、假设（— Андрей, пойдем в кино! — Это была бы хорошая идея, если бы я был свободен.）、责备（— Мама, купи мне компьютер! — Ишь чего зохотел! Лучше подумай, когда ты получишь пятерку.)等。这些间接拒绝表达方式绝大部分是比较委婉而礼貌的，保全了对方的面子。即便是责备、沉默、修辞问句之类不大客套的说法，也比直接拒绝显得含蓄一些，给对方留有一定的回旋余地。

总的来说，俄汉语中的拒绝策略大都是一一对应的，但在具体拒绝策略的选择和使用上，还是存在些许差异。具体来讲，爱面子、重感情的中国人使用间接拒绝策略的频率远高于直接拒绝策略。与俄罗斯人相比，中国人不善于使用道歉、致谢等辅助拒绝手段，尤其在拒绝关系亲近的人时表现得更为明显。此外，陈胜男（2014: 13—20）通过问卷调查的形式发现，俄罗斯人很少使用模棱两可的拒绝方式，而中国人都选择使用“我尽量去”或“等等再说”这种不确定的拒绝方式，力求最大程度地降低对对方面子的威胁。与此同时，中国人对于拒绝别人的请求或邀请比较慎重，往往谦虚地表示自己的能力或资历不够，从而达到拒绝的目的，而俄罗斯人则倾向于实话实说，不善于自谦。这种差异不仅是俄汉两种不同语言的语用体现，亦是不同的民族性格、文化理念以及行为定型使然。

2.7 道歉礼节（Этикет извинения）

道歉是一种弥补性言语行为，源于说话人对受话人的冒犯，由此对自己的错误或过失进行承认，并力图为被冒犯者挽回面子。从社会交际的角度看，道歉是在冒犯别人的前提下，为适应一定的社会行为准则和规范而对自身行为过错的一种反应。当一个人在社会团体中违背了社会规范或冒犯了他人时，恰当地选择和实施道歉言语行为，不仅体现了个人修养和有错即改的诚意，而且通过获得对方的谅解来恢复自己的社会地位和个人形象，是维系和谐的人际关系与体现社会文明的必备素质。道歉言语行为的产生源于礼貌要求、心理需求以及各种内在和外在因素的影响，其制约因素主要体现在被道歉者的受损程度、道歉双方的社会地位以及双方的亲疏程度等三个方面（周民权，2014: 192）。

Н.И. 福尔马诺夫斯卡娅(1987: 46-47)认为,作为一种语言现象,道歉语与请求、恭维、致谢等言语行为一样,与说话人的主观意图及其期待的言后效果息息相关,从而体现言语礼节所特有的交际动机,如 Я хотела бы просить прощения (我请求原谅), Мне хотелось бы извиниться перед вами (我想对您表达歉意)之类情态句式结构并不包含客观的虚拟含义,而仅仅体现说话人对受话人表示高度礼貌的主观情态意义。因此,它们和 Прошу прощения, Виноват (а), Извини (те), Я хочу извиниться перед вами 之类句式一样,表达了说话人为自己的小小失误或大错而向对方致歉的意愿,与具体的交际语境、道歉的正式程度及其修辞色彩、交际双方的亲疏关系及各自的社会角色等语用因素密切相关。

在俄语中,最常见的道歉语是 Извини (-те), пожалуйста, 或者 Прости (-те), пожалуйста,通常为一些小小的冒犯致歉,不需要提及道歉的原因。当需要提及道歉的原因时,最常见的表述方式是 Извини (-те) + за... Прости (-те) + за..,前置词 за 后边的道歉理由可大可小,可长可短,如 Простите за беспокойство, за неожиданный приход... Извините за то, что я так рано вам звоню.., за то, что я не вовремя вернул вам книгу... 等,这和汉语中的“对不起,打扰您了”“对不起,来晚了”“对不起,给你打电话太晚,影响您休息了”“对不起,没有按时给您还书”等句式基本一致。但是,老年人道歉的表达方式,俄汉语有所不同:俄罗斯老年人讲话比较文雅,道歉时常用 Прошу прощения, Приношу (свои, глубокие) извинения, Виноват 等句式,而汉语中则看不出老年人和其他人的道歉表述方式有什么区别。

在正式交际场合,俄语中通常使用 Разрешите (Позвольте) извиниться (перед вами), попросить прощения (у вас), принести извинения (вам) 或者 Я должен (-жна), хочу попросить прощения (у вас), принести извинения (вам), не могу не извиниться (перед вами）等句式，与汉语中的正式道歉大同小异。有时出于对被冒犯者的尊敬，俄语中会出现“Если（вы）можете（ты можешь）+ глагол в повелительном наклонении（извините, простите, не сердитесь и др.）”这一带有怀疑语气的道歉语模式。例如：Если вы можете, извините меня за то, что я снова к вам с просьбой；Если ты можешь, не сердись на меня за то, что я не вернул вчера книгу.

接受道歉者对道歉语通常会做出各种反应，常见的答语有 Пожалуйста, Ничего, Не стоит（извинения）等，对于因一些微不足道的小事而做出的道歉，常见的答语是 Это пустяки! Это мелочь! Какие пустяки! Какая мелочь!（小事一桩，不足挂齿）Ничего страшного（没什么大不了的）等。亲朋好友或者熟人之间对于道歉语的回应有时不拘礼节，常用 Ну что вы! Да что ты!Что ты говоришь!（瞧您 < 你 > 说的！）等。上述语料的整合与分析为研究男女两性的道歉语用特点提供了佐证。

奥地利学者 P. 拉特迈尔对俄语道歉语颇有研究，她认为，近年来，随着西方礼节规范在各种交际场合越来越广泛地进入俄罗斯人的日常生活，由“因临时带来的不便”产生的道歉语在公务和个人交往中广为运用，尤其是在服务行业，粗鲁的表达方式正在减少，礼貌的语言表达正在增多，如售货员对想购买照相机的顾客说 «Извините, у нас на складе нет товара, это последний, бутете брать с витрины?»（“对不起，我们的库房没货了，橱窗里的照相机是最后一部，您要买吗？”），理发员对前来理发的顾客说 «Извините, я не рассчитала время, вы не можете прийти завтра?»（“对不起，我算错了时间，您能明天来吗？”）或者 «Извините, а вот вы не можете пойти погулять полчаса?»（“对不起，您能否暂先出去转悠半个小时？”）等。（Ратмайр，2003：9）

不仅如此，P. 拉特迈尔还根据不同语境和受话人的受损程度，把道歉语划分为3种类型：(1) 元交际道歉(метакоммуникативные извинения)，即为违背交际准则或者言语礼节的行为进行道歉，以求获得对方的理解；(2) 规约性道歉(конвенциональные извинения)，即为违背礼貌和礼节规范的"坏行为"进行道歉，以求获得对方的宽容和谅解；(3) 实质性道歉(извинения по существу)，即为侵犯受话人的个人权益(精神上和物质上的)的不当行为道歉，以求获得对方的原谅。这3种道歉形式在不同的文化中具有不尽相同的体现，如西方人把"个人权益"看得很重，与之相比，俄罗斯人推崇与人相互交往、坦诚和热情，他们的一些关心他人的行为在德国和英语国家的人看来是涉及个人隐私。例如，有一次，P. 拉特迈尔随维也纳科技大学代表团访问莫斯科一所大学时，被接待方邀请去学校的素食饭店就餐。就餐前，主人领着客人去厕所展示洗手的地方，结果客人纷纷感到困惑不解，惊讶不已，在他们看来，这种事纯属个人隐私，怎么可以随意张扬。事后 P. 拉特迈尔同一位俄罗斯朋友谈及此事，听到的回答是"在俄罗斯，这是自然而然的事，这属于主人对客人的必尽义务，不这样怎么行呢？"(Ратмайр, 2003: 241—242) 一件小事，西方人认为是个人隐私，如果被侵犯，就应该道歉，而俄罗斯人则视为友好行为，不仅不需要道歉，而且要大力提倡。由此可见，道歉语的使用常常受文化理念、价值观念和思维方式的影响，为什么样的行为道歉，怎么道歉，都需要顾及不同的文化背景。

中国学者李学岩(2006：162—163)对俄汉道歉语的对比研究具有独到的见解，她认为，在道歉语的4大必备要素(有过错之人、受损者、过错本身和道歉行为)中，受损者的认知态度对道歉行为的成功实施与否具有非常重要的作用，如果他有意扩大被冒犯的严重性，那么道歉者无论怎样努力都无济于事，难以达到自己所期待的道歉效果。当被冒犯者的反应极为强烈时，他根本听不进道歉者充满歉意的话语，例如：

(1) Таня: Зачем ты мне это говоришь?

Колесов: Зачем говорю?.. Короче: нам надо остановиться.

Вернее, нам не следует начинать. Днем я вел себя несколько...развязно, так это...Это у меня привычка такая. **Прошу прощения.**

Таня: **Нет**... Ты меня разыгрываешь...(А. Вампилов. Прощание в июне).

塔尼娅：你为什么给我说这些？

科列索夫：我为什么说？……简单点说，我们应该停下来。准确地说，我们不应该开始。白天我的言行有点……放肆，这怎么说呢……这是我的习惯。我请求原谅。

丹娘：绝不原谅…… 你在耍我……

对于科列索夫的礼貌道歉，塔尼娅没有给予应有的回应，她认为科列索夫在玩弄她，是不能原谅的，从而使得科列索夫的道歉行为失败。再举一例：

（2）Ты что же это, любезный, распространился? Видишь, чужое место, а лезешь? — сказал старик сурово.

Мужик низко поклонился и с покорной суетливостью затоптался в сторону. — Прости, батюшка, прости Христа ради.

— Бог простит (А. Куприн. Мирное житие)

“伙计，你怎么占这么大的地方？占用别人的地方，看到了吗”老头严厉地说道。

农夫深深鞠了一躬，顺从而忙乱地向一边挪动：“老爷，请原谅，看在基督的份儿上，请原谅我吧。”

“基督会原谅的。”

从这一例中不难看出，农夫诚惶诚恐，用加强道歉的语气礼貌地表达自己的歉意，他不仅以“老爷”称呼对方，重复使用“请原谅”，而且使用了“看在基督的份儿上”这一语气强烈的表达方式，不仅如此，他在说话的同时还伴有“深鞠躬”这一体态动作，所有这些言行构成了为占用别人位置而做出的既谦恭、又富于表情的道歉。但是，老头显然很生气，不想原谅农夫，只是干巴巴地说了一句“基督会原谅的”，以此表达自己的不满。由此可见，道歉行为能否成功，不仅取决于道歉者的态度，而且取决于被道歉者的胸怀与气量。一般来说，只要冒犯者不是有意而为之，并且诚恳致歉，被冒犯者就应该接受道歉，化解矛盾，否则只能引发交际冲突。

2.8 **抱怨礼节**(Этикет жалобы)

抱怨语本质上是一种威胁对方面子的言语行为，是一种负面情绪的宣泄。为了削弱和淡化抱怨语的威胁性，人们通常借助于礼貌的语言策略。俄罗斯学者 А.Г. 波斯佩洛娃认为，抱怨语是现实交际中的一种融合性言语行为，因为它既反映某些客观现实，也表现出说话人对这些客观现实的不满，同时给听话人通报信息，促使他采取相应措施。(Поспелова，1992：184)也就是说，抱怨语不仅针对说话人本人，也可以针对听话人或者第三方，抱怨内容包括人或者事，涉及方方面面，如可以抱怨某人太自私、儿子不听话、天气不好、灯光太暗、环境污染严重等。

Н.И. 福尔马诺夫斯卡娅认为，抱怨语主要是针对个人而言，说话人通常以此表达自己的不佳状态，如失意、身体不适等，而且对不大熟悉和不认识的人不能抱怨，抱怨对象一般是朋友或亲人。(Формановская，1989：93—94)例如，一位长期在外出差的俄罗斯记者对朋友说：«Вы спрашиваете, как я живу. Живу я неплохо, но очень скучаю по дому. Не хватает московских друзей, товарищей, родных.»（“您问我生活得怎么样？我过得还好，但就是非常想家，想念莫斯科的朋友、同事和亲人。”）；一位考试不及格的女孩子对男友说：«Мне так нужно тебе пожаловаться на то, что плохо сдала экзамен.»（“我考试考砸啦，特别想给你诉说一下。”）；一位生病的女性对朋友说：«Болела я целую неделю, да и сейчас еще плохо себя чувствую, голова болит и горло.»（“我病了整整一个星期，现在仍然感觉不舒服，头和嗓子还痛。”）

在俄语中，抱怨通常发生在面对面的对话中，其初始形式是医生与患者的对话，从医生经常使用的动词 жаловаться 中可以看到名词 жалоба 的影子，患者的病情陈述通常可被视为抱怨语的表现形式之一。例如：

Врач: На что вы жалуетесь?

Пациент: Я плохо себя чувствую, болит горло.

Врач: Дай посмотрю. Откройте рот, пожалуйста. Какая температура?

Пациент: Тридцать восемь. Болит голова, нет аппетита.

医生：您怎么啦？

患者：我感觉不舒服，嗓子痛。

医生：请张开嘴，让我看看。体温多少？

患者：38度。头痛，没有胃口。

这种抱怨是针对自己的生理特征而言，针对自己心理特征的抱怨通常也不在少数，这是患者见到医生时一种正常的情感宣泄，以求得到医生的帮助。在现实生活中，各种各样的抱怨司空见惯，有些人抱怨的目的是希望得到别人的同情、理解或者帮助，有些人的抱怨纯粹是一种自我宣泄。例如：

（1）— Прости меня, Коля, но я не могу сейчас с тобой спокойно разговаривать. Я очень расстроена.

— Не расстраивайся, Наташа, все будет хорошо.

“科利亚，原谅我，我现在不能心平气和地跟你说话。我很难过。”

“娜塔莎，别难过，一切都会好起来的。”

（2）— Какая досада, Олег! Хотел в воскрксенье пригласить тебя съездить в Иваново, да машина сломалась, пришлось поставить на ремонт.

— Очень жаль, Игорь.

“真遗憾，奥列格！我本想周日请你一块儿去伊万诺沃，可汽车坏了，只好送去修理。”

“是很遗憾，伊戈尔。”

在例(1)中，娜塔莎的道歉中夹杂着抱怨，希望得到科利亚的理解，她不希望在心情不好时说话，以免影响相互关系。在例(2)中，伊戈尔抱怨汽车坏了，不能和奥列格按照约定的时间外出，对此感到遗憾，希望得到奥列格的同情和理解。

除了对话形式之外，个人书信来往中也有针对自己或者对方的抱怨语，抱怨内容事无巨细，以此抒发写信者的情感，这些情感不一定是负面的，其中包含着亲昵友好的成分。例如：

(1) — Милый Саша! Если ты меня забыл, то напоминаю о своем существовании. Я жив. здоров...

“亲爱的萨沙！如果你忘了我，那么我提醒你一下我的存在，我还活着，很健康……”

(2) — ...Отчего не пишешь мне совсем? О здоровье родителей, о себе? Стыдно! Отчего такая лень? Я не требую большого письма, а всего несколько строчек.

“……你为什么不给我写信？关于父母亲的身体情况？关于你自己？你怎么就不愧疚？怎么这么懒？我不要求你写长信，几句话就行。”

在例(1)中，写信者抱怨萨沙不给他写信，不和他联系，以调侃口气表明自己的存在，字里行间充满着相互交往的希望，没有对萨沙表现出任何敌意。在例(2)中，写信者尽管抱怨对方不写信通报家庭情况，并且使用了指责用语，但在最后仍然改变说话基调，希望对方写封短信，交流信息。如果他不喜欢对方或者不愿意与其交往，就不会写出那样的话，可见抱怨中不乏亲情与友爱。

由此可见，尽管抱怨语本质上是一种威胁对方面子以及发泄自己不满的言语行为，但由于抱怨者与接受抱怨者相互之间比较熟悉，甚至关系密切，所以无话不谈，口无遮拦，其中既包括可能伤害对方、影响彼此关系的负面情绪，也包括关怀对方并希望与其继续交往的良好愿望。如果是后者，不但不会破坏抱怨者与接受抱怨者之间的相互关系，有时反而会加深相互理解，促进彼此之间的友谊进一步发展。

2.9 **安慰、同情、慰唁礼节**（Этикет утешения, сочувствия, соболезнования）

安慰、同情、慰唁礼节属于同一类型，通过一系列语言表达为对方提供心理安抚和情感支持，站在对方角度，设身处地替对方着想，体现了友爱与关怀，进一步拉近了双方的心理距离。从俄语言语礼节的具体内容来看，这一类型可以划分为两个子类：

2.9.1 安慰、同情礼节

在俄语中，当说话人面对饱受某种病痛折磨、遭遇某种不快或者烦心事的对方时，一般会使用一系列套语进行安慰，来表达自己的同情之心，有时还会提出自己的建议，帮助对方消除不安情绪，或者鼓励对方坚强起来。例如：

（1）— Доктор, у меня болит горло, лихорадит. Что со мной?

— Успокойтесь, не надо волноваться. Сейчас я вас осмотрю, послушаю. Раздевайтесь.

“医生，我嗓子痛，发冷发热。我怎么啦？”

“请安静，别紧张。我马上诊断一下，听一听心率。请脱掉外套。”

（2）— Виктор , что-то я тебя давно не видел. Ты уезжал куда-нибудь?

— Нет, Петр, я болел.

— Я очень сочувствую тебе.

“维克多，我怎么好久没见你了，你外出去什么地方了吗？”

“彼得，我哪也没去，病了一场。”

“我对你深表同情。”

（3）— Врачи говорят, что у меня переутомление. И это сейчас, когда впереди сессия! Почему мне так не везет?

— Переутомление — это не страшно. Отдохнешь, и все будет хорошо.

"医生们说我是疲劳过度。时间真不凑巧，马上就要考试了。我为什么这么倒霉？"

"疲劳过度并不可怕。好好休息一下，一切都会好起来的。"

（4）— Не принимай, Маша, все к сердцу. Мало ли что говорят. Не обращай внимания. Ты способный и умный человек. А неудачи бывают у каждого.

"玛莎，别把什么都放在心上。不管别人怎么说，你别搭理就行。你很聪明能干。每个人都经历过失败。"

在例(1)中，医生对患者的提问首先进行心理安抚，安慰他不要紧张，不要担心，然后着手治疗，使患者身心受益。在例(2)中，彼得因为好久不见维克多，关切地询问他的行踪，当维克多告知道自己生病的消息后，彼得马上表示深切的同情，体现了对朋友的关爱。在例(3)中，说话人是个学生，对于自己考试之前疲劳过度感到焦虑，抱怨自己不走运，听话人马上安慰他，告诉他疲劳过度并不是什么可怕的病痛，只要好好休息一下，身心就会恢复正常，不会影响即将到来的考试，希冀减轻他的心理压力。在例(4)中，玛莎可能因为别人说了她什么而闷闷不乐，对方劝说她不要在意别人说什么，用"每个人都经历过失败"激励她不要在乎一时的失利，鼓励她只要一如既往发挥自己的聪明才智，就一定会取得成功。对于一个心情郁闷的女性来说，这样的安慰无疑会起到激励作用。

通过以上例证可以看出，安慰和同情作为一种礼节，对于人际关系具有重要的调节作用，它不仅能够给予对方精神上的鼓励和心灵上的慰藉，助其摆脱困境或走出心理阴影，而且体现了人与人之间的"真善美”、相互依赖和人文关怀。不言而喻，真诚的安慰和同情能够深化交际双方的友谊，增进亲切感，为以后的交往打下良好基础。

2.9.2 慰唁礼节

慰唁作为一种礼节，通常用于针对巨大痛苦和不幸的交际场合，是对逝者家属表示同情的行为或语言。当对方的某位亲人或者好友去世时，人们都会以各种慰唁表达自己的哀思，表明自己对生命的敬畏。汉语中常见的说法有“请节哀！”“节哀顺变！”“愿逝者安息！”等，而俄语中的慰唁语更突出说话人“我”(«Я»)，常见的说法有 «Я вам (тебе) искренне соболезную.»(“我对您 < 你 > 表示真诚的同情。”)、«Прими (-те) мое глубокое (искреннее) соболезноваеие.»(“请接受我深切的 < 真诚的 > 慰唁。”)、«Разрешите выразить вам искреннее (глубокое) соболезноваеие.»(“请允许我向您表示真诚的 < 深切的 > 慰唁。”)、«Я скорблю (горюю) вместе с вами.»(“我与你一样悲哀 < 难过 >。”)、«Я разделяю вашу (твою) глубокую скорбь»(“我分担您的 < 你的 > 深深的悲痛。”)、«Я подавлен (-а)(потрясен, потрясена) горем, которое обрушилось на вас.»(“你所遭受的悲痛与不幸让我感到震惊。”)等。这些慰唁的表现力度明显大于安慰和同情，当因失去亲人而悲哀伤痛的受话人听到这些充满同情与怜悯的唁语时，心灵无疑会受到些许慰藉。

无论是安慰、同情，或是慰唁，它们作为人际交往中的言语礼节之一，不仅发挥的是礼仪作用，更重要的是慰藉心灵，让接受安慰、同情或慰唁的人感受到人间温暖，尤其是当对方遭遇巨大不幸、身心疲惫时，说话人适时地伸出友谊之手，给予对方发自内心的人文关怀，体现了“人间自有真情在”，是促进人际关系和谐发展的重要举措之一。

2.10 恭维、赞许礼节 (Этикет комплимента, одобрения)

恭维语和赞许作为人际交往中广为运用的礼节之一，本质上是一种礼貌言语行为，是礼貌原则的重要组成部分和调节人际关系的最佳方式之一。在言语交际中，说话人用直接的表述或者间接的委婉方式表达对受话人的恭维和赞赏，对其施加影响，产生改变其情感状态、令其愉悦的言后效果，充分发挥恭维语的语用功能，以期维护交际双方的和谐关系，并遵守具有道德和伦理意义的行为准则。

在言语交际活动中，恭维语的使用是遵循英国哲学家 G. N. 利奇所提出的礼貌原则（其中包括得体、慷慨、赞誉、谦虚、一致、同情等6条准则）的具体表现，属于该原则中的赞誉准则，即减少对对方的指责，多赞扬对方，因为赞扬令对方心情愉悦，意味着对方的言行举止是正确的，是值得褒奖的。（Формановская，1998：64）

恭维这一概念在俄汉语中都是存在的，且在俄汉日常言语礼节中广为运用。就恭维语本身来讲，一般的"话题集中在三个方面：成就、外貌和服装，每一位恭维者的话题大多只涉及一个方面，只有少数谈到两个方面，但没有人同时提到三个方面。"（魏耀章，2001：4）笔者认为，"没有人同时提到三个方面"一说似乎有点武断，这种情况应该是有的，当一个人成就辉煌、外貌俊美、服饰得体时，人们对他的赞美可能会不吝言辞，面面俱到，不一定非要集中在一个方面，只不过是恭维的侧重点和前后顺序有所不同罢了。

就恭维形式来看，中外学者通常将其划分为两大类：一是直接恭维，即说话人指出受话人所拥有的优点，并给予直接的正面评价，二是间接恭维，即说话人使用隐形语义表达方式恭维受话人。（周民权，2014：183）对于恭维语的基本特点以及在交际中的重要作用，俄汉语学者的表述和认识基本上是相同的，但在恭维语的运用及其反应方略等方面，中国人和俄罗斯人存在着一定的差异。总的来说，俄罗斯人和其他西方人一样，强调一种"您行，我也不差"的"水涨船高"式的交往态度，既赞赏和尊敬对方，也要肯定自己，擅长使用直接恭维，而中国人较多地使用间接恭维，擅长自谦，强调一种"您行，我差远了"的"水落石出"式的交往态度，通过贬抑自己来抬高对方。

同恭维话题密切相关的是，恭维对象亦因国情不同而有所差异。在俄罗斯，恭维对象通常是关系较为密切和地位平等的人，这种平等既体现在年龄上，也体现在社会地位上，发生在同龄人和地位基本相等的人之间的恭维几率远远高于非同龄以及社会地位悬殊较大的人之间。相比之下，中国人恭维的对象往往是泛泛之交或者关系一般的人，关系密切的人之间一般互不恭维，以免见外，关系生疏的人之间同样如此，以免唐突和尴尬。

在中国，被恭维者较多的是年长者或者社会地位高于自己的人，这主要是由于中俄两国文化中的权利距离不一样，中国的权利距离要比俄罗斯的大。也就是说，中国人对权利分配不平等这一事实的接受程度要高，因为“中国社会是一个注重社会等级而非个人成就的社会，中国人非常看重年龄、人际关系、权利等因素对一个人的影响。所以，中国人尊重权威。相比之下，俄罗斯文化就会更加注重个人成就”。(汪方方，2010: 28)一般来说，俄罗斯人不会盲目地信任权威或者崇拜官僚，不指望权威人士的帮助，不愿意讨好官员，不喜欢行政命令，就像一些西方学者所指出的那样，如果以官方指令或者规定的形式介绍某事，俄罗斯人通常不大乐意执行，但如果是个人的推荐，他们一般会认可，并表现出积极实施的态度。

从言语定型的角度看，由于间接恭维涉及语用前提、交际语境、文化背景等语言外因素，不确定性和不可预见性较大，似乎很难将其框定为某种模式，亦很难用定型理论去解释它。相比之下，直接恭维针对熟人或其亲朋好友，对语用前提、交际语境的依赖性不是很强，命题内容与交际意向保持一致，直来直去，清楚明了，一听即懂，不会产生歧义，且具有较为固定的常规性表征手段。例如，俄语中涉及成就、外貌和服装的恭维语一般通过下述评价性话语展现出来：

2.10.1 关于成就、性格、人品等

对于一个人的成就、性格、人品等正面特点，俄罗斯人不吝赞美之词，喜欢使用大量的性质形容词表达赞许和恭维，如 «Вы очень хороший, талантливый большой специалист.»（“您是一位非常优秀的天赋极高的大专家。”）、«Вы очень способный человек и прекрасно знаете свое дело. С вами интересно работать.»（“您很能干，精通业务。和您在一起工作很有意思。”）、«Какой вы добрый , хороший человек! »（“您是一位多么善良的好人啊！”）、«У тебя очень хороший характер, мягкий, покладистый.»（“你的性格真好，既温顺，又随和。”）、«Передай привет мужу и детям. У тебя прекрасный муж и очаровательные дети.»(“请问候丈夫和孩子们。你的丈夫很棒，孩子们非常可爱。”）等。

以上前几个例句都是对于对方个人能力、成就、性格、人品的赞美，最后一句是赞美对方的丈夫和孩子。这些恭维语无论出于什么目的，给人的感觉是充满敬意，情真意切，体现了说话人的恭维意向，希冀达到让受话人感到愉悦的言后效果。

2.10.2. 关于外貌和服装

外貌和服装密切相关，汉语中有“人是衣服马是鞍，打扮打扮赛天仙”一说，意思是 一匹好马配一副好鞍骑着的效果会更好，而一个人穿时尚而合体的衣服会更漂亮，也会体现出一个人的品位及内涵。简言之，打扮与包装对于一个人来说非常重要，但要得体适当，与个人的年龄、气质与性格、季节、交际场合等相吻合，不要牵强附会，否则就会“金玉其外而败絮其中，外有锦绣而内有糟糠”。外貌和服装永远是恭维的重点，在社会性别语言定型中表现尤甚，这一点我们将在本章下一节详尽阐释，此处不再赘述。

在俄语中，有关外貌和服装的恭维语有多种表达形式，常见的说法有 «Вы (ты) очень хорошо (прекрасно, красиво, молодо) выглядите.»（“您 < 你 > 看起来真漂亮 < 真美，真年轻 >。”）、«У вас (тебя) красивая (-ые) улыбка (фигура, глаза, волосы, руки»（“您 < 你 > 的笑容 < 身材，眼睛，头发，手 > 真美。”）、«Как давно мы с вами не виделись! А вы совсем не изменились! Время вас щадит.»（“我和您很久没见面了！您一点都没变！时光老人可真照顾您。”）、«Это платье (эта прическа, этот цвет) вам (тебе) идет (к лицу, подходит).»（“这件连衣裙 < 这个发型，这款颜色 > 对你正合适。”）、«Какой у тебя элегантный вид! Тебе очень идет эта модная шляпка и удлиненное пальто.»（“你看起来多么优雅！这顶时髦的女帽和加长大衣很适合你。”）等。汉语中也有类似表达，大同小异。

2.11 **不赞许、责备礼节** (Этикет неодобрения, упрека)

不赞许、责备礼节与恭维、赞许礼节相左，对受话人或者他人的某些言行指出不足之处、提出批评或者指责，无论是出于好意还是目的不纯，都属于威胁对方面子的言语行为。不赞许并不包含有意贬低、讽刺、诋毁、讥笑、奚落、挖苦、诅咒、唾骂、侮辱等远远超出礼节范畴的恶意言行，这不在本文研究之列。我们所探究的不赞许、责备礼节，通常是指善意的批评、中肯的意见，当然包括不留情面的严厉斥责。只要它们符合言语礼节规范，有助于对方改正某些缺点或者能够制止不良事态的发展，促进人际间的正常交往，都是值得肯定的。

在俄语中，不赞许、责备的话题较为集中地体现在成就、外貌和服装等3个方面，表述方式与恭维、赞许礼节相反。

2.11.1 关于成就、性格、人品等

对于熟人或者亲朋好友在成就、性格、人品等方面的负面特点，俄罗斯人一般会表明自己的态度，直来直去，当面指出不足。例如：«Какое у тебя плохое поведение!»（“你的表现太不好了！”）、«С тобой очень трудно иметь дело (разговаривать, работать)»（“跟你很难共事 < 谈话、工作 >。”）、«Как тебе (вам) не стыдно так поступать!»（“你 < 您 > 这么做真该感到害臊！”）、«Ты уже поставил меня в неловкое положение.»（“你已经把我置于很难堪的境地。”）、(«У тебя неуживчивый (скверный, очень плохой) характер.» “你的性格不合群 < 很不好 >。”）等。这些

批评与指责尽管口气严厉，言辞激烈，但并没有讽刺、诋毁、嘲笑、挖苦、诅咒、侮辱之意，表达了说话人的愤怒与期待，希望引起受话人的重视，促使其有所收敛或尽快改正。

汉语中也有类似表达，有时针对一些过分的言行，言辞甚至更加激烈，如“太不像话了！”“真替你感到害臊！”“你把我害苦了！”“别不识好歹！”“岂有此理！”等，责备的口气似乎非常严厉，但有别于一般的詈语。说话人指责对方的目的不仅仅是表明自己的态度，更多的是为了制止对方的某些言行，希冀有所改变。

2.11.2 关于外貌与服装等

外貌与服装引人注目，吸引眼球，既是恭维和赞许的重点，亦是广遭议论的对象。俄罗斯人见到熟人或者亲朋好友时，如果发现对方的外貌与服装有什么问题，会直接指出来，常见的说法有 «Вы не совсем хорошо (плохо, неважно) выглядите.»（“您的气色不是很好 < 不好 >。”）、«Ты очень сильно изменился, пополнел!»（“你的变化太大了，发福啦！”）、«Эта прическа (это платье, этот цвет) тебе не идет (не к лицу, не подходит).»（“这个发型 < 这件连衣裙，这款颜色 > 不适合你。”）等。

与之相比，汉语中的类似表达似乎稍微间接一些，中国人一般不大习惯当面指出对方的外貌缺陷或者着装不当，除非彼此之间关系非常亲密。需要指出的是，俄罗斯人在公众场合的着装非常讲究，比如人们去影剧院时，通常都穿戴整齐、漂亮，像过节一样隆重，衣冠不整者禁止入内，这实际上就是一种服饰礼节定型，要求每个社会成员务必遵守。相比之下，中国人在这方面做得还不尽如人意，比如常看到有些人穿着睡衣进商场，穿着拖鞋进剧院，不尊重别人，也不尊重自己。但应该看到，随着国内物质文明和精神文明程度的提高，人们已在有意识地关注服饰礼节，注意维护自己在公众场合的个人形象。另一方面，许多公众场合也出台明文规定，或者形成一些不成文的规定，如衣冠不整者不得进入影剧院，不修边幅者不得进入工作场所，邋里邋遢者不宜赴宴等，这无疑是礼节定型在发挥作用。

2.12 **祝贺、祝愿礼节**(Этикет поздравления и пожелания)

祝贺和祝愿是最为常见的交际礼节之一，在现实生活中屡见不鲜，二者的区别在于：祝贺是你已经得到了幸福或者别的，或者已经具备值得祝贺的事由，也就是说，你已经完成了某个过程，别人会祝贺你，如除了逢年过节时的常规祝贺之外，过生日、结婚、乔迁、喜得贵子、获奖、论文答辩成功等，事无巨细，都会成为祝贺的理由。而祝愿则说明你即将进入某个过程或者还在努力阶段，别人为你加油，真心的希望你成功，如高考前，亲朋好友会祝愿你考出好成绩，论文答辩开始前，老师和同学会祝你顺利通过答辩，在你的婚礼上，所有在场的人都会祝你们夫妻家庭幸福，百年好合，等等。无论是祝贺还是祝愿，都会给予对方带来快乐和心灵上的慰藉，进一步提升双方的情感交融。

2.12.1 祝贺礼节

在日常交际中，俄罗斯人非常重视祝贺礼节，每逢大小节日或者亲朋好友的任何喜事，事无巨细，都会送上口头的或者书面的真诚祝贺。常见的贺词有 «С праздником!»（“节日快乐！”）、«С Новым годом!»（“新年快乐！”）、«С днем рождения!»（“生日快乐！”）、«С новосельем!»（“乔迁之喜！”）等，这是俄语口语中一种固定的言语定型，省去了动词 «поздравлять»（“祝贺”），言简意赅，一听就懂。但是，如果说话人祝贺，还想多说几句表示祝愿的话，通常会使用这个动词，并辅之以 «горячо»（“热烈地”）、«от всей души, от всего сердца, сердечно»（“衷心地”）、«искренне»（“真诚地”）等说明成分，加大表征力度，例如：

(1) — Дорогой Иван Васильевич! Сердечно поздравляем вас с днем рождения. От всей души желаем вам долгих лет жизни, здоровья, бодрости, счастья и больших творческих успехов.

“亲爱的伊万·瓦西里耶维奇！衷心祝您生日快乐。诚祝您健康长寿，精力充沛，幸福安康，再创辉煌。”

（2）— Поздравляю, Зоя, с окончанием школы. Искренне желаю тебе поступить в университет.

“卓雅，祝你中学顺利毕业。真诚地祝愿你考上大学。”

上述两例分别祝贺生日与中学毕业，说话人感到仅仅祝贺还不足以表达自己的心情，紧接着送上良好的祝愿，与被祝贺人共同分享已经到来的快乐，憧憬光明而美好的未来，在现实与希望之间架起一座友谊的桥梁。

2.12.2 祝愿礼节

祝愿与祝贺互为依托，相辅相成，说话人希冀对方心想事成，及时送上美好的祝福。如前所述，祝愿可以与祝贺连用，也可以单独使用，直指未来，口头语和书面语中均可使用。由于对方即将进入某个过程或者还在努力阶段，有明确的目标，你的祝愿与鼓励有的放矢，针对性强，不仅给予对方强大的心理支持，而且蕴含着中肯的建议与最终结果，促使对方去努力，去奋斗。这样的祝愿在俄汉语中比比皆是，有同有异，各具特点。

在俄语中，常见的祝词有 «Удачи! Успехов!»（“祝您 < 你 > 成功！”）、«Счастья!»（“祝您 < 你 > 幸福！”）、«Счастливого пути!»（“一路平安！”）等，这同样是口语中一种固定的言语定型，省去了动词 “желать”（祝愿），言简意赅，符合语言学中的经济原则。如果说话人想多说几句表示祝愿的话，通常会使用这个动词，并辅之以“衷心地”（«от всей души, от всего сердца, сердечно»）、“真诚地”（«искренне»）等说明成分，例如：

（1） — Ваши рассказы, повести и романы известны широкому кругу читателей. От всей души желаем Вам восхождения на новые творческие высоты. Доброго Вам здоровья, счастья！

“您的短篇、中篇和长篇小说在读者中久负盛名。衷心祝愿您攀登新的创作高度。祝您健康幸福！”

(2) — Прощайте... Искренне желаю вам всего самого лучшего. Берегите себя, будьте счастливы, веселы, здоровы!

“再见啦……真诚地祝愿您万事如意。多多保重，祝您幸福、快乐、健康！”

例(1)是一位青年作家写给著名老作家的信，其中既有对其作品的高度评价，也衷心祝愿其健康幸福、再创新高；例(2)是说话人在告别之际对朋友的祝愿，用优美的语言表达了自己临别前的心情。这类表达良好祝愿的祝词在汉语中也常使用，如祝贺老年人生日时说“衷心祝您健康长寿，福如东海，寿比南山！”，对即将跨入高校大门的新生说“祝你学业有成，天天进步！”对刚走上工作岗位的年轻人说“祝你马到成功，一切顺利！”等。

但是，俄语中一些固定的语言定型与汉语表征不尽相同，如对即将考试的学生，俄罗斯人通常用“Ни пуха, ни пера!”(原意为“祝你空手而归！”，言下之意为“祝你一帆风顺，满载而归！”)这一套语表达祝愿，正话反说，源于俄国猎人原有的一种迷信[①]，学生的回答也是固定的“К черту!”(“见鬼去吧！”)。这显然与中国人正面表达的方式大不相同。如果中国人这么正话反说，会被视为一种不吉利的诅咒，遭人诟病。

另外，俄罗斯人在酒桌上的祝酒词(тост)也颇具特点，是酒文化必不可少的组成部分。俄罗斯人喜欢喝酒，也喜欢以祝酒词助兴，活跃气氛，增进友谊。他们用餐时可以祝愿任何人，祝酒词内容丰富，妙语连篇，一说一大串，可以瞬间把酒桌的气氛推向高潮。例如，在家庭新年晚宴上，一位客人举杯，对主人和所有在座的客人说：«Я хочу поднять бокал за то, чтобы Новый год для нас всех был не хуже старого, чтобы он был еще более счастливым, чтобы все мы добились

① 古时候，俄罗斯人对出猎者习惯于用反语相祝，如果使用祝他顺利之类正话，就一定不会得手，空手而归。久而久之，这句话也被用在别的场合，以调侃的口气祝别人一切顺利。

больших успехов, были здоровы и веселы. С Новым годом, дорогие друзья, с новым счастьем!»（“我想举杯，祝愿新的一年对我们所有人来说比过去一年更好，更加幸福，祝我们大家健康快乐，取得更大的成就，亲爱的朋友们，新年快乐，幸福多多！”）说完之后，会把杯中酒一饮而尽，但不劝酒。以此同时，俄罗斯人尊重女性的言行也会体现在祝酒上，客人在普通家宴上一般会先敬家里的女主人，并提议在座者为女主人的健康和幸福干杯，感谢其为招待客人所付出的辛勤劳动等。在普通宴会上，男士们通常会提议为在座的女士们干杯。

中国人在酒桌上敬酒时，通常是晚辈敬长辈，下级敬上级，客人敬主人，讲究等级和主次，不像俄罗斯人那样随意，祝酒词一般也比较简短，用语不太华丽，常用“干杯！”作为结束语。但有些中国人喜欢劝酒，有些人还会强迫别人喝酒，似乎不喝就不够朋友，不讲义气。近些年来，随着社会文明程度的大幅度提升，这一习惯逐步有所改观。

2.13 **致谢礼节**（Этикет благодарности）

在日常社会生活中，每一个人的生存都少不了其他人的帮助与支持。因此，当一个人得到别人的帮助之后，他应该及时致谢，这是懂得感恩、尊重他人的一种基本礼节。致谢礼节是情感付出的一种表现形式，包括口头致谢和书面致谢，它不仅传递了致谢人内心深处油然而生的感激之情，也延续了其与他人的交往情感。致谢有各种方法，在不同场合根据不同对象使用不同方法，巧妙地达到双方增进友情和理解的目的，俄汉语概莫能外。

2.13.1 口语致谢礼节

口语致谢可以及时用真诚的话语传递自己的情感，使对方在聆听过程中真切感受关怀、真诚和善意，形成礼尚往来的持续交往。口头致谢包括两种形式：

一是当面致谢：在人际交往和互访过程中，应该致谢的场合无处不在，无时不有，要及时表示高兴、接纳和感谢。例如：当对方问候你时，要先说声“谢谢”，接着问候对方；当对方夸奖和赞赏你时，要说一声“谢谢您的夸奖”；迷路时，对给你及时指路的陌生人要说声“非常感谢！”；外出用餐和旅行过程中，对服务人员所付出的服务与帮助及时表示口头感谢，以表达对他们劳动的尊重，如“谢谢！”“麻烦您了”等。总之，无论大事小事，只有对方对你有所帮助，都要及时口头致谢。

二是电话致谢：当别人帮了你的忙之后，在对方不在场的情况下，事后一定要通过电话来表达谢意。例如：当外出旅行时接受了朋友或亲友的款待，回到家后要打电话过去表示感谢，告诉他们：“我已经安全到家了，谢谢您（你们）对我的悉心照顾。”；远在外地的朋友帮你办妥了出国手续或其他要事，你一定要打电话致谢；你不在家时，小区保安帮你接收了快递并送到家门口，你到家后要打电话表示感谢，等等。总之，事无巨细，虽然人不在面前，但你的真诚感谢会通过电话传递到对方耳中，留在他的心中，让他感到温馨，为双方以后持续交往打下良好基础。

2.13.2 书面致谢礼节

较之口头致谢，书面致谢显得更加郑重和正式，白纸黑字，明明白白，可以使人感受到你的用心、在意和真诚。同时，书面致谢易于长期保存，可以反复阅读，令人回味无穷，会常使人想起你的真挚情感，不断延续你与朋友的友谊、与亲人的感情和与他人的良好关系。书面致谢一般包括以下6种形式：

一是书信致谢：一般来说，对固定的亲朋好友和家人可以保持定期书信往来，一两个月或者半年一次，对过去对方给予的帮助作出感谢，把自己在这段时间里的重要经历作一个简要描述，做到互通有无。如果特别重视，可以用彩色纸和彩色笔来书写，让绚丽多姿的致谢信表达出你发自内心的真挚情感。此外，书信致谢还应包括学生毕业论文中感谢恩师及亲朋好友的谢辞、出版物的前言中作者感谢合作者及相关部门的谢辞，以及答谢宴会上宣读的谢辞等，它们有清晰的文字表征，显得更为郑重。

二是便条致谢：在应邀参加了亲朋好友一些私人活动后，除了口头感谢之外，也可以写简短的便条表示感谢，可以用心形纸、方形纸、圆形纸或不规则形纸，再配上彩色笔，表达出自己的谢意，如“谢谢你邀请我来家里做客，和你在一起真开心！”“感谢你邀请我参加你的生日晚会，祝你笑口常开，天天快乐！”等。

三是卡片致谢：当受到亲朋好友的热情接待后，你为了表达自己难以口头表达的感谢之情，可以在商店经过精心挑选喜爱的卡片或自制卡片，用彩色笔写出表达谢意的肺腑之言，让你的真情融于卡片，跃于眼前，这会给对方留下非常美好的印象。

四是手机短信和微信致谢：在高科技迅猛发展的当今时代，手机短信和微信无疑成为人们相互表达情感的重要沟通渠道。当对方为你做了某件好事时，无论大事小事，你都可以通过手机短信或微信表达自己的谢意，如果能给优美的文字配上各种小插图和表情，致谢效果会更好，可以给对方一种如在当面侃侃而谈的亲切感。

五是电子邮件致谢：电子邮件和书信致谢大同小异，但更加方便和快捷，书写的同时可以配上各种形象逼真的小插图，选择字体的颜色和形式，制作成字画合一的电子艺术品，当然也可以做成动画卡，这类栩栩如生的电子传情传神入画，具有美学效果，让对方感受到你的真诚谢意，同时得到美的享受。

六是电报致谢：这是一种传统的致谢形式，在通讯不发达的时代较常使用，如朋友聚会结束，其中一方在离开另一方后，通过言简意赅的电报文字表达谢意，如“我已经顺利抵京，感谢你那么大老远去火车站送我！”“我已经顺利到家，请放心！感谢你的热情接待！”等。这种传统致谢形式在现代外事活动中亦时而使用，如某国领导人对他国访问结束后乘机返回，他可能会在飞机上发报致电接待国领导人，对访问期间的热情接待和周到安排表示感谢。

在俄汉语中，致谢的语言表达方式多种多样，所表达的意思大同小异，如俄语中常见的说法有 «Спасибо; Благодарю ; Большое спасибо.»（“谢谢；非常感谢。”）、«Я вам (тебе) очень благодарен (-рна) за ..; Я вам(тебе)очень признатерен(-рна)за ...»（“我非常感谢您＜你＞……）、«Я хочу（ Мне хочеться ）поблагодарить вас(тебя)за ...»、（“我要谢谢您＜你＞……”）、«Я должен（ -жна ）поблагодарить вас (тебя) за ...»（“我应该感谢您＜你＞……”）、«Я вам (тебе) многим обязан (-а) за ...»（“我在许多方面要感谢您＜你＞……或：我欠您＜你＞的太多了。”）等。如果对方给予的帮助很大，说话人表达谢意的感情色彩很浓，则常说诸如 «У меня нет слов, чтобы отблагодарить вас (...чтобы выразить вам благодарность.) .»（“我难以用语言表达向您感谢”）、«Не хватает слов, чтобы отблагодарить вас (...чтобы выразить вам благодарность.»（“用什么语言也不足以表达对您的谢意。”）、«Моя благодарность (признательность) не знает границ.»（“我的谢意没有止境。”）之类充满激情的谢辞。

尽管在汉语和俄语在一般致谢的表述方面颇为相似，但在激情致谢方面比俄语有过之而无不及，言辞甚至更为激扬。例如，在“文革”期间毛主席在世时，人们写给他或者说给他的谢辞中经常有“敬爱的毛主席，天大地大不如您的恩情大，河深海深不如您的恩情深……”之类激情四射的话语。

对于口头致谢或者书面致谢的回答，俄罗斯人和中国人的用语大致相同，常见的答语有 «Пожалуйста!»（“不客气！”）、«Не стоит.»（“不用谢。”）、«Ну что ты, какие пустяки!»（“瞧你说的，小事一桩！”）、«Мне было очень приятно помочь вам (тебе) .» “(我 很高兴帮助您＜你＞。”）等，属于常规性表述。但是，一些中国人面对俄罗斯人的致谢，有时却出于自谦，说“这是我的职责”(«Это моя обязанность»)、“没什么，这是我应该做的”(«Ничего, я должен (-жна) так сделать.») 等，这种谦虚态度在有些俄罗斯人的眼里便成了“例行公事”的形象，因为他们对这句话的理解是“这是我的职责，不得不这么做！”“我并不是有意帮助你，而是不得已而为之。”等，从而使得原本真诚的帮助大打折扣。一般来说，当俄罗斯人致谢时，对其较为恰当的回答是«Всегда к вашим услугам.»(“愿时刻为您效劳”)，«Очень рад вам помочь.»（“我很高兴帮助您”）之类表示乐意的话。这样一来，致谢与答语便形成了有机的统一，能够获得较为满意的言后效果。

2.14 **告别礼节**(Этикет прощания)

俗话说，天下没有不散的宴席。人们常常因缘相聚却又匆匆离别，从见面到告别，其间经历了种种事由，到了收场之时，告别便成为人际交往中的重要环节之一。告别礼中的拥抱、亲吻、握手、鞠躬等礼节与见面礼节相仿，但语言表达不尽相同。

由于历史传承及文化差异，一些民族形成了自己独特的告别礼。一般来说，客人要告别的时候，主人会送出家门，与客人告别。例如，土耳其人为亲友送别时，两手交叉胸前，并行90度的鞠躬礼，以表敬重；南非的居民在道别时，送行的人常常将一支孔雀毛或鸵鸟毛送给远行者，以表示依依惜别，所以每个远行者的帽子上常常插满了羽毛；日本乡间为亲友送别时，女子必须屈膝下跪，男子则持木屐在空中摇动，以示各自珍重；尼泊尔人则喜欢把一种手工精制的鞋送给上路的朋友，以表示前程似锦。在俄罗斯，有些主人临别时会斟满两杯酒，自留一杯，递给客人一杯，说一声«На посошок！　»（“再喝最后一杯酒！”）之后，与客人同时一饮而尽，然后依依惜别。

从言语定型的角度看，俄汉语中的告别语大同小异，常见的语言表述有«До свиданья!»（“再见！”）、«Берегите себя!»（“珍重！”）、«Приезжайте еще!»（“欢迎再来！”）、«До скорой встречи!»（“期待很快见面！”）等。在俄语中，如果是生离死别的告别，则常使用“Прощай (-те)！”，其中包含着悲壮的色彩，如著名俄罗斯歌曲《共青团之歌》中，有共青团员上战场之前说给妈妈的几句话：«До свиданья, мама, не горюй, на прощанье сына поцелуй！ До свиданья, мама, не горюй, не грусти, пожелай нам доброго пути! Прощай, края родные, звезда победная, свети. До свиданья, мама, не горюй, не грусти, пожелай нам доброго пути！ »（“再见了，妈妈，吻别你的儿子吧！再见吧，妈妈！别难过，莫悲伤，祝福我们一路平安吧！再见了，亲爱的故乡，胜利的星会照耀我们！再见吧，妈妈！别难过，莫悲伤，祝福我们一路平安吧！”）其中使用 «До свиданья» 3次，使用 «Прощай»1次，4处的翻译尽管都是“再见”，但其意义不同于和平时期一般性的告别，上战场意味着有牺牲，可能再也不能“再见”……此外，有些人在临死前，或者恋人在分手前，通常都会使用这一告别语，含有“永别了！”之意。

在俄罗斯，有些人在告别时会使用 «Всего хорошего! Всего доброго!»（“万事如意！一切安好！”）或者 «Счастливо оставаться!»（“请留步，保重！”）之类表达形式，含有明显的祝愿意义；有些人会对执意送他的人说 «Долгие проводы — лишние слезы.»（“送君千里，终有一别。”），意思是双方终归要分别，不要远送，送得太远了反而让人伤感；如果一天之内双方还要见面，则常用 «Я не прощаюсь с вами (тобой).»（“我不与您 < 你 > 告别。”）、«Мы еще увидимся.»（“我们还会见面的。”）之类表述形式；如果双方约定在某时或某地见面，告别时会以这一时间或地点为支撑点，如 «До октября!»（“10月份见！”）、«До завтра!»（“明天见！”）、«До трех часов после обеда!»（“下午3点见！”）、“晚上剧院见！”（«До встречи в театре вечером!»）、“До встречи в Москве послезавтра!”（“后天莫斯科见！”）等。汉语中也有类似表达，说法大同小异。

但是，在某些交际场合，俄罗斯人与中国人使用的告别语不尽相同，如俄罗斯老年人在告别时喜欢使用 «Разрешите попрощаться.»（“请允许我告辞吧。”),语气较为客套和文雅,彬彬有礼,而中国老年人的告别语通常与其他年龄段的人一样,没有什么刻意的礼貌说法;再如,在打电话或者写信时,俄罗斯的亲朋好友之间习惯于用«Целую!»(“吻你!”)、«Обнимаю!»(“拥抱你!”)等作为告别语,体现了彼此之间的亲情与友爱,而中国人一般似乎不习惯于使用这种自认为带有“暧昧”色彩的告别语,夫妻或者恋人之间例外。这实际上是一个表达习惯问题,也是一种语言定型,俄罗斯人那么说并不意味着崇尚“暧昧”,中国人不那么说也不意味着杜绝“暧昧”,只是文化理念、语言表达方式有所不同而已。

上述14种言语礼节从见面问候到告别,基本囊括了人际交往中最为常见的言语定型以及较为典型的语言表达手段,其中不乏约定俗成的套语。这些套语在俄汉言语交际中广为运用,使用频率极高,在语言群体无数次的重复使用中千锤百炼,形成了种种社会所认可的、人们习以为常的交际行为,发挥着习用性的社会规约作用,有助于社会成员之间按照业已形成的言语定型自觉地进行交际互动,既省时省力,又以礼待人,拉近了人与人之间的距离,为营造和谐的社会交际氛围构建了良好的话语平台。

第三节　俄汉言语礼节中的社会性别定型

上述研究表明,言语礼节作为一种言语行为定型,体现了人与人之间的相互关系、情感以及言语交际中的言外之意、取效性、交际目的等,具有约定俗成的性质。男女两性作为社会群体中的主体,其言语礼节不可避免地带有社会性别的印记,从而形成一定的社会性别定型。如果具体分析上述14种人际交往中最为常见的言语礼节定型,则不难发现,有些言语礼节是针对所有人而言,社会性别特征不是十分明显,而有些言语礼节尽管也是针对所有人而言,但从中较易发现男女两性言语行为中的语用异同及其社会性别定型特征。这种情况在俄汉语中大同小异，都比较集中地体现在各种称呼、恭维、抱怨、拒绝等言语礼节中。男女两性在这些交际场合应该相互遵守哪些礼节，对同性和异性应该怎么说话，其中既包括俄罗斯男女两性的言语礼节定型异同，也包括中国男女两性的言语礼节定型异同，还包括在此基础上俄汉言语礼节的社会性别定型对比，三条主线纵横交错，相互渗透，互为依托，从中可以分析俄汉言语礼节定型异同的成因，为俄汉跨文化交际提供语用实例和视野参照。

1. 职业称谓中的社会性别定型

职业称谓作为称呼语的重要组成部分之一，最能反映不同社会的民族特点、文化理念、价值观念和思维方式。受历史形成的社会文化背景的影响，俄汉职业称谓中具有诸多约定俗成的称呼礼节定型，普遍存在男女称谓的非对称，即褒男贬女现象，从而成为人文学界进行批评和剖析的主要内容之一。

1.1 俄语职业称谓中的非对称现象

俄语作为屈折语，其形态变化体系非常发达，但万变不离其宗，几乎所有的阴性名词、形容词、代词等都是以阳性形式为基础派生而来的，它们所附带的形式标记使其处于从属、次要的地位，且在使用有时带有贬低和嘲讽的意味，是性别歧视现象在语言中的一种明显反映。如俄语第三人称代词的阴性形式 она（她）、中性形式 оно（它）和复数形式 они（他们）都是以阳性形式 он（他）为基础构成的，就像 студенка（女大学生）、студенты（大学生们）都是由阳性形式 студент（大学生）构建而来一样，反映了俄语词形变化体系中以阳性为中心的特点。

由于俄语阳性名词居于主导地位，所以它既可以称呼男性，也可以称呼女性，还可以作为男女两性的通称，如在医院里，病人经常会称呼女医生为 «доктор»（“医生”），而不是阴性形式 «докторша»（“女医生”），女教师每次上课进入教室时，通常给男女学生说的第一句话

是 «Здравствуйте, ребята!», «Здравствуйте, студенты!» （“同学们好！”），而不是“男同学们和女同学们好！”（«Здравствуйте, студенты и студентки!»）。俄罗斯人之所以用阳性名词来称呼女性，是因为俄语职业称谓受历史形成的社会文化的影响，一般要使用无标记的名词阳性形式。如果按照俄语语法规则，使用与人的生物性别相一致的阴性名词来称呼女性，会被视为一种极不礼貌的歧视行为。（周民权，2014：89）只有在特殊情况下，需要强调“女性”身份时，才使用在阳性名词后边添加后缀构成具有性别标记的阴性形式。这也是俄语职业称谓中非对称现象滋生的因素之一，其中包括3种情况：

1.1.1 阳性和阴性名词的字面意思完全对等，阴/阳性的对立与人的自然属性对立相互照应，但其语用意义略有差异，如 продавец — продавщица（售货员—女售货员）、учитель - учительница（教师—女教师）、лаборант — лаборантка（研究员—女研究员）、помощник — помощница（助理—女助理）、журналист — журналистка（记者—女记者）之类阴阳形式成对的职业名词，从表面上看，它们似乎除了生理性别不同之外，所表达的职业属性完全相同，但在日常言语交际中，这些阴性名词的使用往往带有贬低、蔑视的语义色彩，无论是出自男性或者女性之口，无论有意或是无意，都会被视为对女性的不敬。例如，在俄罗斯，如果称呼图书馆女馆员为“библиотекарша”，称呼饭店的女服务员为“официантка”等，会引起被称呼者的强烈不满。对商店营业员、饭店服务员、列车员、公交车售票员等从事服务工作的女性，哪怕她们年过中年（在俄罗斯，大龄女性从事服务工作已经司空见惯），人们都习惯称呼她们为“девушка”（姑娘），并不提及职业称谓。再如，顾客如果在收款处称呼一位50岁开外的女性为 «кассирша» （“女收款员”）或者 «бабушка» （“老奶奶”），她会认为这位顾客歧视她，可能会当面表达自己的不满或愤怒。笔者1989年8月曾亲眼目睹发生在莫斯科一个百货商店里的一件事：一位男性中国顾客想买一件呢子大衣，但在展厅里迟迟找不到需要的尺寸号码，便对站在柜台里的50多岁的俄罗斯女服务员说：«Продавщица, скажите, пожалуйста, есть ли у вас мужское пальто 52-ого размера?»（"售货员，请问你们这里有52号男式大衣吗？"），那位服务员怒目而视片刻，一句话不说，转身去跟其他人说话。这位中国顾客被晾在一边，百思不得其解，不明白自己为何遭此冷遇。后经其他人提示，他才明白个中缘由，马上找到那位女服务员道歉，得到了对方的谅解，也买到了自己所喜爱的大衣。

1.1.2 某些阴性名词由阳性名词派生而来，具有女性的性别形态标记，即在阳性职业名词后边加上构词后缀 -иня，指称从事某种职业的女性，如 геолог（地质学家）—геологиня（女地质学家）、хилург（外科医生）—хилургиня（女外科医生）、филолог（语文学家）—филологиня（女语文学家）等。尽管这些名词的阴 / 阳性的对立与人的自然属性对立相互照应，但具有女性形式标记 -иня 的名词往往带有贬低、戏谑的语义色彩，从而导致这些俄语职业称谓中的阳性与阴性名词非对称现象的产生。它们通常出现在男性用语中，具有明显的贬女倾向。

1.1.3某些阴性名词和阳性名词的词义不完全对称，它们除了具有与阳性名词相等的职业属性意义之外，还具有表示婚姻状态的附加意义，如 врач — врачиха（医生—女医生，医生夫人）、секретарь — секретарша（秘书—女秘书，秘书之妻）、профессор — профессорша（教授—女教授，教授夫人）、генерал— генеральша（将军—女将军，将军夫人）等，这些阴性名词并不是正常意义上的为人之妻，而是有意的嘲弄或歧视，带有明显的人为因素，是一种修辞上的贬低。在一些女性主义者看来，这些阴性名词的使用意味着它们所表达的女性在社会地位上低于阳性名词所表达的男性，即 врачиха（女医生，医生之妻）的地位低于 врач（医生），профессорша（女教授，教授之妻）的地位低于 профессор（教授），等等。在言语交际中，一般禁止用这种阴性名词称呼女性，这已经成为一种约定俗成的社会性别定型。

需要指出的是，在句法功能上，上述表示职业称谓的阳性名词和可以指称男女两性的共性名词十分相似，但二者互有区别，并不是一回事。按照俄语标准语法，所谓共性名词，是指以 -а, -я 结尾的名词，其语法属性是不固定的，在具体的语境中表示男性时，就算阳性名词，当它们表示女性时，则算阴性名词，词典上会在每个词后边做出“(阳及阴)”的标注，如 умница（聪明人）、соня（贪睡的人）、плакса（爱哭的人）、невежа（愚昧的人）、сирота（孤儿）等。它们和上述语法属性很明确的阳性名词不同，不能相提并论。因此，钟国华、闫家业、龙翔（1985:15）等国内俄语学者20多年前就曾明确指出：“不应该把 товарищ（同志）、профессор（教授）、врач（医生）、судья（裁判员；法官）、лентяй（懒汉）等表人的阳性名词与共性名词混为一谈。”还需指出的是，俄罗斯人在称呼医生时，无论是男医生还是女医生，均应称其为 «доктор»，而不能称之为 «врач»，否则会被视为对被称呼者的不尊重，这是历史遗留下来的一种语言定型，就像不能称呼女护士为 «медсестра»，只能称其为 «сестра» 一样。这种语用现象在俄语中时有所见，已经演变为固定的言语定型。

另外，基于职业特点和工作性质，俄语中有些职业称谓则只有阴性名词，如 няня（女保育员，保姆）、медсестра（女护士）、балерина（芭蕾舞女演员）等，它们缺乏对应的阳性名词，这与俄罗斯社会传统意义上的工作性质有关。随着社会发展和行业需要，从事这些工作的男保姆、男护士应运而生，尤其是芭蕾舞男演员本来就存在，与女演员同台演出，但由于俄语的 «балерина» 一词最初来源于意大利语 ballerina，芭蕾舞女演员作为17、18世纪的宫廷表演者，更符合当时男性统治者的审美兴趣和享乐要求，所以没有出现相对应的“芭蕾舞男演员”这一阳性形式，但这并不影响俄语对该词的表述，人们通常用 «танцор в балете» 来称呼“跳芭蕾舞的男舞蹈演员”。

俄罗斯人在称呼从事这些职业的女性时，惯常的称呼形式是«девушка»（“姑娘”）、«мадам»（“女士”）等。对于从事这些职业的男性，在没有相对应的职业称谓的情况下，一般常见的称呼形式是«господин»（“先生”）、«молодой человек»（“年轻人”）等。需要说明的是，在称呼不大熟悉或者陌生的异性时，即便对方稍微年长于自己或者已经步入中年，人们通常使用俄语中最为流行的«девушка»（“姑娘”）、«молодой человек»（“年轻人”）等语用形式来分别称呼女性和男性，不含有任何性别歧视的意味。（周民权，2014:91）如果对方年龄远远大于自己或者基于其他原因，说话人认为使用这一称呼形式不合适，则会使用诸如«Простите...»，«Извините...»（“请问……”）、«Будьте добры...»，«Будьте любезны...»（“劳驾……”）等辅助称呼形式，这样说既起到了称呼作用，又不失礼貌。

上述职业称谓非对称现象不是孤立存在的，它与俄罗斯历史和文化中重男轻女观念以及由此形成的职业取向密切相关。随着社会发展和妇女解放运动的蓬勃兴起，俄罗斯人的男女平等意识逐步加强，女性的社会地位日益提高，她们获得了走出家门参加工作的权利，开始从事与男性几乎相同的职业。久而久之，出于交际需要，表达女性职业称谓的阴性名词以阳性形式为基础应运而生，但仅仅作为一种区分男女性别的职业称谓，在日常交际中一般不宜作为称呼语使用，除非特定场合的交际需要或者有意而为之。

1.2 汉语职业称谓中的非对称现象

与俄语相似的是，汉语的职业称谓中受历史文化和传统观念的影响，通常也是以男性为参照点的，在不加性别标记的情况下均指称男性。但凡说到某种职业，通常指的是男性所从事的工作，女性职业称谓居于次要地位，诚如孙汝建（2010:57）所说：“产生以上现象的原因在于：人们习惯上认为有声望的人往往是男性，而女性一旦成为有声望的人时，似乎必须作为特殊的例外来看待……把女性作为例外，是把女性视为男性的附属的另一种表现。”

由于女性被作为例外，汉语中男女职业称谓不对称的情况比比皆是。但是，由于汉语是缺乏词形变化的孤立语，与以词形变化见长的屈折语——俄语在表达方式上大相径庭，故表女方式具有典型的汉语特点。例如，如果女性担任某职或从事某项工作，为了突出其性别身份，人们一般都会在其称谓前冠以性别标记“女”字，如女市长、女部长、女书记、女局长、女校长、女作家、女主播等。尤其是在公布一些重要会议的参加者名单时，男性的姓名不加任何标记，而女性的姓名后通常会用括号标记出“（女）”字，播音员还会把“女”字读出来，强调性别因素。当用来突出某些女性的职业、学历时，则需要在称谓前加上“女”字，如“女宇航员”“女舰长”“女仪仗队员”“女博士”等，而对男性则没有“男……”这种称呼。受此影响，甚至在事业上颇有成就的女性被称为“女强人”，而非“强人”，性格活泼、作风泼辣的女性被称为“女汉子”，而非“汉子”，因为“强人”“汉子”向来是指男性。然而，在称呼这些女性时，是不能使用“女……”这一强调性别的标记形式的，这与俄语中禁止用阴性名词称呼女性的情况基本相似，否则会被视为对女性的嘲弄。

从上述意义上讲，汉语和俄语中女性职业称谓的使用特点基本相同，一般情况下，俄语中不使用相应的阴性表女称谓，汉语中不使用带“女”字的称谓形式。但是，如何称呼职业女性，汉俄语不尽相同：在汉语中，人们称呼这些职业女性时，会直接使用不带“女”字的称谓形式，如在饭店可以对女服务员说“服务员，请给我拿一瓶可乐”，在商场可以对女售货员说“售货员，请把这件西服拿给我看看”等，而俄罗斯人出于礼貌，一般不会用职业名词直接称呼女性。

在汉语中，“老师”也是一种尊称形式，是学生对男女老师的通称，对女老师是断然不能用“女老师”来称呼的。有些初学俄语的中国学生按照汉语表达习惯，直接称俄罗斯教师为“老师”（«учитель», «преподаватель»），甚至称呼女教师为“女老师”（«учительница», «преподавательница»),这不仅不符合俄语表达规范,而且被视为没有礼貌或者是一种轻蔑的言语行为。按照俄语称呼语表征标准,一般不能直接以单独的职业名词称呼对方,更不能以阴性职业名词称呼女性,因此,俄罗斯学生不会用“老师”称呼男女教师,通常使用“名字+父称”这一尊称形式。

在我国历史上,“先生”也曾作为一种职业称谓,用来称呼老师。实际上,“先生”这一称呼由来已久,第一个用“先生”称呼老师的,始见于古代的《曲礼》:“从于先生,不越礼而与人言。”这里的“先生”,即指老人教学者而言,并无男女之分。明清以来,“先生”作为对教师的尊称,被官方正式启用,民间所说的“教书先生”大概就始于那个时候。19世纪末,辛亥革命元老、中国现代教育奠基人何子渊等将西学(美式教育)引入中国,创办新式学校,并在“学生操行规范”里面明确将“教师”称谓定义为“老师”。但绝大部分学生约定俗成将“先生”改称为“老师”,则是从国民政府时代开始,并一直沿用至今。“先生”作为一种尊称形式,过去同样用来称呼有身份有地位的男士,随着社会的发展,“先生”一词虽然泛化了,但并没有经历感情色彩演变的过程,最初暗含的尊敬之意仍然没有褪去,如宋庆龄女士一直被毛泽东尊称为“庆龄先生”,并且去掉了姓,显得分外亲切,丁玲、杨绛、冰心等杰出女性也常被人成为“先生”,如此称谓就是为了表达对在知识界及政界取得非凡成就的女士的尊重和景仰。在知识分子群体中,对女学者、女教师也可以称“先生”,其中不乏尊敬与礼貌之意。受泛化因素的影响,人们在日常言语交际中常以“先生”来称呼陌生人或者不大熟悉的对方,但通常针对的是男性。一些已婚女性也称呼自己的丈夫为“先生”,与丈夫称呼妻子为“太太”形成对应,尤其是给别人说起时,如“我家先生”“我的太太”等,体现了夫妻之间的互敬互爱。诸如此类以“先生”称呼老师或者女性以及称呼丈夫为“先生”的语用现象是地地道道的中国“土特产”,在俄语中是见不到的。

前边提到，“师傅”一词从春秋战国时代就已经作为对老师的职业称谓，一直沿用至今，尤其在工厂和其他生产部门广为运用。尽管它在表示师生、师徒关系时没有性别差异，对男性和女性都可以称“师傅”，但在面对陌生人时，比如问路或者打听什么事情，“师傅”通常用于男性，而且是年龄稍大于自己的男性，对女性不这么称呼，一般称其为“大妈”或“大姐”，如果说话人感到不便，可以免去称呼，代之以“请问……”“不好意思，打扰一下……”之类辅助称呼形式。“师父”一般指的是男性，亦师亦父，这与古代从事教学工作的人最初多为男性有关。但随着社会的发展，近代女性也成为教师行业的从业者，学生对女老师亦称师父，表达的是一种崇高的敬意，“父”的性别概念已经完全淡化。饶有兴趣的是，学生可以称男性师父的配偶为“师娘”或“师母”，那么怎么称呼女性师父的配偶呢？由于严格的师生辈分区分以及师生年龄差距的缩短，于是，学生只好按照同样的称呼演化原则，将女老师的丈夫称为“师丈”，也有人称其为“师公”或者“师爹”。较之于“师娘”“师母”，“师丈”“师公”或者“师爹”之类称呼比较牵强，实际上是一种无奈之中的缺位弥补。汉语称谓中有许多此类缺位、空格现象，常常让人不知如何是好，如“男教师可以对学生称其妻子为‘你们师娘 / 师母’，当然也可以说‘我妻子 / 爱人’，而女教师一般对学生称其丈夫为‘我先生 / 老公’，而很少称之为‘你们师爹 / 师爷’，以至于学生没有合适的对应称谓来称呼女教师的丈夫。”（周民权，2014: 92）面对这种尚未形成称呼定型的情况，人们只能发挥自己的想象力和聪明才智，用自认为合适的其他称呼形式进行弥补。

近些年来受西方文化的影响，一些研究生也称呼自己的导师为“老板”，视自己为雇员，这可能与理工科院校的培养模式有关：研究生协助导师完成各种课题项目或实验，导师需从自己的科研经费中付给研究生一定的报酬，师生之间无形中形成一种雇佣关系，这种模式也在文科得以推行。当然，“老板”也是一种尊称形式，对男女导师都这么称呼，但不能称女导师为“女老板”，刻意强调性别是很不礼貌的。乍一听来，“老板”这一称呼让人感到有些别扭：师生关系中怎么夹杂了企业元素？但仔细想想，也不难理解，其实这一称呼相当于一种职业称谓，与“老师”区别不大，仍然与前边所说的“老李”或“李老”之类中国式称呼有着某种内在联系，包含着对导师的敬畏与尊重。

需要指出的是，在当今中国社会，“小姐”作为一种职业称谓形式，用来称呼从事服务行业的女性，如在饭店或宾馆，可以称服务员为“小姐”，在飞机上可以称空姐为“小姐”等。这种称呼包含着对这类职业女性的尊重，源于历史上对名门闺秀的尊称，“小姐”原来是指那些有身份有地位或者家境殷实的人，家人和外人一般都这么称呼她。但是，随着社会发展和人们的思维方式的改变，这一称呼经历了由尊称（旧中国）而贬称（“文革”时期）而尊称（改革开放以来）而贬称（近些年）的感情色彩演变过程，“小姐”在“文革”中被作为资产阶级分子批判，成为无产阶级专政的对象，到了改革开放前期和中期，这一称呼又恢复了历史原貌，被用来称呼值得尊敬的女性，但在近些近年来，“小姐”演变为贬称，被用来称呼从事色情服务的女性，成为“三陪女”“坐台小姐”“站街女”“妓女”的代名词。这一称呼形式在不同历史时期的意义变化反映了社会生活及人们的思想观念的变迁，其用于对年轻女性的尊称和用于指代三陪女的用法并存，这就影响了人们的语言使用，并在更深层次上影响了人们对女性群体的划分标准。这种女性称谓降格现象表面上是一种语言现象，但降格的根源是男女社会地位的差异以及人们观念上的认同。（钱进，2004:47-50）因此，“小姐”的降格使用使其成为一个新的社会禁忌语，是性别歧视现象在新时期的反映。

上述职业称谓中的性别非对称现象不是孤立存在的，它反映了俄汉民族不同的文化理念和言语定型，与中俄两国的历史和文化中重男轻女观念以及由此形成的职业取向密切相关。这些表达习惯差异是社会性别言语定型使然，不存在孰是孰非。因此，在跨文化交际中，彼此应该充分尊重对方的社会性别定型和称呼习俗，避免语用失误，杜绝交际冲突。

2. 自我称呼和称“他”形式中的社会性别定型

在俄汉称呼语研究中，有关自我称呼和称“他”形式的文献较少，涉及相关社会性别定型的著述更是凤毛麟角，这不能不说是一个缺憾。实际上，自古以来，俄汉语中的自我称呼和称“他”形式都有一定的言语定型，尤其在社会性别言语定型方面，有同有异，异多于同，其中既有历史传承的因素，也有语言表达形式的差异。

2.1 自我称呼

自我称呼不仅反映说话人的心理状态、自我感觉以及对待他人的态度，也体现他的个人修养及礼节意识。在现实交际中，不合乎礼仪规范的自我称呼很多，违者并非狂傲不羁，亦非不懂礼仪，只因缺乏礼节观念，忽视了自我称呼这一非常重要的言语礼节。实际上，称呼他人要讲究礼节，称呼自己更要讲究礼节，否则会引发语用失误或交际冲突。例如，有些人在与他人进行交谈时，动不动以“主席”“老师”“主任”“教授”“经理”“局长”之类等职务或者职业称谓自称，以一种居高临下的口气显示自己的身份或地位，往往适得其反，事与愿违，引起对方的反感或不满。这类只限于他人对自己的称呼或自己对他人的称呼，是绝不可以自称的。即便是习近平主席或者普京总统，在与别人交谈时不可能自称“习主席”或“普京总统”。我们在电视剧上多次看到，毛主席在接别人的电话时的第一句话是“我是毛泽东”，令人倍感亲切，肃然起敬！一般情况下，面对陌生或者不大熟悉的对方，可先报出自己的全名，再进一步简单介绍自己，包括工作单位、职务或职称等。由此可见，自我称呼作为言语礼节不可或缺的重要组成部分，万万不可小视，它体现一个人的礼节修养。一个人如果能在注意自己的言谈举止和对他人的称呼的同时，也能遵循重礼节、谦虚、有修养的原则，恰如其分地称呼自己，那他将真正成为一个受他人尊重和欢迎的人，从而为双方的进一步交往打下良好基础。

自我称呼与历史发展进程和社会变迁密切相关。从古至今，俄语中最常见的自我称呼是单数第一人称代词 «я»（“我”），而汉语中则是第一人称代词“我”。从字面意思看，这两个词似乎相互完全对应，其实不然。相比之下，俄语第一人称代词 «я» 从古至今一直沿用，没有高低贵贱之分，也无从体现社会性别，过去的沙皇或者女皇、现今的总统或总统夫人以及普通的男女老少都用它来称呼自己，但这并不意味着俄罗斯社会没有等级和性别之分，这些语言外因素是通过人称代词 «я» 和其他语言表达形式的结合体现出来的。

需要指出的是，俄罗斯人一般不大喜欢强调 «я»，认为在言谈中过多的说 «я» 有突出自我之嫌，会引起别人的反感，所以在动词变位形式能够体现自我的情况下尽可能不使用 «я»，既避嫌，又符合“经济原则”，如在 «Каждый день встаю очень рано.»（“我每天起床很早。”），«Завтра поеду в Москву.»（“明天我去莫斯科。”）等句子中虽然没有 «я»，但通过动词“встаю，поеду”的变位形式充分体现了 «я» 所要实施的言语行为，这也正是俄语作为屈折语的语言表征优势之一。有些俄罗斯人为了表示谦虚，在自我称呼时并不说 «я»，而是用其他形式代替，如某些著述的作者在“前言”中说到自己时不用 «я»，改用 «мы»(“我们”)，既给读者留下不强调自我的印象，又有壮大自己力量的潜在含义，暗示自己不是一个人，而是一个群体。也有作者以“автор этих строк”(“笔者”)来称呼自己，较为文雅。

与俄语相比，汉语的“我”复杂许多，是经历了漫长的演变过程之后形成的自我称呼，亦是唯一一个贯通古今的第一人称代词。在现代汉语中，仅用一个“我”字就能将语法上的第一人称完整地表达出来，简洁明快，没有歧义。但在古代，尤其是在封建等级社会制度下，第一人称的使用因身份、地位的不同而有着严格的等级区分，大体可分为上对下、下对上、尊对卑、卑对尊、父对子、子对父、夫对妻、妻对夫，以及同级、同辈等。

(李生海,2012)以上对下为例,在先秦时代,“朕”作为第一人称代词,是指“我”“我的”,不分尊卑贵贱,人人都可自称“朕”,但秦始皇统一天下后,规定“天子自称曰朕”“朕”便成为皇帝专用的自称。从此以后,几乎所有的皇帝都以“朕”自称,女皇武则天也不例外,甚至尊若皇太后也曾自称“朕”,如《后汉书 和殇帝纪》中记载:皇太后诏曰:“今皇帝幼年,茕茕在疚,朕且佐助听政。”由此可见,在那个时代,尽管男尊女卑,男女有别,但只要上对下,尊对卑,对当政者有利,“朕”的使用已经没有社会性别差异。

然而,在下对上、卑对尊时,语言使用中的社会性别定型差异时有所见,如皇帝虽贵为天子,但在父母面前自称“儿臣”,皇帝的母亲即皇太后多以“哀家”自称,是在皇帝的父亲已故的情况下,意为未亡人,哀悼先皇,“哀”隐含“先帝去世”之意,自称“哀家”的只能是太后或者太妃。皇后及嫔妃虽贵为皇室主要成员,但在皇帝及太后面前只能自称“臣妾”,俯首称臣,对比自己地位低的人则自称“本宫”,以显示自己的显赫地位。皇宫里的太监在皇帝皇后或嫔妃面前自称“奴”或“奴才”,宫女则自称“奴婢”,对其他人则自称“咱家”,等级观念和性别色彩十分明显。

中国人崇尚自谦,即便是高高在上的皇帝,有时也用“孤”“寡人”等自称。“寡人”这一自称形式在秦之前多为国君所使用,秦以后的皇帝中也有自称“寡人”的,甚或与“朕”混用;“孤”字在秦以前多用于国君的自我称谓,秦以后则为王公们所使用,侯爵以上的贵族也有自称“孤”的,如三国时期,曹操的爵位已是魏公,他在《让县自明本志令》中“孤始举孝廉,……”就以“孤”自称。至于皇室中的诸多王公,他们面对皇帝多以“小王”“臣弟”“微臣”等自称,对其他人则自称为“孤”“本王”“本御”“本藩”等;朝廷各种臣下在皇帝及上司面前一般自称“卑职”“微臣”“小人”等,在同级面前多以“在下”“下官”等自称,对下则多用“本官”“本帅”“本府”“本县”等自称,一个“本”字体现了职务级别，居高临下的等级色彩十分明显。

由“本”联想到“本人”这一说法，本来是一种常规的自我称呼，但有时说出口来，往往给人一种桀骜不驯或者咄咄逼人的感觉。例如，某些人喜欢说“本人才疏学浅，请大家多加指教。”“本人因故开会迟到，请多多包涵”等，不知道是自谦还是趾高气扬，让听话人觉得不大舒服，有时谈话的气氛如果不融洽，双方态度都不冷静，说话口气强硬，则往往自称“本人”如何如何，带有威胁或者自我壮胆的意味。与此相关的还有一些作者在著述中的自称形式“笔者”，使用这一称呼本来无可非议，但某些人会自觉不自觉地将其使用于文章的《摘要》，既占用极其有限的字数，又文不对题，显得多余。因此，许多编辑部明文规定：不得在《摘要》中使用“笔者”一词。

古时士大夫之间，对长者多自称“小人”“学生”“晚生”“晚辈”等，身份相等者多自谓“在下”或“某”等；文人的自称多同于士大夫，另外，除了用“我”“卑人”以外，在书面还经常以“余”“予”等字自称。（李生海，2012：10）

“吾”字作为第一人称代词，从古至今一直广为运用，没有高低贵贱之分，上至帝王将相，下至平民百姓无一例外，不涉及社会性别定型。有关社会性别定型的自称形式通常有：父母亲在儿女面前多以“为父”“为母”或“爸爸”“妈妈”两种形式自称，前者文雅，后者亲切，儿女则自称“儿”“女”“孩儿”“小儿”“小女”等；兄弟之间分别自称为“为兄”“愚兄”“愚弟”“小弟”等；姐妹间也有人自称“姐姐”“妹妹”“小妹”等，显得较为亲切；古时女子在长辈或丈夫面前常自称为“奴”或“奴家”“奴婢”等，现在这种称呼几近消失。

辛亥革命在政治上、思想上和文化上给中国人民带来了不可低估的解放作用，特别是“五四”运动以来，白话文逐步盛行，封建社会那些繁琐称谓已经淡出人们日常的生活，代之而兴起的是平等的称谓，自我称呼也不例外。人与人之间的高低贵贱、等级差别在一个“我”字中开始逐渐淡化。尽管因环境或地域等因素，还有“俺”（常见于山东、河南、河北以及安徽、江苏北部的大部分地区）、“咱”（常见于东北地区）、“老子”[①]（以男性为主）、“人家”（通常指女性的自我称呼，暗含撒娇发嗲之意）、“小女子”“阿拉”（上海人的自称）等自称形式，但“我”字作为自我称呼中使用频率最高的单数第一人称代词，极具“全民性”，无论高官，还是平民百姓都可使用，成为最大众化的自我称呼。尽管如此，“我”字还会发生少许变异，如在内蒙古、新疆、西藏等少数民族地区，长期居住的汉族居民常常将单数的“我”字说成复数的“我们”，有时他们所说的“我们”既可以是单数第一人称“我”，也可以是复数，不过，相比之下，用作单数的几率远远高于复数。

总而言之，通过俄汉自我称呼对比，从中可以窥视各自一脉相承的中俄历史文化。随着社会的变迁，中国人的等级观念逐步发生改变，自我称呼中社会性别定型差异正在逐渐消失，体现了人们“取其精华，去其糟粕”的历史传承原则，亦彰显出言简意赅的语言使用“经济原则”，这对于促进人们之间的言语交际不无裨益。

2.2 称“他”形式

所谓称“他”形式，是指言语交际过程中对第3方的指称，其中包括单数第三人称代词的指代及其社会性别定型特征。

2.2.1 俄语中的称“他”形式

受“男性中心论”的影响，传统以及现代俄语文化中的 «человек»（“人”）通常指的是 «мужчина»（“男性”），如帕斯捷尔纳克的诗歌 «Разлуга»（《分手》）：«С порога смотрит человек，не узнавая дома. Ее отъезд был как побег. Везде следы разгрома.»（“男人从门口望进去，家不再是家。她的离开就像仓皇出逃，四处一片狼藉。”）诗歌讲述的是女主人公离家出走之后，男主人公的伤感和对爱人的思念，整首

① “老子”的原意本来是“父亲”，但在湖南、湖北、四川及云贵部分地区完全变成了“我”的意思，不分男女老少，都喜欢自称“老子”，没有年龄和性别限制。

诗中的 «мужчина»（“男人”）都用 «человек»（“人”）表示。（陈春红，2014:36）在具体使用时，«человек»（“人”）只能用第三人称代词阳性形式 «он»（“他”）替代，这不能仅仅理解为 человек 是阳性名词，而是和俄罗斯人的意识中的“男人代表人，女人代表非人”的陈旧观念联系在一起的，如俄语谚语 «Курица не птица, баба не человек»（“母鸡不是鸟，女人不是人”）就是这一思想意识的典型表征。因此，在所指人物性别没有明确或者没有必要明确的情况下，均用第三人称代词阳性形式 «он»（“他”）来泛指男性和女性。例如，俄罗斯人赞誉某个人时常说 «Это человек с большой буквы, он отлично ведет себя во всем.»（“这是一个真正的人，他在各方面表现优秀。”），其中“他”所指代的“人”既包括男性，也包括女性，而 «она»（“她”）不能指代“人”，并不能简单解释为 «она»（“她”）是阴性形式，“человек”（“人”）是阳性形式。再如俄罗斯名著《钢铁是怎样炼成的》中那句脍炙人口的名言 «Самое дорогое у человека — это жизнь. Она ему дается только раз...»（“人最宝贵的是生命，它被赋予他只有一次……”），其中 «человек» 被第三人称代词阳性形式 «он» 替代，而 «жизнь»（“生命”）一词是阴性形式，其替代词 «она» 是第三人称代词阴性形式，汉语译文中没有用“她”而恰如其分地用了中性的“它”，可见俄语阴性代词 «она»（“她”）的使用受到一定的限制，很容易让人联想到女性，所以出现了原文与汉语译文的差异。这说明在中国人和俄罗斯人的潜意识里，性别问题以及人称代词的使用具有某些共同之处。例如，在俩人面对面的言语交际中，当第三者在场时，俄汉语中都禁止交际双方指称其为“他”“她”或者“他们”“她们”，这种具有排他性的称呼形式很不礼貌，极易伤害他人的感情。

在俄语中，有时甚至单数第二人称代词 «ты»（“你”）也指的是男性，尽管它具有包括女性在内的泛指意义，如俄语中有一段有关爱情的名言 «Если ты нашел родную душу — береги ее, не отпускай.»（“如果你遇到真爱，请不要放手。”)，其中的动词“нашел”是动词过去时阳性形式，但它所指代的“ты”（你）不仅针对男性，也针对女性，表明无论男性或者女性都要珍惜遇到的真爱。如果说话人在这段话中使用动词“найти”的过去时阴性形式“нашла”，那么肯定指的是女性。由此可见，俄语人称代词的阳性形式可以代表阴阳两性，而阴性形式却没有这种功能，从一个侧面印证了俄语中“阳性为主”的语用规则。

2.2.2 汉语中的称“他”形式

在汉语称谓中，单数第三人称“他”和“她”是最能显示性别特征的两个代词，其使用一直受“男性中心论”的影响，即“他”是主导，可以代表“她”，而不能相反，这最明显地体现在泛指或者指代包括男女两性的“人”时，人们往往使用具有男性特征的“他”来指称，与俄语中用第三人称代词阳性形式 «он»（“他”）替代 «человек»（“人”）如出一辙。例如，著名诗人臧克家的《有的人》中有这样一段话“有的人活着，他已经死了；有的人死了，他还活着”，其中的“他”自然包括“她”，如果尚可解释俄语中用“他”(«он»)替代“人”(«человек»)的原因之一是两者同为阳性，那么没有性范畴的汉语则无从解释，这说明汉语的称“他”形式比俄语有过之而无不及。这样的表述在汉语中比比皆是，如“一个人如果礼貌待人，那他必会受到他人尊重。”“人的能力有大小，但只要他积极进取，就会有所收获。”“仅从这个人的笔迹上看，还辨别不出他是男的还是女的。”“一个人要是只凭热情办事，他将一事无成。”“一个人越是缺少什么，他就越会苦苦追寻什么”等，其中不乏人生哲理，具有一定的语言定型特点。

除了“他”和“她”之外，复数第三人称代词“他们”和“她们”也具有明显的性别特征。在谈话，讲话或陈述当中，不属于“我们”和“你们”范畴的第三方的人或物，都可称其为“他们”。“他们”多指全属男性或男女并存，或者指的是不明性别或没有必要指出其性别的一群人，如著名作家巴金在《探索集·后记》中写道：“我爱我的祖国，我爱我的人民，离开了它，离开了他们，我就无法生存，更无法写作。”在历史故事电影《红色娘子军》中，“洪常青和娘子军的女战士们星夜兼程，他们在山头上筑起阵地，日夜固守着”，等等。这种语用现象在汉语中非常普遍，如一男一女或者许多男女聚在一起时，只能对其用“他们”来指称，而不能用“她们”。但如果是一群女性在一起，则用“她们”指代，而不使用“他们”，具有鲜明的性别定型特点。这和俄语复数第三人称«они»(“他们”)有所不同：«они»尽管是由单数第三人称阳性形式«он»（“他”）构成，但它既可以指代男性或者男女两性，也可以指代清一色的女性，没有性别差异。

在汉语中，偶尔可见到女性用第三人称代词指称第一人称代词的语用现象，如著名作家巴金的长篇小说《雨》[①]中有两句话“那天你在会馆义地上遇见的蓝衣女子便是我。她是你的一个学生。”其中“她”就是指“我”，即“蓝衣女子”。另外，不定指的人称代词“人家”更是女性的专属用语，女性度很高，用来指称自己，相当于“我”，但带有撒娇、发嗲的气息，常见于情侣或夫妻之间。例如，一位男孩子约女朋友去看电影，女朋友很开心，嗲声嗲气地说：“稍等一下，人家还要化妆一下呢。”丈夫催促妻子一块儿去吃饭，妻子说：“别急嘛，人家还没准备好呢。”诸如此类的说法在现实生活中屡见不鲜，是女性表达感情的方式之一。如果带有“人家”的话语出自男性之口，会被视为“娘娘腔”或者男同性恋者的发嗲，这也正是男女社会性别语用定型的差异之一。

通过以上对比可以看出，俄汉语中单数第三人称代词的使用基本相似，都无一例外地偏重于“他”（«он»），常常忽视“她”（«она»）的存在，非对称现象时有所见，具有较为明显的“重男轻女”倾向，这无疑是历史遗留下来的性别歧视作祟。但是，俄汉语中复数第三人称代词的使用却

① 《雨》是巴金（原名李尧棠，芾甘，1904—2005）的代表作《爱情三部曲》之第二部，长篇小说，良友图书公司1933年出版。小说主要讲述了主人公吴仁明的经历，描写了旧社会时期各种不同人的思想动态，探索青年人追求理想和信仰的道路。

有一定的差异，俄语代词 «они» 没有性别差异，既可以指代男性，也可以指代女性，还可以指代男女两性，而汉语代词有“他们”和“她们”之分，前者既可以指代男性，也可以指代男女两性，后者则只能指代女性。也就是说，这两个复数形式的使用是不对称的，尤其是在男女同在的情况下，受男权思想的影响，“她们”常常被淹没在“他们”的背后，体现不出女性的存在，这无疑是受单数第三人称代词“他”和“她”的影响所致，其后所追加的“们”字尽管在一定程度上缓解了性别歧视的冲击力，但掩盖不了问题的实质。

3. 熟人和亲属称谓中的社会性别定型

较之于陌生人，熟人、亲朋好友及亲属成员之间由于彼此认识以及非常熟悉的缘故，其相互称呼丰富多样，不拘一格，但并不是随意的，通常因人而异，具有一定的言语礼节定型特点，俄汉语概莫能外。

3.1 俄语中的熟人和亲属称谓

一般情况下，俄罗斯人会根据交际双方的熟悉程度、年龄、性别、社会地位以及交际场合等条件，对已经相识的熟人选择尊称或一般称呼形式，对亲朋好友及亲属成员多用小名或爱称形式，但这并不意味着不使用尊称形式。笔者在俄学习、工作期间，多次看到这样的场景：两位彼此非常熟悉的老朋友在休息室互称小名，有说有笑，甚至开开玩笑，但过了几分钟进入会场后，则像换了人似的，一脸严肃，互用尊称形式，这是交际场合变换使然。受这一交际定型影响，一些家庭成员在正式交际场合不会像在家里那样用“爸爸”“妈妈”“亲爱的”“小宝贝”等相互称呼，通常使用“名字＋父称”这一尊称形式。

俄罗斯人面对和自己同龄、甚至稍微年长一些的熟人或者亲属，一般会直呼其名，这最明显地体现在兄弟姐妹或者表亲之间。俄语的“брат”既可以是“哥哥”，也可以是“弟弟”，而“сестра”既可以是“姐姐”，也可以是“妹妹”，但俄罗斯人并不用其作为称呼语，即便是弟弟或妹妹,对哥哥姐姐也是以名字、小名或昵称相称,所以,在俄语中,兄弟姐妹之间几乎听不到“哥哥”“姐姐”“弟弟”“妹妹”之类称呼。相比之下,中国人则习惯于使用这类称呼语,尤其是弟妹们对哥姐们通常以“哥”“姐”相称,直呼其名的情况较为少见。

即便对于一些与自己同龄或者年龄稍大一点的长辈亲属,俄罗斯人习惯于直呼其名,与同龄人之间的相互称呼几乎相同,不考虑辈分大小。在他们看来,尽管辈分不同,但年龄相差无几,且都是一块儿长大的,彼此非常熟悉,保持儿时直呼其名的习惯很好,既自然又亲切,没有必要按照辈分去称呼对方。相比之下,中国人比较讲究辈分,即便是面对年龄小于自己的长辈,中国人也习惯于按照辈分称其为“姑夫”“姑姑”“姨父”“姨”“舅舅”“舅妈”“叔叔”“婶婶”等,不好意思直呼其名,否则会被人视为不尊重长辈,在农村尤其如此。这也许是中国人世世代代传承的“尊老”理念在称呼语中的具体反映之一。

较之以中国人的“尊老”,俄罗斯人更注重性别因素,倡导“女士优先”理念,如男士会主动给女士让座,进出电梯让女士先行等。在称呼熟识的女性时,不仅使用对方喜欢听的称呼形式,还会送上赞美之词。相比之下,俄罗斯女性对男性较为矜持,吝于言辞,但对同性则温情有加,常常以昵称相称,并且经常称呼相互熟悉的女性为 «девочка», «девчонка»(“小姑娘”),尽管一些被称呼者并不年轻,有些人已经50—60岁开外,但对这种称呼乐于接受,这与俄罗斯女性通常“恐老”的潜意识不无关系。

俄罗斯女性对熟识的女孩子经常会使用阳性词语,如 «Ах ты мой милый!»(“你真是我的小乖乖!”)、«Голубчик ты мой!»(“我的小宝贝!”)等,借以表达自己亲昵的情感和爱抚之情。这就是通常所说的称谓视点的性别变换现象,即“异性而呼”。这种赋予女性以男性化称谓的做法一方面是出于语言表达手段欠缺(即语言的缺项和不对称)而带来的无奈,加之男女平等意识的提高,性别意识有所淡化,如英国地铁现在不再称呼“尊敬的女士们，先生们”，而用无性别标记的“Everyone”来称呼，另一方面也意味着男性群体对个别女性的承认与接受，受到褒奖和肯定的特质（坚决、果敢、成就斐然等）都是人们印象中男性所具有的正面特征，如俄语中的 «свой парень» 在指称女性时含有明显的赞许意味，表示“果敢的女子”或者“信得过的伙伴。”（赵蓉晖，2003：192—193）俄语中的“异性而呼”还包括赋予男性女性化称谓，即用阴性名词指称男性，如 «красная девица» 常被用来称呼那些“腼腆的小伙子，大姑娘似的男子”，«баба»（“娘们儿”）则常被用来讽刺那些懦弱的、缺乏阳刚之气或者嗲声嗲气的男性，而 «кисейная барышня»（“目光短浅、矫揉造作的娇小姐”）既用来表示娇气十足的女性，也可以指称那些扭捏作态的男性，轻蔑态度十分明显。

汉语中也有类似情况，如人们会称呼某些风风火火的女孩子为“假小子”，批评某些缺乏男性气质的男人“很娘”“娘娘腔”等。在上海的川沙方言里，中、老年妇女，甚至年轻的妈妈常常称呼小男孩为“阿妹”，以显示亲昵。即使是30多岁的男子，有时也会被六七十岁的老奶奶昵称为“阿妹”。但是，按照当地习俗，男人无论如何都不会称男孩子为“阿妹”，而是叫名字，或者叫“阿弟”“弟弟”等。也就是说，“阿妹”成为高龄或大龄女性称呼年龄小的男性的专利。（卫志强，1992: 116—118）俄汉语中这种“异性而呼”现象无疑是受社会性别定型的影响所致。尽管每种文化中的男女两性都具有一系列社会所认同的社会性别行为定型，但现实世界中经常可以看到逻辑性强、积极、支配欲强烈的女性以及多愁善感、消极、逆来顺受的男性，也就是说，“无论从生理还是心理角度来看，没有纯粹的男性特征或者女性特征，每个人身上都存在着自己的性别本身和异性相‘混合’的生理及心理特征。”（周民权，2014: 178）因此，当男性或者女性的言语行为表现出这种“混合型特征”时，就会出现这种“异性而呼”现象，希冀出于亲近之情和尊重，表达心理上的接近和认同，或者出于轻蔑，借以宣泄自己的不满情绪。

俄语中的社会性别定型特征在夫妻之间的互称表现形式上体现较为明显，俄罗斯夫妻之间有多种表述形式，包括使用真名、爱称、亲昵的绰号、从他亲属称呼等，除了常见的夫称妻为 «дорогая» 和妻称夫为 «дорогой» 之外，使用较多的是小名、截短名或爱称，例如：

（1）— Танюша, а где у нас ножницы?

— Там, в тумбочке, на верхней полке. Видишь, Сашка?

"塔妞莎，我们的剪刀放在哪里？"

"在床头柜那里，放在上一格。看到了吗，萨什卡？"

（2）— Николка, мне надо сходить в магазин. Пойдем вместе!

— Давайте, Наталочка!

"尼古尔卡，我要去一趟商店。一块儿去吧！"

"好的，娜塔洛奇卡！"

例(1)中的"塔妞莎""萨什卡"分别是 «Татьяна»（"塔季扬娜"）和 «Александр»（"亚历山大"）的爱称，而例(2)中的"尼古尔卡""娜塔洛奇卡"则分别是 «Николай»（"尼古拉"）和 «Наталия»（"纳塔莉娅"）的爱称，它们都无一例外地体现了夫妻之间的恩爱之情。

需要指出的是，"名字 + 父称"这种尊称形式彰显出俄语独具一格的文化特色，夫妻之间如果使用它，或者相互以俄语复数第二人称代词 «вы»（"您"）相称，则意味着夫妻关系破裂或者名存实亡，并不是相敬如宾或者以礼相待。由此可见，"名字 + 父称"像 «вы»（"您"）的使用一样，是一把双刃剑，既表示礼貌和尊敬，也表示彼此关系生疏，熟人或者亲属之间相互称呼时需要把握好分寸。

3.2 汉语中的熟人和亲属称谓

总的来说，中国人比较既注重辈分和年龄，也看重亲情，这些因素在称呼语中均有所体现。如前所示，面对熟人，人们通常会根据年龄、辈分以及性别为依据选择称呼形式，称呼年龄大于自己的男性为"大哥、老哥、大叔、大爷、叔叔、老爷爷"等，称呼年龄比自己大的女性为"大姐、大嫂、大妈、大娘、阿姨、老奶奶”等，称呼年龄比自己小的男性为“小弟、老弟、小兄弟”等，称呼年龄比自己小的女性为“小妹、妹子、大妹子”等。这是一种特殊的建立在非世袭关系基础上的拟亲属称呼语，即指在一般非正式交际场合使用亲属称谓来称呼非亲属，是一种体现汉民族文化传统习俗的称呼形式。

拟亲属称谓实际上是将亲属称谓语延伸使用到具有非亲属关系的人们之间。这种延伸使用有两种情形：一种是用于熟悉的人们之间，表示交际双方在过去交往的基础上形成的亲近感情和亲密关系，并且起到维持、增强已有关系的作用。另一种是用于陌生的人们之间，通常只是现场临时使用，根据对方的性别和年龄因素确定称呼语，但这一确定原则也不是那么严格，有时为了表示尊重，年龄大些的一方称另一方为“大哥”或“大姐”，以此作为民间礼仪，表示对称谓对象的敬重心意和亲近意图，起到拉近双方距离、为交际创造亲近语境的作用。（张莉萍，2007: 169）实际上，“大哥、大姐”之类称呼是陌生人之间表示礼貌的一种尊称形式，既不体现亲属关系，也与年龄关系不大，被称呼者不一定比称呼者年龄大。这种流行于我国东北一带的称呼形式已经波及北方其他地区，在南方某些地方也时有所见。对陌生人的称呼不像对熟人那样随意，必须充分顾及性别和年龄因素，因人而异，选择较为适宜的称呼形式，以免引发不必要的误解或交际冲突。

上述称呼中不乏社会性别因素，同性之间的相互称呼相对随意一些，异性之间的相互称呼则较为谨慎，不能随意称呼，如男士一般不能称呼关系较为疏远或者不大熟悉的女士为“阿妹”“妹子”“美女”等，女性亦不能在相同情况下称呼男士为“阿哥”“哥”“帅哥”等，而这些称呼在同性之间是经常使用的，不会引发误解。再如，“兄”这一称呼通常是指男性，除了“哥哥”之意外，还被广泛运用于文化人的交往中，朋友之间互称对方为“仁兄”“学兄”“大兄”“老兄”“某某兄”等，被称呼者不一定年长，年龄因素退居次位。中国古代同科进士，只要同出一门，肩膀齐为弟兄，即便双方年龄相差几十岁，也只能以“年兄、年弟”互称。在现代，普通长者也可以这样亲切地称呼年轻后学，但不能相反。不仅如此，过去“兄”还可以被男士用来恭敬地尊称女性，如鲁迅先生和许广平恋爱期间，两人之间便是以“兄”相称，既亲切，又持重，更显得平易近人，颇为得体。可见“兄”已经派生出了“先生”的意思，成为一种具有社会性别标记的称呼形式。

与熟人之间的称谓有所不同的是，亲属之间的称呼除顾及性别和年龄之外，更看重辈分。称呼者只要明确被称呼者的辈分高于自己，即使他年龄小于自己，一般会按照约定俗成的亲属辈分要求来称呼他，如儿女们必须称呼妈妈的兄弟姐妹为“舅舅”或“姨”，称舅舅的妻子为“舅妈”“妗子”，称姨姨的丈夫为“姨夫”，还与他们的孩子构成了表兄弟、表姐妹关系，又衍生出“表哥”“表弟”“表姐”“表妹”等称呼形式，如此循环往返，不一而足。这种错综复杂的亲属称呼形式屡见不鲜，见诸不同辈分的各个层面。在中国人的潜意识里，只有按照辈分恰如其分地称呼对方，才显得有礼貌，有亲情，以体现世代相传的生命中最为厚重的缘分。

在汉语亲属称谓中，社会性别特征较为明显的当属夫妻之间的互称。夫妻称呼从古至今延绵不断，非常丰富，且不同的年代有不同的称呼。古时候妻子自称为“妾”，称丈夫为“良人”，如唐朝诗人张籍的《节妇吟》中就有“妾家高楼连苑起，良人折戟明光里”一说，意为“我家的高楼拔地而起，我丈夫的地位高贵无比”，体现了妻子对丈夫的崇拜和依赖。但是，丈夫有时也称妻子为“良人”，显示不出该称呼的男女性别特征。后来，根据《说文解字》记载，为了区分男女有别，在“良”后边加“右耳旁”，变成“郎”。“郎”是少年男子的通称，含有贵族气息，用来称呼丈夫，表示尊贵和敬重；在“良”前边加“女”，变成“娘”，用来称呼妻子，如李白的《长干行》中的“郎骑竹马来，绕床弄青梅”，义山诗中的“刘郎已恨蓬山远，更隔蓬山一万重”等，但“郎”“娘”这两个单音节词似乎过于甜腻，且不好上口，尤其是良家妇女在人前羞于叫出口，于是在“郎”字后边加“君”，变成雅称“郎君”，在“娘”字后边加“子”，变成爱称“娘子”，分别用来称呼丈夫和妻子，许多古装戏中都有这样的称呼，体现了夫妻之间的彼此敬重。这一称呼延续至今，民间仍将新婚夫妇分别称为“新郎官”“新娘子”。

在各种白话小说中，夫妻之间除了上述称呼，还会出现“相公”“官人”“夫君”“老爷”“当家的”“一把手”“掌柜的”等对丈夫的称呼，而对妻子的称呼则是“婆娘”“婆姨”（陕北及山西北部一带方言）“家内”“贱妾”“堂客”“内人”“糟糠”“屋里的”“烧火的”“做饭的”等。相比之下，对丈夫的称呼较为文雅，处处彰显尊贵，而对妻子的称呼则比较为粗俗，处处显示出女人社会地位的低下和社会空间的局限，似乎“围着锅台转”是她们的专利。

随着时代的发展，夫妻之间的上述汉语称呼逐渐退出历史舞台，被代之以“老公”“老婆”等，彰显出夫妻之间更加随意、更加平等和亲密的相互关系。“老公”一词最初指的是太监，是民间对太监（其尊称为内官、内臣、中官、中贵等，卑称为内竖、阉宦、太监、阉人等）的俗称，如李白进北京后，在《造林杂俎》中有“打老公”一说。“老公”还可作为老年人的通称，语出《三国志 · 魏志 · 邓艾传》：“七十老公，反欲何求！”。“老公”一直是我国港台地区妻子对丈夫的称呼语，属于一种口语化的方言称呼，后来，随着港台文化的蓬勃兴起，“老公”这一称呼在大陆地区流行开来，在普通话和各地方言中广为运用，在现代语义中一般特指丈夫的俗称。2016年10月，清华大学历史系教授彭林在讲座中批评了国人夫妻间的称呼，认为“老公”这种说法不对，妻子对配偶除称“丈夫”外，也可以称外子”。这些说法经媒体报道后，在网上引起很大争议。

“老婆”作为丈夫对妻子的称呼由来已久，据考证，这一称呼最早出现在唐代，原意指的是上了年纪的老妇人，如唐代著名诗僧寒山在《东家一老婆》这首诗中写道：“东家一老婆，富来三五年，昔日贫于我，今笑我无钱。”该诗通过对社会生活的讽刺，告诉了世人受轮回之苦的缘由。同时，也间接地告诉人们只有参禅悟道才能摆脱世俗的烦恼，其中的“老婆”就是指“老婆婆”“老太婆”。到了宋代，“老婆”逐步演变成为丈夫对妻子的称呼，一直延续至今。在有些地方，妻子也被称为更为口语化、大众化的“媳妇”，例如，北方人称媳妇，通常是指自己的爱人，南方人称媳妇，一般是指儿子的爱人，即儿媳妇。现在的叫法有点乱套，一些男女如果互有好感，到一起就以老公老婆相称，尽管他们之间并不存在婚姻关系。相比之下，“爱人”这一称呼比较特殊，既可以用作妻子对丈夫的称呼，也可以用作丈夫对妻子的称呼，如我国现代杰出的剧作家、著名诗人郭沫若在《湘累》[①] 中写道：

爱人呀，
还不回来呀？
我们从春望到秋，
从秋望到夏，
望到水枯石烂了！
爱人呀，
回不回来呀？

这首诗中的“爱人”是妻子对丈夫的称呼，体现了她望眼欲穿、急盼丈夫归来的迫切心情。但在现实交际中，夫妻之间是不用“爱人”互称的，只是和别人说话或者介绍配偶身份时才这么说。

需要指出的是，“夫人”这一称呼通常用来尊称别人的妻子，并不用来称呼自己的妻子。但在日常交际中，有些人在正式交际场合向别人介绍自己的妻子时常说“这是我的夫人”，这种说法有自我抬高之嫌，类

① 《湘累》是著名现代文学家、历史学家郭沫若（1892—1978）的现代诗《女神三部曲》之一，另两首为《女神的再生》《棠棣之花》，创作于1919年下半年至1920年上半年之间，是“五四”狂飙突进精神的典型体现。1921年8月，郭沫若将这一时期所做的154首诗歌结集出版，这就是轰动一时的诗歌集——《女神》。《女神》以强烈的革命精神、鲜明的时代色彩、浪漫主义的艺术风格、豪放的自由诗体，开创了享誉中国文坛的“一代诗风”。

似于别人问你“您贵姓？”时，你回答“我贵姓……”。如果缺失人际交往中最起码的文化修养，难免让他人贻笑大方。《辞海》里明确标注“夫人”这一词条的解释有5种：(1)周代称诸侯的妻子；(2)古代称帝王的妾；(3)命妇（泛指在历代封建王朝中拥有封号的妇女）的称号；(4)妇人的尊称；(5)尊称对方的妻子。由此可见，其中任何一种都不是用来称呼自己妻子的。当然，在家里或者其他非正式交际场合，丈夫尊称自己的妻子为“夫人”无可厚非，礼多人不怪，别人也不会说三道四。

总而言之，俄语中的熟人和亲属称谓不区分宗族和非宗族，父系、母系、男性、女性的称呼语差异不大，较之汉语要简单得多。相比之下，中国是一个重视亲情、看重血缘、崇尚等级的国度，对同姓的宗亲和不同姓的外亲、血亲和姻亲、长幼、辈分等有着严格的区分，在复杂程度、数量等方面远远超过俄罗斯，其历史原因是：俄罗斯民族属于“畜牧型”民族，由于古希腊、古罗马等民族不断融合，尽管存在过农奴制、封建制等宗法关系，但经历了资本主义发展阶段，封建宗法制度受到重创，取而代之的是核心家庭的观念，所以其亲属称谓才如此贫乏。而汉民族属于“农耕型”民族，统一的封建社会出现很早，宗亲关系历史悠久，且关系巩固，社会的基础是家庭，家庭之上是家族，各家族共同的族长是皇帝，所以炎黄子孙自古以来就具有一种深厚的家庭观念。因此，汉语亲属称谓强调宗族与非宗族、血缘与非血缘、长幼、辈分之别，宗法色彩极为浓厚。

4. 从他亲属称谓中的社会性别定型

从他亲属称呼语亦可称之为转称形式，是口语中广泛运用的一种称呼语，与亲属称谓密切相关，但与之不同的是，说话人在交谈时回避直呼对方的名字，而是跟着某一个亲属去称呼另外的亲属，其中包括：从儿或从女称谓、从夫或从妻称谓、从父或从母称谓、从孙称谓等，是汉语亲属称谓系统中十分特殊的语言现象。伍铁平(1985:244)指出：“语言学家从人类学的角度考察语言的亲属称谓系统时，曾提到某些从他称谓的来源，例如，汉语中‘公公、婆婆、伯、叔、姑、舅、姨’等属于从儿称谓，此外还有从夫称谓、从父称谓等。”他认为，这种从他称谓与说话人的视点密切相关，而视点则指的是人们观察世界、认识世界和语言表述的立足点和出发点，体现着说话人的立场和看法。也就是说，说话人所处的不同位置和视角直接影响着从他称谓的选择及其交际效果。这种称呼形式具有鲜明的社会性别特点，多见于女性用语，不仅在汉语口语中普遍存在，而且广泛存在于俄语和其他语言中，是人类学、社会学、心理语言学、语用学等人文学科一直关注的研究命题之一。

4.1 从儿或从女称谓

所谓从儿或从女称谓，就是父母亲站在自己儿女的角度称呼其他人，儿女怎么称呼其他人，父母亲就怎么称呼，而不考虑自己怎么称呼别人。例如，夫妻之间用“孩子他爹”“孩子他娘”互称对方，用自己儿女对祖父母或外祖父母的称呼“爷爷、奶奶”“外公、外婆”或“姥爷、姥姥”，用自己儿女对丈夫的兄弟姐妹及其配偶的称呼“伯父”“伯母”“叔父”“婶婶”“姑姑”“姑夫”，用自己儿女对妻子的兄弟姐妹及其配偶的称呼“舅舅”“舅妈”“姨姨”“姨夫”等。例如，妻子看到丈夫的大姐夫来家里做客，马上对他说：“大姑夫来啦，快请坐”。再如，夫妻俩带着孩子去医院看望丈夫的父亲，妻子说：“爷爷，你这两天好点了吗？我给您熬了鸡汤，多喝点吧。”在独生子女时代，有些人把自己儿女对祖父母或外祖父母的称呼通称为“爷爷、奶奶”，去掉了“外”字，显得更加亲切，不见外。例如，夫妻俩带着孩子去看望妻子的父母，妻子一进门就说：“爷爷、奶奶，我们来看你们啦”，老两口一听乐得合不拢嘴。在他们看来，称呼他们为“爷爷、奶奶”意味着没把他们当外人，孙子和外孙一样，都是亲骨肉，不分内、外为好。

俄语中也有从儿或从女称谓，与对方交谈时完全使用自己儿女的称呼形式，以儿女的口气说话，和汉语的表述大同小异。例如，夫妻之间互称 «папа, отец»（“孩子他爸”）、«мама, мать»（“孩子他妈”）：妻

子对丈夫说 «Тебе принести, отец, воды?»（“孩子他爸，要不要给你送水？”），丈夫对妻子说 «Кто чихал? Ты, мама? Будь здорова!»（“谁打喷嚏了？孩子他妈，是你吗？祝你健康！”）等。再如，一对夫妻携孩子全家出游，妻子一看天色不早，对丈夫说 «Отец, уже поздно, нам пора возвращаться домой.»（“爸爸，已经很晚了，我们该回家吧。”）。对其他人的称呼也是仿照儿女的口气，如父亲带儿子奥列格回家，对自己的妈妈说 «Бабушка, Олег проголотался, дай ему что-нибудь покушать.»（“奶奶，奥列格饿了，给他点什么吃的吧。”）；妻子对丈夫的妹妹说 «Тетя, подержи ребенка, я пока занята»（“姑姑，抱会儿孩子，我现在忙。”），等等。

另外，汉语日常口语中有一种近似于从他称谓的“孩子的名字或昵称＋他＋血亲称谓”这一称呼模式，如狗剩他爷爷、狗剩他奶奶、石头他爸、石头他妈等。除此而外，还有一种由从他亲属称谓派生而来的非亲属称呼模式：他＋姓＋血亲称谓或姻亲称谓，如：他王爷爷、他李奶奶、他陈叔、他马婶等，这种称呼方式一般用于非亲属之间，常出自女性之口，口语色彩较浓，它借助于从儿或从女称谓表达一种亲昵之情，可以拉近交际双方的心理距离。这两种称呼模式的乡土气息很浓，颇具中国特色，在俄语中是看不到的。

4.2 从夫或从妻称谓

所谓从夫或从妻称谓，是指作为丈夫或妻子对对方父母以及其他亲属的称谓。在汉语中，按照一般称呼规则，丈夫对妻子的直系亲属都有相对独立的称谓，丈夫称呼妻子的父母为“岳父”“岳母”，称呼妻子的姐妹为“大姨子”“小姨子”，称呼妻子的兄弟为“大舅子”“小舅子”等，自成一体，与丈夫自己的直系亲属区别开来。但是，妻子对丈夫的直系亲属却没有相对独立的称谓，通常用丈夫对他自己的亲属的称呼作为自己对这些亲属的称谓，很多时候是按照孩子对他们的称谓来进行的，如称呼丈夫的兄弟姐妹为伯父、叔父、姑母等。也就是说，“从夫称谓”是实实在在的，“从妻称谓”只是一个摆设，进一步印证了“女儿不是自家人的传统观念，嫁出去的女儿被视为泼出去的水，就算作是丈夫家的人，与丈夫和丈夫家人的关系照理至少和与自己家人的关系一样亲近。”（张莉萍，2007：168）。而丈夫在家庭中的地位是不可动摇的，他与妻子结婚后也不算是妻子家的人，所以需要一套独立的称谓语来称呼妻子的直系亲属。这都是历史遗留下来的称谓形式，具有较为鲜明的封建意识和性别歧视倾向。

随着社会的不断进步，称呼语也在悄然发生变化。在现今的中国社会生活中，上述从夫或从妻称谓仅成为一个理论上的称呼，并不被使用于日常交际，如丈夫一般不会称呼妻子的父母亲为“岳父”“岳母”，而是像妻子一样称其为“爸爸”“妈妈”，既不拗口，又不生分，显得较为亲切；丈夫对妻子的兄弟姐妹也不会以“姨”“舅”相称，而是像妻子一样称其为“哥哥”“弟弟”“姐姐”“妹妹”，或者直呼其名。也就是说，“从夫称谓”基本依旧，而“从妻称谓”则发生了较大的变化，丈夫的称谓真正做到了“从妻”，体现了夫妻平等，说明妻子的社会地位大幅度提升，她们和丈夫一样，都是享有同等权利的家庭主人。

相比之下，俄语中的从夫或从妻称谓远不像汉语那么复杂，比较简单。首先，夫妻双方的兄弟姐妹均不能称之为“哥哥”“弟弟”“姐姐”“妹妹”，一般都是直呼其名；其次，夫妻双方的父母亲一般都被称之为“爸爸”“妈妈”，尽管俄语中有 «тесть»（“岳父”）和 «теща»（“岳母”）两个词，但一般作为关系称呼词，用作陈述，而不用作称呼语。至于夫妻双方的父母亲的兄弟姐妹，用 «дядя»（“伯父”“叔父”“舅舅”“姨夫”“姑夫”等）和 «тетя»（“伯母”“婶婶”“舅母”“姑姑”等）两个词就可以包揽一切，不像中国人区分得那么细，没有更为详尽的称呼形式；再次，«дедушка» 和 «бабушка» 两个词既表示“爷爷”“奶奶”，也表示“外公”“外婆”，不像汉语那样有内外之分。

除了从儿或从女称谓、从夫或从妻称谓，俄汉语中还有从父或从母称谓和从孙称谓，指的是儿女们从父母亲的角度去称呼其他人，以及爷爷、奶奶（包括外公、外婆）从孙子的角度去称呼其他人。一般来说，由于辈分差异，儿女们用父母亲的称呼去称呼别人不大合适，有抬高自己的辈分之嫌，通常是跟着父母亲的从儿或从女称谓去称呼其他人，所以从父或从母称谓不太常用。但是，从孙称谓则经常使用，如老夫老妻之间以孙子孙女的口气相互称呼，可以增进与孩子之间的亲切感，如俄语句子 «Дедушка, я с внучкой идем в парк, скоро вернемся. Не переживай!»（“爷爷，我和孙女去公园了，很快就会回来，别担心哦！”），«Бабушка, ты нам（внуку）тапочку не принесешь?»（“奶奶，你能把拖鞋给我们 < 指孙子 > 拿来吗）？”）等。汉语中的此类称呼形式与俄语大同小异，社会性别特征都不是那么明显。

在成年男女的口头交谈中，还时常会听到类似于“从我称谓”的表述，如有些人表示谦虚或者不拘礼节时，称自己的父亲为“家父”“老爷子”“老头子”等，称母亲为“家母”“老妈子”等。但“老头子”这一称呼有时带有贬义或者不尊重的成分，可能意味着父子或者父女关系不大正常，或者对子女对父亲有意见，远不像“老爷子”那么亲切，一字之差，意念各异。实际上，“老头子”这一称呼不仅仅指“父亲”，还可用作其他场合，如有些老年妇女常称呼自己的丈夫为“老头子”“我家老头子”“死老头子”等，其中不乏亲昵与爱意；有些下属私下里也这样称呼自己的上司，如过去国民党军政要员背地里常称蒋介石为“老头子”，暗含调侃或不敬之意。

张会森（2010: 43）对语言规则曾有较为深入的研究，他认为：“语言的使用一方面受到语言本身的约束，即受到语言系统决定的规则的约束，同时也受到社会文化、民族文化诸方面的约束。影响语言在交际中运用的除了语言规则，还有语言使用的‘社会规则’‘文化规则’，也就是非语言系统或结构决定的规则。比如汉语亲属称呼中常用‘大叔’‘二叔’‘三叔’‘四叔’……，而俄英语中却不会这么称呼。这是非语言因素制约的，也即我们的俄汉语用对比所要研究的问题。”这段话中所提到的“语言规则”实际上就是语言定型，而“社会规则”和“文化规则”则是具有民族特点的社会文化定型，它们潜移默化，自幼影响着人们的言语行为，其中凝结着厚重的历史传承，蕴含着丰富的社会性别构建因素，体现了俄汉两个民族的文化记忆和社会性别定型特点，不仅体现出俄汉两种语言的语用差异，而且反映了俄汉社会性别定型的不同文化内涵。

笔者认为，上述俄汉称呼语中的语用差异折射出中俄两个民族不同文化理念及社会习俗，体现了俄汉语中不尽相同的语言文化定型。这些定型在漫长的历史进程中逐渐形成，代代相传，影响着人们的一言一行。比如在孩提时代，我们接受父母管教时最常听到的一句话是：别让人家笑话！这句警示语包括了“如何称呼别人”在内的诸多社会规范和行为底线，如果说话出格或者触及底线，周围的人就会以“笑话”的方式予以惩戒，让你没“面子”。被别人“笑话”了，说明你违背了社会文化定型，犯了禁忌，脸上挂不住，轻则“没脸见人”，重则“闭门思过”，甚至自寻短见。中国的詈语里有一句“不要脸！”振聋发聩，语气很重，平时绝对慎用，不然会引来拳脚或者纷争。这是一种社会文化定型所框定的世俗的约束力，在世间存在了几千年，至今仍然挥之不去。在“天高皇帝远”的封建社会，由于法制不力，皇权难以顾及，这些定型就成为社会各界或者各个地域的一种自我补偿机制。

但是，随着人类文明的不断进步和社会的快速发展，“面子”的内涵标准也在悄然发生改变。在社交场合，在大城市，尤其是楼房群族，似乎已经废弃了这种“别让人家笑话！”的习俗，“懒得笑话人，不怕人笑话”逐渐成为一种思维定型，在社会各界蔓延开来。西方的个人主义以及“隐私权”思想也给予这一定型强有力的理论支撑。于是，违背社会文化定型的“不怕笑话，我行我素”的言语行为时有发生，对社会主流意识造成了一定的冲击，各行其是、互不关注、互不干涉、满不在乎之类毫无底线的意识习惯导致了冷漠无情、耻辱感丧失的难耐局面。究竟要不要“面子”？怕不怕别人“笑话”？符合社会进步和发展的行为定型要不要遵守？这些问题值得深思。

5. 恭维语中的社会性别定型

恭维语作为人际交往中一种广为运用的礼节，本质上乃是一种礼貌的言语行为，是礼貌原则的重要组成部分和调节人际关系的最佳方法之一。就恭维形式来看，中外学者通常将其划分为两大类：一是直接恭维，说话人开门见山，直接正面评价受话人，二是间接恭维，说话人以含蓄的隐形语义表达方式恭维受话人。就恭维对象来说，它不仅涉及对方的社会地位、年龄、辈分以及相互关系，而且涉及对方的社会性别及其言语定型。无论在俄语还是在汉语中，受交际对象、语用前提、交际语境、文化背景等语言外因素的影响，同性和异性之间的相互恭维各具特点，具有不尽相同的社会性别定型特征。

5.1 同性之间的相互恭维

恭维话题与说话人和恭维对象之间的彼此熟悉程度密切相关，亦因国情不同而有所差异。在以个人本位主义为主要取向的俄罗斯文化中，恭维语是润滑人际关系的重要机制，恭维内容一般比较客观，言不由衷的曲意奉承相对较少。一般来说，女性之间相互恭维较多，男性之间相互恭维较少。恭维对象通常是关系较为密切和社会地位相对平等的人，“对上”和“对下”恭维的现象比较少见。由于彼此熟悉，俄罗斯的同性之间通常使用直接恭维方式，尤其是女性之间，说话直来直去，很少拐弯抹角。但这并不意味着俄罗斯女性的恭维不打折扣，一味陈述实情。例如，有位女性去医院看望身患绝症的女友，当她走进病房，看到昔日美貌如玉的女友如今面容憔悴、骨瘦如柴，心中难过不已，但她马上强压悲痛，用平静的口气对女友说：«Тебе лучше стало, ты сегодня хорошо выглядишь. Не переживай, ты скоро поправишься.»（“你好多了，今天气色不错。别纠结,你很快会痊愈的。”)这几句恭维语无疑是谎言,但对于鼓励女友振作精神、增强战胜病魔的信心具有很大的安慰和暗示作用,正应了那句“善意的谎言远胜严酷的实话”。不言而喻,遇到这种情况,无论女性还是男性,无论俄罗斯人或者是中国人,只要心存善意,一般都会这么去做。

相比之下,中国人恭维的对象往往是泛泛之交或者关系一般的人,关系密切的人相互之间较少恭维,以免见外,素不相识的人一般不相互恭维,以免唐突和尴尬。(周民权,2014:189)但是,在“对上”时,有些同性之间即便关系生疏,也会想方设法送上言不由衷的恭维,以达到自己的某种目的。由于彼此熟悉,加之受功利性的驱使,所使用的恭维语一般比较直白,曲意奉承的副词和形容词信口说来,有意抬高,言过其实,唯恐被恭维者不解其意。由此看来,“在以群体、关系、和他人为主要取向的中国文化中,恭维起着不同的作用。”(贾玉新,2002:372)这里所说的“抬高式恭维”与上边所讲的“善意谎言”发挥着迥然不同的作用,二者相去甚远,不可同日而语:在言不由衷的情况下,恭维已经不被作为礼节使用,远远超越了它本身的交际功能,被赋予更多的功利色彩。

从恭维内容来看,女性之间更多恭维的是对方的外貌和服装,这与她们天性爱美有关,但也仅限于熟人或者亲朋好友之间,而男性更多恭维的是对方的成就,这与他们与生俱来的成就感不无关系。俄罗斯人和中国人的同性之间在这两个方面极为相似,所不同的是,俄罗斯男性一般看重的是对方的个人能力和业绩,而一些中国男性则更看重对方的职位升迁,将其视为个人能力和成就的主要标志之一。在某些中国人的潜意识里,能做官就意味着拥有权力,是一个人的能力和成就的具体表现。于是乎,一些人争相做官,为了达到目的不择手段,阿谀奉承,行贿上司,有些人借机利用手中的权力“卖官”,贪得无厌,大肆敛财,然后用所贪之财再去“买官”,为自己谋取更高的职位,形成恶性循环,导致一些地区的权力部门出现塌方式沦陷。令人匪夷所思的是,被称为“象牙塔”

的高校和科研部门也深受“官本位”的影响，有些专家学者也为争得某个行政级别而宁愿荒废自己的业务专长，为了一官半职而不惜毁掉自己的学术生涯，如此等等。究其深层原因，这主要是由于中俄两国文化中的权利距离不一样，中国的权利距离远远大于俄罗斯。也就是说，中国人对等级的现实存在比较认可，对权利分配不平等这一事实的接受程度较高。一般来说，中国人崇尚集体主义，比较循规蹈矩，对行政命令无论喜欢与否，通常都会服从并执行，贯彻“长官意志”较为坚决。相比之下，俄罗斯人更崇尚个人主义，强调自我，但一般不盲从权威，不愿意恭维上司或官员，对行政命令如果不喜欢，就会提出异议或拒绝执行，否则自己走人，所以辞职现象比较严重。

从恭维形式来看，在俄汉语中，同性之间更多地使用直接恭维，有啥说啥，一吐为快，但也不排除在某些场合使用间接恭维，委婉地表达自己的赞美之情。例如，有位女士在大街上看到另一位素不相识的女士背着一个非常漂亮的包，便走过去问她：“请问，您好眼力，在哪个商场买了这么时尚的包？还有卖的吗？”既恭维了对方有品位，也表达了自己想买这样一个包的意愿；在游泳馆，当看到一位男子很潇洒而自如地变换各种游泳姿势时，另一位男士问他：“你受过专业训练吧？能不能给我教几招？”，借以表达自己的赞叹之意。诸如此类的恭维在现实生活中时有所见，所使用的疑问表达方式间接而委婉，能获得更大的语境效果，拉近了人与人之间的距离。

5.2 异性之间的相互恭维

较之于同性，异性之间的相互恭维形式更加多样化。在俄罗斯，不管恭维者是男性还是女性，无论年龄、社会地位、职业如何，女性的外貌永远是被恭维的对象，尤其是男性，在看到自认为漂亮的女性时，常常面带笑容，不失时机地送上“你今天打扮得真漂亮！”“你真美！”“你太迷人了！”“你太有魅力了！”之类赞美之词，夸奖她们在容貌、着装方面的上佳表现。即便面对并不漂亮的女性，男性也会恭维她“气色很好”“着装得体”“气质优雅”等。对于俄罗斯女性来说，“对其外表的赞扬显得特别真珍贵。当她们听到赞扬后，会容光焕发，喜气洋洋，显得格外年轻。”（徐翁宇，2008: 260）无论男士的恭维是否符合实际，女士通常都会乐于接受，例如：

— Нина, у тебя такие глаза!

— Всегда говорят о глазах, когда похвалить нечего.

— Не переведи разговор на шутку. Ты же сама знаешь, какая ты красивая.

— Ой, Спасибо, Петр! Как я рада слушать!

“尼娜，你的眼睛真美！”

“没什么夸奖时总是拿眼睛说事儿。”

“别转移话题开玩笑哦！你自己知道，你是多么漂亮。”

“啊，谢谢彼得！这话我很喜欢听。”

不难发现，彼得恭维尼娜的眼睛，尼娜并不满足，便使用激将法，希望彼得说出她想听的话，而彼得则顺势而为，把尼娜本人也拉上作证，一句赞语说得尼娜心花怒放，极大地满足了她的心理需求。有时面对并不漂亮、打扮也不时尚的女性，俄罗斯男性也会恭维她“气色很好”“气质优雅”等，变着法儿找词，就像著名作家契诃夫在短篇小说«Дядя Ваня»（《万尼亚舅舅》）中借助索尼娅之口所说的那样：«Когда женщина некрасива, ей говорят: у вас прекрасные глаза, у вас прекрасные волосы.»（“面对一个不漂亮的女人，人们会说：您的眼睛很美，您的头发很漂亮。”）如果她的眼睛和头发不漂亮，会夸她的皮肤好，这几样不好了就说身材好，身材不好了就说气质好，气质不好了就说微笑好等，想方设法寻找可以赞美的理由。再如，哈萨克斯坦总统努尔苏丹·阿比舍维奇·纳扎尔巴耶夫在苏联时期曾长期就读于俄语学校，精通俄语，深谙俄罗斯恭维文化，他就如何恭维女性提出调侃性建议：«Если она красивая, говори ей, что она умная. Если она не очень выглядит, говори — красивая. Если ни то, ни другое не подходит, скажи ей: как ты похудела!»（“如果她很漂亮，你对她说，她很聪明；如果她不很漂亮，你对她说，她很美；如果以上两者都不合适，你就对她说：你可瘦了不少啊！”）这些说法不乏调侃与幽默，但其中包含着别具一格的赞美方式。曾有俄罗斯报刊刊登文章，教男人如何恭维女人，认为这是营造和谐交际氛围的催化剂，可以促进和提升男女两性之间的吸引力及亲和力。

在中国，受传统思想的影响，男性面对女性时表现一般比较内敛和矜持，恭维的内容通常是对方的丈夫、孩子或者与工作有关的事，不会当面赞美女性的容貌，不对女性的衣着打扮进行评价，因为他们潜意识里的社会性别定型告诉自己，当一个男性恭维女性的外貌时，“有可能被视为犯了禁忌，至少不是社会所期望的行为。”（贾玉新，2002:366）这就是社会性别定型约束力的具体表现。相比之下，女性对男性的恭维更是慎之又慎，通常恭维对方的工作能力、成就或者家庭，避免赞赏男性的外貌和着装，尽可能保持淑女风范，遵守约定俗成的社会性别定型。

就恭维形式来看，俄罗斯男性对女性的恭维比较直接，开门见山，赞美之词信手拈来，而俄罗斯女性面对男性时则往往比较矜持，仅仅赞扬男性在工作上的成就或者他们的妻子、孩子等，避而不谈男性的外貌，对男性多用间接恭维，使用含蓄的隐形语义表达方式。例如，有位女士看到自己同一科室的某位男性同事获得国家科研奖，羡慕不已，顺口对他说道：«Хорошо было бы, если бы каждый из нас мог получить такую премью!»（“假如我们每个人都能获得这样的奖项，那该有多好啊！”）再如，有位女士得知邻居的儿子在父亲的悉心指导之下考上了莫斯科大学后，对那位父亲说：«Мой муж влял бы пример с вас!»（“希望我的丈夫以您为榜样！”）。她们通常以间接的方式来表达对于男士的赞美，落落大方，颇为得体。

5.3 恭维语的答语——自谦行为的定型特点

在俄语和汉语的口头交际中，自谦作为恭维语的答语，二者相辅相成，互为依托，是普遍存在的言语行为之一，但自谦行为在俄汉语中的表现形式及其语用含义亦不尽相同。一般来说，对别人给予的恭维，应该积极回应并致谢，如果为了谦虚而不承认甚至否认别人的恭维就是一种语用失误。俄罗斯人对于对方的恭维通常坦然接受，无论这种恭维是真是假，作为一种礼貌的回应，说声«Спасибо!»（“谢谢！”）是必不可少的，他们从小就习惯了这种恭维与被恭维的方式，可谓“习惯成自然”。相比之下，中国人对恭维的反应是较为复杂的，与俄罗斯人不尽相同，最明显的例证是中国人习以为常的自谦表达方式，其表达形式和所指意义在俄语中难以见到：当听到对方的恭维后，许多人会以“哪里哪里！”“岂敢岂敢！”“您过奖了！”“瞧您说的！”“没什么，这是我应该做的。”等自谦式答语予以回应，采用一种“不接受”“非同意”方略。这是不善自谦的俄罗斯人始料不及的，并经常使他们常常大惑不解，以为自己说错了什么话，或者以为中国人对自己有意见。

中国人自谦的另一形式就是人际往来中的客套话，在刻意贬低自己的同时，有意恭维和抬高对方。例如，有些人上台发言的开场白是“本人班门弄斧，请各位指教”“本人才疏学浅，没有准备，随便讲几句”等等。俄罗斯人听了这类谦辞往往困惑不解：既然没有准备，还随便讲什么？这岂不是浪费听众时间吗？如在一次国际俄语教学研讨会上，一位中国教师是这么结束他的发言的：“随便聊聊，乱弹琴，仅供参考。”在座的几位俄罗斯人听完后感到纳闷：既然是“乱弹琴”（«безобразничать»），那还有什么可参考的？

由此可见，自谦行为是中国传统的社会文化与人们的语用习惯相结合的“土特产”，与俄罗斯人的自信或者自我褒奖行为形成强烈的反差，无怪乎一些西方学者在诠释 G. N. 利奇提出的礼貌原则中的谦虚准则时，常常以汉语中的一些谦辞为语料，以此表明中西方的语言与文化差异，如俄罗斯学者 Н.И. 福尔马诺夫斯卡娅（1998：66）曾指出，过去中国人在邀请对方去家里做客时常常会说：«Я, недостойный, и моя ничтожная жена приглашаем вас, глубоко почитаемого, посетить наш жалкий дом.»（“鄙人与贱内邀请尊贵的您大驾光临寒舍。”）。许多俄罗斯人对此不解：中国人为什么喜欢抬高别人，贬低自己以及家人？把自己的妻子说成是“贱内”，岂不是羞辱妻子，难道她不生气？为什么非要自己作贱自己？可见这些恭维对方并同时贬抑自己的自谦表达方式常常会造成不必要的交际误解。实际上，这不过是中国人的一句谦辞，并不含有真正的褒贬含义，是中国千百年流传下来的一种言语表达习惯，意在尊重和抬高对方，被“贬抑”者也明白是怎么回事，通常都会坦然面对。

需要指出的是，这种贬抑表述更多地出自男性之口，在封建时代丈夫对妻子的称呼形式中表现尤甚，如“婆娘”“家内”“贱妾”“内人”“糟糠”等，相反，妻子对丈夫的称呼则高雅许多，如“官人”“夫君”“老爷”“相公”“当家的”“掌柜的”等，恭维语气十分明显，彰显出男性地位的尊贵与女性地位的低下。这种语用现象在古往今来的俄语称呼语中很难见到，在现代汉语使用中也基本消失殆尽。这无疑是中国社会发展和时代进步的结果。究其根源，这是一种显而易见的社会性别定型差异，源于中国传统民族文化对性别角色关系的定位，其语用效应在恭维和自谦等言语行为中时不时显现出来，诚如贾玉新（2002：372）所说：“中国是一个差序格局的社会，尊卑有等，亲疏有序，中国文化较偏重垂直的角色关系，因此，恭维语在西方社会所起到的“一致性”或“平等性”关系的协同功能在中国社会显得不是很突出，或者根本不需要。”正是由于中国人对于自己的角色定位报以自谦或自贬的态度，所以不像西方人那样习惯于接受恭维语或者喜欢自我褒奖，从而形成了在“自谦”这一文化背景下的俄汉语用价值互不对应。

由此可见，无论俄罗斯人还是中国人，无论同性还是异性，其相互关系的亲疏程度往往决定着直接或间接恭维语的使用，相互之间越是不熟悉，恭维语的标记性就越明显，反之亦然。（周民权，2014:190）然而，随着全球一体化的发展和不同民族文化的相互交融，俄罗斯和中国的男女两性的恭维意识正在悄然发生变化，原有的一些社会性别定型也在逐步改变。例如，在中国，自谦现象正在逐步减少，“美女”“帅哥”之类称呼语在相互熟悉的异性或者同性之间广为运用，在互不熟悉或者互不认识的中青年男女之间也开始流行起来，成为拉近双方心理距离并进一步交谈的交际手段，被恭维者不一定真的很美很帅，但对这一恭维形式通常都会欣然接受。同样，在俄罗斯，互不熟悉的同性或者异性之间的相互恭维也在逐步增多，不再像过去那样只恭维彼此熟悉的同性或异性。这从一个侧面说明，社会性别定型并不是一成不变的，它会随着人类文明和社会的进步而不断发生变化，其中影响人们的社会性别意识的偏见或消极因素会越来越少，促进男女两性言语行为与构建和谐社会保持协调一致的语用定型机制会进一步得以完善。

6. 抱怨语中的社会性别定型

如上所述，抱怨语是一种宣泄负面情绪并可能威胁对方面子的言语行为，同时也是说话人给听话人通报信息，促使其认真反思并采取相应措施的言语礼节，其中势必涉及礼貌用语和交际策略的运用，以便削弱和淡化抱怨语的威胁性。这些特点在抱怨语的社会性别定型中较为明显，因为社会赋予男女两性不尽相同的社会性别定型，要求他们在抱怨时尽可能遵守约定俗成的社会规范。一般来说，同性之间的距离感较近，互不设防，有啥说啥，直来直去，一吐为快，更多地使用直接抱怨方式，而异性之间说话时通常会充分顾及对方的生理和心理特点，所以更多地使用间接抱怨方式，说话拐弯抹角，语气较为委婉，让对方能够接受。具体到男女两性，则各有其社会性别定型特点，男性通常采取直接的抱怨方式，他们自幼所接受的定型教育要求他们即便在抱怨时也要表现出男子汉气质，像个爷们一样，有话直说，不要扭扭捏捏，绕来绕去，而女性则恰恰相反，社会对于她们的期待是具备温和、善良、恭敬、节俭、谦逊等美德，所以她们通常采用间接抱怨方式，说话委婉，语气平和，讲求礼貌，对异性尤其如此，尽可能保持淑女形象。从语种的表现形式来看，俄汉语中的抱怨语的社会性别定型大同小异，"同"更多地体现在抱怨内容、抱怨目的等方面，而"异"则更多地体现在抱怨对象以及语言结构及其表征方式等方面。

6.1 **抱怨内容**

在俄罗斯和中国，由于20世纪50—60年那段"蜜月期"的相互共融，中国在社会形态意识、行为方式、对男女两性的社会期待等方面模仿苏联，从而使得俄中两国的男女两性在社会接触面、对工作和家庭的态度、谈话内容等方面存在诸多相似之处，这种影响至今仍然时有所见。一般来说，女性的工作范围和生活圈子相对较小，所承担的家务琐事相对较多，所以，当女性们汇聚在一起时，她们更多地谈论家庭、丈夫和孩子、服装和打扮、健康状况等，抱怨的内容大都与此有关，抱怨话题相对较窄，试看下面一组俄语对话：

— Татьяна Ивановна, что-то вы все хмуритесь?

— У меня настроение плохое, Наталия Васильевна. Дома неприятности. Сын в школе две двойки получил. У всех дети как дети, а с моим одни несчастья.

— Но сын у вас такой развитой и бойкий мальчик.

— В том-то и дело, что бойкий. Целыми днями бегает во дворе: то в футбол, то в хоккей играет. А за учебниками сесть нет времени.（Акишина, Формановская, 1986: 122）

"塔季扬娜·伊万诺夫娜，您怎么老是愁眉苦脸的？"

"我的心情很不好，纳塔利娅·瓦西里耶芙娜。家里的事让人不开心。儿子在学校两门课考试不及格。所有人的孩子都很争气，就我的儿子整天添乱。”

“您的儿子很成熟，很活泼。”

“问题就出在活泼上。他整天在院子里跑来跑去：一会儿踢足球，一会儿打冰球，可就是没时间看书。”

可以看出，塔季扬娜·伊万诺夫娜抱怨儿子不争气，无疑是一种情绪宣泄，她自己也知道，这种事谁也帮不了，只是给纳塔利娅·瓦西里耶芙娜发几句牢骚，诉说自己的怨气，说出来可能心情会好一些，仅此而已。类似抱怨孩子或者丈夫的情况在中国女性身上时有发生，如一些闺蜜们见面后，会抱怨自己的丈夫下班回家后只知道看电视或者玩微信、不干家务、不管孩子、不顾家等，有些女性还会经常抱怨自己的婆婆或者公公偏心眼，对自己照顾不周等。相比之下，俄罗斯女性自幼坚持自我，独立生活能力较强，对公公婆婆的依赖不多，相互之间矛盾也相对较少，她们更多地抱怨丈夫酗酒、玩女人、缺乏家庭责任感等。

与女性相比，男性的工作范围和生活圈子相对较大，他们经常同各种各样的人以及复杂的技术打交道，抽象思维能力较强，所以抱怨的话题更为宽泛，抱怨内容常常是抽象的，涉及政治、经济、体育、宗教、工作等，很少涉及抱怨者本人。例如，当男性在一起时，遇到不理解或者不开心的事，会表达自己的抱怨，如“美国总统选举是怎么搞的？特朗普怎会赢得大选？”“普京怎么搞的？今年的卢布汇率下跌得很厉害，俄罗斯经济难道还会持续下滑？”“昨晚西班牙足球国家德比战，巴萨又输给了皇马，真让人扫兴！”“罗马教皇已经和普京见面了，为什么不能和东正教大牧首坐下来好好谈谈、进一步缓和双方关系呢？”“我们老板真不像话，又不按时给员工发工资！”等等。类似的抱怨如同发表自己的看法，发泄一下不满情绪，被抱怨者未必明白，或者根本不可能明白。

6.2 抱怨目的

关于男女两性的抱怨目的，人们通常认为是发泄一下负面情绪，但实际上其抱怨目的有所不同，诚如孙晓佳（2012:36）所说；“男性抱怨总是为了阐释问题的实质，而女性抱怨仅仅为了表达不满情绪或者其他情感，如 «Сегодня опять дождь!»（‘今天怎么又下雨啦！’）。如果男性这样抱怨，其目的可能是为今天不能去森林而感到遗憾，而女性的抱怨只是表示不喜欢这种下雨天。”也就是说，女性抱怨的目的一般是就事论事，停留在事情本身，而男性则会联想到更深层次的问题，如一位俄罗斯女性看到卢布对外币兑换汇率下跌，会抱怨说：«Почему рубль опять обесценивается? Ужасно!»（“为什么卢布又贬值了？太可怕啦！”）。女性这样抱怨，是对卢布不断贬值这件事感到不满，而如果男性这样抱怨，其目的可能不仅仅是抱怨卢布汇率下跌，而且担心俄罗斯的经济会进一步下滑，借以表达对国家经济形势的忧虑，以及发泄对经济制裁俄罗斯的某些西方国家的不满情绪。

抱怨的目的不仅是发泄不满情绪，而且包括提醒对方，希望对方注意改进或者弥补某些缺憾，如在大雪纷飞的哈尔滨，一位女士在街上看到冻得瑟瑟发抖的闺蜜，抱怨她说：“你怎么穿这么单薄？不知道今天下雪吗？”；一位男士看到一块儿去外地出差的同伴还没收拾好行李，磨磨蹭蹭，就对他说：“你总是磨磨唧唧，不看看都什么时候了？该出发去机场啦，要不然会误了飞机的。”诸如此类的抱怨在俄语中同样比比皆是，与其说它是一种抱怨，不如说它是一种带有“恨铁不成钢”含义的关心和提醒，对被抱怨者没有造成面子上的威胁，不仅不会影响彼此关系，而且还会增进双方的友谊。如果异性之间出现这样的抱怨，至少可以说明他和她之间的关系是比较好的，彼此生疏的异性之间一般不可能这样相互抱怨。

除此之外，还有一种抱怨形式，抱怨的目的不是埋怨，而是显摆或者炫耀。这种情况在男女两性身上都存在，但多见诸女性，尤其是中国女性表现较为明显。受“夫贵妻荣”“子强母傲”等传统观念的影响，某些女性把自己的荣辱与丈夫和孩子紧紧联系在一起，见到同伴或者同事，常常通过抱怨来夸奖自己的丈夫或者孩子。例如，有位女性的丈夫是一个不太出名的作家，刚出版了一部中篇小说，她逢人就说："我那个死老头子啊，最近又出了一本书，整天什么家务活都不干，就是写啊写啊，把身体都搞垮啦，出版那么多书有什么用？"言下之意就是自己的丈夫很有才华，又出了新书，唯恐别人不知道，借抱怨之机嘚瑟一下；再如，有位女士的儿子考上了某名牌大学，她兴奋之余，见了亲朋好友就说："我那个儿子非要考个名牌大学，整天熬夜忙着复习功课，把眼睛都搞成近视了，真不值得啊！"明眼人一听就知道，她表面上是抱怨儿子，实际上是炫耀儿子考上了名牌大学，为她争了光。相比之下，某些男性较少借抱怨之机炫耀自己的妻子或孩子，但常常会炫耀自己的成就和业绩。例如，某位在工作中小有成就的男性上班族常对别人说："哎呀，我白天上班，晚上还要熬夜搞科研，周末也不能休息，简直忙死了，忙来忙去有什么意义啊？"这句话本身没有什么社会性别特点，但抱怨目的却一目了然，这显然是在显摆，表示他（她）什么都行，别人都没有他（她）这么忙。诸如此类的抱怨通常是"醉翁之意不在酒"，言不由衷，抱怨内容与交际目的不相吻合，常常让受话人无语。

6.3 抱怨对象

上述语例表明，抱怨对象通常都是相互之间比较了解的熟人，对素不相识的陌生人是没有抱怨理由的，因为抱怨与恭维、感谢、祝贺等言语礼节不同，它不是谋求并确立交际双方的一致关系，而是一种发泄负面情绪，甚至威胁对方面子的言语行为，这就势必涉及抱怨对象的受教育程度、性别、年龄以及社会地位等问题。一般来说，受教育程度较高的男女两性相对抱怨较少，所接受的良好教育逐渐造就了他们淡定从容、笑对人生的社会性别定型，坦然面对一切，不急不躁，不会为一些琐事喋喋不休、怨天尤人，注意保持男性的绅士风度和女性的淑女形象，即便抱怨，也更多的是抱怨自己，很少针对他人，尽可能不给别人造成面子上的威胁。在这一点上，俄罗斯和中国的男女两性颇为相似，而不同点则体现在性别、年龄以及社会地位等问题上：中国人看重年龄和社会地位，俄罗斯人看重性别因素。

中国人崇尚“尊老”，一般不敢“犯上”，因此，对于年长者和社会地位高于自己的人，通常不敢贸然抱怨，即便抱怨，也比较讲求策略，通常采用间接抱怨方式，抱怨内容一般针对自己或者第三方，尽可能不针对对方。即便涉及对方，一般会注意说话分寸，委婉而礼貌，这一特点在女性身上表现尤甚。在她们的社会性别定型意识里，怨妇永远是被人鄙视的对象，不看对象的随意抱怨是社会所不期待的言语行为，所以，她们对年长者和社会地位高于自己的同性尚能表达措辞严谨的抱怨，但对于处于相同位置的异性则不轻易抱怨什么，以免引起不必要的误解，除非对方是自己的亲人或者亲朋好友。然而，对于年龄和社会地位与自己基本相当或者低于自己的异性，她们表达的抱怨多为间接方式，对彼此熟悉的同性更多时候则是直接表达抱怨，一吐为快。中国男性尽管也有类似抱怨现象，但社会性别定型要求他们尽可能保持男子汉的“尊严”，不要像个怨妇一样怨这怨那，不为一些小事怨天尤人，尤其对年长者和社会地位高于自己的异性不能口无遮拦，有怨即发。相比之下，俄罗斯人对年长者和位高权重者远不像中国人那么诚惶诚恐，以一颗平常心对待他们，不畏惧权势，该抱怨时照样抱怨，但比较注意分寸。

但是，俄罗斯人在抱怨时对异性因素的重视程度是远远超过中国人的，这与他们自幼所接受的“女士优先”观念不无关系。在面对女性时，俄罗斯男性无论有多大委屈或者怨气，一般不在意或者默默忍受一些不得体的言行，很少喋喋不休地怨来怨去，即便抱怨，也会直接表明自己的看法，尽可能把握好说话的分寸，给予女士以应有的尊重。面对女性的抱怨，他们通常会认真聆听，积极回应，做一些解释和劝说之类的工作。而俄罗斯女性对男性抱怨时，远不像对同性那样直来直去，语气较为委婉，不失礼貌。相比之下，中国男女两性的社会性别意识相对较弱，尤其是某些男性，一遇到不顺心的事，常常会没完没了，唠唠叨叨抱怨不停，哪怕面对异性时也是如此，被人们斥之为“很娘”“缺乏男子汉气质”等。

上述情况表明，抱怨本身虽然与性别没有必然的联系，但抱怨者通过自己的言行却能体现一定的社会性别定型特点。如果充分顾及抱怨对象的社会性别，摒弃不合常规的抱怨目的，且抱怨内容与自己的性别身份基本相符，就会满足社会对于男女两性约定俗成的期待，促进人际间的相互理解与相互包容，反之亦然。

7. 拒绝语中的社会性别定型

拒绝语作为日常交际中使用频率较高的言语行为之一，不仅受民族习性、文化理念、道德规范、社会习俗、行为准则、社会地位、年龄等因素的制约，而且受社会性别因素的影响，具有鲜明的社会性别定型特点。由于拒绝是一种威胁受话人面子需求的言语行为，男女两性在表达拒绝时，出发点和表达方式常常不同，女性更多地考虑在不伤及对方面子的情况下如何表达拒绝意愿，用语较为礼貌和委婉，而男性在交际中通常喜欢占据主导地位，表达拒绝一般直来直去，礼貌程度相对较低。但是，在涉及具体的拒绝言语行为时，俄中男女两性又因民族文化差异和表达方式不同而各具特点，形成不尽相同的俄汉社会性别拒绝定型机制。

7.1 俄汉拒绝语中的社会性别定型之同

男女两性使用拒绝语互有差异，这是不争的事实，但是，如果对比俄罗斯和中国的男女两性使用拒绝语的语言事实，则不难发现，受人类共性思维以及社会性别因素的影响，它们之间存在着一些共同之处，通过直接拒绝和间接拒绝体现出来。辽宁师范大学硕士生黎婷婷在撰写毕业论文过程中，曾对中俄两国的男女大学生使用直接拒绝语和间接拒绝语的情况进行实证研究，所得出的结论通过下述两个调查表显示出来（黎婷婷，2011：33）：

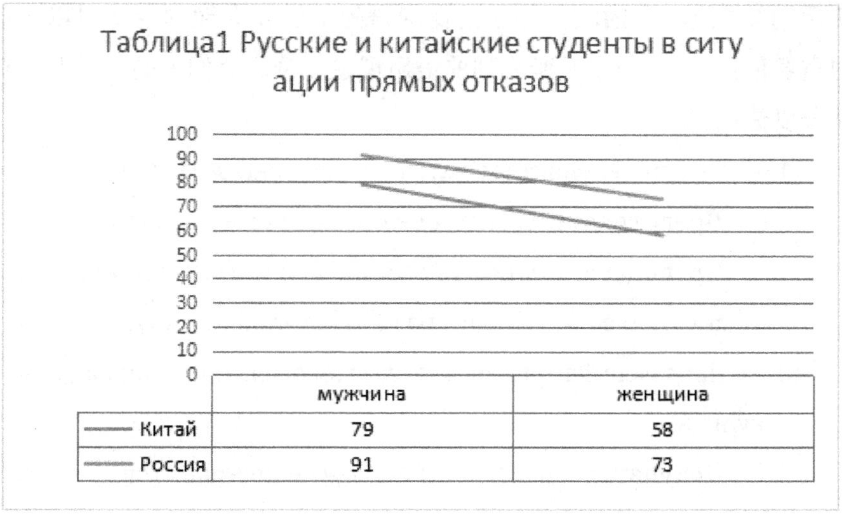

表1是直接拒绝语境中的对比数据，在被调查人数基本相同的情况下，中国男女学生的使用比例分别为79:58，俄罗斯男女学生的使用比例分别为91:73，两国男生使用直接拒绝语的频率均高于女生，而表2的间接拒绝语境中的对比数据恰恰相反，中国男女学生的使用比例分510:634，俄罗斯男女学生的使用比例分别为，411:480，两国男生使用直间接拒绝语的频率均低于女生。俄汉语中“男性多用直接拒绝语，女性

多用间接拒绝语”的相似性成为拒绝语的俄汉社会性别定型得以形成的重要依据之一，与平时所见到的语用现象相符。我们不妨列举几组对话予以佐证：

(1) — Студент: Извините, можем ли мы вас пригласить на ужин?

— Преподаватель: Нет, я не смогу с вами ужинать.

— Преподавательница: Сегодня я не могу, у меня другие дела. Но в следующий раз обязательно приду.

(2) — Продавец: Фасон этой одежды вам очень идет, вам надо бы купить.

— Покупатель: Что-то эта вещь мне не нравится.

— Покупательница: Я похожу еще, если что – вернусь.

例(1)中，学生们想请老师吃饭，男老师直接予以拒绝，女老师则以“有其他事”为由婉言谢绝，但承诺下次一定参加，不让学生感到难堪。例(2)的情况基本相似，对于售货员提出的购衣建议，男顾客直接表达了“不喜欢”的态度，而女顾客则以“我再转转看看，如果需要的话，我再来”为由，间接表达了自己的拒绝之意。汉语中也有类似情况。例如：

(3)“我今儿在地安门看见一新开的馆子，不错，咱今儿就去那儿”，许立宇低声下气地说：“我请罪还不成？”

“不去，哪儿都不去！你以为我多爱吃你那破饭呐！”吴建新仍不依不饶。(王朔《许爷》)

(4)陈娇娇：“童佳倩，你马上过来找我。”

童佳倩：“我的午休时间即将结束。”(电视剧《裸婚时代》)

例(3)中，吴建新不仅直接拒绝了许立宇的吃饭邀请，而且表达了不屑一顾的态度，男性的盛气凌人形象跃然纸上，而在例(4)中，童佳倩以“午休时间即将结束”为由，委婉地拒绝了陈娇娇的请求。

这些定型仅指一般规律而言，并不意味着男性不使用间接用语，或者女性不使用直接拒绝用语。在现实生活中，男性对同性的某些请求常常直接拒绝，但对女性的请求常常碍于面子，不好意思直接拒绝，而是采取说明理由或者暂缓一步等方法婉言拒绝，尽可能不伤及对方的面子，如有个女生想借男同学一本书看看，男同学说：“不好意思，我正在看，等我看完马上给你。”有时面对非常熟悉的同性好友的某些请求，女性也会直接拒绝，显得既自然又亲切，使用间接拒绝反而显得矫揉造作，如有个女孩子来到闺蜜家，看到桌子上摆着许多好吃的，馋得不得了，拿起餐具说：“让我先尝几口吧！”闺蜜马上拉住她的手说：“不行！要等客人来一块儿吃。”之后两人相视一笑，直接拒绝并没有带来什么不快。当然，女性有时面对同性好友的提议，直接予以拒绝，并不说明什么理由，如俄罗斯电影 «Ирония судьбы»（《命运的嘲弄》）中有一段对话：

Галя: Олег предлагает мне встречать Новый год, между прочим, в Суздале. В монастыре.

Женя: К черту Олега! К черту монастырь!

Галя: Женька! Я не хочу в монастырь.

当加利亚说到“奥列格建议我去苏兹达利的修道院迎接新年”时，叶尼娅马上用“让奥列格见鬼去吧！让修道院见鬼去吧！”的激烈回应表示反对，表达了自己的拒绝认同，并不讲任何理由或原因。而当加利亚看到叶尼娅的强烈不满时，弱弱说了一句：“叶妮卡！我不想去修道院。”她的拒绝语迎合了叶尼娅的态度，而且使用了昵称“叶妮卡”，进一步拉近了双方的距离。

诸如此类的语用现象在俄汉语中比比皆是，它们之所以相似，不仅源于俄汉民族的思维有许多共同之处，而且因为“无论在俄罗斯还是在中国，都有类似的社会性别定型，它要求女性温柔、善良、恭顺，在拒绝他人时要讲求策略，尽可能使用间接形式，对受话人保持应有的礼貌。一旦她们的拒绝行为不符合社会期待，将会遭受社会所认同的严厉惩罚，至少受到负面评价。”（刘梦雅，2017: 28）。相比之下，男性不受这一社会规约的限制，即使不礼貌地直接拒绝他人，一般也不会受到社会谴责，这与他们长期以来在社会中所处的主导地位不无关系。

7.2 俄汉拒绝语中的社会性别定型之异

相比于同，俄汉拒绝语中更多地体现了异。除了民族习性、文化理念、道德规范、社会习俗、行为准则、社会地位、年龄等因素，还包括心理因素，诚如 A. 韦瑟罗尔所说："心理学文献中长期展现着男女两言语能力差异，这些差异的存在是最无可辩驳的心理事实之一。"(Weatherall, 2005:47) 在拒绝对方的请求或邀请时，俄罗斯和中国的男女两性常常会使用一些拉近双方心理距离的称呼语，以保全对方的面子，减缓拒绝给其带来的伤害，但俄汉语的表达方式不尽相同。在俄语中，拒绝熟人或亲朋好友时最常使用的称呼语是 «дорогой/дорогая»（"亲爱的"）、«душа моя»（"我的心肝"）、«мой голубчик»; «солнышко мое»（"我的宝贝"）等。例如，列夫·托尔斯泰的《安娜·卡列尼娜》中有这样一段对话：

Кити: На будущей неделе, и прекрасный бал. Один из тех балов, на которых всегда весело.

Анна: А есть такие, где всегда весело?

Кити: Странно, но есть. У Бобрищевых всегда весело, у Никитиных тоже, а у Межковых всегда скучно. Вы разве не замечали?

Анна: Нет, душа моя, для меня уж нет таких балов, где весело, для меня есть такие, на которых менее трудно и скучно...

面对吉提的"有几个总是非常令人愉快的舞会"一说，安娜在直接说了"不"之后，使用了"我的心肝"这一称呼，并以"对我来说，没有什么令人愉快的舞会，只有不太难堪、不太无聊的舞会"为由，表明了自己拒绝参加的态度。虽然但她与吉提的意见相左，但所使用的爱称形式可以补偿其心理上的不快。这类充满爱意的称呼形式在关系密切的俄罗斯男女两性中广为运用，尤其在恋人或夫妻之间更为常见，如周末妻子要丈夫陪她去逛商店，丈夫笑着说：«Дорогая, я с Иваном уже договорились о рыбалке. В следующее воскресенье буду с тобой бегать по магазинам.»（“亲爱的，我已经和伊万说好了去钓鱼，下周日陪你逛商店吧。”）；再如，上五年级的儿子晚饭后要看电视，妈妈对他说：«Голубчик мой, тебе сначала нужно выполнить домашние задания, скоро будет экзамен.»（“我的宝贝，你首先要完成家庭作业，马上要考试啦！”），等等。

相比之下，为了保全对方的面子，拉近双方距离，中国人在拒绝时不常使用上述昵称形式，而是使用“晚辈”“小弟”“小妹”“属下”之类谦称形式，如在一次宴会上，有位长者让一位熟悉的小伙子陪他喝几盅，小伙子说：“晚辈不敢，过会儿还要开车送人呢”，长者表示理解，点头称是。再如，某位上司请他的一个下级周末去家里吃饭，后者很礼貌地婉言谢绝：“属下周末家里有点事需要处理一下，不好意思啊！”受俄罗斯以及欧美文化的影响，一些西方流行亲昵称呼语为逐渐被国人接受，在日常生活中屡见不鲜，甚至在影视作品中也不时出现。例如，在2001年唐国强与金韬共同导演的24集大型革命历史题材电视连续剧《长征》中，从苏联回来的王明和妻子孟庆树仍然保留了用俄语互称 «дорогой», «дорогая»（“亲爱的”）的习惯，这与他们长期接受俄罗斯称谓文化熏陶不无关系。但遗憾的是，孟庆树在称呼王明时，也照搬了王明称呼她的“Дорогая！”（指称女性的阴性形式），令人啼笑皆非。可能是不懂俄语的中国演员以为俄语和汉语的“亲爱的”一样，男女通用，殊不知这一俄语称呼语带有明显的性别标记。不知者不为过，也许问题的症结在于俄语翻译没有把这一情况给演员讲清楚。（周民权，2014: 172）近些年来，“亲爱的”之类称呼在国内年轻的女性朋友或夫妻之间颇为流行，在拒绝时广为运用，试看下边两组对话：

（1）王薇：刘雪，我们一起去新开的那家餐厅吃午饭吧？

刘雪：亲爱的，我今天有点事，改天吧。

（2）丈夫：老婆，今天周日有空，晚上我们去看电影，好吗？

妻子：亲爱的，我今天有点累，下周末去吧。

不难看出，“亲爱的”之这一表爱称呼通常出自女性之口，男性之间较少使用。刘梦雅（2017：20）认为，“亲爱的”既可用于直接拒绝，也可用于间接拒绝，常见于恋人或女性之间，如果一个男性称呼另一个男性为“亲爱的”，会被视为“娘娘腔”，与社会所期待的男性社会性别定型不符。

俄汉拒绝语的另一个社会性别定型差异体现在对待社会地位的不同认知方面。俄罗斯人受两种民族文化——多神教斯拉夫文化和西欧文化基因的影响，对拥有任何社会地位的对方一视同仁，保持应有的尊重，即使面对沙皇、国家领导人、官员和上司，也会保持尊严，不会自我贬低。在他们看来，人的尊严以及对人的尊重并不取决于社会地位，而是取决于个人的精神和道德素质。因此，在俄语言语交际中，拒绝社会地位高者或权力大者是一种常态，尤其在男性之间司空见惯，如俄罗斯电视连续剧 «Кухня»（《饭店迷情》）中的两组对话颇能说明问题：

（1）— Шеф: Федя, хочешь быть со-шефом?

Федя: Нет, шеф.

（2）— Петр Ивановский – Майор федеральной миграционной службы.

Виктор Петрович – Шеф ресторана.

Однажды Петр Ивановский проверял нелегалов, работающих в ресторане, которым Виктор Петрович руководит.

Петр Ивановский: Виктор Петрович, мы не могли бы пройти в ваш кабинет и обсудить все там?

Виктор Петрович: К сожалению, не могу: работа.

Петр Ивановский: Понимаю. Но это займет всего пару минут.

Виктор Петрович: Простите, мне нужно готовить для гостей

нашего замечательного ресторана.

例(1)中,饭店经理想请厨师费佳跟他待一会儿,但费佳对自己的顶头上司直接说“不”,并不因为自己是其下属而违心同意;例(2)中,联邦移民局少校彼得·伊万诺夫斯基来到维克托·彼得洛维奇经理所领导的饭店,试图盘查在该饭店工作的非法移民。当他提出想去维克托·彼得洛维奇经理的办公室一块儿讨论问题时,后者断然拒绝:“我不能去:正在工作。”少校接着说:“我理解,但这只需要占用几分钟时间。”饭店经理仍然一口回绝:“对不起,我要为我们这个知名饭店的客人备餐。”尽管少校身为国家官员,具有很大的权力,但面对受自己管辖的饭店经理的直接拒绝,也是一筹莫展,只好悻悻离去。这种拒绝上级的现象在俄罗斯男女两性的言语行为中时有所见,人们已经习以为常。但这种情况在中国很少发生,如果一个饭店经理胆敢拒绝移民局官员的合理或不合理要求,说不定会被扣上“妨碍公务”的帽子,受到某种报复性的惩罚。

这种对待地位、权力的不同态度实际上是社会和文化差异的反映。中国是一个强调等级和尊卑的国家,人们的等级观念至今仍然挥之不去,久已形成的社会意识所催生的言语礼节具有鲜明的区分特征。这样一来,社会地位高、权力大、年龄大的人无论是男性还是女性,往往都会成为被关注、照顾的对象,对于他们提出的请求或建议,其他人一般不敢贸然拒绝,即便拒绝,也基本上采用说明理由、提出建议或事后补偿等间接形式,如一位女上司给家里买了新家具,想请送她回家的男司机帮忙把家具抬进屋里,司机不好意思地说:“对不起,我的腿昨天受了点伤,使不上劲,可能抬不动,我打电话让我的两个朋友来帮忙吧。”再如,有位公司总裁晚上给秘书打电话,让她速去办公室准备几份第二天与客户谈判所急需的文件,秘书说:“我不能来办公室,现在时间太晚了,而且我很忙。但明天早上我会提前两小时,并确保在会前准备好所有必要的文件。”此类例子不胜枚举,从中可以看出,中国人对于权力和地位的敬畏超过俄罗斯人，对社会地位高于自己的人通常使用间接拒绝形式。当然，例外情况也是有的，在一些特定的场合，某人会对权力大于自己的人直接说“不”，体现出彼此之间不大正常的关系，如电视连续剧《京华烟云》中有一组小对话：

王司令：牛小姐，你去餐厅吃早餐！

牛素云：我不去。

尽管王司令身居要职，牛素云只是一个无职无权的普通姑娘，按照久已形成的国人交往一般常规，她必须听从王司令的指令或满足其请求，但她直接一口回绝。这种打破常规的做法无形中暴露了她和王司令之间的暧昧关系或者不可告人的感情纠葛。这从一个侧面说明，有悖于道德的情感因素往往会缩短男女两性之间的社会距离，地位和权力在不正常的男女关系面前已经略显苍白。由此联想到当今中国社会的贪腐现象，某些贪官的背后都隐藏着权色、钱色交易的产物——情妇。为了满足自己贪得无厌的情欲，这些贪官利用手中的权力和地位为情妇谋取私利，不惜走上违法犯罪的道路。这似乎已经成为一种变相的社会性别行为定型，为男女两性之间的行为操守提供了值得深思的警示。

综上所述，作为一种言语定型，言语礼节表达了社会对于人们的行为规范的期待，具有很强的针对性和制约性。男女两性作为言语礼节的主体，在人际交往中通常均需遵守言语礼节中的社会性别定型。如果说俄汉成语、谚语、身势语等更多地体现的是关于男性和女性的言语行为规范，那么言语礼节则主要体现的是男性和女性本身的社会性别语言定型，在什么交际场合应该说什么话，遵守哪些言语礼节，已经成为男女两性习以为常、约定俗成的行为准则。由于俄中文化和俄汉语言有所不同，言语礼节中的俄汉社会性别定型必然有同有异，异多同少是不争的事实。将这些异同现象梳理整合并进行语用对比分析，对于促进中俄跨文化交际、增进汉俄两个民族的人文交流不无裨益。

参考文献

[1] Grice, H. P. Logic and conversation. In Cole, P. & Morgan, J. (eds.) Syntax and Semantics, Vol. 3: Speech Acts, New York: Academic Press,1975.

[2] Leech, G. N. *Principles of pragmatics*[M]. London: Longman, 1983.

[3] Searle, J. R. *Indirect Speech Acts* [M]. In P. Cole and J. L. Morgan (eds), 1975.

[4] Weatherall A. *Gender, Language and Discourse*[M]. New York: Routledge, 2005.

[5] Акишина А.А., Формановская Н.И. Русский речевой этикет[М]. М., Русский язык, 1986.

[6] Алексеев В.М. Культура Китая[А]. Лучшие рефераты по культурологии под редакцией А. Коваленко[С]. Ростов-на-Дону, 2002, Наука,169—180.

[7] Арутюнова Н.Д., Падучева Е.В. Истоки, проблемы и категории прагматики [А] // Новое в зарубежной лингвистике: Вып. 16. Лингвистическая прагматика [С]. М., Прогресс, 1985. с. 5—30.

[8] Арутюнова Н.Д. Молчание и чувство[А] // Логический анализ языка. Язык речевых действий[С].М., Наука, 1994: 178—183.

[9] Бабайцева В. В., Максимов Л. Ю. Современный русский язык Часть 3. Синтаксис[М]. М.,Просвещение, 1981.

[10] Байбурин А.К. Некоторые вопросы этнографического изучения поведения[А]. //Этнические стереотипы поведения[С]. Л., ЛГУ, 1985 : 7—21.

[11] Байбурин А.К. Об этнографическом изучении этикета[А]. // Этикет у народов Передней Азии[С]. М., Русский язык, 1988 : 74—82.

[12] Бердник Л.Ф. Коммуникативные типы русских предложений. Учебное пособие к спецкурсу[М]. Пермь, Прогресс, 1982.

[13] Вежбицка А. Речевые акты НЗЛ. Вып. 16 [J]. М., Прогресс, 1985.

[14] Верещагин Е.М., Костомаров В. Г. Язык и культура[М]. М., Русский язык,1974.

[15] Виноградов В.В. Русский язык (грамматическое учение о слове) [М]. М., Высшая школа,1972.

[16] Дорошенко А.В. Побудительные речевые акты и их интерпретация в тексте[D]. Дис. ...канд. филол. наук. М., 1985.

[17] Земская Е.А. Категория вежливости в контексте речевых действий[А]. // Логический анализ языка: Язык речевых действий[С]. М., Наука, 1994 : 131—137.

[18] Кирилина А.В. Гендер: Гендерные исследования в отечественной лингвистике[А]. //Гендер: языка, культура, коммуникация[С]. М., Рудомино, 2002 : 65—68.

[19] Кирилина А.В. Гендер и язык[М]. М., Языки славянской культуры, 2005.

[20] Корнилова Н.Б. Молчание в культурной коммуникации: гендерный аспект [А]. // Гендер: язык, культура, коммуникация [С]. М., Рудомино, 2002: 215—216.

[21] Ларина Т.В. Категория вежливости и стиль коммуникации[М]. М., Рукописные памятники Древней Руси, 2009.

[22] Лекант П.А. Современный русский литературный язык[М]. М., Академия, 2001.

[23] Нестерова Т.В. Непрямые (косвенные) реализации интенции отказа в речевом общении русских с позиций речевого этикета [J]. // Русский язык за рубежом, 2009 (3): с. 48—55.

[24] Ничипорович Е.А. Константы культуры в повседневном интернациональном общении[А].// Межкультурная коммуникация и перевод: Материалы межвуз. Конф.[С]. М., МОСУ, 2002: 101—104.

[25] Падучева Е. В. Высказывание и его соотнесенность с действительностью[М]. М., Наука, 1985.

[26] Поспелова А.Г. Функциональный аспект изучения речевых актов: Иллокутивноинтерактивная характеристика[А].//Трехаспектность грамматики (на материале английского языка) [С]. Санкт-Петербург, СПБ ГУ, 1992: 184.

[27] Ратмайр Ренате. Прагматика извинения[М]. М., Языки славянской культуры, 2003.

[28] Соковнин М.В. О природе челевеческого общения: опыт философского анализа[М]. Фрунзе, Русский язык, 1974.

[29] Федорова Т.В. Семантика вежливости и средства ее выражения в современном русском языке[D]. Дис. на соис. учен. степ. канд. фил. наук. Брянск, 2004.

[30] Формановская Н.И. О коммуникативно-семантических группах и функционально-семантических полях[J]. М.,Русский язык за рубежом, 1986 (3): 71—76.

[31] Формановская Н.И. Русский речевой этикет: лингвистический и методический аспекты[M]. М., Русский язык, 1987.

[32] Формановская Н.И. Этикет русского письма[M]. М., Русский язык, 1989.

[33] Формановская Н.И. Коммуникативно-прагматические аспекты единиц общения[M]. М., ИКАР, 1998.

[34] Формановская Н.И. Речевое общение[M]. М., ИКАР, 2002.

[35] Формановская Н.И. Культура общения и речевой этикет[M]. М., ИКАР, 2005.

[36] Формановская Н. И. Русский речевой этикет: Лингвистический и методический аспекты[M]. М.,ЛКИ, 2008.

[37] Шамьенова Г.Р. Принцип вежливости как особая коммуникативно-прагматическая категория в русском речевом общении[D]. Дис. на соис. учен. степ. канд. фил. наук. Саратов, 2000.

[38] Якубинский Л.П. О диологовой речи[M]. Пг., Наука, 1923.

[39] 蔡毅、靳蔚然等，俄译汉教程（增修本，上册）[M]，北京：外语教学与研究出版社，2006.

[40] 陈胜男，俄罗斯留学生汉语拒绝言语行为的语用失误研究 [D]，辽宁师范大学硕士论文，CNKI，2014.

[41] 陈松芩，礼貌语言初探 [M]，北京：商务印书馆，2001.

[42] 高航，礼貌现象研究评介 [J]，解放军外国语学院学报，1996 (2)：9—15，125.

[43] 龚学胜，现代汉语大词典 [Z]，北京：商务印书馆，2015.

[44] 顾亦瑾、吴国华，语言与文化 [M]，郑州：河南人民出版社，1991.

[45] 顾曰国，礼貌、语用与文化 [J]，外语教学与研究，1992 (4)：10—17，80.

[46] 何兆熊，语用学概要 [M]，上海：上海外语教育出版社，1989.

[47] 何兆熊，新编语用学概要 [M]，上海：上海外语教育出版社，2001.

[48] 贾玉新，跨文化交际学 [M]，上海：上海外语教育出版社，2002.

[49] 李林章，浅谈俄语中的言语礼节 [A] // 文化与语言 [C]，北京：外语教学与研究出版社，2000：173 —180.

[50] 李生海，古今的自我称谓 [N]，西安晚报第 10 版《文化纵横》，2012 年 8 月 26 日。

[51] 黎婷婷，中俄大学生拒绝言语行为策略研究 [D]，辽宁师范大学硕士学位论文，CNKI，2011.

[52] 李学岩，Межкультурная коммуникация: благодарность и извинение в русском и китайском речевом поведении и языковых картинах мира[M]. М., Изд.

Российского университета дружбы народов, 2006.
[53] 刘葆，汉语诚意拒绝和虚假拒绝言语行为的礼貌性研究 [D]，东北师范大学硕士学位论文，CNKI，2006.
[54] 刘光准，黄素华，俄汉语言文化习俗探讨 [M]，北京：外语教学与研究出版社，1997.
[55] 刘梦雅，俄汉社会性别拒绝语的语用对比研究 [D]，苏州大学硕士论文，CNKI，2017.
[56] 刘星、周民权，俄汉拒绝言语行为的语用对比研究 [J]，中国俄语教学，2016 (2)：32—37.
[57] 钱进，语言性别差异研究综述 [J]，甘肃社会科学，2004 (6)：47—50.
[58] 孙乐中，实用日常礼仪 [M]，南京：江苏科学技术出版社，2005.
[59] 孙晓佳，俄语抱怨言语行为的语用研究 [D]，苏州大学硕士论文，CNKI，2012.
[60] 唐剑锋，让"党内一律称同志"成为自觉 [N]，人民网，2016 年 11 月 7 日。
[61] 王德春、孙汝建、姚远．社会心理语言学 [M]．上海：上海外语教育出版社，1995.
[62] 汪方方，多维视野中的俄汉恭维语对比研究 [D]，上海外国语大学硕士论文，CNKI，2010.
[63] 王箕裘，现代交际礼仪学 [M]．北京：中国财政经济出版社，2004.
[64] 魏耀章，恭维语的性别差异研究 [J]，西安外国语学院学报，2001 (1)：1—5.
[65] 卫志强，当代跨学科语言学 [M]，北京：中国社会科学出版社，1992.
[66] 闻一，《"西伯利亚寒流"折射俄百姓心理》[N]，环球时报，2005 年 12 月 14 日．
[67] 文卫平，跨文化交际中的定型观念 [J]，外语教学，2002 (3)：12—18.
[68] 伍铁平，论汉语中的从儿称谓和有关现象 [J]，中国语言学报，1985 (2)：242—258.
[69] 徐翁宇，俄语对话分析 [M]，北京，外语教学与研究出版社，2008.
[70] 徐梓，"师父"与"师傅"[J]，中国教师，2007 (11)：45—46.
[71] 薛丽山，礼貌用语漫谈 [A] // 文化与语言 [C]，北京：外语教学与研究出版社，2000：181—193.
[72] 姚芬芳，女性涉外秘书的语用特征 [J]．湖南第一师范学报，2009 (2)：104—117.
[73] 易鑫，功能语法理论视域下的语言礼貌研究 —— 以俄语的请求和拒绝为例 [D]，复旦大学博士论文，CNKI，2016.
[74] 雨茂，大学里叫一声"老师"变得有多难 [N]，中国青年报，2011 年 11 月 3 日。
[75] 张会森，语用·语用学·对比语用学 [J]，外语研究，2010 (5)：43—46.
[76] 张莉萍，称谓语性别差异的社会语言学研究 [D]，中央民族大学博士论文，CNKI，2007.
[77] 赵爱国、周民权等，20 世纪俄罗斯语言学遗产：理论、方法及流派 [M]，北京：北京大

学出版社，2012.
[78] 赵蓉晖，语言与性别 —— 口语的社会语言学研究 [M]，上海：上海外语教育出版社，2003.
[79] 钟国华、闫家业、龙翔，实用俄语语法 [M]，沈阳：辽宁人民出版社，1985.
[80] 周民权，俄罗斯言语文化一瞥 [A] // 文化与语言 [C]，北京：外语教学与研究出版社，2000：165 —172.
[81] 周民权，20 世纪俄语音位学研究及其影响 [J]，外语学刊，2012(2)：66—69.
[82] 周民权，沉默：社会性别语言学研究之一隅 [J]，解放军外国语学院学报，2012 (4)：29—34.
[83] 周民权，俄罗斯语言学界社会性别原型研究概观 [J]，中国俄语教学，2012(4)：5—11.
[84] 周民权，俄汉恭维语的社会性别语用对比研究 [J]，浙江外国语学院学报，2013 (1)：14—19.
[85] 周民权，汉俄称呼言语行为的社会性别语用对比分析 [J]，中国俄语教学，2013 (4)：42—47.
[86] 周民权，俄汉社会性别语言的语用对比研究 [M]，北京：北京大学出版社，2014.

第六章

俄汉身势语中的社会性别定型研究①

① 该章部分内容首次发表于《俄汉社会性别定型中的语用标记对比研究》(《东北亚外语研究》2017年第3期)及《俄汉身势语中的社会性别定型对比研究》(《中国俄语教学》2018年第1期)。

古往今来,人际交往中一直存在着言语和非言语交际(вербальная и невербальная коммуникация)两种形式,前者指的是以语言为载体的人际信息沟通与交流,后者则指的是以人的面部表情、动作、眼神、手势、姿势等作为载体的非有声语言交际。身势语(соматический язык)作为一种非言语交际行为,是一个集各种具有交际功能意义的动作、姿势于一身的符号系统,成为人们传递信息和交流思想的重要工具。它不仅能够起到语义补充、强调和调节言语信息的作用,还可以单独使用,代替有声语言,表达说话人的内心情感和交际意向。男性和女性作为社会交际的主体,具有不同的生理、心理特点,被社会文化赋予不同的性别角色,在身势语的使用上也必然彰显出鲜明的社会性别定型特点。这些特点在俄汉语身势语中具有不同程度的体现,有同有异。由于俄汉两种语言属于不同的语系,具有不同的历史渊源、民族文化背景以及表征方式,其身势语中的社会性别定型差异在所难免。

第一节 身势语的基本概念

谈及身势语,绕不开非言语交际这一话题。事实上,人类的交际就是以非言语符号、日常的和“专门的”指示动作开始的。早在有声语言产生之前,人类祖先就开始使用各种非口头表达的无声符号,通过不同的动作和姿势传达各种信息,达到相互交流的目的,如流传至今的猎人打猎动作、保持安静、原地不动、前行或后退等。科学研究表明,非言语交际包括有声语言之外的一切由人类和环境所产生的刺激,这些有意或者无意发出的刺激具有联想和比拟功能,对于信息发出者和接受者都具有潜在的信息传递价值，一旦它们被信息接受者感知，就实现了信息发出者的交际意图，交际行为应运而生。非语言符号系统的信息负荷量远远大于语言符号系统，许多无法“言传”的东西常常可以在非口头交际符号中“意会”，往往比有声语言和文字语言更富有表现力，可谓“此处无声胜有声”。

我国著名社会语言学家陈原（2000:176—177）指出：“非语言符号愈来愈得到广泛的应用，在很多场合下，非语言符号代替了有声语言或书面语言传递信息；在特别的语境中，非语言符号甚至能对信息传递中的保真和保密起到积极作用 — 这些都不是远古民族所用的图形文字所能比拟的。非语言符号还必将随着科学技术的发展和社会生活的现代化而扩大它的使用范围，但无论怎样，它不能取代书面语（文字），这也是可以预见的。”这些非语言符号在特定的历史条件下常常发挥着有声语言所不可替代的重要作用。例如，因为地广人稀、交通和通讯工具的落后，我国从古代的周代就开始使用“烽火”（点燃狼粪生的浓烟）作为发生敌情的报警信号，点燃“烽火”的人向看见“烽火”的人传递出“敌人来了”的信息（吴爱荣，2009: 6）。与之相似的是，抗日战争时期，根据地的军民在山坡上设置消息树，在发现敌情时及时将信息传递出去，便于村里的干部和群众提前做好应战准备，有效地制止了敌人突袭可能造成的危害。

非言语交际和言语交际既有区别，也密切相关。区别主要体现在：言语交际是线性的，一句一句说出来的话遵循一定的组合规律，呈线性分布，单信道传播信息，而非言语交际是立体的，多方位多通道的，一招一式、音容笑貌都能传递信息，历历在目，往往比语言交际提供的信息更为真实、自然、可信；言语交际和非言语交际的相互联系主要表现为替代（即用一定的体态语来代替语言表达，如点头表示同意，摇头表示否定，耸肩表示无可奈何等）、辅助（即用一定的手势或者姿势辅佐说话，如给陌生人指路时辅之以手势指点比划）、调节（即通过一定的动作调节有声语言，如课堂上发现学生面露困惑不解的表情时，教师应及时调整授课内容和方法；当看到对方在说话时不停地看手表，则应识趣地及时离开）、适应（即人们为了适应环境的变化，会做出各种动作，如挠后脑勺、抖脚、不停地眨眼等，来缓解紧张的心情）等4个方面。（周民权，2014：215—216）这实际上是非言语交际的几种功能，涵盖了其基本的表现形式。关于非言语交际的外延，贾玉新的观点也许具有一定的代表性，他认为，非言语行为可能包括身势行为、手势行为、目光语行为、交谈时的身体距离、沉默语行为、声音、语调、音量、绘画、图像、衣着打扮和人体姿态实物标志等等。这些非言语行为都可用作交流信息、传递思想、表达感情、态度，以及标志交际者的社会关系、社会地位等。（贾玉新，2002: 448）

通过非言语交际和言语交际的区别和相互联系可以看出，非言语交际传递信息的功能纷繁多样，与言语交际相辅相成，为人际交往搭建了广阔的信息交流平台，成为人们不可或缺的交际手段。因此，较长一段时期认为"只有语言才是交际工具"的观点已经失去了市场，学界对于非言语交际重要性的认识及研究达到了前所未有的高度。陈原（2000: 177）先生说得好："人类进行交际活动最重要的交际工具当然是语言，但是交际工具绝不只是语言，例如还依靠许多非语言的符号。……实际上，社会交际常常混合了语言与非语言这两种工具。"美国学者 L. 博德维斯特尔曾做过下述统计，以强调非言语交际手段在交际中的重要作用："每人每天平均只用10—11分钟的时间讲话，平均每句话只占2.5秒钟左右的时间。人们进行面对面的交谈时，其有声部分提供的交际信息不足35%，其余65% 的信息是无声的非语言信号（包括体态、服饰、环境等）传递的。"（转引自赵蓉晖，2003: 202）美国心理学家艾伯特 · 梅瑞宾通过实证研究证实了 L. 博德维斯特尔的观点，并提出了一个著名的交际公式：

交谈双方的相互理解 = 语调（38%）+ 表情（55%）+ 语言（7%）

通过这个公式可以看出，在一条信息链中，语调和表情所传递的信息占交际行为的93%，而语言只占7%。这些统计数字是否准确，有待考证，但起码从中可以看出非言语交际手段在人际交往中的重要性。由此可见，非言语交际与言语交际具有同等的语言学地位，作为支撑人际交往的两种交际工具，相互融合，互为依托，缺一不可。

身势语作为非言语交际体系的重要组成部分，主要运用于面对面的直接交际，注重的是非口头元素。交际双方借助于互相看得见的一些手势、面部表情、姿势等非口头符号以及听得到的语调、音色、语速等符号，互相传递和表达各种不同的信息。关于身势语的研究范围，俄罗斯学者Г.Е. 克列依德林明确指出，身势语必须是自然的语言符号，人为的动作语言（искусственные жестовые языки）应该排除在外，如聋哑人的语言。（Крейдлин，2004: 43）我们赞同这一观点。尽管聋哑人的语言也是无声符号，但属于另外的研究体系，与我们所研究的身势语不在同一范围之内。

关于身势语的界定，俄汉语中有各种不同的术语和解释，如俄语中有соматический язык, жесты，язык тела, язык жестов, язык телодвижения, кинесика 等术语，汉语中有身势学、体语学、体态语、态势语、体语等不同说法。术语上的混乱往往导致研究上的众说纷纭，莫衷一是，诚如毕继万（1998: 13）所说："有人甚至干脆用非言语交际、副语言、身势学代替身势语，在讨论具体内容时也有人不加区分。"这样的研究难有定论，缺乏依据，常常让读者不知所云，无所适从。针对这种情况，俄语学者刘光准（1996: 10）提出自己的看法，他认为，"上述术语可以分归两种类型：一种是身势语，指的是一个特殊的传递信息和思想感情的体系，主要借助于人体各个部位（手、脚、面部肌肉和身势）与话语相联系的动作和姿态来完成。俄语中的 язык жестов, язык телодвижения 和汉语中的身体语言、态势语和体语都属于这一类；另一种是身势学（кинесика）或体语学，用来指称专门研究身势语这一信息符号体系的学科。它们与功能性发声（фонация）或称交际意义的发声(коммуникативно значимая фонация)、距离学(проксемика)构成伴随语言学的3个研究范畴。”我们认为,这一界定较为清晰地勾画出身势语的归属和研究范围,为身势语的深入研究提供了可资借鉴的依据。

需要指出的是,对于俄语中的жесты一词,国内学界有一些学者顾名思义,将其简单地与“手势”等同起来。这实际上是一种狭义的理解,忽略了该词的广义及内涵。从语义学角度讲,жесты是一个更为宽泛的概念,与汉语中的“身势”一词相对应,是各种具有交际功能意义的身体动作的统称,它除了包括手势这一使用频率最高的肢体动作外,还包括头部、面部、腿部等其他身体部位的动作表达形式。也就是说,手势仅仅是身势的一部分,俄罗斯学者对这一观点有着详尽的阐述。例如,在E.B.克拉西利尼科娃、Л.А.卡帕纳泽的«Русская разговорная речь. Фонетика. Морфология. Лексика. Жест»(《俄语口语·语音·词法·词汇·身势》,1983)一书中,жест并不是狭义的手势,而是广义的身势,它与口语、语音、词法、词汇处于同等的语言学地位,这一观点在该书的«Жесты в разговорной речи»(“口语中的身势”)一章中有详尽的阐释;Г.В.科尔尚斯基的专著«Паралингвистика»(《伴随语言学》,2007)对俄语中的各种非口头交际手段(发声、身势、面部表情等)进行全方位的研究,明确指出жест是包括手势和其他动作在内的身势;A.A.阿基希娜与X.卡诺合著的词典«Жесты и мимика в русской речи. Лингвострановедческий словарь»(《俄语言语中的身势与面部表情·语言国情学词典》,1991)中收录了300多条俄语身势词语,图文并茂,其中每个词条标题也是身势符号的文字名称,分别用大量生动鲜活的俄语实例对人的头部、手部、腿部等各个身体部位的动作、姿势和面部表情作了详细描述,既包括意义诠释,也包括修辞特点,同时还顾及民族文化元素,是一部迄今为止最为全面的俄语身势语词典;Г.E.克列依德林(2004: 43)明确指出,许多研究者认为жесты仅指手势动作,这种理解是狭义的,广义的理解应该包括头、手、足、各种姿势以及身体的其他部位，为简便起见，可以通称它们为动作。

毋庸置疑，上述著述对 жесты 所作的界定对于俄语身势语的深入研究具有重要的理论意义和实践价值，为汉语身势语的研究提供了可资借鉴的参照依据。

身势语的文字记录不同于一般的文字描写，通常使用专门用语、固定词组或者它们派生的句子，被称之为身势词语（соматизмы）或身势语汇（соматические речения）。这些词语在文学作品中屡见不鲜，作者用其刻画人物性格和内心世界，塑造人物形象，如俄语中的"Она пожала плечами"通过"她耸耸肩"来表示她内心的无奈或者未置可否，"Стукнул он кулаком по столу"通过"他挥拳敲了一下桌子"来表示他发泄自己的愤怒或者不满情绪，等等。作为民族共同体内部通用的交际工具，身势语除了表示本身的生物学意义（如挠头是因为头痒、眯缝眼睛是因为光线太强等）之外，大都具有约定俗成的语用意义，而描写它的身势词语通常也是固定不变的。因此，俄语中出现了一些由身势词语转化而来的成语，俄罗斯学者 Н.И. 福尔马诺夫斯卡娅称其为身势成语（соматические фразеологизмы），认为这些成语已经脱离了原身势词语的字面意义，获得了新的专属语用含义（Формановская 1998: 271）。有些成语尽管源于身势词语，但透过现象看本质，其深层含义已经超越了身势语的本意，重在刻画人的内心世界，而且要看语境，同一个成语在不同的语境中可能表达不尽相同的意义，如 бить в нос 既可以表示"引人注目"，也可以表示"扑鼻而来"，показать нос，既可以表示"以示轻蔑"，也可以表示"露面"，等等。

综上所述，身势语之所以能够得到全面而深入的研究，与其有力的理论支撑是分不开的。关于身势语的理论来源，孙汝建（1998:71—72）在分析国外相关研究成果的基础上总结出如下3种理论：一是动作学理论（主要研究人类的感情和欲望怎么在无意识之中以肉体方面的身体动作表现出来），二是距离学理论（主要研究调节以及表现人际关系距离，表明人人都具有肉眼所没有觉察到的实际存在的各自的势力范围），三是自我亲密性理论（主要研究心理学和动物行为学中所称的“自我亲密性”问题：为什么任何人都有与他人接触的欲求？为什么一旦这一欲求受到压抑，人将会以抚摸自己的方式表现出来？）。身势语正是在这3种理论的基础上形成和发展起来的。随着身势语研究的不断深入，动作语言、空间语言、触摸语言、面具语言等成为身势语的主要研究对象。

第二节 身势语的分类及语用功能

上述基本概念阐释大致勾画出身势语的界定和研究内容，本节主要探讨其分类以及语用功能。

1. 身势语的分类

20世纪50年代之前，学界尚未对身势语有过系统的研究，个别的研究仅限于零敲碎打，没有一个较为统一的分类。1952年，美国心理学家雷·L. 伯德惠斯特尔在《体态运动导论》一书中首次提出“身势学”（Kinesics）这一概念，标志着身势语作为一门语言学理论正式形成，1963年，他又在《情绪研究的身势学水平》一文中通过结构单位的分析，对身势语进行了系统的研究。在他的引领下，语言学界的身势语研究蓬勃兴起，呈现出百家争鸣、百花齐放的发展态势。例如，对于身势语的分类，美国学界就有几种不同的看法，其中两种观点最具代表性：一是卡克·贝克在其主编的《语言与交际》（1977）一书中将身势语分为无声的动姿（指头部动作、面部表情、手势、拍打和拥抱等身体接触方式、眼神等动态交际行为）、无声的静姿（指静止无声的站姿、坐姿、卧姿等姿态以及人际空间距离）、有声的类语言（包括音调、音量、节奏、变音转调、停顿、沉默等伴随语言，以及有声而无固定意义的呻吟、叹息、叫喊声等类语言）等3种类型；二是安妮塔·泰勒等人在《交际》（1980）一书中根据交际信息传播的不同途径，将身势语分为3大类：第一类是通过听觉接受信息，其中包括音色和呻吟、叫喊、哭泣等类语言以及环境响声；第二类是通过视觉接受信息，其中不仅包括手势、面部表情、眼神、肌肉力度等动作，还包括静止姿态和运动姿态在内的外貌，另外还有物体的运用，即物体语言，以及包括人际距离和领域行为；第三类是通过其他途经接受信息，其中包括时间、气味、环境等。（周民权，2014：217）

学界一度时期对于以上两种不同的观点争论不休，争论的结果是卡克·贝克的身势语分类法逐渐占据上风，被心理学家和语言学家广为运用。学界普遍认为，卡克·贝克的观点视角独到，涉猎面广，简洁明快，基于声音和姿势的划分法抓住了身势语的实质，清楚明了，尤其是有声的类语言划分突破了人们对身势语的惯性思维模式，拓宽了身势语的研究范围。国内学者在从事身势语研究时经常引用研究卡克·贝克的观点，如陈原（1983：184）认为其提出的三种类型“在人类社会生活的交际活动中占着很重要的地位。语言，如果说它是社会最重要的交际工具的话，那么，除了语言之外，非语言交际方式也是很重要的交际工具。无论是第三种即发出声音的方式，还是一二类无声的方式，由于现代录像和录音技术的发展，都能很方便地录下来给人研究。”毕继万（1998：6）的分类也受到卡克·贝克的影响，他认为身势语包括基本姿态（姿势和身势）、基本礼节动作（如握手、亲吻和拥抱、微笑、体触等）以及人体各部分动作（如头部动作、面部动作、目光交流、臂部动作、手部动作、腿部动作等）等3种类型。

俄罗斯学者 Г. Е. 克列依德林的分类既包括卡克·W. 贝克的主要内容，也吸纳了安妮塔. 泰勒等人的观点，并且结合自己的研究，划分出10种身势语，其中包括副语言、手势语、目光语、体触语、听觉语、嗅觉语（主要指气味）、味觉语（主要指饮食符号）、时间语、空间语、物体语言等。作为俄罗斯学界颇有影响的身势语研究专家，他从非言语交际和社会性别定型视角对这10种类型做了全面而深入的研究，其中对于副语言、手势语、听觉语、物体语言、嗅觉语的研究为最为详实。例如，他认为，人体所产生的化学反应和热能活动对交际过程有着重要的影响，医学鉴定、动物行为、化妆品（香水、花露水、香皂等）、花粉的气味等会影响人的情绪，引发一系列下意识的言语或非言语动作，如阿拉伯人在言语交际中对气味最为敏感，由此而产生的嗅觉语相对较多。（Крейдлин，2004: 22）

根据以上所述，我们把国内外学者的各种分类进行整合与梳理，结合自己的相关看法，将身势语类型大致划分为以下4种：动作语言、空间语言、触摸语言、面具语言。这4种语言自成体系，各具特点，但相互交织，相互融合，构成了身势语的基本框架，形成较为完整的身势语体系。

1.1 动作语言（жестовый язык）

所谓动作语言，是指人的身体各个部位所发出的动作符号，其中包括头部动作、手部动作、躯干动作、腿部与足部动作等4种类型。头部动作是表达人的思想和情感体验的最重要部位，在面对面的言语交际中，头部的任何一个动作都能把人的喜怒哀乐展现出来：或高兴，或悲哀，或激动，或愤怒，或惊讶，或无奈、或恐惧，或喜爱，或憎恶，等等；手部动作无论单独实施还是与身体其他部位相互配合，都能够充分表达人的思想感情，是心灵受到触动的直接反映；躯干动作的各个部位都会发出不尽相同的交际信息，且它们常常互为依托，协同使用，从而形成丰富多样的躯干语言；腿部和足部作为一个人站立行走的重要部位，常常与其他身体部位相互衬托，释放各种各样的体态信号，展现人的心理感受和思想情感，举手投足间都可以彰显人的心灵的变换。

1.1.1 头部动作

头部（голова）是指头发、眉毛、眼睛、耳朵、鼻子、嘴巴、下颚等颈部以上的各个部位。俄汉语中有不少与之相关的固定词语相互对应，借助其身势动作表达各种深层的抽象意义，如垂头丧气（голову повесить）、用脑袋担保（давать голову на отсечение, отвечать головой）、从头到脚（с ног до головы, с головы до ног）、绞尽脑汁（ломать голову）、头昏脑胀(голова идет кругом)、不顾死活，有两个脑袋(о двух головах)、头脑发热、张皇失措(потерять голову)、降临到……头上(обрушиться на чью голову)、高出一头(на голову выше)、昂起头来(поднять голову)、因过于吵闹或疲倦而头发胀(голова пухнет)、埋头于……(с головой погрузиться...)等。从这些固定词语的字面来看，俄语和汉语中都出现«голова»("头，头脑")，相互对应，意义相近。

另外，俄语中还有一些带«голова»的熟语，其汉语译文没有"头，头脑"，俄汉语的字面意思互不对应，属于典型的转义，如вбить в голову（硬灌，叮嘱）、в свою голову（自作主张）、выйти, вылететь из головы, из головы вон（忘得一干二净）、вымыть голову（训斥）、на свою голову（自讨苦吃）、поставить на голову（颠倒是非）、не сносить головы（要倒大霉）、с повинной головой（负荆请罪）、разбить на голову（彻底击溃）、с больной головы на здоровую валить（嫁祸于人）、сам себе голова（自己做主）、сложить голову（献出生命）、拼着命地(сломя голову)等。尽管这些词语的字面意思不完全对应，但其语用含义完全对等，在日常交际中广为运用。

头部动作能够体现一定的民族文化特点，如俄罗斯人和中国人一般都把«кивать головой»理解为"点头"，表示肯定、赞同，把«качать головой»理解为"摇头"，表示否定和反对之意。世界上大多数国家的人都有这种习惯动作，但也有例外情况，如希腊人摇头表示"是"或者"同意"，点头则表示"否认"或者"不同意"。这种文化差异难免会闹出笑话。据说有一次一个英国人去港口乘船，想去一个小岛，他问一个希腊人去小岛的船是否已经离开，希腊人摇了摇头，这位英国人便理解为"船还没有离开"，白白等了几个小时，等到得知船早已去了小岛时，追悔莫及，哭笑不得。（周民权，2014:225）可见一个小小的头部动作尽管无声无语，却能够反映不同民族的文化定型差异。

眼睛(глаз)是透露人的内心世界的最有效的器官，人的一切情绪、情感和态度的变化，都可从眼睛里显示出来。眼睛是心灵的窗户，加上眉毛和眼睛周围肌肉运动的衬托，人的七情六欲、喜怒哀乐都能从眉毛和眼神中流露出来，借以传递最为准确的交际信号，如一个人感到恐慌或兴奋时，瞳孔会放大，眉毛上扬；情绪低落或态度消极时，瞳孔会缩小，眉毛下垂；眉角拉下表示愤怒和不满，眉毛并拢表示困惑或不悦，等等。在言语交际中，眼睛凝视的位置、方向和顺序、时机的把握、时间的长短等都可以暴露一个人的内心世界，有意或无意地展现他的内心隐秘和思想情感。例如，在谈判、磋商等公务场合，视线常常指向对方的两眼中部、左眉右上角和右眉左上角，视点呈倒三角形；在茶话会、舞会、宴会等社交场合，视线一般指向对方的两眼中部、左眼下方和右眼下方，视点呈正三角形；侧扫视时，想看对方又不想让对方发现；在表示兴趣、喜欢时，往往伴随着微笑和眉毛的上扬，而如果眉毛下垂，嘴角下撇，则表示轻视、敌视。

在人际交往过程中，交际双方的目光接触是十分必要的。近代西班牙哲学家奥塔加在《人与众人》一书中说："每一次注视都说出了注视者的心路历程。"莎士比亚说"仿佛他眼睛里锁藏着整个灵魂"，中国古代成语有"画龙点睛"之说，男女之间有暗送秋波、眉目传情之举。目光接触的运用体现了不同文化所特有的传播实践，通过目光语的交流可以看出不同民族的文化定型差异。例如，阿拉伯人认为眼睛是个人存在的钥匙，交际双方交流时，会用非常热情的目光凝视对方；在俄罗斯、欧洲及拉美等国家，人们交谈时应该相互直视对方的眼睛，表示谈话是真诚的、礼貌的，而不直视对方的眼睛、看着旁边或低垂眼睛，则表示不够真诚或心中有愧；有教养的英国男子认为直接凝视且与之交往的人的眼睛是一种绅士风度，而法国人则特别欣赏一种鉴赏似的注视，认为这种眼光传达了一种非语言信号：虽然我不认识你，但我从内心底欣赏你的美。中国和东方其他民族恰恰与之相反，认为说话人在交谈时长时间直视对方是不礼貌的，有点咄咄逼人，一般都遵循看一眼就把目光移开的原则，不能在对方的脸上停留太久。“据研究，人类在一对一交谈时，把视线投向对方脸上的时间大约占全部交谈时间的30—60%。”（周民权，2014：260）一般情况下，中国人目视对方的时间低于或者不会超过这个长度，对紧盯着自己看的目光感到不自在，甚至惶惑不安，原因是“羞耻感”文化的影响，“非礼勿视”，而日本人与人交谈是的目光通常落在对方的颈部，而对方的脸部和双眼要在自己眼帘的外缘，他们认为眼对眼是一种失礼的行为。俄罗斯和西方其他国家的人则保持或者超出60%的上限，都希望得到对方的信赖和喜欢。

除了头发、眉毛、眼睛之外，耳朵、鼻子、嘴巴、下颚在身势语中也发挥着不同的作用，如在中国，人们用手捂住耳朵常常表示不想听或者拒绝合作，用手掩嘴一般表示吃惊、觉得好笑又不敢笑、说漏了嘴、控制住不该说出口的话等，用嘴轻轻咬住指尖常表示若有所思或者消除紧张感，竖起右食指贴近嘴边是示意对方不要出声，把嘴紧紧抿成“一”字表示坚决的态度，撇嘴表示不乐意或轻蔑，陷入沉思时会下意识地抚弄下巴，翘起鼻子表示趾高气扬，垂下鼻子表示灰心丧气，“眉头一皱，计上心来”表示略加思考，猛然想出一个主意。咂嘴唇这个动作具有鲜明的民族文化差异，在某些文化中是认可的表示，在中国文化中表示有滋有味，在英国文化中表示没有滋味，而在许多地中海国家则是过分夸大痛苦和悲哀的标志，如此等等，都是人们在面对面的交际中习以为常的动作。不管这些动作是有意而为之还是下意识的，它们都会展现动作发出者的内心情感和交际意图，为动作接受者提供了必须面对以及如何应对的依据。动作接受者需要关注的是，这些动作源自哪种文化背景，动作发出者的交际意图何在，如何恰如其分地应对，等等。

1.1.2 手部动作

手部动作在俄语中用«рука»一个词表达，汉语则有胳膊和手之分。无论单独实施还是与身体其他部位相互配合，手部动作都能够充分表达人的思想感情。握手（рукопожатие）是交际活动中使用频率最高的手部动作，往往成为判断握手人的态度和内心情感的标志。据某些专家考证，握手是石器时代穴居人留下的一种遗俗。陌生人相遇，如果彼此并无恶意，就放下手中狩猎用的棍棒或石块，让对方摸摸掌心。在人类进化过程中，这些手势逐步演变成两手相握的形势。手掌的张开表示向对方敞开自己的势力范围，而手掌的接触则表示合二为一。今天，在许多国家，握手已经成为一种常用的表示亲热和友好的礼节。但各国握手的习惯不大一样。例如，法国人做客走进房间或别离时都要与主人握手，而德国人只在进门时握一次手；美国男人之间的握手是很用力的，这可能源于印第安人的角力竞赛；中国人一边讲"你好"，一边握手，口手并用；在俄罗斯，不允许两人隔着一道门或跨着门槛握手，认为这样做是不吉利的；在西方一些国家，参加竞选的政客会用右手握住对方的右手，再用左手搭在互相握住的手背上，试图让对方感受到他的诚实可靠与热情真挚，故被称为"政治家的握手"。

美国女作家海伦·凯勒写道："我接触过的手虽然无言，却极有表现力。有的人握手能拒人千里……我握着他们冷冰冰的指尖，就像和凛冽的北风握手一样。也有些人的手充满阳光，他们握住你的手，使你感到温暖。"（转引自孙汝建，2006：121）可见握手并不是一个简单的礼节动作，其中蕴含着丰富多样的心理特征，通过握手的姿势、力量和时间长短，可以看出握手人的心迹和态度。例如，猛然伸出一只挺直僵硬的胳膊、掌心向下、"刺剑"式的握手法表明握手人举止粗鲁，心态浮躁，很不礼貌；戴着手套与对方握手，是瞧不起对方，对其缺乏应有的尊重；用右手握住对方的右手，再用左手握住对方的手背，这种手扣手式的握手法表示态度热情，坦诚相见，表明交际双方关系友好；右手握着对方的右手，左手轻轻拍打着对方的右肘、右腕或右肩，说明双方关系密切，友谊深厚，等等。在不同的交际场合，握手这一动作可以表达欢迎、告别（没有言语伴随）、相识、祝贺（与言语同时进行）等多重意义。（周民权，2014：237—238）握手与其他身势语相互衬托，构成功能性"同义系列"，如表示欢迎的符号包括握手、点头、微笑、欠身、把帽子稍稍举起等，同时也可能构成反义系列，如握手既可以表示欢迎、热情、归来，还可以表示告别、冷漠、分离。例如，1980年，由著名演员康泰、谢芳主演的国产影片《第二次握手》（改编自张扬的同名长篇小说，原名《归来》）曾感动了千千万万的中国人。该剧以“握手”为契机和主题，详细描写了苏冠兰与丁洁琼由相爱、分别、再到重逢的坎坷爱情经历，一波三折，催人泪下，“第二次握手”便被赋予更深层的含义，成为他们生死相依、不离不弃、忠贞不渝的象征。

除了握手，手势也会传递不同的信息，体现不同的民族文化特点。手势在各国有不同的表达意义，不同的文化背景赋予手势不同的交际功能。例如，将大拇指朝上的手势，在中国和俄罗斯等国家表示鼓励和点赞，美国人表示要求搭便车，但在新西兰、英国、澳大利亚等国，这一手势却表示“五”（类似于中国人喝酒猜拳时使用的“五魁首”）、搭车手势、侮辱人（这时的大拇指急剧上翘）等3种含义，而希腊人如果使用这一手势，则表示对对方非常不满，要求对方“快点滚开”；中国人伸出小指表示“差”或“坏”，美国人将大拇指朝下则表示“坏”，而日本人伸出小指却表示“情人”；右手心向外，食指和中指竖起，做出“V”形状，这一手势在除英国之外的欧洲其他国家表示“二”，英国首相丘吉尔在第二次世界大战期间将其推崇为胜利的象征，大受欢迎，广为运用，但在新西兰、英国、澳大利亚，它却是侮辱人的符号，使用不当，必遭谴责。“双手举过头顶并紧握在一起”这个动作常用来表示拳击获胜者用来庆祝胜利，在美国文化中象征着对方被击败，但俄罗斯人却用它表示致意，由此还曾引发一场严重的外交冲突：1959年9月15日至27日，H.C. 赫鲁晓夫访问美国，这是有史以来苏联最高领导人对美国的第一次正式访问。苏联历史学家将其称为“惊动世界的13天”，并把这次访问定位为“历史上前所未有的胜利访问”。但是，这次访问从一开始就充满了火药味：9月15日，当赫鲁晓夫下飞机时，曾用“双手举过头顶并紧握在一起”的动作向前往机场欢迎的群众表示致意，然而这一动作却激怒了美国人，他们认为这是一种赤裸裸的挑衅行为，提出强烈抗议。

在美国和一些英语国家，用大拇指和食指捏成一个圈，其余三个指头分开向上伸直，构成“O”形手势，表示 OK，而在中国和法国通常表示“零”，受西方文化的影响，现在中国年轻人也用它表示 OK。在阿拉伯人中，这种动作常常伴以咬紧牙关，一起表示深恶痛绝。但是，在地中海沿岸国家，这一手势常用来暗指男同性恋者，甚至有时指的是人的肛门，而日本人则用这一手势表示“钱”；在美国，人们用挥手来表示再见，而在南美，人们见到这种动作时不但不会离去，反而会向你跑过来；用手指在太阳穴旁边转圈，中国人表示动脑筋，俄罗斯人表示脑子不正常，美国人和巴西人则表示发疯；把手指放在喉咙上，俄罗斯人表示吃饱了，中国人则表示自杀，俗称“抹脖子”，而日本人则表示被炒了鱿鱼，等等。可见同一个手势的民族文化特点丰富多样，只有了解并掌握它们，才能避免跨文化交际中的语用失误。

俄语中有不少与手部动作有关的熟语在日常交际中广为运用，如обеими руками ухватиться（双手赞成）、по рукам бить, по рукам（相互击掌为定；一言为定）、идти рука об руку（携手并进）、рукой подать（伸手可及）、из рук в руки переходить（从一手转到另一手，轮流传递）、с рук на руки передать（亲手交给）、под руки вести（从两边搀扶着）、с рук сбыть 摆脱（ ）、протянуть руку（伸出（援助）之手）、обломать руки（狠揍，猛击）、по рукам ходить（到处传播）、чешутся руки（手痒想要打架）、с рук сойти（溜之大吉）、под руку идти с...（跟……挽着胳膊走）、рука об руку（齐心协力地）、связать руки, связать по рукам（掣肘）、руки не отвалятся（易如反掌）、руки опустились（气馁）等。不难看出，其中有些俄语熟语中尽管有«рука» 一词，但其整体意义已经改变了手部动作的初衷，引申为更深层的语用含义。

1.1.3 躯干动作

躯干包括颈部、肩部、胸部、腰部、腹部、背部、臀部等7个部位，各个部位常常相互组合，相互衬托，你中有我，我中有你，协同使用，释放丰富多样的身势信号。

颈部(шея)和头部紧密相连，相互配合，通常发出"点头""摇头""低头""仰头""歪着脖子"等动作。如前所述，中国人和俄罗斯人的点头一般表示同意，摇头表示不同意；低下头表示沉思、思念等，如唐代诗人李白在《静夜思》中写道："床前明月光，疑是地上霜。举头望明月，低头思故乡。"寥寥数语，远客思乡之情跃然纸上，境是境，情是情，形象逼真，百读不厌，耐人寻味，无怪乎有人赞它是"妙绝古今"。除此而外，低头还表示认罪、服输、服软、垂头丧气等。例如，陈然（曾任中共重庆地下党主办的《挺进报》特别支部书记。1948年4月被捕，1949年10月28日被国民党反动派杀害，年仅26岁）在狱中坚持斗争，宁死不屈，写下了不朽的《我的自白书》诗篇：

任脚下响着沉重的铁镣，任你把皮鞭举得高高；我不需要什么自白，哪怕胸口对着带血的刺刀！人，不能低下高贵的头，只有怕死鬼才乞求"自由"；毒刑拷打算得了什么？死亡也无法叫我开口！对着死亡我放声大笑，魔鬼的宫殿在笑声中动摇；这就是我——一个共产党员的自白，高唱凯歌埋葬蒋家王朝。

诗中"人，不能低下高贵的头"展现了共产党人宁死不低头、笑对死亡的英雄气概，与共产党员林祥谦（1923年2月京汉铁路工人大罢工斗争的领导人之一，被捕后，面对敌人血淋淋的屠刀和"复不复工"的质问，斩钉截铁地说："我头可断，血可流，工不可复！"，英勇就义）的大义凛然如出一辙，这种宁死不低头的大无畏精神令人肃然起敬，永远景仰！

与"低头"不同，"仰头"一般表示高傲、景仰、崇拜、不服输、扬眉吐气等，视具体交际场合而定。例如，人们平时说某人高傲，常说"他的头抬得好高”,说某人“认怂”时,会说“他终于低下高傲的头颅”,说崇拜某人,会说“仰视他”,表示“意气风发”之意时,会用“昂首挺胸”“昂首阔步”来形容。再如,2007年5月14日,在同济大学百年校庆前夕,时任国务院总理温家宝向该校师生作了一次即席演讲,其中讲道:“我希望同学们经常地仰望天空,学会做人,学会思考,学会知识和技能,做一个关心世界和国家命运的人。”2007年9月4日,他以这次演讲为背景创作的诗歌《仰望星空》发表在人民日报文艺副刊上,从中可以看到一位大国总理对“仰望”与国家民族人类共同命运的所思所想。但是,在某些场合,“仰头”也用来表示发泄负面情绪,如一个人不得志或对某事感到不开心、无奈、惋惜或悲愤时,他会抬头望向天空,并且深深叹气,谓之“仰天长叹”。例如,我国宋朝著名爱国将领、诗人岳飞在其诗作《满江红·怒发冲冠》中发出“抬望眼,仰天长啸,壮怀激烈”的呼喊,情调激昂,慷慨壮烈,代表了岳飞的一身浩然正气,表现出精忠报国、雪耻若渴、“壮志饥餐胡虏肉,笑谈渴饮匈奴血”的英雄气质和大无畏精神。

歪着脖子的动作通常出现在彼此熟悉的人之间,动作发出者以女性居多,往往带有呆萌、撒娇、亲昵等含义。当面对自己心仪的男性时,女性歪着脖子注视对方,表示欣赏对方或者愿意洗耳恭听,神情显得可爱,是一种传情的信号,令对方感到愉悦,这一动作在中俄男女两性之间所表达的意义基本相同,是一种久已形成的社会性别定型。俄语中有不少带有«шея»一词的熟语,如 на свою шею(自找麻烦)、сидеть на шее(成为累赘)、выгнать в шею(轰赶出去)、наломать шею(痛打一顿)等,其字面意思已经转化为各种带有负面情感的语用含义,在冲突性言语交际中屡见不鲜。

肩部(плечо)动作与他人的视线比较接近,因而较为引人注目。在世界各种文化中,“肩部常被看成男子尊严、威严的象征。古代武将穿的甲衣、现代军人的肩章、西装的垫肩都特意强调肩部,以示威严。”(孙汝建,2010:170)肩并肩(плечом к плечу)不仅是心心相通、友好相处的体态符号，而且是团结一致、齐心协力的象征，故而有“并肩战斗”“并肩前进”之说。耸肩(пожать плечами)这一动作是俄罗斯人和其他西方人常用的一个动作，用来表示不理解、惊讶、未置可否等，中国人则不常使用这一动作。俄语中有许多带有«плечо»(肩部)一词的熟语，如 положить на плечи(把任务交给……)、за плечами(近在眼前)、иметь голову на плечах(精明强干)、Гора свалилась с плеч(如释重负)、с плеч сбросить(极力摆脱)等，它们的字面意思已经转化为深层话语含义，在日常交际中广为运用。

胸部(грудь)的上界为颈部下方，下界为骨性胸廓下口，外界为三角肌前后缘，作为人体第二大体腔局部，它既是心脏的所在地，也是用于自我表现的重要部位。胸部和手部、头部等动作相互陪衬，释放许多体态信息。在日常人际交往中，将一只手置于胸前，不仅表示护胸，而且表示忠诚，如奏国歌升国旗时，许多人会自觉地把右手置于胸前，以表达对祖国的忠诚与敬意。双手抱拳置于胸前也表示心在胸中，以示忠诚，还可以表示感谢、问候、拜托等。走路时抬头挺胸，不仅是一种有益健康的体态，而且是坦然和自信的表现。

此外，胸部动作还常用来表示心胸、胸怀和内在气质等，如汉语中有“胸怀大志”“胸怀天下”“胸有成竹”“心胸开阔”等表示对一个人的正面评价，而“心胸狭窄”“胸无大志”“胸中无数”等则表示对一个人的负面评价，“胸无点墨”表示读书太少，文化水平极低，“捶胸顿足”或“槌胸蹋地”形容非常懊丧或非常悲痛，等等。

俄语中有一些带有«грудь»的熟语，分别表达不同的意义，如 в бою идти грудь на грудь(战斗中一个对一个)、биться грудь с грудью(短兵相接)、грудью проложить себе дорогу(铺平道路)、надсаживать грудь(声嘶力竭地喊叫)、носить в груди(胸怀某种意念)、стоять грудью(奋起保卫)等，一般都是以“胸”言志，多为转义用法。汉语中也有类似现象，如“胸臆”表示心里的话或想法，有“直抒胸臆”一说，“胸襟”表示抱负和气量，有“胸襟开阔”“襟怀坦白”等表征，“胸墙”则指的是战场上在掩体前面和战壕边用土堆砌起来的矮墙，目的是减少敌人火力可能造成的伤害，也便于射击。可以看出，胸部动作常常超越人体概念，成为人们潜意识中的防护行为或信念标记。

腰部(талия)动作承上启下，可以与其他身体部位相互衬托，发出丰富多样的身势信号，如民间用“腰长腿短，耳朵盖脸”一说来形容兔子，同时喻指一个人的身材不够匀称；“细腰”自古以来被视为一种美，如“楚王好细腰”一事记载在众多古籍中，其中《战国策》和《墨子》的描述得比较详细，比较像一个原始的故事：从前，楚灵王喜欢男子有纤细的腰身，所以朝中的一班大臣，唯恐自己腰肥体胖，失去宠信，因而不敢多吃，每天都是吃一顿饭用来节制自己的腰身，为了让腰细下来，每天起床后整装时，先屏住呼吸，然后把腰带束紧，扶着墙壁站起来。据说等到第二年，满朝文武官员脸色都是黑黄黑黄的了。无论这是调侃还是情况确实如此，都无法否定一个不争的事实：从古至今，人们都不大喜欢“腰粗”，尤其是青年女性。

腰部也是反映人们心理状态、言语行为的重要标志之一，如“点头哈腰”是“打躬作揖”的近义词，比喻虚假的恭敬或过分的客气，是奴性十足的表现，与“刚正不阿”形成反义；弯腰鞠躬则是一种礼节，表示尊敬、屈从或羞愧，由此引申而来的“鞠躬尽瘁”表示恭敬谨慎，竭尽心力，贡献出全部力量，是一个人赤胆忠心、全心全意为他人服务的最好诠释，如历史上三国时期蜀国丞相诸葛亮的《后出师表》的末后一句“臣鞠躬尽瘁，死而后已……”常为人们引用，“鞠躬尽瘁”成为闻名遐迩的成语；人们常说让某人“挺直腰板”，指的是希望他直而不屈或毫不弯曲，堂堂正正做人，不要畏畏缩缩。另外，腰与手相互配合，可以表示各种体态意义，如昂首挺胸、背着手、双手交叉胸前等动作给人以高傲、摆谱或者目中无人之感，以示自己高高在上，地位高于对方；“双手叉腰”表示很有底气，胸有成竹，是乐观和自信的表现，但这一动作在某些场合也可以表达横行霸道、蛮不讲理、盛气凌人等负面意义，如某些文学作品常描写某个人“双手叉腰，气势汹汹，……”“双手叉腰，披头散发，大喊大叫，像个……”等。如果双手的大拇指卡在裤兜的上沿或者插在皮带内，则被视为一种挑衅性的、轻咄咄逼人的狂妄行为，给人的感觉是要准备打架或者闹事似的。有些男性常常以这种动作来显示他的无畏狂态，让人唯恐避之不及，尤其是女性非常讨厌这种动作。如果某个女性把大拇指插在裤兜内，另4根指头指向腹下，会被视为轻浮放荡，常常招来鄙夷的目光。

俄罗斯女性也非常注意腰部的美观，对细腰（тонкая талия）推崇有加，喜欢买“贴腰连衣裙”（«платье в талию»）以及“腰身瘦的上衣”（«узкий пиджак в талии»），不喜欢“腰身太肥”（«Талия слишком просторна»）或者“直筒腰身”（«без талии»）。俄罗斯女性对“柳腰”（«осиная талия»）喜爱有加，认为这是体现女性优美身材的标志。无独有偶，我国古代一些文人也曾对“柳腰”大加称颂，如北周时期庾信的《和春日晚景宴昆明池》中的“上林柳腰细，新丰酒径多。”以及唐代诗人韩偓的《春尽日》中的“柳腰入户风斜倚，榆荚堆墙水半淹。”等，都是用杨柳的柔条来形容女子柔软的细腰；较有代表性的诗词是唐代诗人温庭筠的《南歌子》，其中写道：“转眄如波眼，娉婷似柳腰。花里暗相招。忆君肠欲断，恨春宵。”前两句是对女性的描写：眼睛好看，身材苗条，形容杨柳的柔条；南朝沈约以腰肌清癯著称，南唐后主李煜则在词中有“沈腰潘鬓消磨”；明代诗人夏完淳也有“腰带三围恨沈郎”的诗句。由此可见，尽管中俄民族文化不尽相同，但对“细腰”的理解与推崇却有着惊人的相似之处。这种审美观也是社会性别定型的具体表现之一。

腹部（живот）与臀部相对，在腰部以下，位于人体的中央部位，俗称肚子，与之相关的身势动作可以传递多种信号，表达丰富多样的交际意义。对于长得肥胖、肚子大的人，人们通常说他“大腹便便”或“将军肚”，还可能说他气场足，气量大，“宰相肚里能撑船”，或者说他“有福相”“像个当官的”，这与文学作品中或舞台上以凸腹出现的男性官员形象有关，从一个侧面讥讽了中国传统文化中的“官本位”现象，受此影响，现在“大腹便便”有时被用来比喻人的某种丑态，含有贬义。

林语堂先生说，中国人是用伟大的肚肠去思想的，难怪汉语中出现了与之相关的词语，如“满腹经纶”“一肚子学问”“腹稿”“搜索枯肠”“愁肠百结”“肝肠寸断”等。（孙汝建，2010：167）如果一个人饱读诗书，才华横溢，气质儒雅，人们会说他“满腹珠玑”。宋代著名诗人苏轼在诗作《和董传留别》中的名言“粗缯大布裹生涯，腹有诗书气自华。”闻名遐迩，为后人津津乐道：“气”指的是表现出来的精神气质，“华”表示丰盈而充实，比喻只要饱读诗书，学有所成，气质自然高雅，才华自然横溢，令人敬仰；唐代杜牧的《樊川文集》中的“一杯宽幕席，五字弄珠玑。”以及宋代吴处厚的《表箱杂记》卷八中的“只知外貌之粉泽，谁料满腹填珠玑。”等，都表达的是这个意思。“腹中空空”除了表示饥肠辘辘之外，还表示某个人胸无点墨，不学无术。据说此言出自一个调侃：有一个读书人准备去赶考，他日夜发愁，那副怪模样弄得妻子莫名其妙。她说：瞧你那窝囊样，难道男人写文章比女人生孩子还不好受吗？读书人叹道：女人生孩子比起写文章来，总还是容易些呵！女人又问：为什么？读书人回答：女人肚子里有孩子，总是能生下来的，而我腹中空空如也，怎么能写出文章来呢？如果一个人器量狭小，只考虑小事，不照顾大局，会被称之为“小肚鸡肠”，等等。

俄语中有不少带«живот»字的词语，如除了вздутый живот（大肚子）、лежать на животе（俯卧）、живот схватило（泻肚）、с животом（怀孕）等表达生理状态的词语外，还有由«живот»的固有意义借代而来的转义用法，其中不乏身势意义，如держаться за животы（捧腹大笑）、надсадить живот со смеху（笑破肚皮）、живот надорвать（用力过度而受内伤）、живот подвело（饿得厉害），以及与生命相关的не на живот, а на смерть（你死我活）、лишиться живота（被杀死）、не щадя живота своего（不惜生命）等。把“腹部”与生死联系起来，使人联想到日本武士的“剖腹自杀”，据说这与中国古代文化有关。在中国古代，自从商纣的叔父比干因商纣王淫乱而剖腹掏心、显示忠心以来，剖腹自杀的人很多。古代日本人很崇拜中国人，仰慕中国文化，喜爱阅读中国的经典史书，据说他们“剖腹”就是模仿中国西周、春秋、战国时代的士，如作为刺客的武士聂政等人的行为。据《韩非子·内储说上术第三十》载：“战而使人绝头剖腹而无顾心者，赏在兵也。”指的是战斗爆发之时，能够让勇士们冲锋陷阵，失败时或自刎或剖腹毫不犹豫，是因为有重赏在激励他们。根据《吴越春秋》记载，这一时期吴越地区的武士剖腹、刎颈以显勇武的就更多了。由此可见，从古至今，腹部所表达的意义已经超越了身势语本身的含义，与人的生命和荣誉紧紧联系在一起，从一个侧面证明了腹部对于生命和荣誉的重要性，强化了人们对于生命的敬畏意识以及维护荣誉的决心。

背部（спина）在人的身后，似乎掩盖了人的感情，但实际上它从背部形态、背部动作方向以及与他人背部接触的方式等3个方面可以传递丰富多样的身势信号，表达不尽相同的交际意义。古人认为，背厚的男人有财有势，长得膀大腰圆是福相，“虎背熊腰”通常用来形容身体魁梧健壮、魅力四射的男性，这一说法出自元朝无名氏的《飞刀对箭》：“这厮倒是一条好汉，狗背驴腰的，哦，是虎背熊腰。”清朝李汝珍在《镜花缘》第九十五回也曾有过这样的描写：“一个面如重枣，一个脸似黄金，都是虎背熊腰，相貌非凡。”对于女性来讲，情况恰恰相反，如果背部赘肉太多，看起来很厚实，会给人以“虎背熊腰”的感觉，很不美观，于是，如何瘦背就成为女性绞尽脑汁解决的难题之一。这两年，一部由网络作家茨泉浪人创作的乡村乡土类小说《虎背熊腰的女人》在中文网连载，其不同凡响的小说名称引起读者关注，实际上，这部小说描写的是一个女人辛酸的成长经历和悲惨的人生道路，讲叙她在破裂的家庭环境和痛苦的心灵挣扎中如何找到一条属于自己的人生之路，种种磨难让她一一见证了人与人之间的冷漠，世态炎凉激发了她自强自立的奋斗精神，体现了“虎背熊腰”式的强悍与坚韧，成为“强劲有力”的代名词。

无论任何人，或是行人走路，或是学生听课，或是军人参加军事训练，或是演员上台演出等等，都需要挺直脊梁，脚踏实地。人常说，一个人要挺起自己的脊梁，是指必须自强不息，走得端行得正。如果驼着背，低头哈腰，从生理上讲，给人一种萎靡不振或者不健康的感觉，从心理上讲，是一种卑躬屈膝，俯首称臣，活脱脱一副奴才相，如第二次世界大战结束后，站在各个审判庭被告席上的日本战犯几乎都是这个模样，全然没有了以往的骄横放纵与飞扬跋扈。

背部动作之一——背影常常能体现一个人的行为方式与心理状态。任何人的背影都会让其他人产生许多联想，如现代作家朱自清于1925年所写的一篇回忆性散文《背影》就是最好的诠释。这篇散文叙述的是作者离开南京到北京大学，父亲送他到浦口火车站，照料他上车，并替他买橘子的情形。在作者脑海里印象最深刻的，是他父亲替他买橘子时在月台爬上攀下时的背影。作者用朴素的文字，通过背影把父亲对儿女的爱表达得入木三分，深刻细腻，感人肺腑，一个平凡的背影，折射出父亲的关怀和爱护，体现了“父爱大如山”！ 1988年，在朱自清先生90周年诞辰之际，时任上海市委书记江泽民就曾为先生题诗一首：“背影名文四海闻，少年波老更情亲。清芬正气传当世，选释诗篇激后昆。”这是对《背影》一文的高度评价，也是对朱自清一生的学识品格和人生追求的高度概括。

2011年，根据作家程晖的小说改编、由磐石导演的电影《背影》承袭朱自清同名散文的父爱主题，以父爱为主要线索，通过两个单亲家庭的重组以及一对非亲姐妹的成长，以电影的手法讲述了一对身患绝症的男女出于对女儿真挚而崇高的爱、临终相互托孤的温馨感人故事，可歌可泣的关于爱与奉献的故事情节体现了如泰山般厚重的父爱以及孩子对父爱的敬仰和感恩，其中处处蕴涵着感人至深的情感元素，讴歌和颂扬了父爱无疆的伟大亲情和人与人之间崇高的相互关爱之情。这部看起来似乎不起眼的电影上映后引起轰动,感动了千千万万的观众,好评如潮。

无独有偶,2011年9月,陈咏歌导演的电视剧《背影》在广东热拍,这是一部反映缉毒警察一线工作状态的写实作品,改编自李学磊警匪长篇小说《对峙》。该剧讲述了刑警队长古慧生在事业蒸蒸日上时,接连遭受事业与爱情致命的打击,被迫脱下挚爱的警服,成为普通百姓后,他依然靠多年的经验成功参与破获一起轰动一时的冰毒案。后来在台湾女商人方怡的帮助下,古慧生摇身一变,以商人的身份重新回到当年战斗过的城市。古慧生从刑警到普通百姓的不同人生经历如同一道清晰可见的"背影",彰显了一个有志者顽强的生存能力和不屈不挠的拼搏精神,折射出种种复杂多样的社会现状,把一批当今社会中敢于亮剑、有血有肉的公安干警形象展现在观众面前。

2014年,一部催泪广告短片《背影》感动中国,本片讲述了一对普通父子平凡而感人的故事,其中主人公是一位出租车司机,他多年来一直怨恨父亲把所有光鲜留给弟弟,从而忽视了父亲对自己的付出,直到父亲生病失忆,才发现父爱的深沉与伟大。由此可见,"背影"在人们的心目中多么重要,它已经超越生理,成为反映人的心理和精神层面的依托。

此外,"望其项背"这一成语近些年来广为运用,它源自清代汪琬的《与周处士书》:"言论之超卓雄伟,真有与诗书六艺相表里者,非后世能文章家所得望其肩项也。"意思是能够望见别人的颈项和脊背,表示赶得上或比得上,但在具体使用时大都用于否定句,意思是不可企及,望尘莫及。例如:某俱乐部一二三线球队请的主教练及外援都是清一色的德国人,其雄厚财力令其他球队不能望其项背;他的特立独行,让模仿者难以望其项背;中国人的敢想敢干连西方人也不敢望其项背,等等。在很多言语交际场合,上述否定意义常用反问表示,如:"其他球队哪能望其项背?""模仿者怎能望其项背?""西方人岂敢望其项背?"等。这里的“背”已经演变成为他人仰望并试图比肩或者超越的“墙”,被引申到极致。

在俄语中,«спина»(“背”)的身势意义远不像汉语那样丰富多样,除了 выпрямить спину(挺直脊梁)、заложить руки за спину(倒背双手)、взвалить на спину(把……背上)、плавать на спине(仰泳)、лежать на спине(仰面躺着)、спина трещит(累得直不起腰)等与背有关的身势动作外,还有一些带有 «спина» 的熟语或固定词语,如 стоять спиной к...(背朝……站着)、выезжать на чьей спине(假手他人谋取私利)、жить за чьей спиной(指靠……庇护;靠……的救济生活)、оставлять за спиной(已置身脑后)、за чьей спиной(背地里)、испытать на собственной спине(亲身体验)、нож в спину(背后捅刀)、повернуться спиной к...(蓄意不加理睬……)、прятаться за чью спину(拿……做挡箭牌)等。乍一看来,这些固定表征与背部动作似乎不搭嘎,但实际上都是以背部为依托表达相邻关系的,尤其是与“背后”的动作密切相关,“背”无形之中已经成为判断是非曲直的标志。

1.1.4 腿部与足部动作

俄语的腿部和足部是 «нога» 一个词,需要根据上下文确定其具体含义,而汉语是分开表达的,更为明确。作为一个人站立行走的重要部位,腿和脚互为依托,与其他身体部位相互衬托,释放各种各样的体态信号,一个不经意的动作会暴露内心世界。例如,人在着急、生气或者悔恨时,会不停地跺脚;双腿紧叠在一起或者来回晃动,是内心不安的表现;双腿相搭或者双脚交叉是保护下半身的防御信号,就像双臂交叉在胸前是为了保护上半身一样;蹑手蹑脚形容走路脚步放得很轻,担心惊动他人,也形容偷偷摸摸、很鬼鬼祟祟的样子。如此等等,都是人们控制消极情绪的体态符号。

腿和脚是衡量人的身体是否健康的标志之一,身体好的人健步如飞,体质差的人步履艰难,走路多了腿和脚可能会肿起来,天冷时会首先感到冷冻，正所谓“人冷腿，狗冷嘴”，是较为敏感的身体部位之一。不仅如此，腿部和足部动作并用，还可以扩大或者缩小自己的活动空间和势力范围。例如，小孩子有时玩游戏时，会用脚或手在地上画出线条或圈，限定自己和他人的活动空间，有些同桌的中小学生还会顽皮地在课桌中间划线，明确各自的范围，以示互不侵犯；坐着的时候，有些人有意张开双腿，或者伸出双腿放在桌子上，或者分开双腿面向椅子背倒坐，或者脚翘起来横跨在椅子扶手上，等等，这都是具有侵犯性和统治性的动作，有意无意间扩大自己的存在空间；有些人叉开双腿站着，挥动双手，尽显霸气，如西班牙皇马足球俱乐部的球星 C 罗每当进球时就使用这一庆祝动作，并且高高跃起，这一招牌动作被很多足球运动员效仿；有些人双腿并拢，双手搭在腿上，有意缩小自己的占有空间，以此表现自己的谦恭和对他人的尊重；有些人将一条腿整齐地放在另一条腿上，这种标准式架腿动作要么表示悠然自得，要么表示拒绝；有些人随意架起二郎腿，要么表示不拘礼节，要么表示傲慢，目中无人，将自己置于主导地位。如此等等，其含义需要根据具体语境确定。

行走动作和坐立习惯能够反映出不同的民族文化背景和社会心态。例如，在东方人眼里，美国女子行事果断，大胆泼辣，走起路来腰板挺得笔直，步子迈得比东方女子大；在西方人眼里，日本女子穿着和服、莲莲碎步的形象别具一格，反映出日本女性的柔顺和屈从心理；美国人讲求随意，崇尚个性，坐下来或者站着时的姿势常常大大咧咧，松松散散，一副旁若无人的样子，有些美籍外教甚至上课时会坐在课桌上，时不时架起二郎腿，令初次见到此情此景的中国学生惊讶不已。这种随意和懒散的样子在生活方式比较规范、十分注重礼仪的德国和比利时等欧洲国家常被视为粗俗与无礼，常常引发交际冲突。了解这些文化差异并采取必要的补偿手段，对于人们在跨文化交际中避免误会、填平文化沟壑不无裨益。

近几年来，在国内 CBA 联赛曾出现“上腿”这一篮球比赛防守战术，出自2012年3月21日广东宏远与北京队的总决赛首场比赛，当本场比赛第3节比赛暂停期间，广东队主帅李春江对着即将上场的队员一通咆哮："上去干他们，上场不要下手，都给我上腿，你们懂不懂?！懂不懂?！"随后李春江的这段话，通过电视直播的曝光传入了千家万户，顿时引起了轩然大波。果不其然，广东队员上场之后执行了李春江的"上腿战术"，马布里外线投三分，周鹏直接把腿伸向了马布里。对此，广东队助理教练杜锋进行了解释，他说："所谓'上腿'是广东队的防守战术，上半场我们让对手得了55分，中场休息的时候，李春江指导在休息室进行了战术调整，要求球员下半场加强防守，脚步要跟紧。上腿，训练中就是这么喊的，根本不是什么要废人的意思，如果真的冲人去的话，上腿也不是明智选择，因为这个动作对自己也很危险。"但是，由于"上腿"动作很危险，用腿去顶撞对方球员，不仅直接侵犯了对方球员的活动空间，而且极易造成伤害，有悖体育职业道德，所以饱受非议。

借助于俄语中的«нога»一词，可以构成许多固定词语，用以表示丰富多样的体态意义，如 топать ногами（跺脚）表示愤怒、着急等，давай бог ноги（撒腿就跑）表示溜之大吉，валяться в нонах, пасть к ногам（扑到对方脚下）表示苦苦哀求，в ногу идти（步调一致）表示行动一致，на ногах не стоит, едва держаться на ногах（步履蹒跚）表示站立不稳，не в ногах（腿脚不灵）表示年纪大或者体弱多病时的状态，нога за ногу идти（走路慢慢吞吞）表示磨磨蹭蹭，куда ноги несут（信步走去）表示无拘无束的行走，со всех ног броситься（飞快地奔去）表示快步如飞，сбиться с ноги（脚步错乱）表示走错步子，протянуть ноги（蹬腿）表示人或动物死去，одна нога в могиле（一只脚进了棺材）表示人之将死，на ногах（站立着）表示站姿或已经起床，还有 не слышать ног под собой（飞快地奔跑），унести ноги（匆忙逃脱），скорый на ногу（走路轻快），не хватает ног（走不动），без ног быть（走路疲惫不堪）等。汉语中也有类似的固定词语，如"大步流星”形容步子跨得大，走得快，“大手大脚”形容对财物没有节制地随意花费，“举步艰难”比喻办事情每向前进行一步都十分不易，“手忙脚乱”形容遇事慌张，不知如何是好，“脚踏实地”比喻做事踏实认真，“一步登天”比喻一下子达到极高的境界或程度，有时也用来比喻人突然得志，爬上高位，含有讽刺意味，“顶天立地”形容形象高大，气概豪迈，等等。它们均与脚和腿有关，其中不乏转义用法。

另外，俄语中还有另外一些带有 «нога» 一词的成语，但已经完全转义，如 встать не с той ноги（情绪不佳）、выбить почву из-под ног（拆台，捣乱）、жить на широкую ногу（生活阔绰）、левой ногой сделать（粗枝大叶）、на дружеской ноге（往来亲密）、на тонкую ногу（保持尊严）、быть на равной ноге（平起平坐）、подрубить ноги（失去依靠）、поставить на ноги（把……养大成人）、сбиться с ног（疲惫不堪）、хромать на обе ноги（知识素养欠缺）、на холостую ногу（独身生活）、на ноги встать（自强自立）、В ногах првды нет（请客人坐下）等。它们的字面意思尽管与 «нога» 相关，但其深层含义与之相去甚远，在不同的语境中可能表达不尽相同的语用意义。

1.2 **空间语言**（проксемный язык）

所谓空间语言，是指处于不同的情感状态、不同的语境的人做出各种姿势，进入各种关系，并利用各种空间表达思想或传递某种信息的体态符号。空间观念是立体的，不仅包括领域的大小距离，而且涉及领域的高度。“拉开空间距离”具有保持身份威严的功能，如考场、论文答辩现场、法庭、教堂、礼堂、会议厅等场所的布置都有讲究，十分注重利用空间距离来体现支配感与从属关系。例如，在中国，坐北朝南是一种讲求尊位的礼节，故在入座时，长辈和领导一般面朝南，而在西方，椭圆桌子头的位置则是长辈和领导的尊位；在拥挤的公共场所，当素不相识的人的身体紧紧贴在一起时，人们也绝不允许他人贴近自己的脸，尤其不允许贴近嘴唇和眼睛，女性更不允许男性贴近自己的胸部和下半身。这些情况表明，无论在任何场合，人体周围都有一个属于自己的空间，人际交往只有在这个允许的空间限度内才会显得自然与安全。这些空间符号说明，不同文化背景的人对空间语言的使用都有着各自的定型，从而构成无数空间文化差异。

空间是与时间相对的一种物质客观存在形式，包括宇宙空间、网络空间、思想空间、数字空间、物理空间等。从出生那一天起，每个人都生活在一个无形的空间势力范围内，与他人保持着一定的空间距离。在现实生活中，人与人之间有着看不见但实际存在的界限，不容互相侵犯，这就是个人领域的意识。因此，根据人与人之间的空间距离，可以推断出人际交往模式及相互关系。参照美国人类学家霍尔博士的研究，一般来说，在日常言语交际中，人与人之间的空间距离大致可以划分为亲密空间、私人空间、社交空间、公共空间等四种。值得注意的是，这四种空间语言在人际交往中往往会发生动态变化，即交往双方之间的空间距离会发生缩短或拉开，这种变化本身也是一种体现交际者意向的"身势语言"，而且是社交活动中最应注意的"语言"。通过这四种空间距离的交替变化，可以窥见和判断对方的心理状态及真实意图，以便及时做出相应的反应和对策：是进一步深入交谈，还是适时告辞。在言语交际中做到张弛有度，提高对于空间距离变化的敏感度，才能取得良好的交际效果。

在人际交往中，人们的活动范围因关系亲疏程度不同而保持不同的距离，亦因民族与文化不同而构成人们之间不同的空间距离，如西班牙人、意大利人和阿拉伯人交谈时会凑得很近，拉美人交谈时几乎贴身，而英国人在交谈时不喜欢离得太近，总要与对方保持一定的距离，于是常常出现有趣的场景：意大利人与英国人与交谈时不停地"进攻"，英国人不断地"撤退"。实际上，他们都只不过是要占据自幼形成的习惯性交谈距离，无意侵犯或回避对方。再如，西方文化注重个人隐私，崇尚个人自由和个人权利，而东方人的个人隐私概念相对薄弱，传统观念根深蒂固，因此，在对私人空间的要求方面，中国人乃至大多数亚洲人要比西方人小得多。在公交车、火车或电梯上，素不相识的人常常拥挤在一起，对于这种身体与身体的接触，东方人可以容忍，西方人无法容忍，皆因民族习俗不同的缘故，是文化习得的结果。

1.2.1 亲密空间

亲密空间是一个“亲密无间”的距离空间，通常保持在45厘米以内。在这个空间内，人们可以肩并肩、手挽手，可以尽情地表现爱抚、安慰、保护等多种亲密情感，可以彼此肌肤相触，能直接感受到对方的体温和气息，双方都会感到愉悦。

不同民族文化背景产生的不同礼仪在亲密空间中时有所见，其含义是约定俗成的。在西方许多国家，夫妻久别重逢时拥抱和亲吻纯属正常，两位女性见面时拥抱在一起非常自然，在阿拉伯国家、俄罗斯、法国、东欧、地中海沿岸和有些拉丁美洲国家，两个男人之间也会拥抱及亲吻双额，这是一种见面礼节，和上边提及的“同性恋”并不是一回事。有些阿拉伯人拥抱时甚至不停地嗅着对方身上散发出的气息，对他们来说，好的气味能令人精神为之一爽。缅甸人和分布在挪威、瑞典、芬兰等国的拉普人见面时的问候是互嗅彼此的面颊，而在中国和东亚其他国家以及英语国家，男人之间见面时一般只是握手，很少拥抱或亲吻对方。

受亲密空间的影响，近年来“零距离”一说在中国广为运用，指的是交谈双方近距离的面对面的接触，但不一定非得保持在45厘米以内。“零距离”这一说法源自江苏省广播电视总台城市频道倾力打造的大型新闻资讯类直播栏目，真正实现了与电视观众“零距离”，被誉为“南京人的电视晚报”。受其影响，各地电视台纷纷出台“零距离”节目，甚至还出现了李骏导演、辛柏青与柳云龙等主演的电视连续剧《零距离》(2004)，故事讲述的是，一个普通的警察在调查一起杀人案的过程中，无意间卷入了一桩重大的经济案件，身不由己地担负起了与其职位不相等的责任。在晕头转向的摸索中，在与买凶杀人犯的零距离碰撞中，他逐渐明白为什么当警察这个一直困扰他的问题。不难看出,处于亲密空间的零距离接触,并不意味着双方的关系必定密切或者彼此非常熟悉,视具体情境而定,其中不乏陌生对手之间的近距离博弈。

1.2.2 私人空间

私人空间是指比"亲密空间"稍远一点的空间距离,大体上是在45厘米—120厘米之间,一般表现为伸手可以握到对方的手,但不容易接触到对方的身体,属于人际间隔上稍有分寸感的距离,通常朋友间的交谈多采用这个距离。在社交场合,某些人为了向对方表示特殊的亲近感,也会有意采用这样的距离。这一空间距离对讨论个人问题是很合适的,朋友、熟人或亲戚之间往来一般以这个距离为宜。一般来说,女性的私人空间往往比男性的私人空间大,而攻击性强的人的私人空间更大,进入青春期的青少年更需要一定的私人空间,比较喜欢自我封闭,一个人待在自己的房间里。私人空间的大小因人而异,会根据对象的不同而发生改变。如果对方是亲近的人,私人空间也许会缩小到45厘米左右,但如果是不喜欢的人,也许会扩大到120厘米左右。而对于憎恶的人,则会敬而远之。总之,周围的人越少,人们就越自在,无拘无束。在彼此陌生的情况下,第一个走进一间空房间的人通常是找一个靠墙角的位置,第二个进入者则找一个与第一个人差不多相同大小的空间距离的位置坐下,第三个人则会坐在与一、二两者距离相当的位置上,各自具有相对独立的私人空间。

人需要私人空间,对他人侵入这一空间,会作出各种反应,这种反应叫做"私人空间效应"。这种效应是看不到、摸不着的,而且会随着人体的移动而移动,但它却有潜在的领地,一旦有外人进入这个边界,个人就会产生不快感并作出各种反应,并通过一定方式表现出来。例如,在电梯、地铁等过度拥挤的公共场所,个人的私人空间容易受到侵犯,为了缓解这一不适,人们会不由自主地抬头往上看;在非常狭小的电梯中,人与人的私人空间出现了交集,也就是说,互相感觉到对方进入了自己的私人空间，所以会感到不舒服，都想尽早"逃离"电梯这个狭窄的空间，于是，大家都不约而同地盯着显示楼层的数字看，不只是为了确认是否到了自己要去的楼层，也希冀其他人尽快走出电梯，解放狭小的空间，还因为不知道目光应该往哪里看，这样可以减少尴尬。从心理学角度看，当人们急于离开这个狭小空间时，不停变换的数字是一种心理安慰，能让人们感到电梯在向上或向下移动，感觉到自己是在一步步向"解放"前进，从而缓解焦急的心理。心理学家发现，任何一个人需要在自己的周围有一个自己能够把握的自我空间，这个空间的大小会因不同的文化背景、环境、行业、不同个性等而不同。

在拥挤的地铁中，人也会采取类似的行为模式，这就是坐座椅的位置。当很多人涌入一节空车厢之后，长座椅的两端先被人坐满，而座椅的中央后被人坐满。这种行为也是由私人空间意识引起的。靠边的座椅，只有一侧与别人接触，私人空间相对较大，因而大多数人都喜欢坐在这里，万一不小心睡着了，可以减少倒在别人身上的几率，用手机发短信时也不用担心别人偷看，而坐在中间位置的人则感到来自左右两边的威胁，潜意识中不免有一种快点到站、尽快"逃离"的想法。

在我们较为熟悉的教学环境中，私人空间效应因人而异，不同的学生占有私人空间的范围、性质是不同的。一般来说，学习成绩好、品学兼优的学生控制的私人空间范围比较窄，他们善于与人相处，其私人空间是开放性的；学习成绩差、各方面表现不好的学生控制的私人空间范围较宽，他们的戒备心理较强，其私人空间是警觉性的；学习成绩中等、表现一般的学生控制的私人空间范围居中，他们的心理处于矛盾状态，其私人空间是闭锁性的。

根据以上3种情况，教师在教学工作中要因人而异，对症下药，灵活掌握运用学生的私人空间，对他们进行帮助。例如，在与私人空间是开放性的学生谈话时，教师可以靠近一些，因为这部分学生往往具有优越，愿意接受老师，但不愿让老师靠得太近，太近了也会反感。尤其在课堂上或其他公共场所,教师对这些学生不要一般靠得太近,以免助长他们的特殊感和娇气,也避免引起其他学生的反感与抵触;在与私人空间是警觉性的学生谈话时,教师可以主动向学生靠近,有时甚至面对着面,其目的就是要突破其私人空间防线,使他们意识到老师很关心自己,振奋起来,好好学习,不要自暴自弃;在与私人空间是闭锁性的学生相处时,教师要注意要选择好距离,太远了,学生会觉得老师看不起他,太近了,会引起学生的强烈反感,达不到良好的谈话效果。这部分学生平时看起来“不显眼”,对老师若即若离,常常埋怨教师不接近他们,但一旦老师真的接近他们,他们又躲躲闪闪,不愿让教师接近自己。对这部分学生既要尊重,又要打破他们的封闭私人空间,帮助他们在各方面积极上进,向好的方面努力。

1.2.3 社交空间

社交空间大约在120厘米到360厘米之间,已超出了亲密或熟人的人际关系,而是体现出一种公事上或礼节上的较正式关系,通常是指处理非个人事务的场合,在工作环境和社交聚会上,人们一般都保持这种程度的距离,属于礼节上较正式的社交活动。人们在这一距离时可以打招呼,如“马主席,您好!”“王总,好久不见啦!”等。这是商业活动、国事活动等正式社交场合所采用的空间距离,主要在于体现交往的正式性和庄重性。在这一空间内,交际双方都把手伸直,还有可能相互触及。社交空间的范围规定比较灵活,具有较大的开放性,亲密朋友、熟人可随意进入这一区域,近可相距两三步,相当于两张办公桌的距离,远可相距五六步或更远些。例如,办公室里的工作人员多采用这种距离交谈,在小型招待会上,与没有过多交往的人打招呼或简单寒暄几句便离开,表示不想多作交谈,因为这一空间距离对双方没有过多的约束力。如果空间距离设置不当,会给交际双方带来不便。例如,有一次,一个外交会谈的座位安排出现了疏忽,在两个并列的单人沙发中间没有放置增加距离的茶几,其结果是,两位参加会谈的客人自始至终都尽量靠到各自的沙发外侧扶手上，且身体也不得不常常后仰，显得较为尴尬。可见，不同的情境、不同的关系需要有不同的人际距离。空间距离与情境以及人与人之间的相互关系不相对应，会明显导致交际者出现心理不适感。

社交空间在现实生活中随处可见，与上述两个空间具有明显的差异。例如，在一些领导人、企业老板的办公室里，其办公桌的宽度在2米以上，并将来访者的座位放在离桌子一段距离的地方，这样与来访者谈话时就能保持一定的距离，设计这一宽度目的之一，就在于领导者与下属谈话时可显示出距离与威严。再如外交及商务等方面的谈判、工作招聘时的面谈、教师和学生的论文答辩等，往往都要隔一张桌子或保持一定距离，这样就增加了一种庄重的气氛，使得双方都获得一种安全距离，能够保持心理淡定。在社交距离范围内，由于双方保持一定的距离，没有直接的身体接触，所以说话时要适当提高声音，并且需要更充分的目光接触。如果谈话者得不到对方的目光回应和支持，他（或她）会有强烈的被忽视、被拒绝的失落感。不难看出，在社交空间范围内，相互间的目光接触是交谈中不可缺免的感情交流形式，也是一种相互尊重的社交礼节。

1.2.4 公共空间

公共空间一般在360厘米开外，指的是公共场合中演讲者与台下听众、教室里老师对学生、舞台上演员与观众等场所的空间距离，开放性最强，约束感最弱，是一个几乎能容纳一切人的"门户开放"的空间。在这一空间中，人们相互之间未必发生一定联系，完全可以对处于空间的其他人"视而不见"。在公关活动中，根据其活动的对象和目的，选择和保持合适的距离是极为重要的。例如，当演讲者试图与一个特定的听众谈话时，他必须走下讲台，使两个人的距离缩短为私人空间或社交社交，才能够实现有效沟通。显然，相互交往时空间距离的远近，是交往双方之间是否亲近、是否喜欢、是否友好的重要标志。因此，人们在公共空间中相互交往时，选择合适的空间距离是至关重要的。

总而言之,人际交往的空间距离并不是绝对的,不是固定不变的,它依赖于民族文化、具体语境、交谈双方的关系、社会地位、文化背景、性格特征、性别、年龄、受教育程度、心境等因素,具有一定的伸缩性和可变性。生活在不同国家、不同民族,不同文化背景下的人,其交往距离也不同,这种差距是由于人们对"自我"的理解不同造成的,如阿拉伯人理解的"自我"仅限于心灵,他们甚至把皮肤当成身外之物,而北美人心目中的"自我"则包括皮肤、衣服以及体外几十厘米的空间。因此,阿拉伯人与北美人交往时,往往步步逼近,表现出极度的热情,甚至呼吸也能喷到对方脸上,而北美人却接受不了对方的盛情,连连后退,竭力维持适合于自己的空间范围。人的身份和社会地位不同,其交往的自我空间距离也互有差异,如各级领导的办公室因行政职务高低而大小不同,我国有关部门还对此做了硬性规定,行政级别越高,表示权力和地位越高,对于个人空间的需求相应会越大。这是自古流传下来的一种行为规则,如我国古代历任皇帝都高高在上,坐在高高的龙椅上,独占很大的空间,与大臣们保持较大的距离,大臣们不能与皇帝平起平坐,不能直视皇帝,在皇帝面前均要低头弯腰,俯首称臣。这些空间距离都彰显了皇帝至高无上的权力与地位。在现实生活中,当人们接触到有权力有地位的人时,通常会带有某种战战兢兢的敬畏感,不敢贸然挨着他坐,尽量坐得远一点儿,避免侵犯他的自我空间。

除了民族文化背景和社会地位,人们在确定相互空间距离的远近时,还要充分顾及彼此的性格和具体交际场合等因素。例如,性格孤僻的人一般把自己封闭起来,不愿主动接近别人,对靠近他的人十分敏感,唯恐自己的自我空间受到侵犯,一旦发生这种情况,最易产生焦虑和不舒服感,而性格开朗的人则喜欢交往,乐意接近别人,也乐意别人接近自己,并不追求自我空间的大小。此外,人们对自我空间的需要也会根据具体交际场合的变化而进行调整。例如,上下班高峰期间,在拥挤的地铁里,人们相互紧紧靠在一起,无法考虑自我空间,只能默默容忍别人对自己的靠近，在这种情况下，亲密空间和公共空间的界限已被打破，自我空间很小，人们彼此之间不得不通过躲避别人的视线和呼吸来表示保持距离，以此维系自己的心理空间。但是，一旦走出地铁，进入较为空旷的公共场合，人们的空间距离就会自然扩大，如果你毫无理由地紧靠着别人，或者别人紧挨着你站着，就会令双方感到很不自然。因此，通过空间距离提供的信息，人们可以很好地了解彼此的社会地位、相互关系、心理感受、性格等，从而有意识地选择彼此交往的最佳距离，借助空间语言保证人与人之间的和谐相处。

1.3 触摸语言(тактильный язык)

所谓触摸语言，是指人际交往中自触和他触，即自我触摸和接触他人身体所释放的关系符号，这些符号体现了不同的民族文化特点、宗教信仰、社会习俗、性别差异、心理特征以及人与人之间的相互关系等，流露出各种复杂的情感与意念。正像有声语言和姿势可以传递人们的情感信息一样，自我触摸和身体与他人的接触在交际中也时刻传递着各种信息。从孩提时代起，婴儿被母亲和其他成人抱着摇着拍着，得到爱抚后不仅能保持心理平静，还能刺激协调小脑，促使这一运动器官的发育。到了成年期，身体接触已经丧失了幼儿期的亲密性，被代之以夫妻、情侣之间的亲密接触或者握手、拥抱、接吻之类礼节性接触，这种亲密性接触和礼节性接触陪伴每个人走过一生。在自幼耳濡目染的文化熏陶中，人们学会了各种不同的接触方式，知道与他人相处时哪些身体部位可以接触，哪些部位不能接触，逐渐习得各种不同的社会习惯和触摸文化定型。

人类学家把文化大致分为两大类：接触文化(touch culture)与非接触文化(nontouch culture)，有的民族崇尚接触文化，而有的民族则信奉非接触文化，不同的民族文化确定了它自己关于接触的定义。一般来说，阿拉伯人、南欧和西欧人、犹太人及拉丁语系的人崇尚接触文化，而美国人、北欧人及东方人则信奉非接触文化，这是根据民族习性的总体特征来划分的，如浪漫的法国人和热情奔放的西班牙人喜欢接触他人，对于触摸他人的行为习以为常，而中国人有着东方人与生俱来的矜持与拘谨，与人交往时尽可能避免过多的身体接触。在中国传统文化中，“面子”重于一切，脸对女性来说尤其重要。如果随意触摸一个中国姑娘的脸，那可是犯了大忌。中国人喜爱一个小孩时，哪怕初次见面，也会亲切地抚摸他的头部或者抱抱他，小孩和家长对此乐于接受，但对美国的孩子不能这样做，否则会引起孩子家长的反感，因为在美国人的文化中，随意触摸他人小孩被视为无礼的行为。再如，宗教界的触摸文化与世俗文化不尽相同，出于宗教的崇拜和信仰，佛教徒认为活佛给他们施行的摸顶礼是崇高而神圣的。人们平时所说的“顶礼膜拜”源于佛教，所谓“顶礼”是指佛教徒拜佛时的最高敬礼，人跪下，两手伏地，以头顶着受礼人的脚，而“膜拜”则是佛教徒的另一种敬礼，两手加额，跪下叩头，这种虔诚的跪拜比喻降服自我的傲慢，对于真修行的僧人并不需要别人的顶礼，而通过顶礼来表示决心放下自我的一些不良习惯。后来，“顶礼膜拜”形容对他人崇拜到了极点。

但是，在佛教徒占全国人口百分之九十以上的泰国，无论大人还是小孩的头部是千万不能触及的，触及头部就是一种罪过，这一禁忌和泰国的民俗有着非常密切的关系，因为泰国人认为“头部”在字义上或象徵上是身体上的最高部分，是人的灵魂所在，是神圣不可侵犯的，所以不能随便触摸别人的头部，纵使是友善的表现，不然则被视为对别人的不恭和蔑视。如果偶然不慎触摸某人的头，要很快地向他当面道歉。不仅如此，泰国僧侣在路上行走时特别忌讳被女性触及，认为这样就会使他苦苦修炼的前功尽弃。由此可见，触摸语言的运用也因民族、地域、性别、宗教及文化之不同而异，必须遵循一定的触摸语言定型。如果在交际中不加区别地统统采取亲密性接触，或是一味推行非接触文化，这个世界就会乱成一团，无法进行正常的人际交往。

关于自我触摸行为，在以上章节中已经多次提及，它们指的是在一定情境下能给自己带来慰藉的自触动作。例如，人在紧张时，会不停地眨巴眼睛或将手指交织在一起，或者一只手握拳，另一只手将其紧紧握住，或者两腿交叉；人在困惑、悔恨、害羞、尴尬、无计可施时，会不由自主地抓自己的头发；用手指拍拍额头或后脑勺、用手指敲敲太阳穴或者正正眼镜、眯缝双眼等动作表示在思考；手捂鼻子表示厌恶或者不愿接近对方；手捏鼻子或摸鼻梁表示犹豫不决，若有所思；手拍腹部表示自信、自豪、宽宏大量、承担责任；挥手表示致意问候或道别，等等。

他触行为纷繁多样，多达400多种，但成人之间最常见的动作则是以下10种：(1)握手——带有例行公事的性质，适用于各种交际场合，是见面和再见时常用的礼节性符号；(2)拥抱——除去夫妻、情侣之间情绪高涨时的情感因素，拥抱通常是成人间分别与重逢的关系符号，适用于同性和具有亲朋好友关系的异性之间，也常见诸外交礼仪场合；(3)牵手——夫妻、情侣之间表达亲昵的关系符号，也常见诸关系密切的亲朋好友及家庭成员之间；(4)挽臂——挽臂而行是夫妻、恋人、家庭成员和亲朋好友之间常见的亲昵动作，最具他触的象征意义；(5)亲吻——包括唇吻和互吻面颊，前者是异性之间表达亲昵的关系符号，同时也不排除某些同性之间的暧昧，而后者，即互吻面颊，则不含性的意味，是社交礼仪场合广为使用的他触方式。在俄罗斯、乌克兰、白俄罗斯等国，男性弯下腰吻女性的手是表示谦恭和敬意的礼节；(6)拥肩——半拥抱式的拥肩或将一只手搭在同伴肩上并肩而行，是异性之间常见的他触动作，且多为男性使用，因为男性一般高于女性，用手搭肩更为方便，但也不排除关系密切的同性之间有这种他触行为；(7)揽腰——与拥肩、牵手、挽臂等有所不同的是，揽腰这一亲昵动作已经涉及敏感部位，爱意更深，常见于夫妻、情侣之间，也会见诸一些关系密切的同性好友及家庭成员之间；(8)单手或双手击掌——双方庆祝或约定某事的他触符号，通常发生在亲朋好友或熟人之间；(9)搀扶——成年人保护老弱病残孕和儿童的常见动作，即便相互之间素不相识，也会乐于接受这种充满爱心的他触行为。在某些场合，某些健康的人也会相互搀扶，相向而行，如行人过马路、下雪天防止滑倒、上下公交车时常会看到这一行为；(10)轻拍——表达爱意、善意、安慰、问候、同情时轻拍对方的头、手、臂、肩、背等部位的他触符号，常见诸同性成人之间，夫妻、情侣以外的异性之间一般不能轻拍对方的胸、臀、大腿、膝盖、头等部位，因为此类动作带有色情或者侮辱的成分。当然，这只是常见的10种他触动作，在现实生活中还常常见到头抵着头、脸贴着脸、鼻子蹭鼻子、搂着脖子等发生在情侣之间的亲昵行为。

1.4 面具语言(язык маски)

所谓面具语言，并不仅仅指的是面部动作展现出来的体态符号，而是指人们出于各种目的，用身体动作和面部表情有意掩饰自己真实意图的行为方式。人具有多面性，具有不同的体态变化形式，为了生存和显示自己的坚强、适应不同的环境以及符合社会所认可的行为定型，人们常常戴上面具，不仅用它遮住羞涩与畏惧，还遮挡丑陋与阴暗，把勇敢、美好、阳光的一面展现在世人面前。借助面具，会出现许多人们所期待的变化：年龄差异在变小，老人显得年轻了，年轻人变得老成持重；性别差异在缩小，女性获得男性所具有的许多优秀特质，男性从女性身上学到很多自己所缺少的东西；地位和权力距离在缩小，人们相互之间平等相处，弱化了高低贵贱之分，权高位重者可以放下身段，所谓的小人物可以借助面具所代表的权威把自己装扮成大人物；粗俗和愚昧在减少，人们竞相以礼相待，促进和谐交际气氛的形成。如此等等，说明面具语言具有诸多正面效应，是现实生活中必不可少的调节人与人之间关系的交际工具。

在很多情况下，人的感情或欲望在无意中通过面部的变化而表现出来。在人际交往中，面部表情往往是更容易辨别对方心情、态度的线索，且因民族文化理念不同而表现各异，成为跨文化交际必不可少的手段之一。一切没有经过掩饰的表示肯定与否定、积极与消极、接纳与拒绝等面部表情所蕴含的多种文化内涵丰富多样。例如，东方人尽管比较含蓄，感情不轻易外露，但面部变化却往往暴露内心世界，中国人的

“给人脸色难看”“看脸色办事”“察言观色”等将面部表情运用到了出神入化的境界；西欧人、非洲人及拉丁语系人喜欢直来直去，其七情六欲写在脸上。从过去的南非白人鄙视黑人的目光和厌恶的表情中，可以了解到南非的种族歧视和黑人当时的社会地位；第二次世界大战期间，从纳粹党徒投向犹太人身上那阴险狠毒的表情里，可以知道犹太人当时的悲惨命运。感情的表达是在文化背景中习得的，它们因文化理念不同而表现各异。

俄语 «маска» 一词本身表示“假面具”“防护面具”“带假面具的人”“假面化妆的人”等，如 маска медведя（熊脸假面具）、Пришли маски（来了些化妆面具的人）等。由于面具所提供的信息与伪装、虚假有关，知道它存在的只有使用者自己，外人可能看不出来，或许只有与他最亲近，最清楚最懂他的才知道他在假装，就像一首关于面具的诗歌所说的“有人整天躲在面具后面，不敢露出真实的自己……一段历史有多少面具下的脸，一段人生有多少再回头的岸”，所以难免会有人说，面具语言是一种虚伪的、具有负面特征的言语行为。实际上，这种所谓的“虚伪”与虚情假意、阳奉阴违、见风使舵、谋取私利不是一回事，而是一种克制负面情绪、善待他人、维系友好交往的交际手段。例如，亲朋好友们去医院看望一个身患绝症、不久人世的病人时，如果流露出悲痛欲绝、欲哭无泪的真实情绪，只能加重病人的思想负担，促使其病情恶化。在这种情况下，人们通常会尽可能掩饰内心的悲痛与同情，装作若无其事的样子，有意隐瞒实际病情，面带轻松的表情安慰病人，鼓励他乐观面对病情，祝福他早日康复。反过来讲，某个人得知自己身患肺癌，到了晚期，生命已经进入倒计时，但他没有把真相告诉家人和亲朋好友，反而强颜欢笑地对大家说只是小病，很快就会痊愈，让大家不要担心。再如，一些参加他人追悼会的人与逝者交往不深，没有多少悲哀的情感，但也会以悲痛和同情的表情致哀，绝不会在那种场合谈笑风生，如此等等，不一而足。不可否认的是，这些面具大都是出于善意，替他人着想，更具人性化，它所提供的信息无疑是传播正能量的。

当然，在现实生活中，面具语言传递的不仅仅是上述悲情信息，更多的时候是应对各种复杂多变的交际场合，有时出于礼仪要求，有时出于工作需要，有时有意而为之，如此等等，不胜枚举，在人际交往中随处可见。例如，外交官一旦参加正式的外事谈判或庆典活动，必须西装革履，形象端庄，彬彬有礼，活动结束后回到家里，会及时换上便装，不拘礼节，与家人共享天伦之乐；教师上课前通常要观察一下自己的仪容是否整洁，进入教室后会全神贯注，充满激情，举止文雅，按照教学要求讲好每一堂课，哪怕有时感到身体不适，他也必须这么做，下课后他可能瘫坐在教员休息室里，累得连话都说不出来，与课堂上的形象相去甚远，像换了个人似的；现在服务行业提倡微笑服务，服务员即使因为什么不开心的事刚刚哭过，也应该擦干眼泪，面带微笑上岗，尽职尽责，竭诚为顾客服务。如果他或她不带上面具，哭丧着脸面对顾客，那将会是什么样的情形？

说到微笑，这不仅是对服务员的礼仪要求，也是面具语言的重要组成部分之一，适用于所有社会人。听话听音，看人看脸，挂在脸上的微笑作为人类最美丽的语言，是最有益于人际交往的面部表情，最能彰显微笑者的风貌。记得有位哲人说过“当你微笑的时候，别人会更喜欢你”，有了微笑，就多了阳光，多了欢乐，多了理解，多了人类和谐。正因为微笑如此重要，国际社会对它格外重视。1948年，国际红十字会决定，将国际红十字会创始人亨利杜南的生日5月8日定为世界红十字日，与此同时，世界精神卫生组织把这天确定为“世界微笑日”。从1948年起，每年的5月8日就变得温馨起来，世界各地以不同的方式庆贺“世界微笑日”，希望“当你微笑时，世界就爱上了你”“在对别人的微笑中，你也会看到世界对自己微笑起来”，通过微笑促进人类身心健康，同时在人与人之间传递愉悦与友善，增进社会和谐。

微笑不仅表示快乐和友好，而且传递道歉与谅解或者善意的提醒。

例如，在大街上偶然撞到陌生人，露出微笑是向对方表示歉意，表示自己并非有意；在公共汽车上因急刹车而踩了别人的脚，微笑就等于说“对不起”；在图书馆阅览室里，你不慎错拿了别人的书，当对方走到跟前时，给他（她）一个微笑表示“不好意思，马上还给你”；在飞机或火车上别人看错座位，占了你的位子，你对他微微一笑，意思是说“这是我的位子，您搞错了”，对方会起身让座，并给你一个微笑，以示歉意；1933年，鲁迅在《题三义塔》一诗中写道：“度尽劫波兄弟在，相逢一笑泯恩仇”，意思是不管过去发生过什么，过去的就让它过去吧，不再计较，相见时笑一笑，打个招呼，忘掉所有的不愉快，一切从头开始。鲁迅的这一名言后来被广为运用，专门用来表示通过“相逢一笑”化解前嫌的情形。凡此种种，足以说明微笑不仅仅是一个简单的面部动作，而是一种无声的面具语言，是人际关系的重要调节器之一。

与微笑不尽相同的另一种面具语言是面无表情的沉默（молчание），俄罗斯学者 Н.И. 福尔马诺夫斯卡娅称其为“特殊的有意义的言语行为”（Формановская 1998: 158），Н.Д. 阿鲁秋诺娃认为“沉默是交际活动的最高形式，是表达或者传递心理感受和感情的纯粹方式。”（Арутюнова，1994：178），而 Н.Б. 科尔尼洛娃则给沉默现象下了一个概括的定义：“沉默可被视为一种多功能的交际单位，在一定的社会相互作用（对话或者会话）条件下充当交际策略。”（Корнилова，2002: 215）从20世纪80年代后期起，“以人为本”的语用研究理念日益深入人心，“人的语用因素”成为俄罗斯语言学家关注的焦点，沉默现象随之进入了语用学的研究领域。几乎与此同时，俄罗斯语言学家对 R. 莱科夫、D. 齐默尔曼、C. 韦斯特、B. 索恩、D. 博林格等西方著名学者的社会性别语言研究成果进行评介，成功地完成了西方在这一领域的研究成果与俄罗斯本土理论的对接，适时地将沉默等一系列非口头言语交际行为纳入社会性别语言学的研究范围。（周民权，2012: 29）

如果仅从词汇角度来看，俄语动词 «молчать»（“沉默”）的意义等

同于动词 «говорить»（“说话”）的否定形式 «не говорить»（“不说话”），都表示“没有发出声音”。但如果从言语行为角度看，二者有着很大的区别：尽管沉默是以说话为前提的，但没有说话并非都是沉默，沉默并不意味着没有言语动作。（周民权，2009:26）事实上，沉默在不同的语境中被赋予各种不同的含义，在语言实践过程中分为“积极沉默”和“消极沉默”：“积极沉默包括默认、沉思、羞涩、威严、默契等行为，所以有‘此时无声胜有声’‘一切尽在不言中’‘沉默是金’等说法，而消极沉默指逃避、不悦、拒绝、挑衅、放弃等非言语行为。由此看来，消极沉默在交际过程中或多或少带有否定、贬义的色彩。”（姚芬芳，2009:106）鲁迅先生在《纪念刘和珍君》中说过的一句话“沉默啊，沉默！不在沉默中爆发，就在沉默中灭亡”振聋发聩，愤世嫉俗，唤醒无数国人在中华民族面临生死存亡之际奋起抗争，可谓“于无声处听惊雷”！有一个例子颇能说明沉默的重要作用：1945年7月在波茨坦举行的苏、英、美三国首脑会议期间，美国总统杜鲁门对苏联领导人斯大林说：“美国研制出一种威力非常大的炸弹。”暗示美国已经拥有原子弹。谁知斯大林竟像没听见，以致后来许多人回忆说：“斯大林好像有点耳聋，没听清楚。”其实斯大林不仅听清了这句话，而且听出了弦外之音。会后，他立即对外交部长莫洛托夫说：“应该加快我们的工作进度。”（陆学进，2001:53）果然，经过两年多的日夜奋战，1947年苏联成功爆炸了第一颗原子弹，一举打破了美国核垄断的地位。此事引起巨大的国际反响，有人评论说，斯大林的沉默不亚于一颗原子弹。

总而言之，上述身势语的种种差异源于千变万化的文化差异，源于复杂多变的民族性，源于各种久已形成的语言定型。文化不但具有民族性、时代性和世界性，而且还具有代代相传的语言习得性和社会所认可的交际定型。在现实交际中不难发现，不但不同国家和民族的身势语言有所差异，而且同一国家和民族的身势语言也不是完全一样的，甚至同一地区、同一部门不同行业、不同年龄、不同性别、不同文化层次的人之间在使用身势语方面也是千差万别，各有千秋。因此，在跨文化交际中，要清楚地认识身势语与民族、文化、语言习得、交际定型之间的关系。绝大多数身势语是受民族习俗的影响代代相传和后天习得的，是长期历史和文化积淀而成的某一社会共同的习惯，它的形成和交际效果往往由一定的文化环境和交际规则所决定。避免身势语使用中的文化误解和交际冲突，关键在于正确对待语言文化定型及其差异，坚持不懈地排除以我为主的文化优越感、文化模式化和文化差异的干扰，相互尊重对方的文化习俗和语言表达习惯，在平等互谅的基础上正确使用身势语，以保证跨文化交际的顺利进行。

2. 身势语的语用功能

通过上述分类研究可以看出，身势语更多的时候表达的不是它本身的生物学意义，而是一定语境中的言外之意，这就势必使得身势语进入语用学的研究视野，诚如程同春（2005: 37）所说："听人说话时能从身势语理解言外之意，身势语的言外之意便是语用学的研究范围。"作为非言语交际体系的重要组成部分之一，身势语具有独特的语用功能，发挥着重要的交际作用。关于身势语的语用功能，学界众说纷纭，莫衷一是。俄罗斯学者 Г. В. 科尔尚斯基将其归结为以下四种：（1）补偿被省略的语言手段所表达的信息；（2）确定语言手段的单一性；（3）表达人的思想情感；（4）强调语言手段所表达的信息。（Колшанский，2005：16—18）В.Н. 雅尔采娃则进一步明确了身势语的三个语用功能：（1）补充言语信息，有时可能会否定言语信息；（2）替代语言手段；（3）与语言一起使用，表达同样的信息。（Ярцева，2002：367）参照俄罗斯学者的相关观点，综合、借鉴其他研究者的相关表述，我们把身势语的语用功能归纳为以下4种：

2.1 调节功能

所谓调节功能，是指在言语行为中不仅可以调节交际气氛，而且能够监控交际进程、具有确定—维系—终止交际这一调节功能的动作行为，俄罗斯学者 Г. Е. 克列依德林（2005: 61）称其为 «регулятивные жесты»（"调节性动作"）。例如，前边所讲的"微笑"就具有"化干戈为玉帛"的功能，让可能引发交际冲突的偶发事件在"微微一笑"中画上句号；点头和摇头动作表达诸多意义，其中有一种 «академический кивок»（"没有实际意义的点头"）发挥的就是调节作用，如对方正在讲话时，听话人做这一动作，表明他正在认真听对方讲话，而且同意对方的观点，希望他不要停下来，继续说下去；摇头也具有调节功能，如某人大会发言时口若悬河，滔滔不绝，越讲越离谱，大会主持人连连摇头，这一动作表示对发言很不满意，同时也是示意发言人赶快停下来。再如，«бросить взглад на кого»（"向某人瞟了一眼"）除了表示"对所注视的人产生兴趣，希望与之交往"以及"向他人使眼色，希望从他那里获取某种所需信息""献媚"等意义外，还可以作为制止谈话或行为的言语符号，如在旅游景点，某个游客正往纪念碑上乱写乱画，旁边过来一个人，狠狠地瞟了他一眼，以此示意他，这是一种很不文明的行为，不能再继续写下去，等等。这些动作行为尽管是无声的，但它们释放出的信号具有强烈的震慑力，所发挥的调节作用有时甚至胜过高喊几声。

2.2 替代功能

所谓替代功能，是指某些动作行为在一定语境中脱离有声语言，单独使用，起到传递信息的作用，如人们要出租车时，只要站在路边挥挥手即可，无需高声呐喊；有人向你提出一个小小的请求，你如果同意就点点头，不同意就摇摇头；有人请你吃冰淇淋，你摇摇头，同时用手指咽喉，就表示嗓子疼，不能吃；在社交场合接待来宾时，迎宾员只需用张开右手掌，同时向右轻轻摆动一下，就表示"有请""欢迎"之意；在饭桌上父母亲唠唠叨叨，孩子停止吃饭，用双手捂住耳朵，表示不愿听下去，等等。Г.Е. 克列依德林认为，这种具有独立词汇意义、可以单独使用、不需要上下文即可传递信息的肢体符号属于 «эмблематические жесты»

（“象征性动作”），替代作用十分明显。（Крейдлин，2005: 59）

2.3 强调功能

所谓强调功能，是指集“声”“情”于一色、用一定的动作行为强调和突出语言表达，使之更加清楚、生动、形象，具有动态的感觉和视觉效果，使整个交际活动变得有“声”有“色”。例如，说话人讲了某件事，让听话人别给其他人讲，听话人在说出“放心吧，我不会告诉任何人”这句话后，又做了“用手捂住嘴”的动作，以无声的方式进一步烘托、强调前面所说的话，以此表明自己会守口如瓶，信守诺言；会场上嘈杂声较大，会议主持人一边说“请大家保持安静”时，一边做出“击掌”或者“轻拍桌子”等动作，以此来吸引与会者的注意力，强调保持会场秩序的重要性；当拒绝别人的某个不合理的要求时，说话人一边说着“不”，一边摆摆手，强调不会同意；人们在告别时，除了说“再见”，还会相互握握手或者挥挥手，以强调彼此之间的尊重，等等。此时，强调和补充话语内容的身势语与有声语言融为一体，表达同一个交际意图，使语言表达更具说服力。在日常交际中，人们之间的交际只凭言语而没有任何伴随的动作行为是不切实际的，也是难以进行的。从这个意义上讲，强调功能也可被称之为言语交际中不可或缺的伴随功能。

2.4 情感表露功能

所谓情感表露功能，是指某些动作行为在特定情况下可以充当独立表达思想感情的手段。与替代功能有所不同的是，情感表达不仅仅是替代某种简单的感性动作，而是人们蓄意表达内心深处的情感，有时甚至不知不觉做出的某种宣泄内心感情的表情和动作。例如，每年5月9日，在莫斯科大剧院前的广场上或是在高尔基文化公园里，人们看见年迈苍苍的退伍老战士们相互拥抱或亲热地拍打肩背，激动得说不出话来。“他们的这一举止远远胜于语言，告诉我们以下信息：1）相互问候；2）卫国战争时期前线的友谊使他们紧密相连；3）久别重逢；4）相见时的欢乐心情。难道这一切能用语言表达吗？”（刘光准、黄苏华，1999:

114—115)这种无声的见面方式确实用任何有声语言难以替代,那是一种心灵的呼唤,是一种激情的碰撞! 诚如19世纪俄罗斯著名国务活动家M.M.斯佩兰斯基所说:“只有在需要让人增强理解时,手才发挥作用。冷峻的理智无法触动手,只有当心灵受到震撼时,手才会动起来。”(周民权,2014:240)可见外因通过内因而起作用,情感表露功能的发挥是拥抱和拍打肩背之类身势语的真正动因。

在很多时候,说话人未必总能遵循无声语言与有声语言和谐一致的原则,有时甚至身势语表达的意思会与话语内容完全相反。在这种情况下,身势语作为说话人内心情绪或情感的真实表露,往往能够给人们提供更为真实可靠的信息内容。例如,有人去别人家里做客,看到主人不停地看表,就起身表示自己要走,主人却说“不急,再坐会儿”,可他的动作明白无误地告诉客人:“时候不早啦,你该离开啦”;有一次,警察抓住一个盗窃嫌疑犯,后者大声嚷嚷“你们凭什么抓我? 我有什么罪?”,可他的双腿不停地打哆嗦,眼睛悄悄地往旁边的草窝看,警察敏锐地捕捉到这一信息,马上在草窝找到了被嫌疑犯丢弃的盗来的手机和钱包,显而易见,嫌疑犯嘴上虽然一个劲儿反抗,但他的动作行为暴露了自己盗窃的秘密;人有时感到悲伤、愤怒、不满、委屈时,面部和眼神常常流露出激动不安的神情,一旦别人问他是怎么回事,他马上说“没什么,没事”等,但实际上他的面部表情已经表明:他心里有事,等等。由此可见,要真正做到“不动声色”“喜怒不形于色”并非易事,无论嘴上说什么,下意识的肢体动作都常常会把一个人的真实情感暴露无遗。这里所表现出来的“心口不一”现象是身势语“有时可能会否定言语信息”这一功能的真实写照,亦是身势语的情感表露功能之一隅。

第三节 俄汉身势语中的社会性别定型

身势语中的社会性别定型是历史形成的产物,是客观存在的普遍现象，在每个民族、每种语言中都有体现，俄汉语概莫能外。“作为一种由来已久的特殊的社会现象，身势语和其他的社会因素之间就必然存在着某种联系，尽管这种关系有时呈隐性，有时呈显性。”（耿二岭 2001: 71）在诸多社会因素中，“社会性别”无疑是影响身势语使用的一个很重要的社会变项，是身势语中社会性别建构乃至形成定型的关键因素。由于民族习性差异和社会文化所赋予的交际风格不同，男女两性的身势语无疑具有各自不同的社会性别定型特点。例如，就中国的男性和女性的各种动作和姿势来说，社会性别定型要求其站有站相，坐有坐相，美态标准亦不尽相同：“男子当以刚劲、壮美、力度取胜；女子则以轻盈、典雅、柔性为美。所以站着‘亭亭玉立’，走路‘纤纤细步’，讲话‘莺声燕语’，看人‘秋波微转’的‘窈窕淑女’，这才符合大众的审美心理。”（董珍兰，2006: 23）显而易见，与男性相比，女性的动作更显平和、柔媚、多姿，这无疑与社会建构的男性气质及女性气质相符，也反映了社会对于男女两性的不同审美要求。

一般来讲，女性倾向于通过动作行为尽可能表现出自己性格和情感上的柔媚特征以及性别上的优雅气质，而男性则希望自己的动作行为能够体现“具有男子气概的附加色彩或者和男子气概有联想关系。”（耿二岭，2001: 73）实际上，有些有社会性别定型差异可以借助于人的心理和生理特征进行解释。如惶惶不安、心神不定、犹豫不决时，男性会使用“抚摸胡须”或者“抚摸下巴”等动作，而女性则会不停地舔嘴唇、理理头发或者眨巴眨巴眼睛等；在思维受阻或者疑惑不解时，男性习惯于拍拍后脑勺，或用手揉揉下巴，或拉低耳垂，或撑着额头，或撑起两颊，或抚摸脖子后部，而女性则微微张嘴，或食指放在下嘴唇前部，或食指靠近下巴，如此等等，都是缓解紧张情绪的常见动作。

由于民族文化、社会习俗、表达习惯等不同，俄罗斯和中国的男女两性之间会有诸多社会性别定型差异。例如，俄罗斯男性会以吻女性的手作为一种见面礼节，而中国男性囿于传统观念，不会轻易做出“吻”的动作；俄罗斯男女两性喜欢以动作语言表白自己的爱意，可以毫不遮掩地宣泄情感，尤其是女性，她们往往会因为异性受到自己的吸引力而喜形于色，感到受宠，但不若惊，而中国女性往往感到羞涩，听到男性过于直接的示爱表白可能会脸红，低下头来，甚至转过身去。此类俄汉社会性别定型差异不胜枚举，通过动作语言、空间语言、触摸语言、面具语言体现出来。

1. 动作语言中的社会性别定型

动作语言纷繁多样，涉及身体的诸多部位，体现着男女两性的社会性别定型特征。据中俄学者观察和研究，汉俄语中较为典型的男性动作有：搓手（потирать руки）、挠后脑勺（чесать в затылке）、挥拳敲打桌子（стукнуть кулаком по столу）、挥拳威吓一下（прогрузить кулаком）、手脚伸开懒洋洋地坐在椅子上（сидеть, развалясь в кресле）、两腿大大分开站着（стоять, широко раздвинув ноги）、抚摸胡须（погладить бороду）、抚摸下巴（погладить челюсть）、鞠躬（поклон）、脱帽行礼（снятие головного убора）、手击额头（постучать рукой по лбу）、用手拍拍肚子（похлопать рукой по животу）等。常见的女性肢体动作则包括：微微低头（чуть наклонить голову）、理一理头发（поправить волосы）、轻轻扭动臀部（покачивать бедрами）、把手指放在唇边（приложить палец к губам）、用手捂住嘴（прикрыть рот рукой）、咬嘴唇（кусать губы）、飞媚眼（стрелять глазами）、慢慢扭过身去（медленно отвернуться），等等。这些常见动作具有各自的社会性别定型特点，在不同的语境中表达不尽相同的语用意义，亦因汉俄语言文化差异而各具特色。

1.1 头部动作

头部动作常常体现男女两性的典型性别特征，既包括性格特点，也涉及颜值高低，如汉语成语“虎头虎脑”指的是壮健憨厚的小男孩，“燕颔虎颈”形容威武、坚强的男性，而“柳眉凤眼”则形容长得清秀的女孩子，“面若桃花”指的是烂漫芳菲、色如凝霞的美女。相比之下，蓬头垢面、披头散发、张牙舞爪、青面獠牙等成语则表示负面评价，既针对男性，也包括女性，视时代审美要求和具体语境而定。例如，在我国魏晋时期，尽管时局动荡，战乱频繁，但审美却依然体现着那个时代的社会性别定型特点。当时男性不仅要身材纤弱，还崇尚面孔女性化，每天都要剃须、敷粉和熏香，甚至要穿女装，学姑娘步态轻盈，生活远比现下一些蓬头垢面、素面朝天的女性精致多了，如《魏书》里，被誉为“神清骨秀”的曹植盛夏洗完了澡，还不忘敷粉：“时天暑热，植因呼常从取水，自澡讫，敷粉”。时代不同了，古代的这些动作行为已经远离现代男性，谁也不想被称之为“娘炮”“娘娘腔”等。

目光语（язык глаз）是头部动作的集中体现之一，在男女两性的交往中发挥着重要的交流作用，他们的七情六欲往往通过眼神展现出来，如人们通常所说的“眉目传情”“脉脉传情”“含情脉脉”“暗送秋波”“一汪秋水”等都分别反映了男女两性的社会性别定型特点。通过目光语可以看出男女之间的相互态度，尤其是女性的目光更为犀利，比如，女子能向男子发出冷酷无情的目光，她甚至不用开口，就能非常准确地向他表明自己的态度。“女子比男子敏感，她们凭直觉来观察、判读非语词信号，她们能注意到极其微小的细节。因此，丈夫很少能欺骗妻子，多数女性能根据男性的眼神来揭露他们的秘密。”（Пиз，2000：55）相比之下，男性虽然心粗，但根据女性的眼神也能判断她们的内心所想，然后决定应该采取何种应对措施。

男女两性的目光语亦因民族文化差异而有所不同。例如，法国男性在公共场合对女士的凝视是社会所认可的一种文化准则，但美国人认为这种目光仅限于异性之间，并不适用于同性，因为这种长时间的凝视常常是同性恋的亚文化群体使用的非语言代码的一部分；中国人和其他东方民族以及非洲人认为，和异性交谈时把目光移向一边，是有礼貌的表现，而俄罗斯人、欧洲人、阿拉伯人和拉美人则视其为不够真诚，缺乏对异性的尊重。

Е.А. 泽姆斯卡娅、Г.Е. 克列依德林等俄罗斯学者认为，一般情况下，俄罗斯女性的凝视远远多于男性，她们会经常目不转睛地看着对方。究其原因，是女性作为孩子的教育者的社会角色使然：目光作为交际手段，用来维系母亲同不会说话的小孩之间的心理接触。（Земская и др. 1993：112—113）另一方面，女性比男性更感性，她们希冀通过目光寻求来自男性的关注与同情，期望得到他的赞赏以及对她的行为的认可。即使她不喜欢他，也会借助于目光表达自己的态度，但直视时间明显少于她对自己所喜欢的人的凝视。俄罗斯男性投向女性的目光数量和频率会随着男女之间相互距离的贴近而增长，而女性则恰恰相反，往往出于自我保护的本能而逐步减少目光数量。俄罗斯学者对目光语所作的社会性别研究在俄语语言文字上时有体现，如女性看男性的典型目光通常为 хлопать глазами（眨巴眼睛），стрелять глазами（抛媚眼），поводить глазами（动一动眼睛）等，而男性看女性的目光通常为 глазеть на нее（好奇地看着她），впериться в нее глазами（凝视着她），сверлить ее глазам（死盯着她）等。俄罗斯社会认可男性的这些目光行为，但不能接受男性的矫揉造作的目光，也不认同女性“贪恋地看着他”（«пожирать его»）以及过于放肆地用眼神吸引男性的行为。（周民权，2014：258—259）

在同陌生女性进行交际的场合，俄罗斯男性通常认为那些值得多看几眼的女性更具吸引力，而女性则认为那些目不转睛看她们的陌生男性举止粗鲁，缺乏吸引力。俄语中的目光行为定型表明，“相互之间素不相识的男性，尤其是女性，应该在目光语的使用上格外谨慎小心。例如，看对方时，不应时间过长，不应死乞白赖，以便不给他或者她留有亲近的机会，因为男性和女性初次见面时都在捕捉的这种目光通常被解释为邀请对方见面并确定性爱接触。”（Крейдлин，2004：411）这种情况与汉语中的目光行为定型基本相似，相互陌生的中国男女之间一般不会长时间直视对方，以免引起误解，但恋人之间的长时间凝视却是深情的体现。孙汝建（2010：180）通过研究发现，“恋人之间亲密凝视时，视点通常落在对方的双眼、颈部和胸部；睡意凝视时，眼皮几乎闭上四分之三，眼神看起来昏昏欲睡，但在甜美的倦容后边隐藏着清醒无比的意识，这种带有睡意的凝视是一种心有所思的鉴赏性的凝视，谁获得这种眼神，谁就如同得到了一笔财富。”由此可见，异性之间的关系亲疏程度常常成为目光语使用的重要因素：彼此越熟悉，凝视的时间越长，反之亦然，尤其在中国，死盯着素不相识的异性被视为极具侵略性的不礼貌行为。

发型（прическа）的作用同样不可小视，从中不仅能够看出不同时代和民族的印记（如我国清朝时期搭到男人胸前的辫子、辛亥革命后的新女性短发、英国著名影星奥黛丽·赫本主演的《罗马假日》搬上银幕之后风行一时的“赫本头”、美国嬉皮士们兴起的男子长发以及美国黑人的“爆炸头”等），而且能够看出一个人的体态信号以及他的习惯和爱好。发型对于女性尤为重要，可以说是她们的第二生命，是展现其魅力、彰显其内心欲求和愿望的一面镜子。例如，在参加重要活动前，女性一般都要去发廊打造一下自己的发型；几乎所有的姑娘在结婚前都会改变自己的发型，标志着自己将为人妻，与少女时代告别，如在俄罗斯某些农村地区，至今还保留着按照辫子来判断一个女人是少女还是已婚妇女的古老习俗：如果姑娘留着一根用红色或者绿色的彩带扎起来的辫子，辫子顺着脊背垂下来，她就是未婚少女。如果女人把辫子分开扎起来，她就是已婚妇女。所以，有些不想结婚的姑娘常常会以«Рано мою косоньку на две расплетать»（“把我的辫子分为两根为时过早！”）作为推辞。（Формановская，1998: 243）按照习俗，扎着一根辫子的姑娘有权在社会群体中自由活动，可以接受男士的献殷勤，和他们约会、跳舞、吃饭、亲密等，而把两根辫子盘在头上的已婚妇女就不能这样无拘无束，需严格遵守社会所认可的女性行为规范。与之不同的是，在中国封建社会，十五六岁的少女蓄两根长辫子，未婚姑娘梳成两个椭圆形的发髻，出嫁时在后脑梳成圆形发髻，标志着即将跨入婚姻的殿堂。因此，女性的发型有时不仅是年龄和身份的标记，而且成为未婚还是已婚的象征。通过剃发为僧、削发为尼等现象，也可以看出头发和发型对判定一个人的社会身份多么重要。

1.2 手部动作

手部在不触摸对方、独自使用的情况下，亦会体现许多社会性别特点。例如，双手背后是中国男性常使用的动作，尤其是一些有一定身份和地位的官员，通常喜欢用这一动作来展现自己的威严与自信，甚至有时与下属说话时依然如此，一副装腔作势、傲然自得的样子，让其他人感到很不舒服。这一动作在俄罗斯男性中时有所见，并没有什么特殊的意义，中国女性和俄罗斯女性较少使用这一动作；手插在裤子口袋里这一动作常见于中国和俄罗斯的男性，是一种展现自己的优势和自信的行为，中国女性较少使用，但俄罗斯女性喜欢双手插在裤子口袋里，并且面带微笑，显得很优雅，往往被看作展现女性魅力的行为；双手抱拳上下晃动通常表示“感谢”“拜托”等意，是彼此了解、年龄和社会地位基本相等的中国男性常用的动作，俄罗斯男性不大使用。

在日常课堂教学中我们发现，中国女大学生举手的动作一般较小，右手微微向上举起，通常不超过头顶，而男大学生举手的幅度较大，远远超过头顶，相比之下，俄罗斯男女大学生的举手动作基本相似，通常都是超过头顶，显得自信满满；Г.Е. 克列依德林曾对大学男教师和女教师上课时使用的课堂言语和手部动作进行过研究，他发现男教师和女教师的动作不仅形式不同，而且在交际上也不对等，如在讲解新材料时，男教师的典型动作是，一只手急剧快速下劈，幅度很大，而女教师的常见动作是，一只手平稳地移向一边。急剧下劈动作可以被解释为“事情结束或者把问题搁置一边”，还可理解为“消除怀疑或者表达极限特征”，而从图像上看，手掌竖着急剧下劈的动作表达的是坚决以及彻底结束的含义。更急剧的下劈动作常常伴随着用力点头以及 «все!»（“到此为止吧！”)、«хватит!»(“够了！”)等话语，而不太急剧的动作则伴随着不大用力的头部动作和«несомненно»(“毫无疑义”)、«абсолютно»(“绝对”)、«вот так»(“就这样吧”)等话语。而女教师的“一只手平稳地移向一边”这一动作与顺势说出的«по всей видимости»(“看来”)、«допустим»(“假定”)、«предположим»(“推测”)、«Но вот я не знаю.»(“可我不知道啊！”)等语句相一致。(Крейдлин，2005:89)相比之下，中国大学男教师和女教师的课堂手势也不尽相同：女教师常常一只手平稳地移向一边，既看起来优雅，也显得平和自然，而男教师一般喜欢挥动右手、摊开双手或者使用其他有力的手部动作。

1.3 躯干动作

躯干动作中的胸、腰、腹、背、臀等5个部位相互衬托，具有各自不同的社会性别定型特点。

胸部对于女性来说尤为重要，除了心脏之外，胸部还有乳房，其社会性别定型特征较为明显，如女性双手抱臂于胸前是一种自我保护、防止侵犯的动作，出于下意识地保护心脏和乳房的本能，用手掩胸是一种强调“自我懦弱”的表现。与之相反，“如果一个女性抬头挺胸，伸直腰板，这是一种自信和坦然表现；如果过分表现时，则强化了‘性’的意义。”(孙汝建，2010:168)与女性不同的是，男性昂首挺胸表示自信，手拍胸脯常常表示自鸣得意，含有“舍我其谁”的意味，那些具有胸毛和“厚胸脯”的男性使人觉得有威武的阳刚之气，如俄语中的«широкая грудь»(“宽阔的胸膛”)、«грудь колесом»(“宽大而强壮的胸膛”)以及汉语中的“强健的胸肌”“扇型胸”等，都是社会所认可的男性化典型特征之一。例如，重庆有一个秀胸肌的“胸肌哥”自称骆涛，身高175厘米，腰围72厘米，胸围102厘米，体重50公斤，这组数据像女模特的身段一样“彪悍”，吸引无数眼球。2010年7月，这名男子在网上发了一组照片，全方位展示自己健硕的胸肌，一夜爆红，被网友戏称为“重庆最牛胸肌哥”。此后，“胸肌哥”一词流行开来，专指那些拥有强健胸肌、体态匀称的男性。

腰是女性最为关注的部位之一，尤其是青年女性，希望拥有“细腰翘臀”，不希望自己“腰肥体胖”“腰如水桶”，很多女孩子为了细腰，天天仰卧起坐或从事其他体育活动。据苏格兰科学家最新研究发现，腰围通常是女性健康的重要指标，从进化角度看，腰细的女性患有心脏病等多种疾病的风险更小，有利于生育和养育后代。另外，他们还认为，腰细的女人比较性感，能在极短的时间内引起男人的关注，并且会对男人产生强烈的吸引力。与女性相反，“膀大腰圆”“虎背熊腰”被视为男性的健壮、阳刚之美。

腹部的大小对女性尤为重要，怀孕的女性腹部大，人们不但不会嘲笑，而且还会送上衷心的祝福或者投去羡慕的目光，未来的母亲凸着大肚子艰难前行，含辛茹苦迎来一个小生命的诞生，这样的母爱怎能不令人敬仰！如果不是孕妇，凸腹的女性会被说成“肥胖女人”，由此而来的苦恼可想而知，于是，减肥、控制饮食、锻炼身体成为她生活中的重要组成部分。如果男性在非正式交际场合敞衣露腹，人们可能不会多说什么，但女性断然不能这样，否则会被视为“举止轻浮”或“放荡不羁”。同为腹部，社会对男女两性的要求和期待是不同的，这是一种不成文的社会性别定型。

男女两性都不喜欢肥胖，并不意味着瘦就是一好百好，汉俄语中描写一个人很瘦(худой)时，使用骨头(кость)、脸颊(щека)、脸(лицо/физиономия)、皮肤(кожа)等几乎相同的人体词汇。例如，汉语中对“瘦”有面黄肌瘦、面容瘦削、骨瘦如柴、瘦骨伶仃、骨瘦嶙峋、鸟面鹄形等负面评价，俄语中则有 кожа до кость（骨瘦如柴）、птичья физиономия（像鸟一样瘦长的脸）、щека щеку сожрала（一边的脸颊吞没另一脸颊，形容脸很瘦）等说法。另外，俄语中还用到了带有 ребро（肋骨）、ноги（腿，脚）等人体词的成语来表示瘦，如 ребра просвечивают（瘦得肋骨都露出来了）、соломенные ноги（麻杆腿，形容腿很细）等。在描写一个人肥胖(толстый)时,汉语中常用大腹便便、肥头大耳等,而俄语中则使用 щеки из-за спины видать(从背后都能看得到脸颊)、от пяты до пяты(从脚踝到脚踝)来形容一个人很胖。这些人体成语指涉男性的几率多于女性,可能是出于对女性的尊重。(周民权,2014:236)一般来讲,受"一白遮千丑,一胖毁所有"观念的影响,女性对于自己的身材非常在意,无论中国女性,还是俄罗斯女性都希望自己身材苗条,采取各种措施减肥,注意保持体形完好。

2015年,昆士兰大学心理学研究者 J. 迪克松等人通过对中国西北大学的631名实验对象的访问,发现被询问者普遍不喜欢肥胖型男性,而不胖不瘦、窄肩膀的中等身材则是女性更为青睐的对象,其次才是通常饱受赞誉的健美型身材,令人意想不到的是瘦竹竿型身材也大有市场:"除了奥运会临时走红的'小鲜肉',娱乐圈的一些当红明星都拥有瘦竹竿型身材,肚上腹肌一块,胸前一片平坦,有时还带点小肚腩。这些当红炸子鸡与其说是市场选择,不如说中国女性千万年来就好这口,审美标准一直没变。而在体毛这一项的调查中,没有胸毛和腹部体毛的男性得到了最高的票数,整体看来,体毛越少,获得中国女性青睐的可能性越高,这与很多欧美男星以重体毛为性感标识的取向截然相反。"(蒲黄鱼,2017)一般来说,包括俄罗斯人在内的欧美男性的身材偏胖,"大腹便便"者比比皆是,欧美女性对此已经习以为常,对男性的腹部体毛和胸毛表示认可,甚至有人认为这是具有男性魅力的性感标志。

背对于男性和女性都很重要,国外曾流行着"背影是男人的第二容貌"这一说法,比喻背影给男性带来的自豪与荣耀。实际上,背影对女性也一样重要,是体现美感的标志之一。不少人认为女性最重要的是脸,其实脸尽管重要,但由不得自己选择。但她的背却不同,通常是自己塑造的。一个脸长得普通的女性,如果注重塑造自己的形体,有可能成为众人注目的大美人。女性的形体又取决于她的背,背决定着女性的风度。有人说,女性的背是一段婉约又清澈的独语,像一方素白的软锻手帕,柔曼地飘散着如烟的梦,梦中浸满了冰凉华美。女性的背没有金银的光泽来灿目,也没有胭脂的缤纷去涂抹,女性的背只有肤色。这是女性生命中最原始的一份执著,是悄然一转身便遮掩或裸露了的温柔。因此,女性的背,是女性生命中的一种美妙,是男性心灵上的一个烟梦。男性只能从中去阅读,领略各种形式的唯美。

每一个女性都有一种气场,她的背所散发的魅力是人体独有的,这种魅力给男人感受和影响最多的不只是感观的冲击,更是心灵上的一种震撼。真正漂亮女性的背是直的,直背显得很清爽、很正气,而且极有韵味,她的背影在男性眼中能够引起怎样的联想?很多浪漫的男性大多有过为了一个女性的背影追上几条街的经历。因而,露背装盛行,并以其凉快、性感的诱人姿态受到时尚弄潮儿的千般宠爱,可谓“无限风光在美背”!其实,打动男性的不是她的背影,而是一种感觉。男人也许不会长时间直视漂亮女人的脸,却会久久将目光驻留在她的背上,因为女人的背可以给男人很多的信息……每个女性都有忧伤的时候,尤其是在失恋后,远远望去,那是一道道伤感的背影,看着都让人心疼。“一个向隅而泣的女性,我们虽看不见她的表情,但从她一抽一耸的肩背,可见其悲伤程度。”(孙汝建,2010:168)

臀部(ягодица, зад)在本章第二节未被提及,是因为它是一个较为敏感的部位,容易使人产生有关女性的联想,具有鲜明的社会性别定型特征。孙汝建(2010:167)指出:“男性看女性的背影时,第一眼扫视的地方就是她的臀部。在生活中,如果一个女人在你面前大幅度地摇摆臀部走路,是一种自觉或不自觉的性暗示。”这一说法有待商榷,是否“性暗示”姑且不好评估,但起码不符合人们潜意识中的女性社会性别定型。人们平常说“丰乳肥臀”,一般指的是性感女郎,如果她有意搔首弄姿,展现自己的“丰乳”或“肥臀”,必定会招来异样的目光,如果她中规中矩,人们会对她怀有羡慕和敬意,由衷地欣赏她的形体美。作家莫言曾写过一部闻名遐迩的长篇小说《丰乳肥臀》,小说热情讴歌了生命最原初的创造者——母亲的伟大、朴素与无私,阐释了生命沿袭的无与伦比的重要意义。作家通过描写小说中的母亲含辛茹苦,艰难地抚育一个又一个儿女,试图说明这样一个道理:人永远是宇宙中最宝贵的,生命是第一本位的,具有无可争辩的意义,种的繁衍生殖自然就具有无与伦比的重要意义。生命的承传、沿袭是人类赖以永恒存在的源泉。宇宙中的一切事物,因为有了生命的存在才显示了自身的价值和意义。显而易见,莫言眼中的"丰乳肥臀"喻指具有繁衍生殖能力的母性,突破了传统意义上的"性感"概念。

俄罗斯人对臀部的关注主要体现在女性身上,通常认为腰细、丰乳肥臀的女性是美女,更能吸引男性的眼球。但在俄语表述中,臀部没有更多的身势信息,也与"性"没有多少关系,如 шлепать кого по ягодицам(拍打……的屁股)、Лошадь бьет задом (马尥蹶子)等。在很多情况下,它与"背部"的意思相近,如 «Стань к лесу задом, ко мне передом.» ("背靠树林,面向我站着")、«надеть платье задом наперед.» ("把衣服的前后穿反。")等。但这并不影响男性对于女性美臀的向往,尤其是当那些摆动双臀的模特来来去去走台时,男性常常会睁大眼睛、张开嘴巴或者屏住呼吸尽情欣赏, «Какая красивая ягодица» ("多么美的臀啊!")、«Вот это настоящая красивая ягодица!» ("这才是真正的美臀!")等赞美之声不绝于耳。

1.4 腿部与足部动作

腿部和足部涉及社会性别定型,尤其是腿部,直接与女性美密切相关,如民间流传的"女人美不美看大腿""美大腿"等说法。这些说法虽然有些片面,但把腿与女性、腿与性挂起钩来,有一定道理。"从解剖学的角度看,腿的部位越是往上,越是接近性器官,所以国外的研究者认为,大腿属于带有性意识的敏感部位。"(孙汝建,2010:164)拥有一双细长匀称、洁白光亮的美腿,是每个女孩子的梦想,谁也不愿意自己的腿又粗又短又黑。对于女性来说,对大腿的保护不亚于面部。例如,穿短裙的女性极少采用张开的架腿动作，以防春光乍泄，如果有意张开双腿，则被视为性的暗示。按照人们潜意识里的社会性别定型，女性坐着时应该并拢双腿，脚踝交叉。叉开双腿的坐姿有失优雅，尤其与男性面对面而坐时，更需慎之又慎，否则有伤大雅，有挑逗对方之嫌疑。一般来说，女性即便架腿，也要将两条大腿紧压着上下交叉，不要分叉过大，站着的时候也尽可能双腿并拢，不要随意大大张开。相比之下，社会对男性坐姿和站姿的要求比较宽松，男性如果将一只脚的足踝架在另一只脚的大腿或者膝盖上，被认为是一种坦然自信的坐姿，站着的时候双腿叉开也纯属正常，人们不会说什么。但是，面对女性时，如果男性有意张开双腿而坐，是对女性的不尊重，缺乏基本的礼貌。社会对男性和女性的腿部及足部动作具有期待的定型，违者会招来非议。

保持坐姿时，有些女性由于感到害羞、胆怯或者忸忸怩怩，常常把一只脚别到另一条腿的某个部位或者把两只脚尽可能往后缩，这是一种下意识的自我保护动作。在我国古代，妇女首先注重头饰，然后关注自己的脚，成语"品头论足""品头题足"等都有议论妇女的容貌体态的含义，因此，头和足成为古代社会审视女性美的一个重要标准。很多文人对女性的小脚不吝赞美之词，什么"金莲""三寸金莲""步步生莲""香钩"等，如宋代著名诗人苏东坡的《菩萨蛮》咏足词云"纤妙说应难，须从掌上看"，甚至还制定出了小脚美的七个标准：瘦、小、尖、弯、香、软、正，又总结出了小脚的"七美"：形、质、资、神、肥、软、秀，可谓用心良苦。

实际上，曾经风靡中国大地千年之久的"三寸金莲"，就如古代妇女的命运，从千年前的南朝而来，又随着历史的车轮而去。它见证的是中国足履文化的一段发展史，也是中国妇女的一段屈辱史。为什么中国会流行裹脚呢？大致有两个原因，一是统治者的意志对天下百姓的影响，二是文人的欣赏和赞美。据说缠足始于那位吟唱"春花秋月何时了"的南唐后主李煜，李后主有位爱妾窈娘，妩媚风骚，能歌善舞。李煜为她筑了六尺高的大莲花台子，饰以宝物细带。窈娘用帛缠足，使脚纤小屈突而足尖成新月形，在莲花台上展姿起舞，以博后主欢心。李后主喜欢小足女人，认为这是至美，于是他的嫔妃们就开始缠足，用长布把脚紧紧地缠住，使脚骨变成畸形的新月形，从而变成了小脚女人，这种风气随之在民间传播开来。“金莲”之说始于南朝齐东昏侯萧宝卷，宝卷是风流昏庸之辈，他曾让匠人以金莲花铺地，爱妃潘妃袅袅婷婷走过，戏称“步步生莲”。明代著名小说家吴承恩在长篇神魔小说《西游记》里把本是男身的观音菩萨化为美丽的女子，而且是小足观音：“玉环穿绣扣，金莲足下深。”（第十二回《观音呈象化金蝉》）。明朝时期，男子择偶第一标准就是看女人的脚是否够小，男子嫖妓也多玩妓女的一双纤足，因此被戏称为逐臭之夫。

随着中国封建社会的消亡，新时代逐步取缔了缠脚这一陋习，把广大妇女从精神和肉体的双重痛苦中解放出来，“小脚女人”这一女性社会性别定型已经成为过去时。在新的历史时期，“小脚女人”常常被用来形容思想保守的人，如1955年7月31日，毛泽东主席在中共中央召开的省、市、自治区党委书记会议上所作《关于农业合作化问题》的报告中指出：“我们的某些同志却像一个小脚女人，东摇西摆地在那里走路，老是埋怨旁人说：走快了，走快了。”就是批评那些因循守旧、思想保守的人。此后，这一术语被广为运用。

与女性有所不同的是，大脚男人通常备受推崇，有句俗语“男人脚大走四方”，就是指男儿要撑起一片天，脚必须大，脚大基础稳，容易行走，比喻男性如果有这种先天优势，则可以在某些方面大有发展。实际上，这种说法只是一种理想化的推测和期待，如同“男人手大掌乾坤”一样，没有什么科学根据，脚大手大只是一种生理现象，并不意味着必定有所作为。有人说：“脚大走四方，手大掌乾坤，这都是迷信话，只要心眼不小就行。”也就是说，关键在于个人是否心胸宽广。不管一个人的脚大手大或者脚小手小，无论是男是女，只要富有理想，勤奋努力，有远大抱负，有拼搏精神，就会大有作为，与人的生理性别、脚的大小没有什么关系。

关于腿部与足部动作的社会性别定型特点，俄罗斯学者列举了两种坐姿来说明问题，即 сидеть, расставив ноги（岔开双腿坐着），сидеть, скрестив (сложив) ноги（双腿交叉地坐着）。前者是一种懒散随意、毫无拘束的坐姿，按照社会性别定型，女性禁用，而后者则是一种低调、恭顺的坐姿，常为女性所用(Акишина, Кано, 1991: 137—138)。试比较两个俄语例句：

（1）— Садитесь, будьте как дома, — суетилась хозяйка.

— Да мы и так, как дома,— сказал пожилой мужчина и сел, расставив ноги.

女主人忙乱中说："请坐，不要客气。"

上了年纪的男士岔开双腿坐下来说："是啊！我这就是不客气嘛。"

(2) Войдя, девушки почтительно поздоровались с гостем и сели, скрестив ноги и сложив руки на коленях.

进门之后，姑娘们很礼貌地同客人打过招呼，坐下来，双腿交叉，双手放在膝盖上。

可以看出，男性"岔开双腿坐着"近似于现实生活中常见的"把双脚放到桌子上"或者"把手放到别人的肩膀上"等行为。男性说话人之所以会有这样的肢体动作表现，实则是在以无声的方式向对方宣布自己对于某些空间的占有权和使用权，反映出其内心强烈的控制欲望，也不排除性的暗示，而姑娘们双腿交叉坐下来，表达的不仅是一种对客人有礼貌的谦恭态度，而且出于一种下意识的自我保护的本能。

2. 空间语言中的社会性别定型

在空间语言中，受交际双方熟悉程度、交际意图、性格类型（如交际双方是否都是内向型）、心理和生理状态、社会地位、交际时是否有其他人在场等因素的影响，男女两性处于不同的情感状态，在不同的交际氛围中做出各种动作，建立各种人际关系，利用自己的能力感知空间，寻求适宜的表达方式。一般来说，成年女性出于自我保护的本能，所需要的私人空间往往比男性的私人空间大，尤其是面对素不相识的男性时，尽可能与对方保持社交空间或公共空间距离，不随意靠近对方，避免引起不必要的误会。女性通常不喜欢陌生人站在她的身后，尤其是看到不认识的男性站在自己身后时，如坐针毡，如芒在背，感到很不自在，而男性则不喜欢陌生人和他面对面，似乎感到自己的个人空间受到了侵犯。

根据俄罗斯和西欧一些国家的专项试验和实地观察，在一般的交际场合，女性同性之间的身体距离既近于男性之间，也近于异性之间，而异性之间的距离近于男性同性之间，也就是说，男性之间保持着较大的距离。交际者在处于沮丧郁闷状态时，他们之间的距离近于平时；在男女混合的异性交际者之间，交际双方的熟悉程度对于确定彼此距离有着着重要的作用。例如，"较之于一般同事或者认识的男性，女性距自己热爱或者视为知己好友的男性站得更近，其结果是，无论男性还是女性，在与女性面对面进行交际时，他们的身体距离较之于男性更近，而当一个不认识的男性闯入其他女性或者男性的个人空间时，他所造成的不愉快要远远大于女性闯入同样的个人空间。"（周民权，2014: 229—230）相比较而言，亲密空间及更近的距离通常能够反映男女两性的社会性别定型特点。

亲密空间属于私下交往的情境，多用于夫妻间的窃窃私语、情侣间的谈情说爱、父母与子女之间的心灵沟通、知心朋友之间的促膝谈心、小孩之间的游戏玩乐等。两位成年男子间一般不采用此距离，在这样的近距离空间中交谈会使双方局促不安。但是，两位女性知己以这种距离交往的场合时有所见，她们往往喜欢亲密无间的交谈，这在中国人看来纯属正常，但西方人未必认可。在一般的西方人眼里，异性之间近距离亲密接触属于常规动作，而同性之间的亲密接触有"同性恋"之嫌，男性和女性概莫能外。

需要指出的是，在公众场合，只有至爱亲朋才能进入亲密距离这一空间。在大庭广众面前，除了客观上十分拥挤的场合以外，素不相识或者关系一般的异性是绝不应进入相互的亲密空间的，否则就是对对方的不尊重。即使因拥挤而被迫进入这一空间，也应尽量避免身体的任何部位触及对方，更不能将目光死盯在对方的身上。在拥挤的公交车、地铁和电梯上，亲密空间常常遭到侵犯。当无权进入亲密距离的人突然闯入时，会令人惶惶不安。于是，人们尽可能在心理上保护自己的亲密空间：站直立正，不能同任何人说话；目不斜视，眼神必须始终避免同他人眼神的接触；面部不带任何表情，一副旁若无人的样子；人越拥挤，身体越不能随意动弹，更不能往别人身上靠，当别人往自己身上靠时，轻声提醒或摇头制止。

在人际交往中，眼睛的信息传递是微妙的，而握手发出的信号却是直截了当的。如果握住对方的肩膀或者胳膊，实际上是进入了对方的亲密空间，只有在关系极为密切的人之间才可以这样。对于亲密空间如何判断，可以有多种形式，如双方拥抱在一起、手拉着手、并肩而行、一个人把手搭在另一个人的肩膀上、一个人搂着在另一个人的腰、躺在一起、背靠背坐在一起等，身体直接发生接触。另外，通过脚尖可以推测人际间的亲密程度，如一对男女站着交谈，如果他俩脚尖对脚尖，并且距离很小，这就意味着双方的关系极为亲密，容不得第三者插入。反之，“如果俩人的脚尖位置呈直角，或是分开站立成60度角的话，那么他们的关系不太密切，而且允许他人来加入他们的谈话。如果你介入交谈，你与前两人只有形成三角形时，才意味着你真正被接纳。”（孙汝建，2010：165）这是一个很敏感的空间，因而交往时要特别小心。如果忽视了这一距离的灵敏性，无意间与一个交往不深或不熟识的异性形成了“亲密距离”，往往会被误解，造成不必要的难堪。

由此可见，亲密空间属于很敏感的领域，不仅涉及个人隐私和面子，而且事关男女两性是否遵从社会性别定型。因此，同性或异性在相互交往时，要因人因地而异，把握好分寸，有礼有节，采用合情合理的空间距离，以保证交际顺利进行。

3. 触摸语言中的社会性别定型

涉及社会性别定型，学界有人认为，男性在与异性交往时通常会主动实施抚摸行为，并且解释该行为源于他们在性欲方面所表现出的积极性。但另有研究表明，"无论在工作场所还是一般的社交场合，男性触摸女性远远多于女性触摸男性，而女性对其他女性、男性和孩子发出的拥抱或亲吻的动作大大超过男性对他人发出的类似动作。"（史崇文，2007: 47）也就是说，在公众场合，社会文化对男性的要求比较开放，对女性的要求比较严格，更多地要求女性保持矜持，但在非正式交际场合，社会文化要求女性展现母性的温柔体贴，更多地使用拥抱、接吻等动作，让异性和孩子感受到女性的温暖。

在日常交际中，无论男性还是女性，交叉着手指放在腹部前或胸、腹交界的地方，是为了表示坦然自信，同时增强自己的安全感，还可以起到缓解紧张情绪的作用，一些男性领导人与对方交谈时常采用这种动作，某些女歌唱演员在演出时也常常这样；为了扩大自己的活动空间范围，男女两性常常会张开双臂，或双手叉腰，或重新系腰带或皮带，以确立自己的淡定与心理优势；如果想缩小自己的活动空间范围，男性的常见动作是双手抱膝而坐，这一动作通常表示悠然自得、等待观望或者有所期待，而女性的常见动作是双手抱肩，通常表示胆怯、困惑或者对周围环境的不适应等；用右手按住心脏部位，表示忠诚可靠，有些男性常用这一动作对女性表示忠贞不渝、有责任感、敢于担当，但如果女性无意识之中用右手按住心脏或胸部，则被视为传递性的信号或者暴露自己的性意识；双腿弯曲，膝盖顶住胸部或下巴，双手抱着腿或放在膝盖上，这是典型的女性化动作，通常表示自我安慰。此类定型化的女性动作还包括手支下巴、抓头发、托腮、摸嘴唇、托下巴并抵在唇上等，而托太阳穴则是典型的男性化动作。

需要指出的是,在正式交际场合,异性之间的触摸行为颇有讲究,不能随意乱来。例如,见面或道别握手时,按照惯例,女性一般首先主动伸出手来,男性才可以伸手,但是,当遇到社会地位远远高于自己的男性领导人时,女性往往怯场,担心犯上,不敢贸然伸手,等着对方首先伸手,这种情况在接受领导人接见的场合屡见不鲜。也就是说,当性别与权力、社会规约同时出现时,权力与社会规约往往占据主导地位,这似乎已经成为一个不成文的社会性别定型。例如,在公众场合,男上司在给女下属布置任务时,不经意间把手放在其肩膀上,后者一般不会见怪,其他人也不会多说什么。但是,如果女下属把手放在男上司的肩膀上,那可能会引起诸多非议。还有一些触摸情况属于约定俗成的社会规约,如男医生检查病状时触摸女患者的相关部位,被视为职业权限使然,合情合理,但女患者如果触摸男医生,则会被视为不正常。由此可见,在与权力、地位及社会规约发生碰撞时,性别因素处于被支配地位,“地位高、占支配地位的人倾向于触摸地位低、处于依附地位的人。”(孙汝建,2010:162)我们认为,在人际交往中,无论女性处于什么地位,都应该受到应有的尊重,男性的地位无论有多高,权力有多大,都应该首先考虑站在他面前的是一位女性,遵循“女士优先”的社会性别定型和礼仪惯例,摈弃传统的支配意念和优越感。只有这样,横跨在男女两性之间的鸿沟才能逐步被填平,差异才能进一步被缩小,从而实现男女两性交往的真正平等和友爱。

Г.Е. 克列依德林(2004: 417)认为,在俄罗斯以及欧洲其他各国的文化定型中,“男性在对女性献殷勤时享有抚摸优先权,他通常首先搀扶女性或者拉她的手,搂住她的腰或者把手放到她的肩膀上,而当相互间的关系达到暧昧状态时,会首先吻她并进一步深化亲密的抚摸和温存行为。”在俄罗斯,“吻”作为一种问候礼节,是男女之间较为常见的动作行为,其中包括男性吻女性的手、男女互吻双颊、双唇、鼻子、吻额头、飞吻等,女性之间也会这样互吻,但男性之间一般不会出现这种情况,除非是同性恋者。当然，女同性恋者之间也会有这种互吻行为，但在人们难以辨别的情况下招来的非议远远少于男性，也就是说，社会性别定型对男性的互吻有着较为严格的限制，在公众场合通常禁止出现这种行为。在十月革命前的俄国贵族社会中，曾流行教育孩子们吃饭前吻父母亲的手，以培养其感恩之情。在中国，“吻”不是见面问候的常见动作，除了恋人、夫妻之间的互吻之外，同性之间的互吻很少见到，如果说关系非常要好的闺蜜之间有时还能看到表达亲昵之情的互吻动作，那么男性之间通常是不会出现这一动作行为的，即使双方关系非常密切，也为了避嫌，不有意违背社会所认可的行为定型。此外，中国男性不使用“吻女性的手”这一动作，这不仅是受千百年来流传下来的传统礼仪的影响，而且源于东方男女两性的羞涩与矜持，男性不好意思这样做，羞于吻女性的手，女性也会感到不习惯、不自然，难以接受这一见面问候礼节，在公众场合尤其如此。

见面或者告别时，俄罗斯和中国的男女两性表达问候的主要共同点之一是握手，这一触觉动作是顾及相互性和对称性的重要语义要素，彰显出交际双方之间的平等与相互接受。一般来说，握手是俄罗斯男性之间频繁使用的动作，哪怕父子或亲兄弟，见面时也会握手问好，而中国男性恰恰相反，家人之间一般互不握手，跟越熟悉、越亲近的人见面时通常也不握手，觉得那样很见外。较之于男性，女性之间较少握手，这一问候形式主要见诸相互认识的女性或者年轻女性之间。异性之间的握手一般遵循国际惯例，即“女士优先”，女方首先主动伸出手来，男性才可以去握手。关于俄罗斯男女两性握手的方式，A.A. 阿基希娜、X. 卡诺等俄罗斯学者总结出以下两种：一是向对方伸出船形的手，即弓着手掌与人握手(подать/ протянуть руку лодочкой кому)，二是向对方伸出铲形的手(подать/ протянуть руку лопатой кому)，即握手时手伸得笔直。前一种动作常为女性所使用，表示害羞及难为情，而后一种动作则常见于男性之间，属于缺乏教养或藐视对方的行为。(Акишина, Кано,

1991: 203—204）中国男女两性的握手方式与俄罗斯人相似，相比较而言，男性的握手动作力度更大，富有侵略性，一些男性有时面对不熟悉的同性或异性时，会握着对方的手不停地上下晃动，这是一种缺乏礼貌的表现。

关于男女两性握手的特点，俄语中有许多评价性语言描述，通常以对比的方式罗列出来，如 женский（女性的）— мужской（男性的）、вялый（软绵绵的）— твердый（坚定有力的）、холодный（冷冰冰的）— теплый（温暖的）、влажный（湿润的）— сухой（干涩的）等，其中每组形容词的第一个词指的是女性握手特征，第二个词是指男性。伴随握手的还有其他一些体现非口头行为的动作和要素，如目光接触、皮肤的表层纹理（如粗糙的手掌）、生理温度和感觉温度（如用“温暖的”或者“冷冰冰的”握手来表达交际双方之间的亲疏关系）。女性的感情较为细腻，她们通常比较在意握手的温度，喜欢对方的“温暖的握手”（«теплое рукопожатие»），而“干涩的握手”（«сухое рукопожатие»）则同男性圈子里的不友好态度密切相关。（周民权，2014: 227）根据社会性别定型，男性握手的力量较大，时间较长，接触面积较大，动作较为坚决，这与大多数男性富有进攻性以及喜欢占据主导地位的性格特点不无关系。

4. 面具语言中的社会性别定型

面具语言具有不少体现男女两性表达各自情感的社会性别定型特点。一般来说，男性表达感情的方式比较直接，使用面具较少，而女性出于矜持和羞涩，经常用面具来掩饰自己的真实情感。例如，男性主动向女性求爱或者要求亲密接触时，有些女性尽管心里愿意，但表面上往往装出一副不乐意的样子，一口一个“不”“不要”，半推半就，这种蕴含羞涩的面具反而激发了男性的征服欲，向女性发起更猛烈的爱情攻势；有一些早恋的中学生表达爱意的方式更加隐晦，尤其是女孩子，她们不好意思直接向自己喜欢的男孩子表白朦朦胧胧的爱意，就采用写字条的方法，引用某首爱情诗歌隐讳地表达爱慕之意，或者提出一个问题，希望男孩子安排一个时间和她见面讨论，而男孩子尽管有时也会写字条，但表达通常较为直白。这些字条就是表达感情的面具，用它可以把自己的真实意图掩盖起来。但是，在发泄某些负面情绪，比如"哭泣"时，女性常常不加掩饰，一旦遇到伤心事或者感到委屈，想哭就哭，眼泪瞬间夺眶而出，哭完了会觉得轻松一些，而男性则不能这样，社会性别定型所期待的男性特征是勇敢坚强，"男儿有泪不轻弹"，平时遇到一些非常烦心的事，即使心里特别难受，也要带上若无其事的面具，不能哭出来，以免被人耻笑。但这并不意味着社会没有赋予男性哭泣的权利，比如一些男性遇到自己深爱的亲人不幸去世时，会当众嚎啕大哭，毫不掩饰自己的悲痛，不需要带任何面具，这种感情当然会得到人们的理解和同情，不会有人说三道四。

受民族习性、文化理念、表达习惯等因素的影响，俄汉面具语言中的社会性别定型不尽相同。例如，在化妆方面，俄罗斯和中国的男性基本相似，没有什么特别的讲究，但两国的女性则有较大差异：俄罗斯女性在上班或参加各种活动之前，通常会对面部精心化妆，抹粉饼，画眉，打口红等，大都是浓妆，几乎等同于戴上了面具，希冀以更美好的形象出现在公众面前，如果在家来不及化妆，会在上班途中补妆，在俄罗斯的地铁和公交车上经常会看到这样的情景，而中国女性在上班或参加各种活动之前虽然也化妆，但一般都是淡妆，注重自然美，面具意识没有俄罗斯女性那么强。

在面具语言中，微笑常常能够体现男女两性的社会性别定型差异。尽管微笑是人类共有的本性，但男女的微笑常常具有不尽相同的含义，中俄男女两性的微笑也各具特色。例如，中国人喜欢微笑，倡导"笑一笑，十年少"和"笑对人生"，但中国的传统文化对于男性与女性的微笑方式具有不同的社会性别定型要求：女性要"笑不露齿""掩口而笑"或

“抿嘴而笑”。在中国人的潜意识里，女性张开嘴巴哈哈大笑十分不雅，不像个女的，尤其当着男性的面时更不能肆意大笑，应尽可能保持社会所认可的淑女形象。在中国女性的各种微笑中，最受男性青睐的无疑是“嫣然一笑”，如唐代著名诗人白居易的《长恨歌》中的名句“回眸一笑百媚生，六宫粉黛无颜色”，就是对这一微笑方式的生动写照，写出了最微妙的表情效果：杨贵妃回头嫣然一笑，生出无限的妩媚动人之态，使后宫的所有嫔妃都相形失色。与女性不同的是，男性可以“捧腹大笑”“开怀大笑”“哈哈大笑”“仰天大笑”，尽情抒发其内心的真实情感，这样才能显出男子汉的豪爽与大气，如1971年11月，中国在联合国的合法席位恢复后，时任外交部副部长乔冠华第一次率中国代表团出席第26届联合国大会，并在大会上发表讲话，全面阐述中国的外交政策，他在联合国大厅的仰天大笑豪气冲天，笑出了中国人的自信和威武，成为那届联合国大会上一道亮丽的风景，那幅珍贵的新闻照片《乔的笑》多年来一直为人称道。

然而，对于俄罗斯人来讲，没有原因的微笑表达的是否定性的情感评价意义，前边所提到的俄语俗语«Смех без причины—знак дурачины»（“无端发笑，必是傻帽”）足以说明问题。在俄罗斯人看来，这种微笑等同于讥笑（усмешка）、痴笑（ухмылка）或嘲笑（издевка），诚如И.А. 斯捷尔宁所说：“улыбаться 是由 лыбать 构成的特殊的俄语专有词，улыбаться 即 усмехаться”。（Стернин，2006: 151）这一定型通过«В чём живёт смех, в том и грех»（“笑是一种罪过”）、«Улыбнуться—скоро известись»（“笑一笑，很快会死掉”）等俄语俗语可见一斑。因此，在日常社会交际活动中，俄罗斯人一般不会对陌生人微笑，认为这是轻佻、缺乏理智、不严肃的表现，男性尤其如此。在他们看来，男性不苟言笑，一脸冷峻，是认真、严谨、智慧、才情的表现，对女性有着强烈的吸引力。

相比较而言，俄罗斯女性的微笑则较为常见。М.В. 叶尔莫拉耶娃认为，微笑作为一种向他人示好、表达问候和关怀的交际行为，“就像是一种天性，已经根植在俄罗斯女性的意识里，她们的微笑在一些俄罗斯经典作家的作品中被描绘得惟妙惟肖，如 Анна Каренина 的活泼而又迷人的微笑、Наташа Ростова 的诚挚而又灿烂的笑容，Элен Безухова 的快活、美丽却又稍显呆板的微笑以及公爵小姐 Вера 的苦笑等。”(Ермолаева，2009: 104)。在现实人际交往中，即便面对不大熟悉的交谈对象，俄罗斯女性也常常会露出矜持的微笑，表示出一种善意，如在大街上问路问到她们时，她们会面带笑容，不厌其烦地解释路该怎么走，在商店里无论问女售货员什么问题，她们通常会含笑回答，不会板着面孔面对顾客。面对相互熟悉的同性或异性，俄罗斯女性也会哈哈大笑，不加掩饰，有时甚至笑得前仰后合。由此可见，俄语中的微笑也可以被视为具有性别标记的面具语言，是典型的俄罗斯女性的表情符号，那种认为俄罗斯人不苟言笑的说法通常指的是男性，并不能代表女性。

除了微笑，男女两性的沉默也是一种面具，各具鲜明的社会性别定型特点，诚如俄罗斯学者 Н.Б. 科尔尼洛娃所说：“在各个不同的民族文化中，男性和女性的沉默具有各自固定的定型，而且这些定型通常来源于神话、民间迷信传说、传统习惯与宗教仪式等。显而易见，在运用沉默方面，各种社会性别群体都具有自己的特点。”(Корнилова，2002:216)在俄汉民族的文化理念中，男性的沉默尽管表现形式各异，但有一点颇为相似：它是一种有意识的、蓄势待发的状态，是一种被社会所认可的、代表积极沉默的非口头言语交际行为，诚如俄国著名作家陀思妥耶夫斯基所说：“沉默永远是美的，沉默的人永远胜过说话的人。”男性的沉默大多意味着深沉、思考、行动、默契、威严、冷峻等正面印象，如苏联电影《战争与和平》中的安德烈公爵和中国电影《平原游击队》中的游击队长李向阳、中国电影演员胡军和日本电影演员高仓健式的沉默男人都被塑造成寡言少语、目光坚定、行为果敢的英雄形象。他们构成了男性魅力的强磁场，显示了一种代表未知的神秘，更能激起女性的关注和爱意。

男人在沉默当中偶尔显露的幽默、智慧、才情，强烈地吸引着女人走进他的世界。（周民权，2014: 246）再如，现实生活中的俄罗斯总统B. B. 普京在公众场合常常沉默寡言，不苟言笑，神色冷峻，被众多俄罗斯女性视为颇具男性魅力的偶像，在中国也拥有不少粉丝。可以看出，男性的沉默是为了自我保护或者控制交际局面的一种手段和策略，是出于交际需要的自我克制，并不是交际能力的缺乏。

和男性的沉默一样，女性的沉默具有丰富多样的含义，反映出女性的一种心理暗示：它意味着矜持、含蓄、深沉、谦恭、优雅，能够体现出女性娇美的气质和高雅的淑女形象，符合社会所认同的女性定型。从沉默的过程来看，“女性比男性更注重视觉上的观察，其关注度远远甚于体态语和言语行为，尽管她们辨别手部或者头部动作的能力并不比男性强多少。”（Корнилова，2002:216）也就是说，女性更相信自己引以为荣的直觉和潜意识，她的沉默常常是一个视觉观察的过程。一般来说，人们普遍认为女性比男性健谈，较少保持沉默，以致给人造成了饶舌、多嘴的印象。但是，赵蓉晖（2003:239—240）认为这种看法是不准确的，是一种先入为主的偏见。为说明问题，她从俄语会话记录中抽取了15组典型的异性对话进行对比，结果发现女性话语量平均不及男性的一半，在男多女少的对话中就更加明显。据此，她认为，“在两性对话中，男性要比女性健谈得多，女性更倾向于保持沉默和倾听的状态。”而吕鸿礼（2004:29）则认为，“在男女交谈过程中，女性更倾向于提问题，当她们的话被打断或问题没有得到及时回答时，女性通常采取‘沉默’的方式来表示抗议。”女性通常认为，沉默意味着拒绝交流、忽视他人、不理解、抗议、不满等，是一种消极行为。因此，她们对沉默的评价基本持否定态度，且在会话中对沉默的耐受力很小，往往首先打破沉默，用各种方式填补沉默造成的空缺。

除了动作语言、空间语言、触摸语言、面具语言之外，还有一种物体语言，主要讲服装、佩戴（包括首饰、眼镜、手表等）、吸烟、饮酒、宠物等，从中可以看出人的爱好、性格、思想感情、情绪、态度、意向等，亦能看出男女两性的社会性别定型差异。囿于篇幅，我们在本课题中主要探究了以上4种身势语言。

总而言之，作为非言语交际体系中不可缺少的组成部分，身势语成为人们传情达意的重要工具，在言语交际过程中发挥着调节、替代、强调、情感表露等语用功能，具有鲜明的社会性别定型特点。通过对俄汉动作语言、空间语言、触摸语言、面具语言中的社会性别定型进行对比分析，可以看出，由于受民族性、时代性、习得性、生理、心理、社会建构以及传统文化等因素的影响，俄罗斯和中国的男女两性分别形成各自较为固定的身势语特点及使用异同，同中有异，异中有同，同少异多，相互交织，错综复杂，其中男性具有某些身势语定型，而女性则没有，或者女性具有某些身势语定型，而男性则没有，这是其一。其二，由于中俄两个民族的历史渊源、文化理念、思维方式、价值观念以及非口头表达习惯等不尽相同，俄汉社会性别语言定型中不可避免地存在差异，而身势语则是发掘这些差异的最佳平台之一。应该看到，在全球一体化的时代潮流中，随着中俄两国人文交流的持续拓展和汉俄跨文化交际的不断深入，汉俄身势语正在悄然求同存异，相互渗透，相互融合，这无疑为增进中俄人民之间的相互理解、相互包容与共同进步提供了契机。

参考文献

[1] Акишина А.А.，Кано Х. Жесты и мимика в русской речи. Лингвострановедческий словарь[Z]. М., URSS, 1991.

[2] Арутюнова Н.Д. Молчание и чувство[A]. // Логический анализ языка. Язык речевых действий[C]. М., Наука, 1994: 178—183.

[3] Ермолаева М.В. Гендерные стереотипы невербального коммуникативного поведения (на материале процессуальных фразеологических единиц) [J]. Мир науки, культуры, образования, 2009 (7)：102—104.

[4] Земская Е.А. и др. Русский язык в его функционировании. Коммуникативно-

прагматический аспект[M]. M., Наука, 1993.
[5] Колшанский Г.В. Паралингвистика[M]. M., URSS, 2007.
[6] Корнилова Н.Б. Молчание в культурной коммуникации: гендерный аспект[A]. // Гендер: язык, культура, коммуникация [C]. M., Рудомино, 2002: 215—216.
[7] Красильникова Е.В., Капанадзе Л. А. Русская разговорная речь. Фонетика. Морфология. Лексика. Жест[M]. M., URSS, 1983.
[8] Крейдлин Г.Е. Невербальная семиотика[M]. M., Новое литературное обозрение, 2004.
[9] Крейдлин Г.Е. Мужчины и женщины в невербальной коммуникации[M]. M., Языки славянской культуры, 2005.
[10] Пиз А. Яык телодвижений[M]. Санкт-Петербург, Издательский дом Гутенберг, 2000.
[11] Стернин И.А. Общение с мужчинами и женщинами[M]. Воронеж, Наука, 2002.
[12] Формановская Н.И. Коммуникативно-прагматические аспекты единиц общения[M]. M., ИКАР, 1998.
[13] Ярцева В. Н. Лингвистический энциклопедический словарь[Z]. M., Большая российская энциклопедия, 2002.
[14] 毕继万，跨文化非语言交际 [M]，北京：外语教学与研究出版社，1998.
[15] 陈原，社会语言学 [M]，上海：学林出版社，1983.
[16] 陈原，社会语言学 [M]，北京：商务印书馆，2000.
[17] 程同春，非语言交际与身势语 [J]，外语学刊，2005 (2)：35—38.
[18] 董珍兰，汉语体态成语研究 [D]，华中师范大学硕士学位论文，CNKI，2006.
[19] 耿二岭，仪态万方——体语学丛话 [M]，厦门：厦门大学出版社，2001.
[20] 贾玉新，跨文化交际学 [M]，上海：上海外语教育出版社，2002.
[21] 刘光准，伴随语言手段在文学作品中的运用 [J]，外语与外语教学，1996 (6)：9—13.
[22] 刘光准、黄苏华，俄汉语言文化习俗探讨 [M]，北京：外语教学与研究出版社，1999.
[23] 陆学进，说话的艺术 [M]，上海：上海人民出版社，2001.
[24] 吕鸿礼，俄语中的性别语言变体及其成因探微 [J]，解放军外国语学院学报，2004 (5): 26-29.
[25] 蒲黄鱼，中国男明星为什么这么多娘炮 [N]，中国新闻周刊，2017 年 2 月 7 日。
[26] 史崇文，跨文化交际中的性别差异 [D]，吉林大学硕士论文，CNKI，2007.
[27] 孙汝建，性别与语言 [M]，南京：江苏教育出版社，1998.

[28] 孙汝建，从言谈举止捕捉交际信息 [M]，北京：北京广播电视大学出版社，2006.

[29] 孙汝建，汉语的性别歧视与性别差异 [M]，武汉：华中科技大学出版社，2010.

[30] 吴爱荣，文学作品中伴随语言手段的翻译 [D]，上海外国语大学博士学位论文，CNKI，2009.

[31] 姚芬芳，女性涉外秘书的语用特征 [J]，湖南第一师范学报，2009 (2)：104—117.

[32] 赵蓉晖，语言与性别——口语的社会语言学研究 [M]，上海：上海外语教育出版社，2003.

[33] 周民权，20 世纪俄语语用学研究 [J]，解放军外国语学院学报，2009 (2)：23—28.

[34] 周民权，沉默：社会性别语言学研究之一隅 [J]，解放军外国语学院学报，2012 (4)：29—34.

[35] 周民权，俄汉社会性别语言的语用对比研究 [M]，北京：北京大学出版社，2014.

结 语

凡事有始有终，著述也不例外。作为结束语，我们不想机械重复前言或者正文中的某段文字，而是就各章的撰写初衷、经历过的困惑及最终研究结果作一些简要说明，希冀厘清思路，为读者留下些许阅读参照及思考空间。

总的来说，我们按照惯例，首先对项目课题进行文献综述及研究现状述评，找出薄弱环节，为本课题提供研究依据，进而论证社会性别定型研究的历史沿革及哲学渊源，为该项研究提供理论支撑，然后以此为基础，运用较为翔实的语料和言语实践素材，从有声语言和无声语言两个维度展开俄汉语用对比研究，集理论与实践为一体，从而形成一个较为完整的俄汉社会性别定型对比研究体系。

1. 第一章通过综述俄罗斯学界与国内语言学界的社会性别定型研究现状，分析二者的研究特点及差异，重点探讨国内学界的相关研究中存在的问题，从中可以看出，迄今为止，社会性别定型的俄汉语用对比系统研究在国内外学界几乎是一个盲点，我们从而可以找出本课题研究的学理依据，在此基础上，对该研究的必要性、合理性、可行性以及发展前景进行论证，为后续研究做好铺垫。

2. 第二章中的社会性别定型研究历史沿革属于一般的叙事性描写，赋予该研究历史感，其中所提及的“危言耸听”“女性主义观念”“后现代主义”等3个阶段源于俄罗斯学者的研究成果，它们实际上与西方学者所总结的3次女性主义浪潮如影随形，极为相似，其区别在于,俄罗斯学者为其注入了本土化研究元素,这一特点在“后现代主义”阶段表现尤甚。在哲学渊源方面,俄罗斯学者与西方学者的社会性别定型二元对立研究大同小异,而在社会性别建构动态化研究方面,俄罗斯学者有所超越,他们明确提出了“社会性别语言学”这一理论概念,为社会性别定型研究奠定了理论基础,这一点在该章第三节的第四小节“社会性别定型的初始研究”中有着较为清晰的阐述。

3. 第三章在阐释语言对比理论的基础上,梳理出形成语用价值对比体系的完全对应、部分对应、互不对应等3个层面,重点探讨第2、3两个层面中的“异”与“同”,尤其关注形式相同、意义各异的语用表现形式,其中不仅包括微笑、摇头、抹脖子、手拉手或紧搂肘部等体态语言,而且涉及俄罗斯人的交际禁忌、植物崇拜、动物崇拜、数字崇拜以及跨文化交际中的俄汉社会性别语用理解差异,并对俄汉成语中的语用价值互不对应现象作了较为翔实的分析,为下一章俄汉成语中的社会性别定型研究奠定基础。

4. 第四章以成语所固有的定型特点分析为切入点,进而引申出社会性别定型,接着对俄汉成语中的社会性别定型互不对称现象作了深度分析。在收集语料的过程中,我们发现,无论在俄语还是汉语中,指称女性的成语远远多于描写男性的成语,语料比例严重失调,这为对比研究带来不少困难。考虑到这一现实情况,我们只能以俄汉表女成语为依托,最大限度地寻觅已有的俄汉表男成语,着重从语义、价值评价标准、词序和数量等3个层面探究俄汉成语中的社会性别定型差异,并从社会性别定型视角对俄汉成语的形象性、语义特点进行对比分析,其中论及俄汉社会性别成语的语义结构相互对应以及互不对应问题,与第三章中的相关内容似曾相识,但并不重复,也不矛盾:第三章主要研究成语的语用价值,而该章则侧重于语义结构研究。

5. 第五章是本课题研究的重中之重，我们对其给予高度关注，在第一节中我们对言语礼节研究的历史沿革以及它与其他理论的相互关系交代得比较清楚，但在后续研究中遇到结构排列、撰写方式等难题，为此纠结许久：起初曾把现今第二节和第三节合为一节来写，在阐释言语礼节定型的基本类型及其意义时，先分门别类宏观描写14种言语定型的特点及意义，然后分别对比分析称呼语的4种表现形式、恭维语、抱怨语、拒绝语中的俄汉社会性别定型，其结果是，越写越乱，顾此失彼，难以突出重点。后来，我们把上述内容分为"作为言语定型的言语礼节"和"俄汉言语礼节中的社会性别定型"两节，这样写的好处是结构较为合理，条理清晰，重点明确，但遗憾的是，个别地方的前后内容不可避免地出现少许重复。究竟怎样化解这一矛盾，使该章结构和内容布局更趋合理？我们至今仍在苦苦思索。

6. 第六章主要研究俄汉身势语，这种无声语言集各种具有交际功能意义的动作、姿势于一身，其撰写难度比上述有声语言更大，社会性别定型的描写尺度往往难以把握，需要分析心理、生理因素以及发掘颇为深厚的俄汉民族文化背景知识。在撰写该章的过程中，我们遇到了一个较为纠结的问题：描写动作语言时，起初曾试图首先阐释该语言的一般特点，然后引入社会性别定型，并进行俄汉对比分析。但是，在具体描写时，我们发现动作语言种类繁多，需要逐一厘清，如果按照上述思路描写，则难以突出俄汉社会性别定型对比这一研究重点，前后内容杂乱无章，主次难辨。后来分开来写，把动作语言的一般描写放入第二节"身势语的分类及语用功能"，把社会性别定型研究放在第三节"俄汉身势语中的社会性别定型"之中，这样撰写的好处是条理清晰，主次分明，重点突出，但个别内容出现了前后重复现象，不能不说是一种缺憾。

总而言之，社会性别定型作为一种现象或观念，蕴含着丰富多样的语言世界图景和言语交际特征，尤其是在进行俄汉语用对比分析时，既要顾及中俄两个民族的传统文化、历史传承、社会习俗、文化理念、思维方式、价值观念等语言外因素，又要考虑汉俄两种语言的语言个性特征及其表征方式，以及纵横交织、错综复杂的中俄男女两性的语用交际对比，还不能忽视社会性别定型的民族性、因袭性、习得性、规约性、强制性、稳定性、简约性以及可预测性等特点。显而易见，一部著述是难以把这些方方面面的问题搞透彻的，这是一个系统工程，需要长期不懈的深入研究，通过不断完善，逐步到达优化境地。实事求是地讲，我们所做的研究仅仅是社会性别定型命题的冰山一角，希冀能够发挥抛砖引玉的作用，吸引更多的专家学者关注并参与到这一研究中来。

外国人名译名对照表

Albert Mehrabian	艾伯特·梅瑞宾	Daly M.	玛丽·戴利
Alison M.J.	艾莉森·贾格尔	DanMark F.	丹玛克
Aristotle	亚里士多德	Darwin C.R.	达尔文
Austin J.	奥斯汀	Dixson J.	迪克松
Bally Ch.	巴利	Dong R.	罗斯玛丽·董
Baker K.W.	卡克 . 贝克	Eisenstein Z.	艾森斯坦
Beauovir S.de	西蒙·德·波伏娃	Fishman P.	帕梅拉·费什曼
Bergvall V.L.	贝里瓦尔	EngelsFriedrich Von	恩格斯
Best D.	贝斯特	Firestone Sh.M.	费尔斯通
Bing J.M.	J.M. 邴	Freud S.	弗洛伊德
Birdwhistell R.	伯德惠斯特尔	Friedian B.	B. 弗雷蒂安
Bolinger D.	博林格	French M.	弗伦奇
Bloomfield L.	布龙菲尔德	Garfinkel H.	加芬科尔
BlueStone N.	娜塔莉·布卢斯通	Gilligan	吉利根
Borker	伯克尔	Ginet Mc.	吉奈特
Braly K.	布拉鲁	Givon T.	吉冯
Brislin W.	布利斯林	Grice H.	格莱斯
Brown R.	布朗	Glover D.	格洛弗
Butler J.	巴特勒	Goffman E.	戈弗曼
Cameron	卡梅伦	Goldenberg H.	格登博格
Chomsky A.N.	乔姆斯基	Grotz E.	伊丽莎白·格罗茨
Churchill W.	丘吉尔	Hall E.T.	哈尔
Clare G.	克莱尔	Hall K.	基拉·哈尔
Coats J.	科茨	Hartmann R.R.	哈特曼
Cochran E.P.	科克伦	Hartmann H.	海蒂·哈特曼

Haysoke N.	南希·哈索克	Raine J.	雷恩
Haziman S.	斯科特·哈兹曼	Robnefort	罗博尼福特
Hennessey R.	罗斯玛丽·亨尼西	Rossi I.	艾里斯·罗西
Hirschman A.	艾伯特·赫希曼	Sadker M.	M. 萨德克
Holmes J.	霍姆斯	Sadker D.	D. 萨德克
Hudson R.A.	赫德森	Saussure F.De	索绪尔
Irigaray L.	伊丽格瑞	Scott S.	斯科特
Katz D.	卡兹	Searle J.R.	塞尔
Klein S.	克莱恩	Shelley P.B.	雪莱
Kramarae C.	克拉马雷	Scott J.W.	琼·斯科特
Jackson S.	杰克逊	Socrates	苏格拉底
Jespersen O.	叶斯柏森	Susan Akin	苏珊·奥金
Judd E.L.	贾德	Susan Bordo	苏珊·博尔多
Labov W.	拉博夫	Susan·Friedman	苏珊·弗里德曼
Lakoff R.	莱科夫	Taylor A.	泰勒
Lave Wenger	莱夫·魏恩	Tannen D.	坦嫩
Leech G.	杰弗里·利奇	Thorne B.	索恩
Levinson S.C.	列文森	Trömel-PlötzS.	特罗梅尔—普廖兹
Lippmann W.	利普曼	Trudgill P.	特鲁吉尔
Lyons J.	约翰·莱昂斯	Verschueren J.	维特根斯坦
MaiJinnuo C.	凯瑟琳·麦金诺	VinciL.da	列奥纳多·达·芬奇
Malinowski B.	马林诺夫斯基	Vogel L.	里斯·沃格尔
Maltz	迈尔兹	Watson J.	华生
Marx K.H.	马克思	Weatherall A.	韦瑟罗尔
Mehrabian A.	艾伯特·梅瑞宾	West C.	韦斯特
Millett K.	凯特·米利特	Young I.	艾里斯·扬
Mitchell J.	朱丽叶·米切尔	Zimmerman D.	齐默尔曼
Morgan R.	罗宾·摩根	Абражеев А.И.	阿布拉热耶夫
Peterson	皮特森	Аванесов Р.А.	阿瓦涅索夫
Pike	帕克	Айтматов Ч.	艾特玛托夫
Plato	柏拉图	Акишина А.А.	阿基希娜
Pusch L.	普什	Акишина Т.Е.	阿基希娜
Putnamt H.	普特纳姆特	Алексеев В.М.	阿列克谢耶夫
Quasthoff U.	夸斯托夫	Апресян Ю.Д.	阿普列相

Арутюнова Н.Д.	阿鲁秋诺娃	Гусейнова И.А.	古谢伊诺娃
Архипкин Л.	阿尔希普金	Даль В.Н.	达利
Бабайцева В.В.	巴巴依采娃	Данилов П.А.	达尼洛夫
Байбурин А.К.	拜布林	Денисова А.А.	杰尼索娃
Балакай А.Г.	巴拉凯	Достоевский Ф.М.	陀思妥耶夫斯基
Бадентэр Э.	巴坚泰尔	Дорошенко А.В.	多罗申科
Бахтин М.М.	巴赫金	Ермолаева М.В.	叶尔莫拉耶娃
Белый А.	别雷	Земская Е.А.	泽姆斯卡娅
Бердник Л.Ф.	别尔德尼克	Зиммель Г.	济梅利
Бердяев Н.А.	别尔嘉耶夫	Золотова Г.А.	佐洛托娃
Бирюлин Л.А.	比留林	Иванов В.И.	伊万诺夫
Богородицкий В.А.	博戈罗季茨基	Ильин И.П.	伊利英
Бондарко А.В.	邦达尔科	Иссерс О.И.	伊谢尔斯
Бругман К.	布鲁格曼	Каменская О.Л.	卡缅斯卡娅
Булгаков С.Н.	布尔加科夫	Кандиоти Д.	坎迪奥季
Буслаев В.А.	布斯拉耶夫	Кано Х.	卡诺
Вежбицка А.	维日彼茨卡	Капанадзе Л.А.	卡帕纳泽
Верещагин Е.М.	维列夏金	Карцевский С.О.	卡尔采夫斯基
Виноградов В.В.	维诺格拉多夫	Касаткин Л.Л.	卡萨特金
Вольф Е.М.	沃尔夫	Кирилина А.В.	基里利娜
Воронина О.А.	沃罗宁娜	Китайгородская М.А.	基泰戈罗茨卡娅
Всеволодова М.И.	弗谢沃洛托娃	Клецин А.А.	科列钦
Гердер И.Г.	赫尔德	Клецина И.С.	科列钦娜
Гоголь Н.В.	果戈理	Кобозева И.М.	科博泽娃
Гордон Д.	戈尔东	Колесов В.В.	科列索夫
Горелов И.Н.	戈列洛夫	Колшанский Г.В.	科尔尚斯基
Горошко Е.И.	戈罗什科	Корнилова Н.Б.	科尔尼洛娃
Горький М.	高尔基	Костомаров В.Г.	科斯托马罗夫
Гофман И.	戈弗曼	Кочкина Е.	科奇金娜
Грайс Г.	格莱斯	Красильникова Е.В.	克拉西利尼科娃
Гримм Я.	格里姆	Крейдлин Г.Е.	克列依德林
Гумбольдт В.	洪堡特	Ларина Т.В.	拉琳娜

Лекант П.А.	列坎特	Пушкин А.С.	普希金
Лихачёв Д.С.	利哈乔夫	Ратмайр Р.	拉特迈尔
Лич Дж.	利奇	Реформатский А.А.	列福尔马茨基
Логинов А.А.	洛吉诺夫	Розанов В.В.	罗扎诺夫
Ломоносов М.В.	罗蒙诺索夫	Розанова Н.Н.	罗扎诺娃
Лоренц К.	洛兰茨	Роман	罗曼
Луков	鲁科夫	Рябов О.В.	里亚博夫
Макаренко А.С.	马卡连柯	Силина О.Н.	西莉娜
Максимов Л.Ю.	马克西莫夫	Смит С.	斯密特
Малишевская Д.Ч.	玛丽谢夫斯卡娅	Соковнин М.В.	索科夫宁
Мальковская И.А.	马利科夫斯卡娅	Солодуб Ю.П.	索洛杜布
Маслова В.А.	马斯洛娃	Сперанский М.М.	斯佩兰斯基
Матезиус В.	马泰修斯	Стернин И.А.	斯捷尔宁
Матурана У.	玛图拉娜	Сучкова Г.М.	苏奇科娃
Мещеркина Е.	梅谢尔基娜	Сталин И.В.	斯大林
Молотов В.М.	莫洛托夫	Телия В.Н.	捷利娅
Морозов В.П.	莫罗佐夫	Толстой Л.Н.	列夫·托尔斯泰
Николаева Г.	尼古拉耶娃	Трубецкой Н.С.	特鲁别茨科依
Ницше Ф.	尼采	Тургенев А.И.	屠格涅夫
Ничипорович Е.А.	尼奇波罗维奇	Ушакин С.А.	乌沙金
Остин Дж.	奥斯汀	Ушинский К.	乌申斯基
Павел	巴维尔	Уфимцева Н.В.	乌菲姆采娃
Падучева Е.В.	帕杜切娃	Федорова Т.В.	费奥多罗娃
Панин Л.Г.	帕宁	Флоренский П.А.	弗洛连斯基
Пашаева Г.М.	帕沙耶娃	Формановская Н.И.	福尔马诺夫斯卡娅
Пиз А.	皮兹	Федосюк М.Ю.	费多秀克
Поспелова А.Г.	波斯佩洛娃	Халеева И.И.	哈列耶娃
Потебня А.А.	波捷布尼亚	Хрущёв Н.С.	赫鲁晓夫
Протагор	普罗塔哥拉	Цветаева М.	茨维塔耶娃
Прохоров Ю.Э.	普罗霍罗夫	Чернышевский Н.Г.	车尔尼雪夫斯基
Путин В.В.	普京	Чехов А.П.	契诃夫
Путина Л.	普京娜	Шамьенова Г.Р.	沙米耶诺娃

Шаповалов В.Ф.	沙波瓦洛夫
Шведова Н.Ю.	什维多娃
Штейнверг У.	施泰因贝格
Щепанская Т.Б.	谢潘斯卡娅
Эмерсон Ральф В.	拉尔夫·瓦尔多·爱默生
Эрн В.Ф.	埃恩
Якобсон Р.О.	雅可布森
Якубинский Л.П.	雅库宾斯基
Ярцева В.Н.	亚尔采娃